송사마을
사람들의
민속과
전승지식

조사연구진

배영동	안동대 민속학과 BK21플러스 사업팀장
성치원	안동대 민속학과 박사과정
강선일	안동대 민속학과 박사과정
이한승	안동대 민속학과 박사과정
김규필	안동대 민속학과 석사과정
최지호	안동대 민속학과 석사과정
강석민	안동대 민속학과 석사과정
이정욱	안동대 민속학과 석사과정
정은지	안동대 민속학과 석사과정
김지현	안동대 민속학과 석사과정
황동이	안동대 민속학과 석사과정
진홍국	안동대 민속학과 석사과정
서경원	안동대 민속학과 석사과정
손동기	안동대 민속학과 석사과정
남동우	안동대 민속학과 석사과정
김소연	안동대 민속학과 석사과정
정영준	안동대 민속학과 석사과정

민속지식연구총서 ②

송사마을
사람들의
민속과 전승지식

초판1쇄 발행 2015년 12월 31일

지은이 안동대학교 대학원 민속학과 BK21플러스 사업팀
펴낸이 홍기원

총괄 홍종화
편집주간 박호원
편집 · 디자인 오경희 · 조정화 · 오성현 · 신나래 · 김선아
　　　　　　이효진 · 남도영 · 이상재 · 남지원
관리 박정대 · 최기엽

펴낸곳 민속원
출판등록 제18-1호
주소 서울 마포구 대흥동 337-25
전화 02) 804-3320, 805-3320, 806-3320(代)　**팩스** 02) 802-3346
이메일 minsok1@chollian.net, minsokwon@naver.com
홈페이지 www.minsokwon.com

ISBN 978-89-285-0857-0　94380
　　　978-89-285-0719-1(SET)

ⓒ 안동대학교 대학원 민속학과 BK21플러스 사업팀, 2015
ⓒ 민속원, 2015, Printed in Seoul, Korea

책 값은 뒤표지에 있습니다.
잘못된 책은 바꾸어 드립니다.

민속지식
연구총서
②

송사마을 사람들의 민속과 전승지식

안동대학교 대학원 민속학과
BK21플러스 사업팀

민 속 원

머리말

민속지식으로 본 송사마을 사람들의 삶과 경험

　안동대학교 대학원 민속학과에서는 그 동안 마을민속과 마을문화를 조사하여 여러 권의 연구보고서를 간행해왔다. 2014년부터는 마을조사를 하되 BK21플러스사업의 주제("미래지식 창출을 위한 민속지식의 자원화")를 염두에 두고 민속지식에 한정하여 연구하고 그 성과를 발행하였다. 2015년에는 1월 22일부터 25일까지 대학원 민속학과의 교수와 대학원생들이 안동시 길안면 송사리에서 합동조사를 하였고, 그 이후에는 대학원생들이 개별적으로 수시 조사를 하였다. 이렇게 조사하여 수집된 자료를 가지고 민속학적으로 궁리하여 『송사마을 사람들의 민속과 전승지식』이란 책을 만들어 세상에 내놓게 되었다.
　이 연구서는 마을사회에 전승되는 민속과 지식이 무엇인지에 대해서 조사하고 고민한 성과물이다. 사실 한국 민속학계는 오랫동안 전승적 민속지식에 대해서는 조사연구를 깊이 하지 않았다. 그런데 막상 마을사회에 전승되는 민속지식에 주목하자, 민속현상 대부분을 지식이라는 관점에서 다시 이해할 수 있는 가능성이 열리는 느낌이 든다. 민속지식은 단순히 어떤 현상이나 사물을 인지하는 것이 아니라, 사람들과 소통의 기준이자 판단의 준거이며, 대상 인식의 체계이자 생활지식이기도 하다.
　그리하여 민속학과 BK21플러스사업에 참여하는 대학원생들이 송사마을 주민들의 삶을 민속지식이라는 관점에서 접근하였다. 그리고 조사 연구한 성과를 모두 4개 장으로 나누어 편성하였다. 의례와 세시, 삶의 지혜와 물질전승, 생태환경과 생업, 생애인식과 언어전승의 영역으로 나누어 민속지식의 실체, 기능, 의미 등에 대해 파악하려고 한 셈이다.

제1장의 주제는 의례와 세시의 민속지식이다. 김지현은 「전통 혼례에 나타나는 민속지식과 그 의미」를 통해 혼례 준비에서부터 신행까지의 과정에서 확인되는 다양한 금기형 지식과 권장형 지식을 정리하면서 전통사회에서 혼례를 잘 치르기 위해 어떤 민속지식이 전승되고 실행되었는지에 주목하고 있다. 정영준이 쓴 「제사 예법 전수와 기제사의 진설 방식에 나타난 민속지식」은 제사와 관련한 예법이나 제사상 차림에 관한 전승지식이 어떻게 전승되고 있는지를 논한 것이다. 서경원이 파악한 「슬픔의 문화화 혹은 죽음의 감성지感性知」는 상장례에서 상주와 문상객들이 행하는 곡哭이 단순히 슬픔의 표현형식이 아니라 종법제도를 비롯한 사회관계를 드러내는 전승지식이라는 사실을 밝히고 있다. 최지호는 「세시풍속의 전승 양상과 문화적 의미」에서 세시풍속의 시간은 단순한 시간배열의 역법이 아니라 사회적으로 생성되고 새롭게 구성되는 사회적 시간이라고 설명하였다.

제2장의 주제는 삶의 지혜와 물질전승지식이다. 황동이는 「가양주 담그기의 전승지식과 그 의의」를 통해 가양주를 담그는 절차를 꼼꼼하게 살피면서 가양주를 잘 담그기 위해 여러 단계마다 어떤 전승지식을 어떻게 동원하고 활용하는지에 대해 남다른 주목을 하고 있다. 김소연이 쓴 「농촌 여성들의 미용에 관한 전승지식」은 여성들의 전통적인 미용 의식과 미용 행위를 민속지식의 관점에서 재발견한 것이다. 이정욱은 「집짓기에 나타나는 흙에 대한 전승지식」에서 전통적인 집짓기 과정을 주목하면서 이 중에서 흙이 갖는 중요성과 의의를 전승지식의 관점에서 분석하였다.

제3장의 주제는 생태환경과 생업의 경험지식이다. 남동우는 「식량 부족을 해결하기 위한 전승지식」에서 1950~60년대에 절대적으로 식량이 부족했던 보릿고개를 해결하는 방법을 비롯하여 소량의 식재료로 음식의 양을 늘리는 조리법과 식재료 절약법에 관해서 조사 분석하고 있다. 이한

승은 「농기구 제작과 사용에 대한 전승지식」에서 전통적으로 농사의 기본 수단이었던 농기구를 농민들이 어떤 생각과 의도로 제작하고 사용하였는지에 대해 새롭게 주목하였다. 그리고 손동기가 쓴 「자연물과 동식물을 통해 본 기상예측 지식」은 송사마을 사람들이 경험적으로 체득하고 있는 마을 단위의 국지기상학적인 지식을 다룬 것이다. 진홍국은 「소 질병치료를 위한 민속지식」에서 현대 수의학이 발달하지 않은 전통사회에서 가축의 각종 질병을 어떻게 치료하고 예방하였는지를 살폈다. 김규필의 「마을만들기사업에서 민속지식의 선별과 활용」은 송사마을 주민들이 어떤 민속지식을 활용해 마을만들기사업을 성공적으로 꾸리고 있는지를 소상히 밝힌 것이다.

제4장의 주제는 생애인식과 언어전승지식이다. 정은지가 쓴 「송사리의 사례로 본 태몽 풀이의 전승지식 양상」은 다양한 양상의 태몽담을 살피면서 태몽의 해석을 전승지식의 관점에서 살핀 것이다. 강선일의 「지명유래로 읽는 민속지식의 생산과 수용 양상」은 지명유래가 담고 있는 민속지식으로서 의미를 분석한 글이다. 강석민은 「자서전을 통해 본 민속지식의 성격과 의미」에서 마을 주민이 작성한 자서전을 민속지식의 관점에서 분석하였다. 성치원이 쓴 「다문화 가정 내 언어관련 지식습득과 문화 적응」은 결혼으로 이주한 한 일본여성이 낯선 언어와 문화를 만나 어떻게 일본어 지식을 고려하여 한국어를 습득하고 한국 문화에 적응하는지를 살폈다.

우리는 이들 주제를 통하여 송사마을 사람들의 공동체적 삶과 개인적 삶을 이해함은 물론이고, 삶의 다양한 영역에 내재하는 민속지식이 그들 삶에 어떠한 작용을 하였는지에 대해 제법 소상하게 이해할 수 있게 되었다. 매우 작은 일상적 현상에 해당하는 세수하기, 기상인식에서부터 가끔씩 경험할 수 있는 태몽과 그 해몽, 혼례지식, 제사예법, 곡하기에 이르기까지, 그리고 지난날 굶주리던 시절의 보릿고개 극복 경험, 힘들여 일하던 농사연장 만들기에서부터 오늘날 마을만들기사업 구상에 이르기까지, 또한 공동체 성원들이 공유하던 지명유래에서부터 마을사람들이 합심해서 하던 집짓기에 이르기까지 다양한 현상과 영역을 넘나들면서 민속지식을 파헤치고 있어 흥미롭다. 더구나 양조법, 농기구 제작, 소 질병 치료, 기상 예측 등의 주제는 민속지식이 어떻게 자연과학적 이치를 경험적으로 확립한 것인지를 말해준다.

그 뿐만 아니라 이러한 민속지식은 아직도 송사마을 사람들에게 살아 숨 쉬는 문화이자 삶의 일부로 이어지고 있다. 주민들의 민속지식은 경험지식으로서 여전히 양조법, 태몽 풀이, 기상 예측, 마을만들기사업 등에 관통하고 있다. 교장으로 정년퇴임을 한 주민의 자서전 저술, 일본 출신으로 결혼과 더불어 이 마을에 이주한 여성의 한국어 학습과 문화적응 과정에서는, 제도적으로 학습된 지식마저 경험지식의 범주 안에서 활용되거나 그 의미를 발하는 경우도 있다.

이렇듯이 우리가 마을에서 찾고 수집한 민속지식은 주민들 삶의 전 영역에 걸쳐 있다. 주민 개개인 차원에서 접근하더라도, 한 사람 한 사람의 일생은 수많은 경험지식으로 축적되어 있다. 그래서 아프리카 속담에 "노인 한 사람이 세상을 떠나면 도서관 하나가 없어지는 것과 같다"는 말이 있다고 한다. 문자기록이 적은 사회일수록 사람이 경험하고 쌓아올린 지식은 기억으로 차곡차곡 쌓여서 후세 사람들에게 전해줄 것이 너무나 많다. 문자기록을 활발하게 하는 사람들조차도 그의 삶에는 불문율처럼 형성된 경험지식이 부지기수로 많다. 문화가 곧 경험지식으로 이루어져 왔다고 해도 과언이 아니기 때문이다. 전승되어 온 민속지식이 중요하고 광범하다는 사실을 새삼 깨닫지 않을 수 없다.

BK21플러스사업팀에서 마을단위 민속과 민속지식을 조사하고 연구한 것은 두 번째다. 2014년에 안동시 북후면 신전마을을 조사할 때 처음으로 민속지식에 초점을 맞추어서 조사하고 연구하였다. 민속지식에 대한 조사연구가 일천한 까닭에 먼저 자신이 조사·연구하고 싶은 주제를 구상해서 지도교수의 사전 지도를 받아 조사 설계를 하였다. 그리고 대학원생들은 현장에 여러 차례 드나들면서 수집한 자료를 가지고 탁상에서 궁리하는 한편, BK21플러스사업팀 연구교수의 수시 검토를 받아 수정하고, 다시 지도교수의 지도를 몇 차례 받아서 완성한 것이다. 대학원생들이 쓴 글이지만 따지고 보면 지도교수의 고민과 가르침이 도처에 배어있다. 각자 짧은 글 한편을 쓰기 위하여 부단히 노력하고 성찰하는 과정이 BK21플러스사업이 추구하는 전문인력 양성을 위한 교육의 핵심 내용이 아닐까 생각한다.

이 정도의 조사와 연구결과물을 낼 수 있게 된 것은, 무엇보다 송사마을 주민들의 협조 덕분이다. 요즘 농촌 어느 마을을 가도 어른들을 만나기 어렵고, 만나도 연로하시거나 귀가 어두워서 조사가 불가능한 경우가 많다. 그럼에도 추운 겨울, 무더운 여름에도 아랑곳하지 않고 이 학술조사의 취지를 이해하고 협조해주신 송사마을 모든 주민들께 감사드린다. 특히 노인회원과 부녀회원께는 더 자주 귀찮게 해드린 것 같아서 송구한 마음도 든다. 행여 농사와 가사활동으로 바쁜 시간에, 혹은 때를 가리지 않고 성가시게 방문하여 불편하셨다면, 한 권의 책을 만들기 위한 조사원들의 진통과 고충으로 이해해 주시기를 바란다. 아울러 언제나 행복한 송사마을이 되기를 빌어마지 않는다.

끝으로 이 책자를 만들기 위해서 조사하고 원고를 집필한 대학원생들, 이들을 지도하신 BK21플러스사업팀 참여교수님 제위, 책 편집과 발간을 위해 애쓴 BK21플러스사업팀 김재호, 이진교 연구교수에게 고마운 마음을 전한다.

2015년 12월 20일

안동대학교 대학원 민속학과 BK21플러스사업팀장
배 영 동

머리말 민속지식으로 본 송사마을 사람들의 삶과 경험   5

제1장
의례와 세시의 민속지식

김지현 | 전통 혼례에 나타나는 민속지식과 그 의미   017

    1. 들어가는 말 ·· 17
    2. 혼례 준비에 관한 민속지식 ·· 20
    3. 혼례식에 관한 민속지식 ·· 23
    4. 신행에 관한 민속지식 ·· 26
    5. 혼례절차에 나타나는 민속지식의 의미 ·· 32

정영준 | 제사 예법 전수와 기제사의 진설 방식에 나타난 민속지식   037

    1. 머리말 ·· 37
    2. 제사 예법 전수에 나타난 민속지식의 전승 양상 ························ 39
    3. 기제사의 진설 방식에 나타난 민속지식 ······································ 46
    4. 맺음말 ·· 57

서경원 | 슬픔의 문화화 혹은 죽음의 감성지感性知   059

    1. 머리말 ·· 59
    2. 문화화된 슬픔, 곡哭 ·· 60
    3. 곡의 강도强度와 의미 구조 ··· 64
    4. 죽음의례의 변화와 곡의 사물화 ·· 71
    5. 맺음말 ·· 75

최지호 | 세시풍속의 전승 양상과 문화적 의미　079

   1. 머리말 ··· 79
   2. 세시풍속의 전승 양상과 그 특징 ··· 81
   3. 전통적 세시풍속의 구성 원리와 문화적 의미 ····································· 91
   4. 맺음말 ·· 102

제2장
삶의 지혜와 물질전승지식

황동이 | 가양주 담그기의 전승지식과 그 의의　109

   1. 머리말 ··· 109
   2. 누룩 만들기의 전승지식 ·· 111
   3. 술밥 만들기의 전승지식 ·· 116
   4. 술 담그기의 전승지식 ··· 119
   5. 술 거르기의 전승지식 ··· 126
   6. 가양주 담그는 지식의 의의 ·· 130

김소연 | 농촌 여성들의 미용에 관한 전승지식　133

   1. 머리말 ··· 133
   2. 세수에 관한 전승지식 ··· 135
   3. 머리감기에 관한 전승지식 ·· 139
   4. 목욕에 관한 전승지식 ··· 143
   5. 화장에 관한 전승지식 ··· 145
   6. 맺음말 ·· 148

이정욱 | 집짓기에 나타나는 흙에 대한 전승지식　151

   1. 집짓기에서 흙의 중요성 인식하기 ··· 151
   2. 흙 인식 체계와 공정工程별 사용 ·· 154
   3. 공정별에 따른 흙 사용법의 차이 ·· 157
   4. 맺음말 ·· 163

제3장
생태환경과 생업의 경험지식

남동우 | 식량 부족을 해결하기 위한 전승지식   169
　　　　－1950~1960년대를 중심으로－

　1. 머리말 ·· 169
　2. 식재료의 범위를 넓히는 방법 ·· 171
　3. 음식의 양을 늘리는 조리법 ·· 174
　4. 각종 부재료를 활용한 조리법 ·· 181
　5. 식재료 보관과 재활용 방법 ·· 182
　6. 맺음말 ·· 184

이한승 | 농기구 제작과 사용에 대한 전승지식   187

　1. 농기구와 관련된 전승지식의 특징 ·· 187
　2. 농기구 제작에 대한 전승지식 ·· 188
　3. 농기구 사용에 대한 전승지식 ·· 197
　4. 농기구 관리에 대한 전승지식 ·· 206
　5. 농기구와 관련된 전승지식의 약화 ·· 211

손동기 | 자연물과 동식물을 통해 본 기상예측 지식   215

　1. 머리말 ·· 215
　2. 기상예측에 관한 일반 지식 ·· 217
　3. 송제마을 주민들의 기상예측 지식 ·· 220
　4. 주민들의 기상예측 지식의 체계와 성격 ···································· 230
　5. 맺음말 ·· 232

진홍국 | 소 질병치료를 위한 민속지식   235

   1. 머리말 ·· 235
   2. '소침쟁이'의 역할과 활동 ··· 237
   3. 소 치료 관련 민속지식의 실제 ··· 239
   4. 맺음말 ·· 249

김규필 | 마을만들기사업에서 민속지식의 선별과 활용   251

   1. 들어가며 ·· 251
   2. 조사지 개관 ·· 255
   3. 마을만들기사업에서 활용되는 민속 콘텐츠 ································· 257
   4. 민속 콘텐츠의 선별 : 민속지식의 취사선택 ································· 261
   5. 나오며 ·· 268

제4장
생애인식과 언어전승지식

정은지 | 송사리의 사례로 본 태몽 풀이의 전승지식 양상   273

   1. 들어가는 말 ·· 273
   2. 태몽 풀이의 사례와 특징 ··· 275
   3. 태몽 풀이에 대한 전승지식 ··· 286
   4. 나가는 말 ·· 290

강선일 | 지명유래로 읽는 민속지식의 생산과 수용 양상   293

1. 지명유래의 지식 미디어적 가치와 연구방법 모색 ································· 293
2. 송제마을의 지리적 성격에 따른 지명유래의 전승 ······························· 295
3. 유래로 본 지형과 지물의 지명 생성 준거와 원리 ································· 302
4. 지명유래에 담긴 민속지식의 갈래와 사회적 기능 ································· 307
5. 지명유래를 통한 민속지식의 사회적 생산과 수용 ································· 312

강석민 | 자서전을 통해 본 민속지식의 성격과 의미   315

1. 민속지식 논의의 관점과 자서전의 가치 ··· 315
2. 『홍담자서록』의 민속지식으로서 의의 ··· 318
3. 『홍담자서록』의 민속지식적 형식과 특징 ··· 320
4. 『홍담자서록』이 갖는 민속지식의 성격과 의미 ····································· 331

성치원 | 다문화 가정 내 언어관련 지식습득과 문화 적응   339
─송사리 이또 하루미씨 사례를 중심으로─

1. 들어가며 ··· 339
2. 두 언어의 유사성을 통한 한국어 습득 ··· 342
3. 실생활 속의 언어 습득과 문화 적응 ··· 350
4. 나가며 ··· 357

제 1 장

의례와 세시의 민속지식

전통 혼례에 나타나는 민속지식과 그 의미 | 김지현
제사 예법 전수와 기제사의 진설 방식에 나타난 민속지식 | 정영준
슬픔의 문화화 혹은 죽음의 감성지感性知 | 서경원
세시풍속의 전승 양상과 문화적 의미 | 최지호

전통 혼례에 나타나는 민속지식과 그 의미

김지현
안동대 민속학과 석사과정 3학기

1. 들어가는 말

혼례는 사람이 평생을 거쳐 겪는 일생의례인 동시에 남녀의 사회적 결합을 공고히 하는 의례이며, 한 가정의 탄생의례라 할 수 있다. 혼례를 올리는 남자와 여자는 각 가정의 한 구성원이었으나, 혼례라는 의례를 통해 새로운 지위를 습득하게 된다.[1] 혼례 일련의 절차는 남녀의 지위 변화과정을 의미한다. 때문에 각각의 과정에는 혼례의 대상인 남녀에게 부여되는 역할이 주어진다. 혼례는 한 가정의 시작인 동시에 가정을 꾸리는 남녀의 또 다른 시작을 의미한다.

옛말에 '호사다마'라고 하여 좋은 일에는 반드시 액이 따른다고 여겼다. 탄생과 더불어 중요한 시작의례라고 할 수 있는 혼례에도 마찬가지로 액이 존재한다고 사람들은 믿어왔다. 이 액의 발동은 혼례의 시작이라 할 수 있는 '중신'부터 혼례를 다 치르고 신부가 신랑집으로 가는 '신행'까지

---

[1] 박동철, 「청운마을 혼례문화의 지속과 변화에 관한 연구」, 안동대학교 대학원 석사학위논문, 2006, 2쪽.

지속된다. 그래서 신랑과 신부를 비롯한 그들의 양가 부모는 물론, 마을 사람들까지도 적극적으로 액을 물리치는데 동참하는 등 스스로 부정不淨과 접촉하지 않는 태도를 보여준다.

조사지인 경북 안동시 길안면 송사1리 송제마을 사람들도 혼례에서 작동할 수 있는 액을 막기 위해 갖가지 방법을 동원하였다. 그러나 송제마을 출신의 남성들은 신부집에서 혼례를 치르고 오는 경우가 많아 혼례식이라 할 수 있는 친영례의 풍습은 대체로 처가의 풍속이라 할 수 있다. 대신, 신행을 온 여성들의 혼례속은 시집인 송제마을의 풍속이 잘 드러난다. 마을의 70~80대 남녀는 전통혼례라 할 수 있는 꼬꼬재배를 통해 혼인의 예를 다 했으며, 혼례 일련의 과정에서 금기나 액을 막기 위한 지식을 고수하였다. 그러나 그 자녀들의 혼례에는 자신들이 중요하다고 여겼던 지식은 관념으로만 남아있고 실제 지식에 따른 실천을 하지 않게 된다. 이것은 세월의 흐름에 따른 혼례문화의 변화에 따라 지식도 함께 변하는 것을 알 수 있다.

송제마을의 혼례에는 의례를 진행해 나가는 의례지식 속에서도 다양한 민속지식들이 숨어있다. 이 민속지식들은 '~을 해야 좋다'는 권장형 지식과 '~을 하면 안된다'는 터부형 지식으로 나뉜다. 이 지식들은 혼례 의례속에서 행위를 규정하는 장치이며, 동시에 이러한 지식의 실천으로 안정된 의례진행과 나아가 새로운 의례를 진행해 나갈 수 있는 밑거름이 된다.

이런 의례지식의 전승은 친족집단을 중심으로 전승된다. 혼례를 위한 준비과정이 가정만의 일이 아니며, 가정 단위의 의례가 아니었음을 알 수 있다. 의례 지식의 전승에 개입되는 친족은 혼례를 위한 준비과정에서 개입하거나, 대례인 친영과 그 이후인 신행단계에서도 나타난다. 지식의 전승은 친족 중 누구나 가능하나, 직접적으로 의례에 개입할 수 있는 조건을 갖춘 친족은 한정되어 있다. 이들은 의례에서 신랑과 신부의 앞날의 이상형과도 같은 존재여서 친족 중에서 먼저 결혼하여 (첫)아들을 낳고 금슬

좋게 잘 사는 사람들로 한정한다. 이런 조건에 해당하는 집안의 여자나 남자를 선별하여 신랑과 신부가 쓸 물건을 만들게 하거나 혼례식에서 신랑과 신부를 부축하거나 그들의 곁에서 의례 행위를 도와주는 역할을 맡긴다.[2] 때문에 이들의 역할은 의례를 진행해 나가는 역할을 하는 동시에 의례관련 지식을 전승시키는 중요한 인물이기도 하다.

따라서 본 글에서는 송제마을에 거주하는 70~80대 이상의 남녀를 대상으로, 그들의 혼례 준비과정부터 신행 단계까지를 살피고 그 중에서도 새 가정을 꾸리는 남녀에 대한 권장형 지식과 터부형 지식을 각각 신랑과 신부집안으로 나누어 살피는 것을 목적으로 한다. 그리고 지금으로부터 50년에서 60년 전에 행해진 혼례에는 이전의 지식이 어떻게 전승되고 있는지를 보고자 한다.

지금까지 혼례에 대한 논의는 의례 전반이나, 복식, 음식, 의례 절차를 중심으로 연구되어 왔다. 그 중에서도 민속에 관련된 부분만 집적해 놓은 연구 성과는 일부 보고서에 한정되어 있다. 혼례문화는 지역의 풍속과 집안의 형편에 따라 다양한 양상을 보이는데, 아직까지 이 점에 대한 민속학적 논의를 쉽게 찾아 볼 수 없다. 또, 주자가례 도입 이후 유교관념이 이데올로기로 작용했던 조선시대를 거치며 혼인의례는 유교화 되며 예서에 따른 형식화 내지 고착화되어 전승되었다. 그런 의미에서 본 글에서 다루는 송제마을에서 전승되는 혼례에 관한 민속지식은 예서에 등장하지 않는 구전과 경험에 의한 지식이라는 점에서 의의를 찾을 수 있다.

---

[2] 이러한 사고는 프레이저가 밝혀낸 두 주술로써 이해할 수 있다. 유사성의 법칙에 의한 유감주술은 "같은 것이 같은 것을 낳는다"라는 것으로 유사한 속성은 유사한 결과를 도출하게 된다. 접촉의 법칙에 의한 감염주술은 "한번 접촉이 이루어진 사물은 그 후에도 서로 영향을 미친다는 논리이다. 캐서린 벨, 류성민 옮김, 『의례의 이해』, 한신대학교 출판부, 2008, 106쪽 참조.

2. 혼례 준비에 관한 민속지식

성장한 남녀가 결합하는 의례인 혼례는 배우자를 선정하는 '중신'에서부터 시작한다. 혼인적령기에 해당하는 남성과 여성이 있는 집에서는 중신을 통해 자손의 배우자를 찾는다. 중신을 통해 신랑감과 신부감이 정해지면 혼인 당사자의 부모나 조부모가 선을 보게 된다. 신랑감과 신부감을 대면한 어른들의 눈에 자손의 배우자로 적당하다 여겨지면 정식 혼인이 성사된다.

혼인이 성사되면 좋은 날을 택해 혼인할 날을 정한다. 이렇게 혼례식 날이 정해지면 본격적으로 양가兩家에서는 혼례를 치룰 준비를 하게 된다. 이 과정에서 혼인 당사자인 신랑 신부는 물론, 그 식구들에게도 적용되는 지식들이 나타난다. 송제마을 사람들은 혼례 준비과정에는 다음과 같은 지식들이 존재한다.

- 날받이하는 날 신부가 술을 마시면 남편과 합궁할 때마다 월경을 한다.
- 부모와 같은 날 혼인하지 않는다.
- 혼례 날 받고 궂은 곳에 가지 않는다.
- 혼례 날 받고 남의 잔치에 가지 않는다.

마을 사람들의 지식에는 혼례 치를 날을 정하는 '날받이'와 그 이후의 행동들에 대해 '~하지 말라'는 금지형 종결어미가 많다. 이는 혼례 날을 아무 날이나 선정해서는 안되며, 혼례를 치르는 당사자들을 나쁜 액으로부터 보호하고자 몸가짐에 유의하라는 의미로 해석할 수 있다.

혼례날을 택할 때는 마을에 한학을 잘 아는 사람이나, 용한 점집을 찾아 좋은 날을 받는다. 이 때 주의해야 할 것이 부모의 혼례날을 피해야 한다. 만약 부모와 같은 날에 혼례를 올리면 그 자손의 결혼 생활이 힘들어진다고 한다. 그래서 신랑집이나 신부집에서 택일을 하면 반드시 상대방의 집에 택일한 것에 대한 의사를 물어야 한다. 제보자 송송향 씨의 경우 택일에 대한 의사확인 절차가 순조롭게 이루어지지 못해 제보자의 부모와 같은 날 혼인하게 되었다고 한다. 그래서인지 시집살이가 힘들었으며, 결혼 후의 삶이 순탄하지 않았다고 구술하였다.3) 제보자는 어른들에게 구전을 통해 들었던 이야기를 자신이 직접 경험함으로써 확고하게 지식으로 자리잡은 경우라 할 수 있다. 때문에 지식에 대한 정확한 근거와 그것에 대한 의미해석 측면에서 전승이 이루어지지 않았다 하더라도 자신의 경험을 통해 지식의 정당성이 확보되었다고 볼 수 있다.

혼례날이 정해지면 혼례를 치를 당사자인 신랑 신부는 물론, 그 식구들은 초상이 난 곳이나 남의 잔치에 가는 것을 피해야 한다. 몇 몇 제보자의 경우, 남의 잔치에 가지 말아야 한다는 내용에 대해 강제성을 부여하지 않는다. 그러나 초상이 난 곳처럼 궂은 곳에는 출입하지 말아야 한다고 강력한 터부형 지식을 형성하고 있다. 혼례를 비롯한 잔치나 초상이 난 상갓집에는 나쁜 기운이 서려있다고 믿어져 왔다.4) 혼례를 치러야 할 당사자인 남녀에게 좋지 않은 기운이 전염되는 것을 막고자 하는 의미로 해석할 수 있다. 이를 바꾸어 말하면, 혼례를 치를 당사자는 깨끗하고 정갈한 상태로 의례에 임해야 된다는 것이다. 더불어 상가喪家에서 발생한 액이 새로운 가정을 꾸리는 사람들까지 악영향을 미칠 것이라는 두려움이 내재되었다고 볼 수 있다. 상가에 가지 말아야 하는 대상은 신랑 신부뿐만 아니라 그들의 식구들까지 확대된다. 이는 상가의 액이 사람을 통해 전염된다는 인식이 작용했음을 보여준다. 또한, 혼례가 개인에 국한된 의례가 아니라 한 가정의 의례로 여겨져 그 구성원들까지도 부정에 오염되지 않

---

3) 우리는 시어마이가 우리 오빠하고 우리 6촌 오빠하고 가 놓으이 미양먹었다 카먼 올 적에 하루 묵어가 그저 허락도 안했는데 상답을 해가지고 가지고 왔드라카이. (허락도 안했는데 가지고 왔다고요?) 그래 가지고 날을 받았다는게 우리 어매 시집 온 날을 딱 받아가지고. (엄마 시집 온 날?) 응, 부모 결혼하는 날에 안하거든. (하면 안되요?) 안하지. 그 날 비켜서 하지. 근데 우리 어매는 등신같이 기냥 보내고. 그래 내가 사는데 얼매나 힘들었는데. 송송향(여, 80세)의 제보(2015년 8월 26일, 자택)
4) 김지현, 「상장례 관련 액막이 행위에 나타난 민속지식과 그 변화」, 『신전마을 사람들의 민속과 전승지식』, 민속원, 2015, 57~60쪽 참조.

아야 된다는 것을 말해준다.

택일과 관련하여 근신해야 한다는 민속지식의 유형 중 흥미로운 사례로 이점조5) 씨의 사례를 들 수 있다. 택일에 관한 이점조 씨의 사례는 이웃의 경험을 통해 습득한 지식이다. 때문에 지식이 온전한 논리체계를 지니지 않아도, 자신이 보고 들은 것이 지식으로 승화되었다는 점에서 경험지식으로 분류할 수 있다. 신랑측에서 혼례 날을 정하면 신부의 옷감과 택일단자를 신부집에 전해 주러 사람이 오는데, 이 때 신부집에서는 술과 음식을 준비하여 신랑측 손님을 대접한다. 이렇게 신랑측에서 혼례 택일과 신부가 사용할 물건들을 가져오는 것을 '날받이'라고 한다. 술과 음식을 마련한 이 날에 신부되는 사람이 술을 마시면 혼례 이후 신랑과 합궁을 할 때마다 월경을 하게 되어 합궁을 못한다는 것이다. 때문에 날받이 할 때 신부의 집안의 어른들은 신부가 술을 못 마시도록 철저하게 감시를 했다. 이와 같은 내용은 혼례를 앞둔 신부의 행동을 금기함으로써 올바른 몸가짐과 처신을 해야 함을 의미한다.

혼례를 준비하는 여성들은 혼례식에서 입을 신랑 신부의 의례복과 혼례 후 새 부부가 사용할 이불 등을 준비해야 한다. 1950년대 초~1960년대 혼례를 치렀던 송제마을의 70대 후반~80대 초반의 여성들은 혼례복과 혼수를 집에서 직접 마련하였다. 재봉틀을 이용하여 전문적으로 바느질을 해 주는 곳이 있었지만, 혼수준비는 집에서 준비하였다. 혼수를 마련하는 데에도 민속지식이 존재한다.

- 혼수는 아무나 만져서는 안된다.
- 복 많은 사람이 혼수를 만들면 신랑 신부가 잘 산다.
- 혼수 바느질은 첫아들 놓고 부부간 사이가 좋은 사람이 해야 잘 산다.
- 과부가 혼수를 만들면 신부도 과부가 된다.

---

5) 이점조(여, 80세, 소미댁)의 제보(2015년 8월 26일, 자택).

혼수는 아무나 만들 수 있는 것이 아니었다. 혼수준비는 신부와 신부의 어머니가 직접 마련하는 경우도 있으나 대개 남의 손을 빌려 짓는 일이 많았다. 그렇다고 아무에게나 혼수를 맡기는 것이 아니었다. 혼수를 준비할 때 도와줄 수 있는 사람을 정하는 기준은 대체로 다음과 같다. 가까운 친척이나 이웃의 기혼여성들 중에서 상을 당하지 않고, 첫 아들을 낳았으며 부부간의 사이가 좋고, 인품이 좋은 사람에게 부탁하였다. 이렇게 까다롭게 사람을 선정하는 이유는 바느질된 옷이나 이불을 사용하는 사람이 새 가정을 꾸리는 신랑 신부이기 때문이다. 혼례 준비과정에 나타나는 민속지식에는 신랑신부가 행복하게 잘 살기를 바라는 하는 주변인들의 염원이 투영되어 있다. 그래서 혼례 준비과정에 개입할 수 있는 사람은 신랑신부의 미래 본보기가 될 수 있는 사람들로 한정된다. "과부가 혼수를 만지면 신부도 과부가 된다."는 지식은 만든 사람의 기운이 그대로 사용하는 사람에게 전달된다는 것을 극명하게 보여준다. 때문에 첫아들을 놓고 내외간에 사이가 좋은 사람들의 좋은 기운을 신랑 신부에게 고스란히 전달된다고 믿어 온 것이다. 그래서 이웃이나 가까운 친척에서 혼수를 마련하더라도 자신의 상황이 좋지 않으면 스스로도 바느질에 참여하지 않았다. 이러한 내용들은 한 개인에게 한정된 것이 아니라 혼례를 치룬 여성들이면 모두 공유하고 있는 지식이다. 주변 어른들과 비슷한 연령대의 사람들을 통해 지식을 습득한 사람들은 혼례를 치루는 사람들을 위해 스스로 경계하며 그들의 앞날을 축복했다.

3. 혼례식에 관한 민속지식

이 장에서는 혼례식에 나타나는 민속지식을 살핀다. 이 글의 제보자들은 모두 신부집에서 혼례를 치렀다. 그러나 송제에서 치러진 혼례식에 참여한 경험이 있어 조사의 대상자로 보아도 무방하다고 판단되며, 친정에서 형성된 혼례지식이 송제마을에서 전승되는 지식과 일치하여 구별 없이 서술하려 한다.

- 신부 치장은 복 있는 사람이 해 준다.
- 신부 화장은 주변에 복 많은 사람이 해 줘야 시집가서 잘 산다.

　신부는 혼례 당일 새 옷을 입고 단장을 한다. 전문적으로 화장을 해 주는 곳이 없던 1950년 초반에서 1960년대 초반에는 신부의 화장을 친척의 여성이나 마을의 여성들 손에 맡겼다. 신부의 치장에는 혼수 마련 지식과 같이 아무나 화장을 해줄 수 있었던 것이 아니었다. 이 역시도 부부금슬이 좋고 첫아들을 낳아 결혼생활을 잘 하고 있는 복이 많은 여성에게 주어졌다. 묵계댁인 전차란6) 씨는 시집온 이후 손재주가 좋기로 마을에서 소문이 자자했다. 결혼 후 첫아들을 낳은 뒤 송제 마을에서 꼬꼬재배를 올리는 신부의 눈썹을 그려주고 연지를 발라주는 등 신부의 치장을 여러 차례 맡았다.

　신부는 화장이 끝나면 혼수로 준비한 치마저고리를 입고 그 위에 원삼과 족두리를 쓴다. 신랑은 신부집에 도착하여 혼례복으로 갈아입고 식이 시작될 때 까지 이웃집 사랑에서 기다린다. 신랑과 신부의 치장과 환복이 모두 끝나면 식을 시작한다.

- 신부는 초례상에 나갈 때 발을 디디면 안된다.
- 신부가 초례상에 나갈 때는 오빠나 남동생이 안고 가야한다.

　신랑은 신부집 대문에서 입장을 하는데, 이 때 양손에 채를 들고 들어온다. 신랑이 초례청에 들어오고 전안례를 하면 그 때서야 신부는 초례청

---

6) 전차란(여, 81세, 묵계댁)의 제보(2015년 8월 14일, 자택).

으로 나올 수 있었다. 신부가 초례청으로 나올 때 발이 땅에 닿으면 안된다는 민속지식이 전승된다.

　　잔챗날[잔치날]에는 동네사람들이 쭉 모여가 병풍넘에[넘어에] 있다가 전부 옷 다 입혀가 비녀 찌르고 족두리 쓰여가지고 나오는거지. (방에서 나올 때 걸어나오세요?) 문 앞에 나와가 있으면 우리 오빠가 있으니깐 안고 예식장에 데려다 놓지. (혼례상 앞에까지 데려다 주는거에요? 땅 딛지 말라고?) 예, 오빠나 아버지가 안아다가 지 자리에 서 주지.7)

〈사진 1〉 이점조 씨의 혼례식 사진

　　민속지식에 의해 이점조 씨는 혼례 때 오빠에게 안겨 초례상 앞에 섰다. 만약, 남자형제가 없으면 신부의 아버지에게 안겨 초례상에 자리하게 된다. 이점조 씨뿐만 아니라 송제마을의 다른 제보자들에게도 이와 같은 지식이 형성되어있다. 송제 마을로 시집온 여성이나, 송제마을에서 행해졌던 혼례를 본 적이 있는 제보자들은 신부가 안겨서 초례상으로 걸어 나가는 것을 매우 당연하게 여겼다. 그 이면에는 신부가 걸어서 초례상에 나아가는 것을 꺼리는 인식이 존재했음을 알 수 있다. 신부는 새로운 단계로 나아가는 성스러운 존재로서, 신부가 땅을 디디는 것 자체를 부정하다고 여겼다.8) 때문에 부정과

---

7) 이점조(여, 80세, 소미댁)의 제보(2015년 8월 26일, 자택).
8) 국립문화재연구소, 『한국인의 일생의례』 충청남도 편, 국립문화재연구소, 2009, 456쪽

접촉을 금지하고자 신부를 안아서 초례상에 나아가게 했고, 이것이 지식으로 고착된 것이다.

- 신랑 신부를 도와주는 사람은 아무나 해서는 안된다.
- 신랑 신부 옆에 있는 사람은 덕 있는 사람이 해야 부부가 잘 산다.

신랑과 신부가 초례상을 중심으로 각각 북쪽과 남쪽에 자리 잡으면 본격적으로 초례가 시작된다. 초례청에는 신랑과 신부를 도와주는 역할을 하는 사람이 있는데, 이 사람들은 신부의 일가—家나 마을의 여성들 중에서 선정된 사람들이다. 신랑과 신부가 손을 씻거나 술을 잔에 따르고 절을 하는 등의 행위를 옆에서 도와주는 역할을 한다. 두 남녀의 사회적 결합의 례인 초례에서 신랑과 신부는 가장 성스러운 존재가 된다. 때문에 신랑과 신부를 도와주는 역할을 하는 사람들은 집에 상喪이 나지 않은 부정이 없는 여성이어야 하며, 부부간에 사이가 좋고 첫아들을 낳은 여성에게 이 역할을 맡겼다.

4. 신행에 관한 민속지식

여자 집에서 혼례를 치른 남녀는 혼례를 치른 당일에 남자 집으로 가는데, 이를 '도신행'이라 한다. 도신행을 한 이점조 씨는 시어머니가 몸이 불편하여 혼례를 치른 날 바로 시댁으로 왔다고 한다. 이런 경우를 제외하면 4명의 제보자들은 며칠 동안 친정에 머물다가 신행을 가는데 대개 3일을 머물렀다고 한다. 이렇게 혼례를 치르고 바로 시댁으로 가지 않고, 친정집에 머물다가 신행가는 것을 '묵신행'이라고 한다.

신행과 관련한 지식은 친정집을 떠나기 직전부터 신랑집 안채에 들어서는 순간까지의 지식을 말한다. 이 일련의 과정에는 다양한 전승지식이 존재한다. 먼저 신행을 떠나기 전 신부집에서 행해지는 행위에 대한 지식을 살펴보면 아래와 같다.

- 신행가기 전에 솥뚜껑을 만지거나 들어 돌리면 시집가서 잘 산다.
- 신부는 신행 갈 때 요강안에 찹쌀, 팥, 계란을 넣어 가야 자손을 많이 낳는다.

신부는 친정집을 떠나기에 앞서 부엌에 들려 부뚜막에 걸려있는 솥뚜껑을 만지거나 들어 올리는 등 솥뚜껑과 접촉하는 행위를 한다. 제보자들은 공통적으로 솥뚜껑과 관련된 행위를 한 이후에 길을 떠날 수 있었다고 한다. 이와 관련하여 구체적인 행위에 대한 차이가 나타나는데, 크게 두 가지로 나눌 수 있다. 먼저 솥뚜껑을 세 번 쓰다듬는 형이다. 이와 달리 솥뚜껑을 들어 왼쪽으로 세 번 돌리는 형이다. 이러한 차이는 구전에 따른 전승에 의한 것이다. 같은 지역에서 시집을 온 제보자들에게서도 행위의 구분이 나타난다. 제보자들은 솥뚜껑과 관련된 행위를 집안 어른들에게 전해 들었다고 한다. 몇몇의 사례로 일반화 하는 것에 다소 무리가 있지만, 행위에 대한 차이는 지역 보다 집안에 따라 차이가 나는 것으로 볼 수 있다.

솥뚜껑과 관련된 행위를 하는 이유에 대해서 제보자들은 '어른들이 알려줘서 한다.'라고 구술한다. 즉, 어른들은 새신부에게 행위에 대한 전승만 지시했을 뿐, 그와 관련한 의미에 대한 전승은 이루어지지 않았다는 것을 알 수 있다. 제보자들의 해석에 따르면, 솥뚜껑을 만지거나 돌리는 행위는 시집가서 잘 살라는 의미라고 말한다. 새신부가 시집가서 잘 살았으면 좋겠다는 어른들의 마음이 솥뚜껑에게 투영된 것으로 해석할 수 있다. 크고 둥근 솥뚜껑의 모습에서 비롯된 것으로, 새로운 삶을 살아야 하는 여성에게 어른들의 마음이 투영된 물체를 만지게 함으로써 그와 유사한 형태로 나아갈 수 있다는 유감주술적 사고가 투영되었다.

신부의 친정어머니는 신행가는 딸에게 요강을 들려 보내는데, 요강

안에는 찹쌀, 팥, 계란을 넣는다. 요강 안에 넣는 내용물들은 모두 음식의 재료들로 그 나름의 상징을 갖는다. 아래의 채록본은 권일호 씨가 구술한 것으로 요강 안에 넣는 내용물에 대한 해석이 담긴 자료이다.

> 요강에 쌀 담아가지고 계란을 옇고, 아 많이 낳으라카던가. 아들놓으라카던가 그래가 요강 안에 계란 옇고 찹쌀 옇줘. 팥하고. 요강에 이렇게 담아가 와. 사흘만에 찰밥하데. 그 쌀 가지고. 찹쌀은 인제 하마 끈끈하게 정있게 살라고 하고. 왜 팥은 나쁜거 없앤다고. 그래 해먹는거지.9)

권일호 씨의 해석에 따르면, 계란은 자식을 의미하며, 팥은 부정을 물리치고, 찹쌀은 시댁과의 끈끈한 관계를 상징한다. 이러한 해석은 식재료가 갖는 모양과 성질에 관한 지식을 기반으로 한다. 각각의 음식에 내포된 의미 중에서도 새 가정을 형성하는 여성에게 의미 있는 음식들을 보냈다는 것을 알 수 있다. 시집 온 신부는 3일 만에 부엌에 나가 처음으로 밥을 짓는다. 이 때 자신이 신행을 때 가져온 찹쌀과 계란, 팥을 이용해 찰밥을 짓고 식구들과 나누어 먹는다.

- 성황당을 지나 신행가는 신부는 손에 쥐고 있던 소금을 뿌려 액을 물리친다.
- 성황당을 지나 신행가는 신부는 손에 쥐고 있던 팥을 뿌려 액을 물리친다.
- 성황당을 지나 신행가는 신부는 침을 3번 뱉어 액을 물리친다.
- 성황당을 지나 신행가는 신부는 돌을 3번 던져 액을 물리친다.

만약 신행가는 길에 성황당이 있다면, 성황당 앞에서 액을 물리치는 행위를 반드시 해야만 한다. 사람들의 인식 속에 성황당에는 잡신이 서려 있다고 여겼고, 그 기운이 신행가는 신부를 따라간다고 믿었기 때문이다.

---

9) 권일호(여, 76세, 덕동댁)의 제보(2015년 1월 23일, 자택).

그래서 친정 어른들은 신행을 가는 신부에게 액을 물리치는 일종의 액막이 방편을 전승하였고, 신부의 손에 액을 쫓아주는 제액물除厄物인 소금이나 팥을 쥐어 보냈다. 신부는 제액물을 손에 쥐고 신행을 가다가 성황당 앞에 뿌리거나, 혹은 침을 3번 뱉거나, 아니면 돌을 3번 던져 잡귀가 자신을 쫓아오지 못하도록 막았다.

　　신부는 신랑집 삽작에 피워놓은 짚불을 차고 들어와야 한다.
　　신부는 신랑집 삽작에 피워놓은 짚불을 넘고 들어와야 한다.

　위의 내용은 신부가 시집에 도착한 이후에 행해지는 행위에 관한 지식들이다. 시집에 도착한 이후에 행해지는 행위에 대한 지식의 주체는 크게 신부, 시부모, 대반에 관한 지식들이다. 먼저 신부에 관한 지식을 살펴보면, 시집에 도착한 신부는 반드시 신랑집 대문 앞에 놓인 짚불을 차고 들어와야 한다. 이는 송제마을로 신행을 온 여성들 모두 이 과정을 거쳤으며, 주민들에게는 경험지식으로 존재한다. 다만, 짚불을 차는 주체는 때에 따라 신부가 아닌 사람일 수 있다. 신부의 가마가 신랑집 대문을 넘어 마당에 내릴 경우 가마에 타고 있는 신부 대신 가마꾼이 짚불에 관한 행위를 하게 된다. 그러나 대개 신부는 신랑집 삽작 앞에서 가마에 내리기 때문에 많은 주민들은 신부가 직접 이런 행위를 했다고 기억한다. 가마에서 내린 신부가 신랑집으로 들어가기 전에 행했던 행위는 신부에게 따라 올 잡신의 존재를 퇴치하는 것으로 해석할 수 있다. 따라서 신랑집 앞에 피워놓은 짚불은 그 자체로 정화를 상징하며, 신부를 짚불과 접촉시키거나, 이것을 뛰어넘게 함으로써 신부를 신성한 존재로 변화시키는 의례행위로 인식할 수 있다.

- 신부와 운이 맞지 않는 시부모는 신부가 신행 올 때 굴뚝 뒤로 숨는다.
- 신부와 운이 맞지 않는 시부모는 신행오는 신부를 보면 신부가 불행하다.

신부가 가마에서 내려 짚불을 차거나 뛰어 넘어 방 안으로 들어갈 때까지 시어머니와 시아버지는 이런 광경을 보지 못 할 경우가 발생한다. 신행오는 며느리와 시어머니 혹은 시아버지간에 운이 맞지 않을 때 시어머니나 시아버지는 뒤안이나 굴뚝 뒤로 피해 있어야 한다.

(며느리랑 시어머니랑 운이 안맞으면 며느리 들어오는거 보면 안된다고 하던데요.) 뭐 며느리 보면 시어머니가 굴뚝머리 가가지고 바라고 있다카던데, 우리 시어머니는 그것도 안하고. 그저 아들 얼굴 볼라카고 그래 나와 있었지. 그래가 집도 찢어지게 가난하고 시집살이도 엥간히 시키고.[10]

실제로 이 지식에 관한 사례는 송송향 씨 사례에 잘 나타난다. 송송향 씨의 구술자료에 의하면, 신부와 운이 맞지 않은 시어머니는 굴뚝 뒤로 피해 있어야 하는데, 송송향 씨의 시어머니는 그렇게 하지 않았다. 제보자는 그래서 자신의 결혼생활이 평탄하지 않았으며, 더욱이 고부간의 사이가 좋지 못했다고 구술한다. 신행오는 신부와 운이 맞지 않는 시어머니나 시아버지는 굴뚝이나 뒤안으로 피해있어야 한다는 지식이 전승됨에도 불구하고 송송향 씨의 경우는 그 지식이 이행되지 않은 사례이다. 그 결과 자신의 결혼생활에 많은 장애가 있었다고 인식하는 송송향 씨를 통해서 혼례에 관한 지식의 이행이 신부의 앞날과 밀접한 관련을 맺고 있음을 알 수 있다.

- 신부가 가마에서 내리면 감주를 먹인다.
- 감주는 문지방 넘어서 먹는다.

신부가 방 안으로 들어가면 사람들은 신부에게 감주를 먹인다. 낯선 공간으로 들어 온 신부들은 주변에서 마시라고 내민 감주의 의미를 차마

---

10) 송송향(여, 80세)의 제보(2015년 8월 26일, 자택)

묻지 못한 채 주어진 대로 마실 수밖에 없었다. 때문에 혼례를 치른 여성들은 안방으로 들어서면 감주를 마셔야 한다는 행위에 대한 지식을 경험을 통해 습득하게 되었지만, 그 의미에 대한 이해가 이루어지지 않았다. 김명희11) 씨는 가마에서 내려 시댁 안채의 문지방을 넘어서자마 대반이 감주를 먹었다. 감주를 먹는 행위는 어느 집이든 신부를 맞이하는 신랑집에서는 반드시 준비해야 하는 음식이었고, 신행 온 신부 역시 이 감주는 반드시 먹어야만 하는 음식이었다. 그 당시 감주를 먹이는 의미에 대해 알 수 없었으나, 세월이 지난 지금 단맛이 나는 감주의 특성에서 착안하여 '힘든 시집살이 하지 말라'는 의미로 해석한다. 김명희 씨의 해석에 따르면 일반 물이 아닌 단맛이 나는 것을 갓 시집온 사람에게 주었다는 점에서 신부의 앞날에 대한 축원의 의미를 담아 마시게 한 것으로 생각할 수 있다. 즉, 쓰고 고된 시집살이가 아닌 감주처럼 달달하길 바라는 긍정적인 힘을 부여하고자 신부에게 감주를 먹였다고 여겨진다. 이외에도 가마를 타고 온 신부에게 먹였다는 점에서 갈증이나 멀미를 해소시키는 기능을 했으리라 짐작할 수 있다.

- 좋은 대반을 앉혀야 새사람이 잘 산다.
- 대반은 첫아들 놓고 남편과 사이좋은 사람으로 앉힌다.

신부에게 감주를 건네주는 사람을 제보자들은 '대반'이라 부른다. 송제 사람들은 대반 선정에 조건을 부여하며 그들의 역할에 의의를 부여한다. '대반'의 조건은 기혼 여성을 우선으로 선정하는데, 신부의 혼수를 도와주거나 신부에게 화장을 해 주었던 여성들처럼 결혼 후 첫아들을 낳고 남편과의 사이가 돈독한 여성을 선정한다. 이에 더하여 인물 좋은 사람을 선정하기도 한다. 대반은 신랑측의 친인척에서 선정하는데, 만약 마땅한

---

11) 김명희(여, 70세)의 제보(2015년 8월 26일, 마을회관).

사람이 없을 경우 마을의 기혼 여성 중에서 찾기도 한다. 대반은 신부에게 감주를 먹여주거나, 신랑집에서 신부를 위한 음식을 먹을 때 신부 옆에서 음식을 권하는 역할을 한다. 신부의 곁엣 안내 역할을 하는 것이다. 안내자 역할을 하는 대반에 대한 민속지식의 형성은 대반으로 앉게 된 사람의 좋은 기운이 신부에게 전염되길 바라는 염원에서 비롯된 것이라 해석할 수 있다. 복과 덕을 갖추고 가정이 화목한 여성의 안내를 받게 함으로써 신부도 그 여성과 같은 길을 갔으면 하는 바람이 투영된 것으로 보인다. 때문에 대반을 앉히는 것에 대한 민속지도 결국 신부의 앞날과 새로이 형성될 가정에 대한 복을 축원하고자 하는 의도로 이해할 수 있다.

5. 혼례절차에 나타나는 민속지식의 의미

송제 사람들이 구술한 혼례 행위에 대한 민속지식을 정리하면 크게 두 갈래로 나눌 수 있다. '~해야 한다' 혹은 '~해야 좋다'는 긍정의 의미를 나타내는 '권유형 지식'과 이와는 반대로 '~하면 안된다.', '~하면 좋지 못하다.'는 부정적 결과를 암시하는 '터부형 지식'이 존재한다. 이 권유형 지식과 터부형 지식은 혼례 당사자인 신랑 신부는 물론 그들의 식구들의 행위에 대한 것으로, 혼례를 준비하는 이들에게 행위 규범의 지침이 된다. 이 내용을 정리하면 아래 표와 같다.

〈표 1〉 혼례 관련 지식 행위 분류 표

혼례 절차	행위 내용	권유형 지식	터부형 지식
혼례 준비	날받이하는 날 신부가 술을 마시면 남편과 합궁할 때마다 월경을 한다.		√
	부모와 같은 날 혼인하지 않는다.		
	혼례 날 받고 궂은 곳에 가지 않는다.		√

	혼례 날 받고 남의 잔치에 가지 않는다.		√
	혼수는 아무나 만져서는 안된다.		√
	복 많은 사람이 혼수를 만들면 신랑 신부가 잘 산다.	√	
	혼수 바느질은 첫아들 놓고 부부간 사이가 좋은 사람이 해야 잘 산다.	√	
	과부가 혼수를 만들면 신부도 과부가 된다.		√
혼례	신부치장은 복 있는 사람이 해 준다.	√	
	신부 화장은 주변에 복 많은 사람이 해 줘야 시집가서 잘 산다.	√	
	신부는 초례상에 나갈 때 발을 디디면 안된다.		√
	신부가 초례상에 나갈 때는 오빠나 남동생이 안고 가야한다.	√	
	신랑 신부를 도와주는 사람은 아무나 해서는 안된다.		√
	신랑 신부 옆에 있는 사람은 덕 있는 사람이 해야 부부가 잘 산다.	√	
신행	신행가기 전에 솥뚜껑을 만지거나 들어 돌리면 시집가서 잘 산다.	√	
	신부는 신행 갈 때 요강안에 찹쌀, 팥, 계란을 넣어 가야 자손을 많이 낳는다.	√	
	성황당을 지나 신행가는 신부는 손에 쥐고 있던 소금을 뿌려 액을 물리친다.	√	
	성황당을 지나 신행가는 신부는 손에 쥐고 있던 팥을 뿌려 액을 물리친다.	√	
	성황당을 지나 신행가는 신부는 침을 3번 뱉어 액을 물리친다.	√	
	성황당을 지나 신행가는 신부는 돌을 3번 던져 액을 물리친다.	√	
	신부는 신랑집 삽작에 피워놓은 짚불을 차고 들어와야 한다.	√	
	신부는 신랑집 삽작에 피워놓은 짚불을 넘고 들어와야 한다.	√	
	신부와 운이 맞지 않는 시부모는 신부가 신행 올 때 굴뚝 뒤로 숨는다.	√	
	신부와 운이 맞지 않는 시부모는 신행오는 신부를 보면 신부가 불행하다.		√
	신부가 가마에서 내리면 감주를 먹인다.	√	
	감주는 문지방 넘어서 먹는다.	√	
	좋은 대반을 앉혀야 새사람이 잘 산다.	√	
	대반은 첫아들 놓고 남편과 사이좋은 사람으로 앉힌다.	√	

이 표에서 알 수 있듯이 송제마을에서 전승되는 혼례문화에 대한 민속지식은 권유형 지식과 터부형 지식이 공존한다. 같은 행위라도 권유형과 터부형이 나란히 나타나 행위에 대한 규율을 강조하게 되는 것이다.
　송제 마을에서 전승되는 혼례문화에 관한 지식, 특히 액을 막고 새로운 가정을 꾸리는 신랑과 신부에 관한 지식에 대해서는 주술적 해석이 두드러진다. 신성한 것을 더욱 신성하게 하며, 부정한 것에 대한 전염을 막기 위한 방편은 주술논리에서 기인한 것이다.
　두 갈래로 구분되는 지식의 주체를 보면, 신부가 중심이 되고 신부의 이동에 따라 그 가족들에 대한 지식의 주체로 변화됨을 알 수 있다. 즉, 시집을 가기 전 혼례 준비 사항에는 신랑측에 관한 지식 보다 신부 및 신부의 가족들에 대한 지식이 주를 이룬다. 그러나 혼례를 치른 후 신부가 시집으로 신행을 가게 되면서 행위 규범의 주체는 신부의 친정부모에 대한 지식은 존재하지 않으며 신랑측 부모에 대한 지식이 형성된다. 신부의 공간이동에 따라 민속지식의 주체도 변화되는 것이다.
　하지만 신랑에 관한 민속지식은 여전히 존재하지 않는다. 실제 혼례를 치른 남성들의 인식 속에 여성들과 같은 지식이 나타나지 않는다. 그 이유에 대해 추론해 보면 혼례 당사자가 어디로 귀속되느냐와 연관지어 생각해 볼 수 있다. 혼례 후 시댁의 사람이 되어야 하는, 즉 시집에 귀속되어야 하는 것을 당연하게 여겼던 당시 사람들의 인식에서 비롯된 것이라 여겨진다. 제보자들은 모두 혼례 후 시부모와 한 집에서 거주하는 시집살이를 했다. 거주 형태로 봤을 때 남성이 처가에 귀속되는 것 보다 여성이 시집에 귀속되는 형태가 적어도 송제마을에서는 당연시 여겨졌다. 때문에 기존의 구성원이었던 신랑에 대한 별다른 지식은 존재하지 않았던 것으로 추론할 수 있다. 반면에 신부는 외부에서 유입되는 존재로 제3의 가족구성원이 혼례를 통해 신랑측 가족의 구성원으로 변화되어야 한다는 인식이 팽배했다. 때문에 신랑에 관련한 별다른 민속지식이 존재하지 않은 것이며, 동시에 신부에 대한 입사의례적 의미가 부각된 것이다.

혼례에서 신부를 비롯한 여성의 역할은 남성에 비해 두드러진다. 혼례가 가정 탄생의례라는 점에서 볼 때 여성의 역할이 중요한 위치를 차지한다고 말 할 수 있다. 여성이 비록 시집에 귀속되는 존재로 인식되지만, 그 내면에는 새로운 가정을 생성하는 주체로 인식된다. 때문에 신부를 나쁜 기운으로부터 접촉을 막는 것에 만전을 기했고, 이것이 민속지식으로 나타나게 된 것이다. 신부가 혼례시 입을 의례복과 혼례 후 사용할 물건, 혼례 때 신부를 치장해 주는 사람, 그리고 신행 후 신부를 돕는 대반 등에 관한 민속지식을 통해 봤을 때 신부의 존재는 성스러운 존재로 여겨졌다.

이 글에서는 70대~80대의 남녀를 제보자로 삼아 그들의 혼례에서 민속지식을 통해 당시 혼례를 치르는 당사자뿐만 아니라 그 주변인, 즉 가족과 친지, 마을 사람들이 혼례에 어떻게 참여했는가를 살펴 볼 수 있었다. 다만 이 글의 초점이 50~60년 전의 민속현상에 초점이 맞춰져 오늘날에는 혼례지식이 어떻게 변모했고, 그에 기인한 인식과 사회적 배경을 읽을 수 없었다는 점이 한계점으로 남는다. 이 부분은 추후 재조사를 통해 논의를 더욱 진전시킬 수 있어 훗날의 과제로 남겨 놓으며 글을 매듭짓고자 한다.

| 참고문헌

국립문화재연구소, 『한국인의 일생의례』 충청남도 편, 국립문화재연구소, 2009.
김지현, 「상장례 관련 액막이 행위에 나타난 민속지식과 그 변화」, 『신전마을 사람들의 민속과 전승지식』, 민속원, 2015.
박동철, 「청운마을 혼례문화의 지속과 변화에 관한 연구」, 안동대학교 대학원 석사학위논문, 2006.
캐서린 벨, 류성민 옮김, 『의례의 이해』, 한신대학교 출판부, 2008.

제사 예법 전수와 기제사의 진설 방식에 나타난 민속지식
― 길안면 송사1리 송제를 중심으로 ―

정영준
안동대 민속학과 석사과정 2학기

1. 머리말

'민속民俗'은 영어로 'Folklore'인데, 이는 1846년 영국의 고고학자인 W. J. Thoms.(1803~1885)가 처음 주창한 용어로, '민民' 이나 '민중民衆'을 의미하는 'Folk'와, '학문·연구' 또는 '전승 지식'을 의미하는 'Lore'로 구성된 합성어이다. Thoms는 민간에 전해지는 전통 신앙·전설·풍속·생활양식·관습·종교 의례·미신·민요·속담 등을 모두 포괄하고, 서민들이 가진 그것들에 관한 전승 지식을 총칭하는 '민간의 지식The learning of the people'라는 의미에서 '민간 구습'과 '민간 문예'의 의미를 함축시켜 민속을 'Folklore'라고 명명하였다.[1]' 이러한 민속의 어원을 통해서도 짐작할 수 있듯이, 민속은 곧 '민속 지식' 또는 '전승 지식'으로 바꾸어 말할 수 있고, 민속 지식은 그 범주가 매우 광범위하다고 할 수 있다.

---

[1] 민속학회, 『한국 민속학의 이해』, 문학아카데미, 1994, 18~19쪽; 이두현·장주근·이광규, 『한국 민속학 개설』, 일조각, 2004, 15~16쪽.

본고에서 다루고자 하는 대상은 우리나라의 대표적인 풍속·관습이자 종교 의례인 '제사祭祀'이다. 태초부터 인류는 초자연적 존재에 대해 이러한 의례적 행위를 끊임없이 거행해 왔다. 우리나라에서는 고려 말에 성리학이 수용되고, 『소학小學』과 『주자가례朱子家禮』가 중국에서 전래되면서, 유교가 국가의 통치 이념이었던 조선 시대에는 교화 단위인 가족을 대상으로 가례가 장려되어 점차 유교식 제사가 점차 사대부가의 실천 규범으로 인식됐고, 17세기 이후에는 이것이 민간에 널리 보급되어 '가가례家家禮'로 정착됐다.

조선 시대에는 『경국대전經國大典』「예전禮典」·『국조오례의國朝五禮儀』·『국조속오례의國朝續五禮儀』, 일제 강점기에는 「의례 준칙儀禮準則」, 현대에는 「가정의례 준칙家庭儀禮準則」 등을 거치면서 제사는 그 영향을 받아 변화하면서 그 모습을 점차 달리해 왔다. 하지만 제사는 다른 의례에 비해 상대적으로 이전의 형태를 비교적 잘 유지해 왔고, 현재에도 후손이 조상에 대한 추모·숭배의 의미에서 그 예를 실천하고 정성을 실현하는 의례로 여겨진다. 그런데 이러한 제사는 각 지역이나 각 집안별로 상이한 가가례 형식으로 존재했는데, 근래에는 사회적·경제적으로 간소화되어 제사의 외적 측면이 많이 변화하면서, 가가례 또한 적지 않은 변화가 나타났다. 이러한 추이를 보인 제사에는 제물을 통해 조상에 대해 공경·정성을 표시하는 의미가 예법인 제차祭次로서 구체화되어 드러나고, 한국 사회에서 여전히 중시되는 유교적 덕목과, 집안에서의 사회적 관계가 드러나는 예법의 자리이기도 하다. 그러므로 제사 예법에 관한 지식 또한 민속 지식의 범주에 들어간다고 할 수 있다. 왜냐하면 제사에는 각 지역과 각 집안별로 오랫동안 적층되어 온 가가례라는 제사 예법 지식이 현재에도 세대 간에 전승되어 왔고, 이러한 제사 예법 지식에는 유교적 동족 관계와 동족 의식이 반영되어 있기 때문이다.

본고에서는 이러한 제사 예법 지식을 경상북도 안동시 길안면 송사1리 송제의 사례를 통해 자세하게 탐구할 것이다. 우선 제사 예법 지식의 전수와, 그 속에서 나타난 민속 지식의 전승 양상에 대해 알아보고, 다음으로 기제사의 진설 방식 속에 나타난 민속 지식을 예서에 기록된 진설 방식과의 비교를 통해 살펴볼 것이다. 참고로, 제사의 여러 종류 가운데서 가제家祭로서 가장 많이 행해지는 기제사를 중심으로 알아보고자 하였고, 길안면 송사1리 송제 내에서 기제사에 대한 숙지도와 이해도가 높고, 그에 대한 기억이 뚜렷한 토박이 남성들2)을 중심으로 현지 조사를 진행했으며, 본고 또한 이를 바탕으로 작성하였음을 서문에서 미리 밝혀 둔다.

2. 제사 예법 전수에 나타난 민속지식의 전승 양상

우리는 현재 일상생활에서 여러 경로를 통해 제사 예법 지식을 쉽게 접할 수 있는 시대에 살고 있다. 요즈음은 필요할 때마다 예서, 대중 매체, 인터넷·모바일 등을 통해 입수한 정보들을 취합하고 정리하여 각자의 목적이나 의도에 맞게 활용하는 것이 일반화되었다. 그만큼 제사 예법 지식을 쉽게 접할 수 있는 시대에 살고 있지만, 정보 통신 수단이 잘 갖춰지지 않았던 예전에는 제사 예법 지식은 구술을 통해서 접할 수밖에 없었.

특히 사회적 환경이 비교적 잘 갖춰지지 않았던 상태에 놓여 있던 1950~1960년대만 해도 농촌 지역에서는 남아의 경우, 의무 교육인 국교 國校 6년의 초등 교육만을 이수한 채 졸업하면서 사실상 학교생활을 마무리하고, 이와 동시에 곧바로 사회생활을 시작하는 단계에 접어든 경우가 많았다. 그래서 대부분 이 시기를 전후하여 사회생활을 영위하기 위한 각종 민속 지식들을 집안 어른들로부터 전수받는 경우가 많았기 때문에, 이

---

2) 경상북도 안동시 길안면 송사1리 송제의 토박이인 제보자들을 열거하면 다음과 같다.
김재환(남, 80세)·이점조(여, 80세) 씨 부부, 임정태(남, 79세)·김순득(여, 75세) 씨 부부, 김세동(남, 78세) 씨.

시기에 그러한 일련의 과정 속에서 제사 예법 지식이 세대 간에 전수되는 것 또한 본격화되었다.

> 제보자 : 형님(故 김재동 씨)이 21~22살(1949~1950)쯤 됐을 때 제사 지내는 법을 그렇게 거의 다 배웠다고. 제사 지내는 옛날 풍속을 10~12살 이상 되면 다 가르쳐 줬어. (국민)학교에 들어가서 철들면서부터 제사에 참석하잖아. 그러면 그걸 배우게 되는 거 아냐. 그래서 다 알고 지냈고. 한 열 몇 살 먹으면 다 그런 걸 먼저 배웠지. (형님은) 제사 지낼 때마다 하는 걸 보고 배우고 그랬지. 제사는 아버지께서 돌아가시고 나서(1950)부터 계속 지냈는데, 형님이 그때부터 다 배웠지. 계속 큰집(에서) 종가 제사 지낼 때 참석했잖아.3)

김세동 씨는 손위에 9살 터울의 큰형인 故 김재동 씨가 있었는데, 1950년에 한국 전쟁으로 인해 부친이 작고한 후에 집안의 장남인 큰형이 선친을 대신해서, 기제사 등의 집안 제사를 22세 때부터 주관하였다. 하지만 큰형이 제사를 본격적으로 전수받기 시작한 것은 제사를 주관하게 된 시기보다 훨씬 이전인 초등학교(국민학교) 고학년 무렵인 10대 초반부터였다.

김세동 씨에 따르면, 당시에 남아들은 대개 초등학교 고학년인 10대에 접어들면서부터 제사에 참석하기 시작하였고, 집안 어른들을 따라 제사 예법을 직접 행하면서 집안 제사에 대해 점차 배우기 시작했다고 한다. 그렇게 10대가 지나면서 제사 예법을 어느 정도 내면화에 따라 점차 제사 예법의 전수가 마무리되고, 성인이 되는 20세 무렵을 전후로 전수가 마무리되면서 제사 예법의 대부분을 숙지하였고, 혼인 이후에는 큰형이 제사를 주관할 때마다 본격적으로 제관으로서의 소임을 다하기 시작했다고 한다.

---

3) 김세동(남, 78세) 씨의 제보(2015년 7월 25일, 자택).

제보자 : 16살 때(1951)부터 (배웠어). (혼인) 전에는 어릴 때라도 어른들하고 같이 (제사를) 지내면서, 차차 한두 가지씩 더 배워 가지고 그렇게 지냈지. 어렸을 땐 상 차리는 것도 어머니께서 (직접) 차려서 진설해 가지고 지냈지. (그렇게 집안) 어른들을 따라하다 보니, 거의 실수도 없었지. (19세(1954)에) 장가가서 원칙적으로 다 알았지.4) (시집와서) 처음에는 어른이 시키신 대로 제사 지냈는데, 우리 시아버님이 무언가를 꼭 사야 하는 건 알고 그래서 (배웠지). (그런데) 시집와서 2년 만(1956)에 시아버지께서 돌아가셨어. 그래서 시어머니한테서 배우고, 친정에서 클 적에 보고, 그렇게 한 것뿐이야. 아무런 책도 없었지.5)

집안의 맏아들이었던 김재환 씨는 16세 때(1951)부터 제사에 참여하면서 제사 예법 지식을 전습받기 시작했다. 김재환 씨에 따르면, 자신이 장가가기 전까지는 집안 어른들과 함께 제관으로 참여하면서, 선친으로부터 제사 예법 지식을 조금씩 습득하였다고 한다. 그러다가 19세(1954)이 될 무렵, 김재환 씨는 이점조 씨와 백년가약을 맺은 후에 제사 예법 지식을 습득하는 과정이 마무리하였고, 그 시기를 전후로 하여 제사를 선친으로부터 물려받으면서 본격적으로 제사를 주관하기 시작하였다. 또, 김재환 씨의 부인인 이점조 씨는 혼인 이전부터 친정에서 제사 예법에 대해 어느 정도 숙지하고 있었고, 혼인 이후에는 시가에서 시부모님으로부터 시집에서 지내는 제사에 대해 배웠으며, 친정과 시가 모두 제사 예법이 전반적으로 비슷했다고 한다. 그러다가 결혼 2년 후(1956)에 시아버지가 별세하면서 김재환 씨가 본격적으로 기제사를 비롯한 집안 제사를 주관하였다.

---

4) 김재환(남, 80세) 씨의 제보(2015년 7월 13일, 자택).
5) 이점조(여, 80세) 씨의 제보(2015년 7월 13일, 자택).

김재환 씨는 김세동 씨의 형인 故 김재동 씨의 사례에 비해서 상대적으로 제사 예법 지식을 습득한 시기가 약간 늦었지만, 이 역시 10대에 제사에 참여하기 시작하면서 전수받기 시작했다는 것을 짐작할 수 있다. 이렇게 김재환 씨 또한 제사에 참여하면서 어른들을 통해 직접 보고 배우는 학습 과정을 거친 후, 성인기에 접어드는 20대에, 특히 결혼식을 치른 이후에 본격적으로 제사를 주관하는 역할을 맡았다. 이를 통해서 앞의 경우와 마찬가지로 20대를 전후로 하여 제사 예법 지식을 습득하는 과정이 마무리되고, 이와 동시에 혼인 이후에 집안 제사의 주역을 맡게 되었다는 것을 확인할 수 있다.

> 제보자 : 우리 집 어른들은 책이 없어도 자주 (제사를) 지내서 다 아셨으니까, 아시는 대로 그렇게 (나도) 따라했지. 명절에 지내고, 산소제사 지내고, 기제사 지내고 자꾸 그렇게 지냈으니까 말로 배웠지, 행동으로 완전히. 말과 행동으로 (학습)한 게 맞아. (나는) 17살 때(1953)부터 배웠어. 아버지께서 살아 계실 때까지는 따라하다 보니까, 같이 지내니까 따라한 거지. (결혼할 때 아내는) 23살(1963)이야. (그때 아내는) 배웠다기보다는 이렇게 하라 하면 그렇게 (따라서) 하다 보니까 배운 거지.6)

임정태 씨는 17세가 되던 1953년경부터 집안 어른들을 따라 제사에 참례하면서 제사 예법에 대해 익히기 시작하였다. 그 이후, 기제사 등을 비롯한 각종 집안 제사에서 제관을 몸소 체험하면서 제사 예법 지식을 습득하였다. 그러다가 임정태 씨는 27살이 되던 1963년에 아내 김순득 씨와 결혼한 이후, 제사 예법 지식을 전수받던 입장에서 벗어났고, 이와 동시에 본격적으로 제관으로서의 임무를 수행하였다. 이렇게 임정태 씨 또한 유

---

6) 임정태(남, 79세) 씨의 제보(2015년 7월 13일, 자택).

년기를 지나 청소년기에 들어서는 10대에 기제사 등의 가제에 참여하면서, 제사 예법 지식에 대해 습득하는 과정을 거쳤다. 그러다가 청년기로 접어드는 20대 무렵에 결혼을 기점으로, 그 이후에 기제사를 비롯한 가제에 제관으로서 직접 참여하면서부터 제사 예법 지식을 몸소 실천하는 소임을 다하기 시작했다는 것을 짐작할 수 있다.

위에 언급된 김세동의 큰형인 故 김재동 씨, 김재환 씨, 임정태 씨 사례, 3개의 사례를 통해서 제사 예법 지식이 전수되는 양상이 대체적으로 대동소이하고, 양상에서 나타나는 유형들이 유사하다는 것을 알 수 있다. 세 사례에서 언급된 사람들 모두 제사에 참여하는 연령대가, 빠르면 10대 초반이었고, 늦으면 10대 중·후반인 16~17세로서, 전부 10대에 해당하였다. 이를 통해서 1950~1960년대 당시에는 부친을 비롯한 집안 어른들이 대개 철이 드는 연령대로 판단되는 10대를 전후하여 남아를 기제사에 참여시키면서 가가례를 익히게 했음을 알 수 있다. 이렇게 제사 참여를 통해 당시의 남아들은 제사 예법 지식을 습득을 통해 가내에서 일종의 사회화 과정을 겪게 된다. 그러다가 20대를 전후하여 제사 예법을 어느 정도 숙지하게 되고, 결혼 적령기에 접어들면서 화촉을 밝힌 이후에는 집안 어른들로부터 성년으로 인정받으면서, 본격적으로 기제사를 주관하는 제관으로서의 역할을 수행한다는 점을 확인할 수 있다.

여기서 중요한 것은 지금과는 달리 제보자들이 유·소년기를 보낸 1950~1960년대에는 기록으로 정착된, 다시 말해 성문화된 제사 예법 지식이 거의 없었기 때문에 제사가 행해질 때마다 직접 참례하면서, 어른들을 따라 행하는 과정을 통해 가가례를 직접 체험하여 스스로 제사 예법 지식을 습득하여 내면화하였다는 점이다. 이러한 점은 제사 예법 지식이 민속 지식으로서 가지는 의의를 충분하게 드러내는 부분이다.

이미 전술한 바와 같이 민속 지식은 민간에서 구술로서 전승되는 지식, 즉 서민들 사이에서 오랜 시간에 걸쳐 윗대에서 아랫대로 구술이라는 수단을 통해서 전달되는 적층積層된 지식이기 때문에 제사 예법 지식 또한 이에 부합한다고 볼 수 있다. 특히 제사 예법 지식은 민속 지식의 여러 범주7) 가운데서도 혈연 지식에 해당하는 사회 제도 지식이자, 예절 지식과 의례 지식에 해당하는 생활 가치 지식에 속한다고 할 수 있다.

하지만 이렇게 주로 구술로만 전승되던 옛날과는 달리, 오늘날에는 각종 정보·통신 매체와 인쇄 매체가 발달하면서, 제사 예법 지식을 일상적으로 누구나 손쉽게 접할 수 있는 환경이 조성되었다. 그래서 이로 인해 종전에 세대 간에 구술로 전해지던 제사 예법 지식은 그 전승력이 점차 약화되어 본연의 기능을 상실하면서 조금씩 사장되어 갔다. 이는 과거에 제사 예법 지식을 구술로 전수받은 경험이 있는 임정태 씨의 사례에서 여실히 드러난다.

> 질문자 : 지금은 이것(『제의례祭儀禮에 대한 상식』)으로 바뀐 겁니까?
> 제보자 : (이 책을) 보면, 우리가 지내는 것(하고) 이걸 보니까 (제사 예법이 거의) 맞더라고. 이거랑 거의 같아.
> 질문자 : (제사 예법이) 같지만 다른 부분이 있으면 (『제의례에 대한 상식』에 나와 있는 내용 쪽으로) 바꾸신 겁니까?
> 제보자 : 그렇지. (하지만) 우리 기제사는 거의 다 이 틀이더라고. 그리고 이건(『명륜 교실』) 또 뭐냐 하면 경상북도에서 (나온 예서인데), 이걸 또 보니까, 거의 그거(『제의례에 대한 상식』)하고 비슷해. 이것하고 (거의) 같아.8)

---

7) 배영동, 「민속지식 조사 보고 방법 특강: 마을 단위 '민속지식 총서' 발간을 위하여」, 미간행, 2014.
8) 임정태(남, 79세)의 제보(2015년 7월 13일, 자택).

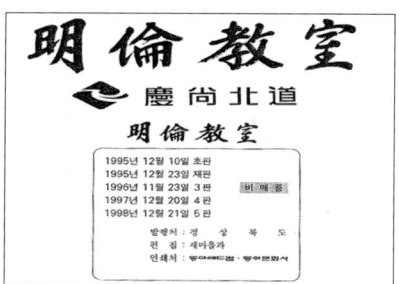

〈그림 1〉 대종회에서 간행한 『제의례에 대한 상식』   〈그림 2〉 경상북도에서 발행한 『명륜 교실』

    임정태 씨는 현재 예천 임씨 대종회醴泉林氏大宗會로부터 제공받은 『제의례祭儀禮에 대한 상식常識』이라는 책과, 경상북도청으로부터 제공받은 『명륜 교실明倫敎室』이라는 2권의 예서를 소장하고 있다. 임정태 씨는 이 2권의 예서를 접하게 된 이후, 집안 제사의 예법에 다소간의 변화가 일어났다고 말했다. 임정태 씨에 따르면, 예서와 가가례가 전체적으로는 제사 예법이 대체적으로 대동소이하여 큰 변화는 없었지만, 양자를 상세하게 비교해 보았을 때, 일부분에서 양자 간에 조금씩 차이나는 점들을 예서 쪽으로 맞춘 방향으로 제사 예법에 변화를 주었다고 한다. 이러한 부분에서 민속 지식의 전승 맥락이 최근에는 종전과는 다른 변화를 보이고 있음을 시사하는 대목이다.

    이전까지 세대 간에 구술로만 전해지던 제사 예법 지식이 시간의 경과에 따라 기록물로 정착되어 성문화되었고, 이후 각종 학술 연구 기관이나 공공 기관 등에서 선별과 정리의 과정을 거쳐서 발간한 여러 예서가 점차 시중에 보급되었다. 그 이후, 이러한 예서들을 통해 정형화된 제사 예법 지식이 대중에 널리 보급되면서, 기록으로 정착된, 즉 성문화된 제사 예법 지식이 구술로 전해지던 제사 예법 지식을 점차 밀어 내는 결과로 이어졌다. 다시 말해 일반적으로 통용되는 성문화된 집안 외부의 보편적인 민속 지식이 집안 내부에 구전되어 오던 특수적인 민속 지식의 역할을 점차 대신하게 된 것이다. 이른바 양자 간에 민속 지식의 '환류還流 현상'이 발생한 것이다.

각 지역이나 각 집안마다 구승되던 가가례, 즉 특수성을 지닌 가내의 제사 예법 지식들은 점차 그 영향력을 상실하게 되고, 이에 반해 기록화된 가외家外의 보편적인 제사 예법 지식들이 이를 대신하여 조금씩 위력을 발휘하게 된다. 이렇게 양자의 입장이 변화하면서 그 이전과는 상반된 상황이 조성된 것이다. 결과적으로는 제사 예법 지식의 다양성과 특이성이 약화된 반면, 제사 예법 지식의 공통성과 보편성이 강화되면서, 전반적으로 제사 예법 지식의 획일화가 이루어지는 방향으로 귀결된 것이다.

3. 기제사의 진설 방식에 나타난 민속지식

제3장에서는 기제사의 진설 방식에서 나타나는 민속 지식을 예서에 기록된 진설 방식과의 비교를 통해서 자세히 알아보고자 한다. 먼저 진설에 앞서, 제찬祭饌을 장만하는 과정에 대해 살펴보고자 한다. 첫 단계는 송사1리 인근에 위치한 전통 시장에서 장을 보면서 제수祭需를 장만하는 과정에서부터 시작된다.

길안면 송사1리 주민들은 예전부터 인근에 위치한 전통 시장을 이용하였다. 1950~1960년대 당시에는 인근의 청송군 현서면 구산리에 위치한 화목 시장이나 안동시 길안면 소재지의 천지 시장을 주로 이용했다고 한다. 송사1리 송제를 기준으로 화목 시장은 약 12.2km(약 31.1리), 천지 시장은 약 12.8km(약 32.6리) 정도 떨어져 있지만, 기본적으로 두 시장 사이의 거리 차이가 크지 않은 편이기 때문에, 주민들은 본

〈그림 3〉 송사1리 주민들이 이용해 온 과거와 현재의 시장

인의 편의에 따라 두 곳의 전통 시장을 모두 이용하는 경우가 많았다고 한다.9) 하지만 예전에는 화목 시장이 천지 시장에 비해 동해안과의 물리적 거리가 상대적으로 가까워서 다른 시장에 비해 해물의 신선도가 좋았기 때문에, 제사 용도의 해물을 구매할 필요가 있을 때에는 천지 시장보다 화목 시장을 이용하는 주민이 있었다고 한다.10)

그런데 드물게는 인근에 위치한 청송군 안덕면 명당리의 안덕 시장(약 15.8km·약 39.7리)11)이나 당시에 안동 일대에서 내륙 물산의 집산지로 유명했던 임동면 중평리 챗거리 시장(약 36.5km·약 92.9리)12)으로 가는 주민들도 있었다. 전통 시장에서는 주로 고등어·청어·돔배기·조기·명태 등의 어물이나 소고기·돼지고기와 같은 육류, 과일이나 유밀과 등의 제수를 에누리 없이 반드시 정가로만 구입13)했고, 나물·채소 등의 식물성 식재료는 대부분 자체 조달했다.

조사자 : (제주祭酒로 사용할) 막걸리는 어디서 구하셨어요?
제보자 : 막걸리는 (송제) 마을에 여기에 (술)도가都家가 있었어. 양조장

---

9) 이점조(여, 80세)의 제보(2015년 7월 13일, 자택)에 따르면, "길안도 되고, (현서) 화목도 되고 그래요. 화목도 한 30리, 길안도 한 30리를 다 걸어 다녔어요. 길안 장으로 내려가고, 화목(장)으로 30리(쯤 되니까) 두 쪽으로 (다 갔어요)."라고 한다.
임정태(남, 79세)의 제보(2015년 7월 13일, 자택)에 따르면, "길안·화목 장밖에 없었어, 안동(시내)까지 걸어가지도 못 했고. 길안도 30리, 화목도 30리."라고 한다.
김세동(남, 78세)의 제보(2015년 7월 25일, 자택)에 따르면, "옛날에 다리가 하나도 없었을 땐 물을 건너가면서 길안까지 가야 했고, 화목리는 저쪽으로 고개 넘어서 가는 게 한 5리는 가깝지. (그래도) 이리로 가나 저리로 가건 간에 길안도 가보고, 저쪽(화목)도 가보고, 다 가보고 그래. 거의 다 비슷하다고 되지. 그렇게 같이 보는 거야, 어디를 가든."이라고 한다.
10) 김세동(남, 78세)의 제보(2015년 7월 25일, 자택)에 따르면, "화목리는 길이 저쪽(동해안)으로, 길이 나 있거든. (청송군 현동면) 도평리 쪽에(서부터 올라오는) 해물(이) 동해(하고 가까우니까) 그게 빨리 좀 (와서 신선도가 더 천지 시장보다) 좀 낫다고 그랬고, 이쪽(천지리)으로는 그렇게 (해물이 올라) 오는 게 안동으로 (경유)해서 (내려)온다고 (해서 화목 시장보다 덜 하다고) 그랬어."라고 한다.
11) 임정태(남, 79세)의 제보(2015년 7월 13일, 자택)에 따르면, "(장을 보러 청송에 있는) 안덕도 갔어."라고 한다.
12) 김세동(남, 78세)의 제보(2015년 7월 25일, 자택)에 따르면, "맞아, 옛날에 그 쪽(임동면 챗거리 장)으로 가던 사람들도 있었어."라고 한다.
13) 임정태(남, 79세)의 제보(2015년 7월 13일, 자택)에 따르면, "옛날에 장 보던 사람들이 제사 장을 가서 에누리를 안 해."라고 한다.

(을 운영)하던 집이 있었거든. 아니면 집에서 이제 막걸리를 밀주密酒로 (양조)해 가지고 먹으려고. 집에서 (양조)해 가지고 (막걸리를) 먹으면 이제 청주淸酒를 (별도로) 한 그릇 떠 놓았지, 제사 지내(는 용도로 사용하)려고.14)

이점조 씨에 따르면 제사에 쓰는 술의 경우에는 예전에 동네에 있던 술도가에서 양조・판매하던 막걸리를 사용하기도 하였고, 편의에 따라 제주를 마련하기 위해서 자체적으로 밀주密酒의 형태로 가양家釀하기도 했다. 그렇게 가양하는 과정을 거친 술은 그 종류에 따라 쓰임새가 달라졌다. 막걸리(탁주)는 주로 제주祭酒나 일상적인 음주의 용도로, 청주淸酒는 제사용으로 사용되었다. 현재에는 마을 내에 양조장이 없어졌기 때문에 외부에서 제주를 구입해 와서 사용하고 있다.

조사자 : 요즘도 장을 길안이나 화목에서 보시나요? 안 그러면 안동(시내쪽)으로 가시나요?
제보자 : 안동(시내)에 가서 보면 (장을 봐). 차가 좋으니 (시내로) 가.
조사자 : 요즘은 차(버스)가 들어오니까 안동까지 가시는 거죠?
제보자 : 훨씬 낫지. 맞아.15)

위와 같이 현재에는 교통수단의 발달로 외부 접근성이 향상되면서 화목・천지 시장 이외에 안동 시내까지 나가서 제수를 구매한다는 경우가 많아졌다고 한다. 이렇게 시장에서 마련한 제수는 조리 과정을 거치고 나면 제찬이 완성된다.

진설陳設은 이러한 과정을 거쳐 장만한 제물을 일정한 법식에 따라 제상 위에 차려 놓는 것을 의미한다. 진설 방식은 『주자가례朱子家禮』와 『사례편람

---

14) 이점조(여, 80세)의 제보(2015년 7월 13일, 자택).
15) 김세동(남, 78세)의 제보(2015년 7월 25일, 자택).

『四禮便覽』에 각각 기술되어 있다. 우리나라에서 통용되는 진설 방식은 이 2권의 예서를 통해서 그 기틀이 다져졌고, 이를 토대로 각 집안이나 지방에 따라 다양한 방식으로 조금씩 상이하게 행해지는 가가례가 형성되었다. 하지만 가가례 또한 그 전거로부터 파생된 것이기 때문에, 전체적으로는 그 차이의 정도가 대동소이한 편이라고 할 수 있다. 이러한 역사적 배경 하에서 형성된 송사1리의 진설 방식을 알아보기 위에 앞서, 우리나라의 진설 방식의 규준으로 작용한 『주자가례』와 『사례편람』의 진설도16)를 보면 다음과 같다.

〈표 1〉 『가례언해』의 '매위설찬지도每位設饌之圖'

④	과(果) [과실]	과(果) [과실]	과(果) [과실]	과(果) [과실]	과(果) [과실]	과(果) [과실]
③	소채 (蔬菜) [채소]	포해 (脯醢) [포·식해]	소채 (蔬菜) [채소]	포해 (脯醢) [포·식해]	소채 (蔬菜) [채소]	포해 (脯醢) [포·식해]
②	미식(米食) [떡]	어(魚) [어류]	적간(炙肝) [육간산적 (肉肝散炙)]		육(肉) [육류]	면식(麪食) [국수]
①	갱(羹) [국]	초(醋) [초]	시저(匙筯) [수저]		잔반(盞盤) [술잔]	반(飯) [밥]

〈표 2〉 『사례편람』의 '시제진찬지도時祭陳饌之圖'

④	과(果) [과실]		과(果) [과실]	과(果) [과실]		과(果) [과실]
③	식해(食醢) [식혜(食醯)]	해(醢) [육장 (肉醬)]	침채 (沈菜) [김치]	장(醬) [장]	소(蔬) [채소]	포(脯) [포]
②	병(餠) [떡]	어(魚) [어류]	적(炙) [적류]		육(肉) [육류]	면(麪) [국수]
①	갱(羹) [국]	초접(醋楪) [초 접시]	시저(匙筯) [수저]		잔반(盞盤) [술잔]	반(飯) [밥]

---

16) 이병혁, 『한국의 전통』, 국학자료원, 2009, 50·56쪽 인용·재편집.

전자는 『주자가례』의 언해본인 『가례언해家禮諺解』의 '매위설찬지도每位 設饌之圖'라는 진설도이고, 후자는 『사례편람』의 '시제진찬지도時祭陳饌之圖'라 는 진설도이다. 양자 모두 제찬이 진설되는 도해가 4열로 구성되었는데, 신위 와 가까운 열일수록 제사에서 필수적으로 진설되어야 하는 제물에 해당한다.

양자의 진설도에서 신위 앞의 제①열에는 갱반羹飯(국과 밥)·초醋, 술 잔·수저, 제②열에는 어류·육류, 떡·면류가 각각 진설된다. 제③열에 는 포脯와 채소류, 제④열에는 과실류가 공통적으로 차려진다. 그러나 제 ③열에서는 서로 차이가 나타난다. 제③열의 경우, 전자에는 채소와 포해 脯醢(포와 식해)만 제상에 차려지지만, 후자에는 채소류와 포 이외에, 해醢(육 장), 식해食醢(식혜), 침채沈菜(김치), 장이 추가로 진설된다. 전체적으로 진설 방식에서 제③열만 차이가 있을 뿐, 제①·②·④열에 진설된 제찬들은 대체로 유사하게 구성됐다.

『주자가례』와 『사례편람』 모두 당대에 사회적으로 정선·공인된 예속 禮俗을 반영한 것으로서 제사 예법에 지대한 영향을 주었다. 하지만 『주자 가례』는 주희朱熹가 살았던 송대宋代를 기준으로 삼은 것이므로, 송대보다 후대인 조선 시대라는 당시 실정에 부합하지 않았던 면들이 많았고, 『주 자가례』의 예속을 한국적 방식으로 현실성 있게 보완·절충한 『사례편람』 또한 19세기 중반을 기준으로 한 것이므로, 시간의 흐름에 따라 변화하는 세속의 양상을 온전하게 그대로 반영할 수 없다는 한계가 있다. 이러한 점에서 비추어 볼 때, 『주자가례』와 『사례편람』 모두 통시적으로 특정 시 기에 성문화된 제사 예법 지식으로서, 단면적·정형적·고정적인 속성이 있다고 볼 수 있다. 다음 부분에서는 이와는 반대의 속성이 가져온 송사1 리 송제 주민들의 기제사 진설 방식에 대해 알아보고자 한다.

기제사 진설 방식은 송사1리 송제에 거주하고 있고, 예전부터 집안 제 사를 주관해 온 경험을 가진 남성 원주민들과 그의 가족들[17]을 대상으로

---

17) 제보자 목록은 주석 2번과 동일하다.

실시한 현지 조사를 바탕으로 작성된 것임 밝혀 둔다. 다만 본고에 게재된 기제사 진설 방식은 크게 '1950~1960년대'와 '2010년 이후', 두 시기로 나눠져 있는데, 이를 통해 진설 방식의 추이를 포착하고, 예서의 진설 방식과 비교해 차이점을 드러내고자 한다. 진설 방식은 가가례의 일부이기 때문에 일반적으로 알려진 기제사의 진설 방식이나 기제사가 아닌, 다른 제사에서의 진설 방식과는 다소간 차이가 나타날 수도 있음을 밝혀 둔다. 먼저, 김재환 씨 댁에서 행해지는 기제사의 진설 방식은 다음과 같이 나타낼 수 있다.

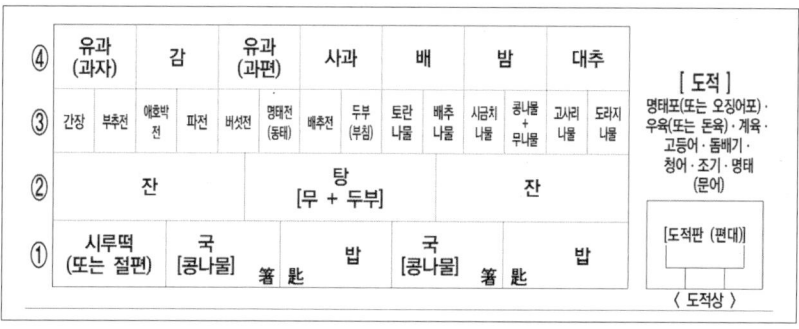

〈그림 4〉 1950~1960년대 김재환 씨 댁의 기제사 진설도

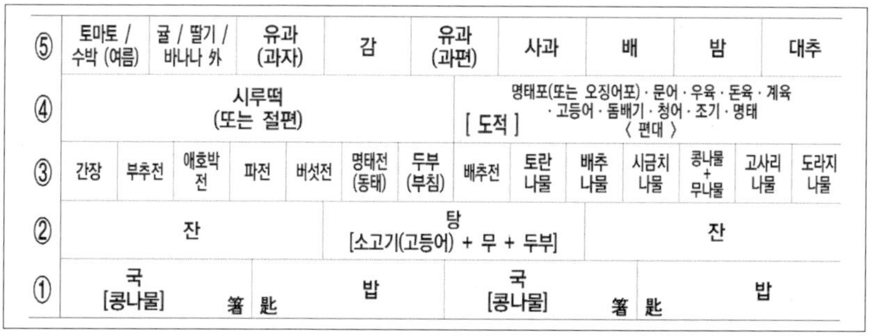

〈그림 5〉 2010년대 이후 김재환 씨 댁의 기제사 진설도

김재환 씨 댁에서 나타나는 1950~1960년대와 2010년대 이후의 진설도를 비교해 보면, 전체적으로 진설되는 제찬祭饌에는 큰 차이가 없다. 양쪽 모두 제①열에는 밥과 국, 제②열에는 잔과 탕, 제③열에는 전류·나물류, 제④열에는 유과류·과실류가 공통적으로 동위에 배치됐다. 다만, 떡과 도적都炙을 켜켜이 쌓아올린 편대의 위치에서 현저한 차이가 나타난다. 시루떡은 제①열에서 제④열로 이동하고, 도적이 별도로 차려진 도적상에 있다가 제④열로 자리 배치가 변화하면서, 기존에 2개로 분리·구성됐던 제상이 현재에는 총 ⑤열로 구성된 하나의 제상으로 통합되는 변화가 나타났다.

당시에는 김재환 씨 댁에서는 제상의 크기가 안반18)과 비슷할 정도로 작았기 때문에 일부의 제물의 위치가 달라지거나, 별도의 상에 차려지는 경우가 있었다고 한다. 도적에는 여러 종류의 어류와 육류가 편대에 차려지는데, 특히 문어만이 예전에는 사정에 따라 선택적으로 올라가는 제물이었지만, 현재에는 필수적으로 진설되는 제물이 되었다.

과실류에서는 조율이시棗栗梨柿(대추·밤·배·감)와 사과는 예나 지금이나 변함없이 차려지고 있다. 다만, 예전에는 존재하지 않았던 귤·딸기·바나나 등의 과일이 추가적으로 차려지며, 여름철에만 제철 과일인 토마토나 수박이 가미되어 진설된다. 그리고 제②열의 탕에는 기존에 무·두부만이 들어갔지만, 현재에는 기존의 무·두부에 소고기나 고등어가 추가된 점 또한 예전과 달라진 점이라고 할 수 있다. 그밖에, 콩나물이 들어가는 국과 밥, 전류·나물류·유과류는 예나 지금이나 별다른 변화 없이 제자리에 진설된다.

---

18) 안반 : 떡을 칠 때에 쓰는 두껍고 넓은 나무 판.

④	대추	밤	배	감	사과	수박	바나나	귤	딸기	토마토 (여름) 자두 (여름) 포도 (여름) 은행 (가을) 外
③	유과 (산자·약과)		떡 (시루떡 外)	동태전/ 대구전	두부 (부침)	파전	감자전·배추전 ·고구마전 外, 애호박전 (여름)	[도적] 가오리·조기· 돔베기·고등어· 돈육·우육 〈 편대 〉		문어
②	고사리나물 (필수)	도라지나물 (필수)	콩나물 (필수)	시금치 나물	무나물	미나리 나물	배추 나물	토란 나물	취나물	참비름나물 (여름)	대구포/ 명태포 (건포)
					(순서는 유동적)						
①	국 [무 + 콩나물]	잔 箸 匙		밥	탕 (해물탕) [상어고기 또는 고등어 + 두부] (간장 포함)		국 [무 + 콩나물]	잔 箸 匙		밥	

〈그림 6〉 2010년대 이후 임정태 씨 댁의 기제사 진설도

④	대추	밤	배	감	수박 (여름)	참외 (여름)	사과	은행 (가을)
③	유과 (산자(散子/饊子)·약과)		두부 (부침)	시루떡 (또는 인절미·절편 外)		동태전	감자전·배추전 ·고구마전 外, 애호박전 (여름)	[도 적] 방어·조기·돔베기· 고등어·돈육·우육 〈 편대 〉
②	고사리나물 (필수)	도라지나물 (필수)	콩나물 (필수)	시금치 나물	무나물	미나리 나물	배추 나물	토란 나물	취나물	참비름나물 (여름)	대구포/ 명태포 (건포)
					(순서는 유동적)						
①	국 [무 + 콩나물]	잔 箸 匙		밥	탕 (육탕·해물탕) [소고기 또는 고등어 + 두부] (간장 포함)		국 [무 + 콩나물]	잔 箸 匙		밥	

〈그림 7〉 1950~1960년대 임정태 씨 댁의 기제사 진설도

다음으로, 임정태 씨 댁에서 행해져 온 1950~1960년대와 2010년대 이후의 진설도를 살펴보면, 전반적으로 제찬이 진설되는 위치가 김재환 씨의 경우와 마찬가지로 대동소이하다고 할 수 있다. 과거와 현재, 양쪽 모두 제①열에는 갱반·탕과 잔, 제②열에는 나물류와 어포魚脯가 차려지고, 제③열에는 유과류·떡류와 전류·도적이, 제④열에는 여러 종류의 과실들의 제찬들이 각각 공통적으로 배설되고 있다.

이를 좀 더 세부적으로 각 부분을 살펴보면 다음과 같다. 제①열에서는 탕이 차려지는데, 예전에는 소고기가 들어간 육탕肉湯과 고등어가 들어간 해물탕海物湯으로 나뉘어져 있었지만, 현재에는 해물이 들어간 탕만이 진설

되고 있다. 제②열은 고사리나물·도라지나물·콩나물이 필수적으로 진설되고, 참비름19)나물만이 여름철에 행해지는 기제사에만 올라가는 것이 임정태 씨 댁의 기제사 진설도에서 나타나는 특징적인 부분이라고 할 수 있다.

그리고 제③열에서는 유과의 한 종류인 산자(饊子·橵子)20)가 진설되는 것, 떡이 3종류에서 시루떡으로 단순화된 것, 예전에 없던 문어가 새롭게 추가된 것, 기존에 있던 동태전에 대구전이 새로이 추가된 것 등 제상에서 여러 변화가 많이 나타난 점이 눈여겨볼 만하다. 도적은 고등어-돔배기-돼지고기·소고기-조기-방어 순으로 쌓아올려졌는데, 현재에는 이 중에서 방어가 가오리로 대체된 것만이 확인되었다. 제④열에서는 조율이시와 사과 이외에, 수박이 여름철에만 사용되다가 현재에는 사시사철 진설되고 있고, 최근에는 참외가 빠진 대신에 귤과 딸기가 추가적으로 배설된다. 그리고 토마토·자두·포도 등은 여름철에만, 은행은 가을철에만 각각 차려지는 제물이라고 한다.

⑤	포도·토마토·바나나 外	사과	호두	석류	감	배	밤	대추
④	유과(과자)	시금치나물	도라지나물	콩나물		무나물	(편대 2) (전이 많을 경우에만 두 편대로 분리)	(예)호박전·파전·부추전·무전·버섯전·배추전 外 (편대 1)
③	수박	떡 (시루떡+경단, 또는 절편 外)	참외	고사리나물	[도적] 정식(어류): 돔베기·방어·문어·조기 (편대)	[도적] 약식(어류+육류): 문어·조기·돈육·우육 (편대) 약식 도적 + 찜닭	계육	콩나물	[도적] 정식(육류): 돈육·우육 (편대) 우육 부위 (안심·등심 外)
②	잔		식혜		탕 (돈육/우육 + 고기 뼈 + 해물 + 무)		잔	
①	밥	箸 匙	국 (무 + 콩나물)		밥	箸 匙	국 (무 + 콩나물)	

※ 참고 사항
- 나물류는 순서가 유동적
- 약식 편대는 한 편대에 어류+육류 진설, 정식 편대는 두 편대에 각각 어류와 육류 진설
- 전을 담는 편대는 진설되는 전의 양이 많을 경우에만 두 편대로 분리시켜 진설, 적당량은 한 편대에 진설
- 사선 + 글자 기울임으로 처리된 부분은 현재에 추가된 제물

〈그림 8〉 김세동 씨의 본가에서 행해져 온 기제사 진설도

---

19) 참비름: 비름과의 한해살이풀. 줄기는 높이가 1미터 정도이고 곧게 서며, 드문드문 가지가 갈라진다. 잎은 어긋나고 마름모처럼 생긴 달걀 모양이고 잎자루가 길다. 어린잎은 식용한다.
20) 산자(饊子·橵子): 찹쌀가루를 반죽하여 납작하게 만들어 말린 것을 기름에 튀기고 꿀을 바른 후, 그 앞뒤에 튀긴 밥풀이나 깨를 붙여서 만든 유밀과의 하나이다. 백색과 적색의 것이 보통이며, 제물에도 쓴다.

김세동 씨가 제보한 본가의 기제사 진설도는 위의 도해와 같다. 위의 도해에서 사선으로 처리된 부분은 근래에 추가되거나 변화를 나타낸 제물들이며, 나머지 제물은 예나 지금이나 거의 동일하다. 전체적으로 5열로 구성되고 있고, 제①열은 갱반, 제②열은 식혜·탕과 잔이 차려지고, 제③열은 과실류의 일부와 나물류의 일부, 떡류와 도적, 제④열은 유과·나물류·전류, 제⑤열은 과실류의 제찬이 각각 진설된다.

김세동 씨에 따르면, 제①열과 제②열은 크게 변화한 제물이 거의 없다고 한다. 다만 제③열에서는 시루떡 위에 경단(瓊團)[21]을 고명으로 올려 진설하는 점, 도적이 경우에 따라 정식과 약식으로 나뉜다는 점 등이 특징적인 부분이다. 약식 도적은 어류와 육류를 돼지고기-소고기-문어-조기 순으로 쌓아올려서 한 편대에 전부 차려지는데, 요즘에는 여기에 찜닭이 추가적으로 올라간다. 이와 달리 정식 도적은 어류와 육류를 두 편대로 각각 분리시켜서 차려지는데, 어류 도적은 돔배기-문어-조기-방어 순으로, 육류 도적은 돼지고기-소고기 순으로 각각 쌓아서 배설한다. 다음, 제④열에서는 각종 전류를 쌓아올린 편대가 진설되는데, 경우에 따라 전의 양이 많아지면 2개의 편대로 분리시켜서 차리기도 한다. 과실류가 배치되는 제⑤열에서는 예나 지금이나 석류(石榴)와 호두가 진설되는 것이 특징적이며, 현재에는 포도·토마토·바나나 등의 다양한 과일들이 추가적으로 차려진다.

위의 세 사례를 통해서 같은 지역 내에서 진설 방식 또한 가가례의 일부로서 각 집안마다 공통점이나 유사점이 있으면서도 제각기 차이를 보인다는 것을 재차 확인할 수 있다. 이러한 차이는 아무리 가풍이나 예서에 기초하여 제수를 마련한다고 해도, 안동이라는 지역이 처한 지리적·생태적 환경, 해당 가문이 겪어 온 역사적 배경, 해당 가정의 식생활·식습관

---

21) 경단(瓊團) : 찹쌀가루나 찰수수 따위의 가루를 반죽하여 밤톨만 한 크기로 동글동글하게 빚어 끓는 물에 삶아 낸 후, 고물을 묻히거나 꿀이나 엿물을 바른 떡. 또는 그런 모양의 것.

내력, 물질적으로 풍족해진 사회적·경제적 환경 등이 복합적 요인들이 각 가정마다 상이하게 복합적으로 작용한 데서 비롯된 것이다.

이러한 면은 1950~1960년대와 현재의 진설 방식을 비교한 데서 충분히 파악할 수 있다. 이를 통해서 제사 예법 지식이 민속 지식의 일부로서 시간의 흐름에 따라 유동적이고 가변적이며, 경우에 따라 신축적이고 탄력적으로 융통성 있게 활용할 수 있다는 점을 보여 주고 있다. 그리고 제사 예법 지식이 이러한 차이와 변이를 통해서 다른 가문의 차별성과 변별성을 드러내 주고, 일가의 정체성을 확인시켜 주는 기능이 있음을 나타내고 있다. 이는 앞서 언급한 『주자가례』와 『사례편람』과 같이, 특정한 시기의 단면을 성문화한 예서 속의 제사 예법 지식이 가지는 고정적이고 불변적인 속성과는 대비되는 점이라고 할 수 있다.

물론 두 쪽 모두 양면성이 존재한다. 예서 속의 제사 예법 지식은 당시의 사회상이 반영되어 있고, 정선과 공인의 과정을 거친 사회적으로 통용되는 정형화된 예속이자 제사 예법의 이상형Ideal type이라는 점에서 의미가 있지만, 시시각각 변화하는 세속을 그때그때 신속하게 반영할 수 없다는 한계가 있다. 이와는 반대로, 민속 지식으로서의 제사 예법 지식은 항상 변화하는 사회적·경제적 여건을 현실적으로 절충한 제사 예법의 실재형Real type이자, 저마다의 개성과 특수성을 드러낸다는 점에서는 그 의의가 있으나, 전자에 비해 내용 면에서 전반적으로 균질성이 상대적으로 다소 부족하고, 사회 내에서 일반적으로 널리 인식되지 못 한다는 단점이 있다. 이처럼 이상형인 성문화된 제사 예법 지식과 실재형인 구전되는 제사 예법 지식 모두 사회적으로 각자 제구실을 수행하는 기능을 가졌으면서도, 상호간의 결점을 메워 주는 상호 보완적인 관계를 가졌다고 할 수 있다.

4. 맺음말

　예전에는 일가친척들이 한데 모여 각종 집안 제사를 지내면서 제사 예법 지식이 구전되면서 자연스럽게 세대 간에 의사소통이 이루어지고, 후대가 집안의 제사 예법을 습득하는 경우가 많았다. 이러한 경로를 통해서 다양하면서도 가풍의 특성이 반영된 가가례가 지속될 수 있었다. 하지만 지금은 핵가족화가 진행되면서 일가친척들이 모일 기회가 줄어들었고, 제사 또한 간소화되거나 축소되는 경향을 보이면서 제사 예법 지식이 전승될 기회가 단절되었다. 이로 인해 종전에 자연스럽게 구전되던 제사 예법 지식은 기성세대를 중심으로 현재까지 제구실을 다하고 있지만, 점차 그러한 영향력을 상실하면서 나중에는 사문화될 것으로 보인다.

　이와는 반대로 대중 매체, 관련 서적, 인터넷·모바일에서 통용되고 있는 제사 예법 지식들은 점차 그 영향력을 확대하고 있다. 물론 그 안에는 정선되고 엄선된 제사 예법 지식들이 있거나, 당대의 전범典範이 될 만한 일부 제사 예법 지식들은 사회 내에서 널리 확산되기도 한다. 그러나 매체 속의 제사 예법 지식들의 상당수가 그 출처가 불분명하거나 신빙성이 떨어지는 것 또한 존재하므로 이용자의 변별력 있는 태도가 요구된다. 그럼에도 불구하고 정보·통신 환경이 발달한 오늘날에는 성문화된 제사 예법 지식이 종래에 구전되던 제사 예법 지식의 자리를 점차 대신해 가고 있다.

　본 연구는 이러한 경향을 보이고 있는 제사 예법 지식을 탐구하기 위한 의도로 이루어졌다. 먼저 제1장에서는 민속 지식의 정의와 범주, 그리고 제사 예법 지식이 민속 지식에 속할 수밖에 없는 이유에 대해서 설명하고자 하였다.

　제2장에서는 송사1리 송제의 70~80대 남성 제보자들의 사례를 통하여 제사 예법 지식의 전수되는 가운데서 나타난 민속 지식의 전승 양상에 대해서 알아보았는데, 그 결과 10대에는 제사 참여와 제사 예법 지식의

학습이, 20대에는 제관으로서의 임무 수행과 함께 제사 예법 지식이 실천이 각각 이루어진다는 것을 알 수 있었다. 그리고 일부 사례에서 성문화된 제사 예법 지식이 구전되는 제사 예법 지식을 점차 능가하게 되는, 이른바 민속 지식의 '환류' 현상이 일어나고 있다는 점을 파악할 수 있었다.

제3장에서는 송사1리 송제 원주민들의 기제사 진설 방식을 과거인 1950~1960년대와 현재인 2010년대 이후로 나누어서 도해로 제시하였다. 또한 이것들을 『주자가례』와 『사례편람』 등의 예서 속에서 나타나는 진설 방식과 비교하면서, 진설 방식 또한 가가례의 일부로서 공통점과 차이점이 있다는 점을 확인하였다. 또한 '이상형'에 가까운 예서 속의 제사 예법 지식과, '실재형'에 근접한 송사1리 송제의 제사 예법 지식은 서로 반대되는 속성을 지녔지만, 상보적相補的인 관계를 가졌다는 것을 알 수 있었다.

본 연구를 위해 송사1리 송제에서 제사 예법 지식의 전수와 기제사의 진설 방식을 조사하면서, 구전되는 제사 예법 지식이 그 중요성은 점점 약화되어 가고 있지만, 현재에도 민속 지식의 일부로서 여전히 존재 가치가 있다는 것을 다시 한 번 확인할 수 있었다. 마지막으로 이 글을 통해서 구승되는 민속 지식의 중요성이 다시 한 번 환기되거나 재고되어 그 진가가 발휘됐으면 하는 바람을 가져 보면서 이 글을 마친다.

| 참고문헌

박규홍, 『한국 민속학 개론』, 형설출판사, 1987
민속학회, 『한국 민속학의 이해』, 문학아카데미, 1994.
이영춘, 『차례와 제사 : 지내는 예법과 얽힌 이야기』, 대원사, 1994.
국립민속박물관, 『국립민속박물관 학술 총서 57 : 한국의 제사』, 필 기획, 2003.
이두현·장주근·이광규, 『한국 민속학 개설』, 일조각, 2004.
이병혁, 『한국의 전통』, 국학자료원, 2009.
이욱·김미영·김시덕·권삼문, 『조상 제사, 어떻게 지낼 것인가』, 민속원, 2012.
배영동, 「민속지식 조사 보고 방법 특강 : 마을 단위 '민속지식 총서' 발간을 위하여」, 미간행, 2014.

슬픔의 문화화 혹은 죽음의 감성지感性知

서경원
안동대 민속학과 석사과정 2학기

1. 머리말

　우리는 지금도 장례식장에 가면 상주들이 곡哭을 하는 것을 볼 수 있다. 곡은 망자의 죽음에 대한 산자들의 애도의 표현으로 볼 수도 있지만 단순히 슬픔의 표현의 정도가 아니라, 문화적인 감성의 지식으로 생각할 수 있다. 곡은 슬픔이라는 자발적인 감정에 문화적 형태를 부여한다. 여기에는 일종의 죽음에 대한 인식이나 이념, 죽음으로부터 유발되는 감정들을 일정하게 정향시키는 유교적인 경향성이 내재되어 있다. 죽음으로 인해 유발되는 감정의 계열은 크게 공포, 슬픔, 숭고가 있다. 이 가운데 슬픔은 유교적 예법禮法에 의해서 곡으로 양식화되고, 유교적 이데올로기로서 '효孝'라는 지적인 매개가 등장한다.
　죽음으로부터 발생한 감정은 무엇을 통해서든 규율하지 않으면 광기로 흐를 수 있는 위험성이 있다. 죽음 자체는 인간이 어떻게 할 수 없는 자연적인 현상으로, 이러한 죽음으로부터 오는 혼란을 규율하여 다시 정상화하는 과정이 필요하다. 여기서 곡은 죽음으로부터 유발되는 감정을 규율하여 죽음의 위기를 해소하는 감성적 지식이 될 수 있다.

이 글은 송제의 주민들의 사례를 토대로 하여, 그들의 죽음의례의 경험 속에서 곡이라는 감성의 지식을 어떻게 활용하여 죽음으로부터 유발되는 감정을 규율하고 죽음의 위기를 해소하였는지 살펴보고자 한다. 그러기 위해 먼저 유교의 종법제도에 의한 혈연적 위계질서가 어떻게 죽음으로부터 발생하는 슬픔의 감정을 '문화화'하여 '곡哭'으로 양식화시키는지를 보고자 한다. 그 다음으로 의례의 절차에 따라 슬픔의 정도가 곡을 통해 일정한 강도로 규율되는 양상과 그 의미구조를 밝혀보고자 한다. 마지막으로 현대사회에서 죽음의례의 변화와 함께 곡의 변화양상을 살펴보면서 감성지식으로서 곡의 특이성을 논하고자 한다.

2. 문화화된 슬픔, 곡哭

구성주의에서는 인간의 몸을 자연과 문화 두 영역에 걸쳐 존재하는 것으로 본다. 물질적인 몸의 기능은 자연 과정에서 지배받지만, 세계에 살아가는 몸의 활동은 불가피하게 사회적·문화적 요소에 의해 형성[1] 된다. 곡도 마찬가지로 '인간의 감정'이 사회문화적 요소에 의해 형성된 것이다. 감정은 개인의 심리적인 것에만 국한되는 것이 아니라 사회문화적인 산물이다. 죽음의례라는 문화적 장치와 그 속에 내재된 유교사회의 이념이 슬픔의 감정을 곡이라는 일정한 양식으로 규범화한 것이다.

김열규도 곡을 곡성哭聲이라고도 하며, 그것은 울음은 울음이되 예사 울음과는 다르다고 한다. 곧 울음은 생이고 곡은 문화[2]라고 할 수 있다. 울음은 자연적인 생리현상인 반면에 곡은 문화적 현상으로 일정한 형태를

---

1) 일레인 볼드윈 외 지음, 『문화 코드, 어떻게 읽을 것인가? : 문화연구의 이론과 실제』, 한울, 2014, 131쪽.
2) 김열규, 『메멘토 모리, 죽음을 기억하라 : 한국인의 죽음론』, 궁리, 2002, 65쪽.

갖는다. 유교의 전통상장례에서 산자의 역할은 망자와의 친소관계에 따라 일정하게 위계화[3]되어 있다. 친소관계에 따른 위계질서는 슬픔의 감정에까지 질서를 부여하여, 망자와의 촌수관계에 따라 곡의 언어표현이 달라진다. 망자의 직계가족에 해당하는 아들과 딸, 아내는 '아이고'로, 직계가족이 아닌 4촌 이내의 조카들은 '애고'라 한다. 그 외에 친족 가운데 촌수가 4촌 이상 먼 친척이나 친족집단 아닌 지인들은 '어이'라고 한다.

> 삼형제는 다 아이고, 아이고 하고. 조카자식이 있으면 애고래. 애고, 애고 그러고. 그 다음에 상주의 뭐고 사위네는 어이로 하고. 그렇게 하고. 여자들도 맹 그렇고 똑같이 그래.[그렇게 차별을 두는 거예요?] 그 차별이 있지. 맏자식은 자기 아버지, 어머니가 죽었으니까 '아이고'고. 조카자식은 삼촌이나 큰아버지가 죽었으니까 에이고. 그 다음에 이제 그 사위 자식네들은 죽으면 어이 라고 하고. 사위자식은 왜 그러냐면 딸은 남에 집에 가버리면 남의 가족이래. 친정가족이 아니잖아. 남의 가정에 가버리니까 그래 되는 거고.[4]

> 저게 아바이 죽고 어마이 죽으면 언제든지 아이고해야 되요. 아이고하고 제사 보러 오는 사람은(조문객들) '어이, 어이'카고 그리 이제 친척조카들은 애고, 애고하고. 그것도 가지가 다 따로 있어요. [그러면 자식들은 아이고하고, 손님들 어이를 하고 친척조카는] 애고, 애고. 또 아버지가 죽으면 아이고, 아이고하고 어마이가 죽으면 애고, 애고카고.[5]

---

[3] 대표적으로 오복제도를 들 수 있다. 오복제도는 망자와의 친소존비(親疎尊卑), 상기(喪期)의 장단형식에 따라 참최(斬衰), 재최(齋衰), 대공(大功), 소공(小功), 시마(緦麻) 5등급으로 나누어 오복제도라 한다, 전혜숙, 「고려시대와 조선초기 오복제도의 변화에 관한 연구」, 『한국의류산업학회지』 6, 한국의류산업학회, 2004.
[4] 김기한(남, 79세)의 제보(2015년 7월 24일, 자택)
[5] 이점조(여, 80세)의 제보(2015년 1월 23일, 자택)

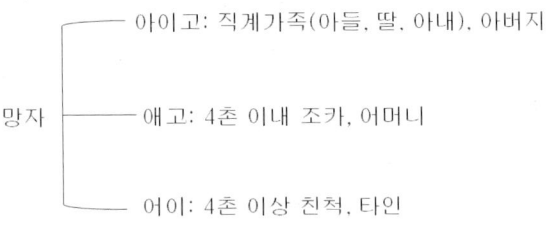

〈도식 1〉 망자와 친소관계에 따른 곡의 언어 유형

　이와 같이 망자와의 친소관계에 따라 언어의 표현이 달라지는 이유를 구체적으로 야콥슨이 언어의 구조를 분석할 때 사용한 음운 삼각형 이론을 활용해서 분석해보고자 한다. 언어의 구조는 다른 문화현상의 구조모델로써 레비스트로스를 비롯한 수많은 구조주의 인류학자들에 의해 주목되어 왔다. 언어의 기본을 이루는 단어의 구조를 밝힘으로써 문화현상의 단서를 고찰[6]할 수 있다. 여기서는 이 세 언어의 그 자체의 구조를 분석하는 것이 아니라, 그 의미들 사이의 변별적 차이가 생기게 하는 의미의 심층적 기저를 밝혀보고자 한다.

　음운론에서 어語는 몇 개의 음이 정해진 규칙에 따라 하나의 형型을 이루게끔 합해진 것으로 파악된다. 이때 음의 변별적 핵을 음소音素라고 한다. 음소는 그 자체로 의미를 갖지 않지만, 시차적時差的으로 특징을 갖는 음소가 서로 대립하도록 위치하여 하나의 유의미한 체계를 만들어내는 규칙이 존재[7]한다. 바로 음소가 의미들의 차이를 결정하는 심층적 기저인 것이다. 이것을 곡의 언어표현에 적용해 보겠다. 먼저 곡의 가장 기본적인 표현으로, 직계가족들이 하는 '아이고'는 의미의 표층이다. 이 아이고를 중점으로 '애고'와 '어이'가 대립하여 심층의 의미를 형성한다.

---

6) 미야케 히토시 지음, 김용의, 김희영, 이은경, 조아라, 최가진 옮김, 『종교민속학 = Folklore of religion』, 민속원, 2013, 138쪽.
7) 미야케 히토시 지음, 위의 책, 139쪽.

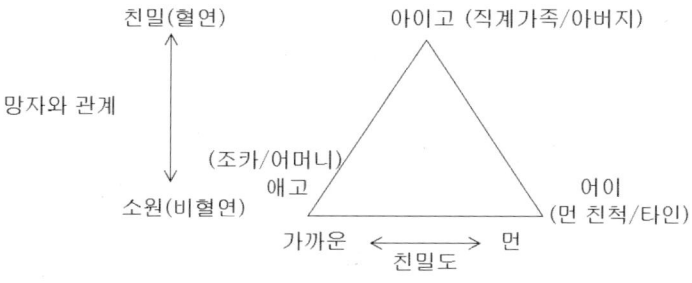

〈도식 2〉 곡哭의 삼각형 구조

　이 관계를 도식화하면 〈도식 2〉와 같은 삼각형을 이루며, 서로 상호관계를 가진다. 세 언어표현의 의미 차이를 구별되게 하는 심층은 바로 '혈연의 친밀도'이다. 직계가족은 망자와 혈연적으로 가장 가까운 사이므로 '아이고'로 표현한 것이고, 반면에 4촌 이내의 조카들은 직계가족만큼은 아니지만 먼 친척과 지인들보다 망자와 더 가까운 사이이므로 '애고'로 표현한 것으로 보인다. 아이고와 애고는 상주의 역할을 수행하는 사람들만이 할 수 있다. 특히 장조카는 집안에 대를 잇는 중요한 위치에 있다. 그러나 조카는 직계가족이 아니므로, 아이고가 아니라 애고로 표현하여 그 차이를 구별하였다. 마지막으로 망자와 혈연적으로 소원한 관계인 4촌 이상의 친척이나, 비혈연적인 지인들은 '어이'로 표현된다.
　그러나 현지조사에서는 아이고와 애고를 명확하게 구분하지 않는 제보자들도 더러 있었다. 이는 제보자들마다 의례의 경험과 인식 차이로 보인다. 더구나 산업화 이후 장례의 전문업체가 등장하고 곡의 언어표현이 아이고로만 사용하는 것이 굳어지다보니 실제로 두 곡이 있는 것은 알지만 명확하게 구분하여 기억하지 못하는 경우[8]도 있었다. 한편 제보자들

---

[8] 김세동(남, 78세)의 제보(2015년 7월 18일, 자택), "애고나 아이고하는 것은. 내가 보기에 '애고'하는 것은 글자를 해석하면 슬플 '애'자. 곡소리 나는 곡자란 말이야. 그게 애고가 맞는데. 아이고가 그게 전달이 잘못 돼서 '아이고'라고 하지 않는가. 나는 그렇게 생각하거든."; 김영한(남, 74세)의 제보(2015년 7월 24일, 자택), "[에고랑 아이고랑 섞어서 써요?] 에고라고 하지. 아이고, 아이고, 에이고. '아이고'라고

사이에서 '아이고'와 '어이'의 관계는 뚜렷한 차이가 드러난다. '아이고'는 주로 상주들이 하는 곡이며, '어이'는 조문객들이 하는 곡이라 한다. 오늘날에는 조문객들은 상주를 보고 곡을 잘 하지는 않지만, 집에서 장례를 치를 때만 해도 조문객들도 곡을 하였다.

한편 위의 이점조 씨의 제보에 따르면, 곡의 언어표현은 아버지와 어머니의 죽음에 따라서도 달랐던 것으로 보인다. 아버지가 돌아가시면 '아이고', 어머니가 돌아가시면 '애고' 라고 표현하는 것은 두 죽음에 차이[9]를 두는 것이다. 이 두 죽음의 차이를 구별되게 하는 심층은 〈도식 1〉과 같이 혈연적인 친밀도인데, 특히 부계 중심의 혈연관계이다. 부계중심의 전통적 가족제도에서 아버지는 어머니보다 혈연적으로 더 가깝기 때문에 '아이고'로, 반면에 어머니는 소원한 혈연관계로 '애고'로 표현된다.

3. 곡의 강도強度와 의미 구조

곡의 강도는 죽음의례의 절차에 따라서 매우 달라진다. 망자와 이별한 지 얼마 되지 않은 장례기간에는 곡의 강세가 심하지만, 장례 후 탈상까지의 과정을 거치면서 슬픔이 점차 완화되고 곡의 약세가 나타난다. 의례의 절차에 따른 세부적인 곡의 강도는 〈도식 3〉와 같다. 장지에 입관한 전후

할 수도 있고 '어이고'라고 할 수도 있고. 손님들은 어이, 어이 절하면서 곡할 수도 있고."

9) 어머니와 아버지의 죽음에 대한 인식의 차이는 다음의 제보를 통해서 알 수 있다. 이점조(여, 80세)의 제보(2015년 1월 23일, 자택), "그리 이제 안어른은 화장하지만 바같어른들은 화장이 없지요. 화장이 없고 안어른들은 전부 화장을 해가지고 그래 이제 참 뭐시 한다니요.[어떻게 화장해요?]뭐 우리들 바르는 분가지고. 이제 옛날에는 덩어리 덧분 있잖니겨. 그걸 요래 빠가지고(빻아서) 물에 요래 갈아가지고 손바닥에 해가지고 얼굴에 발라주고 겉에 덧분 칠해고 그래 뭐시.[왜 그렇게 화장을 해 드렸을까요?] 말할 것 같으면 시집간다고 화장시켜서." 시신을 치장할 때 아버지보다 어머니를 더 하는 이유는, 어머니는 저승에 가면 새로 시집을 갈 수 있다고 믿기 때문이다. 이 외에도 상주들이 짚는 지팡이도 아버지의 상에는 대나무로, 어머니의 상에는 버드나무로 지팡이를 짚는다. 아버지는 줏대 있고 강직한 대나무로 상징되어, 저승에 가서라도 자식을 내버리지 않는다고 한다. 반면에 어머니는 어디든 붙어서 잘 사는 버드나무로 상징되어, 저승에서 다시 결혼하여 잘 산다고 믿는다.

로 곡의 강도는 매우 심함과 점차 약화로 나누어 볼 수 있다. 먼저 장례절차에 따라 곡의 강도를 보겠다. 임종에서부터 성복제까지는 가족들만이 곡을 하지만, 성복제 이후에는 조문객들까지도 참여한다. 망자가 임종을 하면 상주들이 바로 곡을 하지는 않는다. 임종 뒤에 초혼의 절차를 거쳐야만 한다.

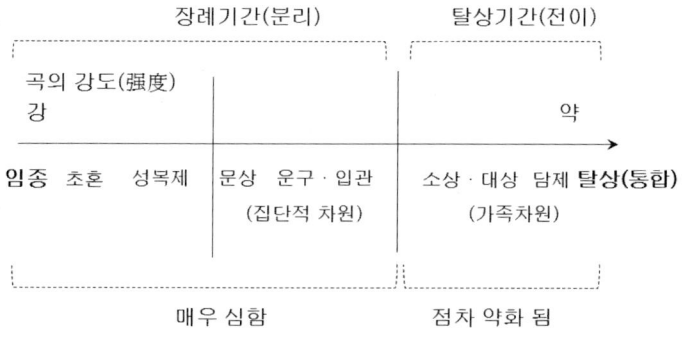

〈도식 3〉 의례절차에 따른 곡의 강도强度

김열규는 이 절차를 넋을 불러서 되돌이키는 것에 목적이 있다고 한다. 이제 갓 숨진 육신을 벗어나서, 저승을 향해 막 길을 나서고 있는 넋을 다시 불러들이는 일이 곧 초혼[10] 이다. 초혼을 하고서 숨진 이가 목숨을 돌이키지 않으면 그때 비로소 상주들은 곡을 하기 시작한다. 망자의 죽음을 확실하게 확인할 때까지는 곡을 하지 않는 것이다.

사흘 동안 망자의 죽음을 완전히 확인한 후에, 본격적으로 곡을 하는 것은 성복제를 지낸 뒤부터이다. 성복제를 기점으로 상주들은 상복으로 갈아입으며, 망자의 영혼을 위한 빈소를 차리고 조문객을 받는다. 빈소는 망자가 돌아가셨던 상방에 차리는데, 상주들은 묘지에 시신을 입관하러 갈 때까지 그곳에서 밤낮을 가리지 않고 곡이 끊이지 않도록 해야 한다.

---

10) 김열규, 앞의 책, 75~76쪽.

[부친을 돌아가셨을 때는 3형제인데 어떻게 하셨어요?] 맹 그렇게. 제사를 지낼 때는 다 같이 모였을 때는 다 같이 하지만. 그 날 저녁에 딱 끝나면 혼자서 영여가 나갈 때까지는 곡소리를 안 떨어지도록 하는 것이 원칙이야. [3형제가 다요?] 그렇지. 교대식으로 했지. [성복을 지내고 빈소를 차리잖아요. 거기서 3형제가 계속 있는 거예요?] 계속, 원칙은 손님이 오면 손님의 인사를 받기 위해서 같이 있어야 원칙이지만. 한 두 사람만 있어도 되고. [그 사람은 계속 곡을 하고 있는 거예요?] 그렇지.11)

빈소에서 상주들은 일렬로 서서 곡을 하며 조문객들을 맞이한다. 조문객들은 곡을 한 뒤에 절을 올리고, 마지막으로 상주들에게 위로의 말을 전한다.12) 한편 상례에 참여하기 전에 부고를 전달받은 사람들도 곡을 한다. 부고訃告는 망자의 죽음을 친척과 지인들에게 알리는 것이다. 집에서 부고를 전달 받은 사람은 정화수를 떠놓고 망자가 사는 쪽으로 곡을 하고 나서 절을 한다.13)

다음으로 장례를 끝낸 뒤 탈상까지 곡의 강도를 보겠다. 장지에서 시신을 파묻고 장례를 마친 뒤에도, 곡은 계속 이어진다. 장례 후 탈상까지는 복잡할 정도로 여러 가지의 의례 절차들이 있다.14) 곡의 강도가 가장 두드러지게 변화되는 의례 절차를 중심으로 살펴보겠다. 김시덕에 의하

---

11) 김세동(남, 78세)의 제보(2015년 7월 18일, 자택)
12) 김세동(남, 78세)의 제보(2015년 7월 18일, 자택), "문상을 온 사람은 딱 빈소를 향해 와가지고 어이, 어이 하고 절을 딱 두 번을 하는 거야. 그 다음에 상주를 향해서 인사하는 거야. 인사를 하면서 생전에 자기가 하고 싶은 대로 말하는 거야. 보지도 못해서 미안하다. 문병을 늦게 와서 미안하다 이런 소리 간단하게 하고. [절하기 전에 곡을 하는 거네요?] 그렇지. 절하기 전에 들어서면서 곡을 하는 거야. 상주는 상주대로 곡하고."
13) 이점조(여, 80세)의 제보(2015년 1월 23일, 자택), "부고를 받으면 그 이제 친척이랑 요새는 안 그러지만 은 또 판에다 물을, 물 한 그릇 떠다 놓아 마당에 놓고 그 쪽을 보고 곡을 하고 절을 두 번을 해요. [어디 쪽을 보고요?] 초상 난 쪽으로. [곡을 두 번 했어요?] 예. 그래가 이제 [누가 곡을 하는 거예요?] 부고 받은 사람이 그러면 이제 숙모가 되던가, 삼촌이 되든가. 이제 부고를 받은 사람이 어이, 어이하고 이제 절을 두 번, 남자면 절을 두 번하고 여자는 절을 세 번하고."
14) 김시덕, 『한국의 상례문화 : 한국 유교식 상례의 변화와 지속』, 민속원, 2012, 142~157쪽. 장례를 마치고 탈상까지의 절차는 반곡, 우제, 졸곡, 부제, 소상, 대상, 담제, 길제 등이 있다.

면, 졸곡卒哭을 지내면 무시곡을 중단하고 조석곡만 하며, 소상을 지내면 조석곡도 그치고 상식과 삭망전을 올릴 때만 곡을 한다. 담제를 지내면 곡을 그치고, 길제를 지내면 상중喪中에서 완전히 일상으로 돌아온다.15)

이처럼 크게 졸곡, 소상, 담제를 거치면서 곡을 하는 횟수도 점점 적어지고, 곡의 강도가 약화된다. 김기한 씨에 제보에 의하면, 송제의 사례에서는 장례를 마친 후부터 무시곡을 중단하고 상식을 올리고 조석곡을 하였는데, 이것을 매일 집안에 맏며느리가 담당하였다고 한다. 곡의 강도가 급격하게 약세로 전환하는 시점은 소상과 대상이며, 담사에 이르면서는 완전히 없어진다. 소상과 대상은 윗대의 조상들에게 망자의 혼을 통합시키는 절차로, 이때 친한 친척이나 지인들이 떡을 해가지고 와서 망자가 조상신으로 통합된 것을 축하해주기도 한다.

  삼년 상 날 때까지 맏며느리가 상식만 올리고 그 다음에 이제 제사를 전부 지내는 거야. [대상, 소상 그런거요?] 응. 다 같이 지내고. [그때 곡해요?] 소상, 대상은 전부 다 모여서 각 동네사람들이 친한 사람들도 오고. [그 때는 빈소에다가 차리는 거예요?] 빈소에도 차리고, 아주 친하게 지내는 사람은 지전이라고 하고 떡을 갖다 올려놓고. 곡하고 절하고. 친한 사람은. [친한 사람은 어이 하겠네요?] 응. 그랬지. 요새는 그런 시절은 없으니까. [큰 제사를 지낼 때마다 하겠네요?] 그렇지 소상 나고. [제사가 엄청 많잖아요?] 소상, 대상 두 번 뿐이지. [크게 지내는 것은?] 그 다음에는 다 지내고 기제사를 지내고. [마지막으로 지내는 제사가 뭐예요?] 대상. [길제도 있고 담사도 있다고 하던데?] 담사? 아 그것은 담사는 그때는 지내는 제사는 마지막, 3년상을 나고 지닐 때는 제사가 많지. 한 여덟 가지인가 일곱 가지인가 그래. 근데 내가 다 못 외워. 잊어버려서16)

---

15) 김시덕, 위의 책, 202쪽.
16) 김기한(남, 79세)의 제보(2015년 7월 24일, 자택)

죽음은 공동체에게 슬픔과 공포 등의 여러 감정을 유발하여 혼란스럽게 만드는 비정상적인 사건이다. 죽음이라는 비정상적인 상황에서부터 다시 정상적인 일상으로 돌아오기 위해서는 특별한 의식의 과정을 거쳐야 한다. 반 겐넵은 한 단계나 지위에서 다른 단계나 지위로 이전을 할 때 필요한 과정을 '통과의례'[17]라고 한다. 통과의례는 특별한 의식이므로, 일상과는 다른 특별한 행동과 역할을 필요로 한다. 바로 이러한 통과의례에 필요한 특별한 행동과 역할로 곡이 연출되는 것이며, 거기에는 사회적·정치적인 복합적 의미들이 담겨 있다.

먼저 죽음의례에서 곡이라는 특별한 행동이 연출되면서 갖는 의미를 보자. 이은봉은 대성통곡이 망자의 죽음은 결국 자기의 잘못에서 생기게 되었다는 죄책감, 더 나아가 닥쳐올지도 모르는 재앙을 피하거나 감소시키려는 집단적 방어장치[18]로 볼 수 있다고 한다. 강주만도 대성통곡으로 대변되는 감정의 발산이, 어빙 고프먼Erving Goffman(1959)이 역설한 이른바 '인상 관리impression management'의 관점에서 보자면, 죽으면 모든 게 용서되거나 심지어 미화되는 한국인의 죽음관에 따라 산 자의 죄책감을 해소하려는 커뮤니케이션 전략에 의해 증폭[19]된다고 한다.

산자가 망자에게 느끼는 죄책감은 오랫동안 유교적인 윤리에 따른 사회화의 과정을 거치면서 생긴 억눌린 감정 때문으로 보인다. 이규태에 의하면, 가족이나 단체나 직장 체제 같은 집단의 이해와 일치되지 않는 자기주장은 아무리 정당하고 옳고 의롭더라도 하지 않는다. 집단은 곧 자기 삶의 물질적 정신적 받침대로, 그 이반離反은 아웃사이더의 고충을 감당해야 하므로 하는 수 없이 자기주장을 집단 의사에 소멸시켜 버린다. 이때 이 좌절은 '한'이 되어 축적[20]된다. 따라서 한국인은 불행이나 불운에 대

---

17) A. 반 겐넵 지음, 전경수 옮김, 『통과의례』, 을유문화사, 2000, 30쪽.
18) 강주만, 「죽음의 문화정치학 : 한국의 '장례' 커뮤니케이션에 관한 연구」, 『한국언론학보』 54(5), 한국언론학회, 2010, 92~93쪽; 이은봉, 『한국인의 죽음관』, 서울출판부, 2000, 239쪽 재인용.
19) 강주만, 위의 논문, 93쪽.

해 그것을 어떡하든지 체험하거나, 위안하거나 남도 그러하니까 하는 식으로 공감하므로 소극적으로 그것을 억누른다는 것이다. 이것은 자기를 학대함으로써 쾌감을 느끼는 매저키즘의 한 유형[21]이라고 한다.

　이처럼 죽음의례에서 곡은 한국사회의 사회화 과정 속에서 생긴 억눌린 감정을 조절하는 문화적 장치가 된다. 한국의 가부장적인 가족제도에서 아버지를 중심으로 한 엄격한 위계질서로 인해 서로 간의 불만이나 갈등이 있지만 표현하지 못하고 억눌린 감정들이 있다. 산자는 이러한 억눌린 감정을 곡을 통해 발산하고, 망자에 대한 원망이나 죄책감에서 벗어나서 새롭게 시작할 수 있다. 물론 망자에 대한 죄책감으로 인한 산자의 고행苦行은 곡뿐만 아니라 씻지 않기, 외출할 때도 죄인처럼 얼굴을 가리고 남루하게 상복을 입고 다니는 등 다양하게 나타난다.

　　상주들은 들어앉아서 곡만 하고. 아이고, 아이고 하고. 어마이, 아바이가 죽었으니까 곡을 해야 되잖아요. 나가지도 못 하는 거야. 상주는 세수도 안 해. 옛날에는 세수도 안 하고. 삼년을 낯을 안 씻는다고 했거든. [삼년동안? 왜 안 씻는데요?] 부모가 죽었으니까. 그렇게 했는데. 옛날에 그 시절에는 그렇게 해 나오고. 또 삼년을 이제 이 물을 떠 놓거든. 물을 이제 밥 먹는 것처럼 해서. 밥상을 갖다놓고. 사진을, 요새는 사진이 있지만, 옛날에는 혼백이 있잖아요. 접어서 놓는 게 있어요. 그걸 위패라고 하는데. 그걸 아침마다 밥 떠다 놓고. 삼년을 그렇게 했어. 남자는 피리(패랭이)를 쓰고. 하얀 모자. 방송에 나오는 거. 보따리 장사처럼. 그걸 쓰고, 옷도 상주 옷이라고 있어요. 도포, 상주 옷이라고. 그걸 입고, 상옷을 입고, 삼년을 지냈어요. 삼년 만에 탈상을 하면 옷을 벗어버리고. 평옷이 되고. 옛날에 그랬지. 요즘은 세월이 바뀌어서. 개명開明이 되어 놓으니. 요새는 옛날에 삼년 하던 것을 사흘 만에 끝나고.[22]

---

20) 이규태, 『한국인의 의식구조 2 : 한국인은 누구인가?』, 신원문화사, 1983, 201쪽.
21) 이규태, 위의 책, 212쪽.

다음으로 공동체가 곡을 통해 특별하게 연출한 역할이 갖는 의미를 살펴보자. 앞서 분석한 곡의 강도를 반 겐넵이 분류한 분리, 전이, 통합의 세 단계[23]의 의례의 과정에 따라 어떻게 가족과 집단적인 차원에서 죽음으로 인한 상실감을 극복하고 일상으로 정상화시키는지를 살펴보겠다. 곡은 효의 이념뿐만 아니라 공동체의 결속감과 결부되어 공동체까지도 망자에 대한 슬픔의 감정이 일정정도 곡으로 규범화되어 있다. 먼저 임종부터 입관까지는 망자의 육체적인 죽음을 확인하는 절차로, 시신을 산자들의 세계로부터 분리하는 과정이다. 이때는 집단적 차원에서 애도의 표현이 요구된다. 앞서 상주와 조문객뿐만 아니라 부고를 전달받은 사람도 함께 곡을 하면서 그 참여범위가 넓어지는 것을 볼 수 있다.

장지에서 집으로 돌아온 후 3년 동안의 탈상의 과정은 죽은 자의 영혼이 저승으로 통합될 때까지의 전이기가 된다. 분리기에서는 집단적인 차원에서 망자의 영혼을 산자의 세계에서 분리하였다면, 전이기에서는 가족적 차원에서 망자와 마지막으로 이별하는 과정이다. 탈상까지 평소에는 아침과 저녁으로 며느리만이 상식을 올리고 곡을 한다. 그러나 소상과 대상, 담사와 길제 등 특별한 제사 때에는 친척과 지인들이 찾아와서 함께 곡을 한다. 마지막으로 담사를 지내면 탈상을 하고 통합의 단계가 된다. 그 이후로부터는 더 이상 곡을 하지 않는다.

이와 같이 곡은 망자에 대한 산자의 도덕적인 규범으로, 가족적·집단적 차원에서 망자에 대한 슬픔의 감정이 일정정도 규범화되어 있는 것을 볼 수 있다. 앞서 말했듯이, 곡은 단순히 개인의 심리적인 감정에만 국한되는 것이 아니라 사회문화적으로 형성된 감성의 지식으로서, 개인과 더불어 그 개인이 속한 집단에게 규범적인 역할을 부여한다.

---

22) 권오중(남, 82세)의 제보(2015년 1월 23일, 자택)
23) A. 반 겐넵 지음, 전경수 옮김, 앞의 책, 41쪽.

4. 죽음의례의 변화와 곡의 사물화

산업화 이후 죽음을 전문적으로 처리하는 장례업체가 등장하면서 죽음의례에 많은 변화가 나타났다. 그 가운데 가장 큰 변화는 의례의 장소와 주체의 변화이다. 전통사회에서 의례의 장소는 망자가 숨을 거둔 집에서 치러졌지만 현재에는 전문 장례식장이 따로 마련되었으며, 의례의 주체도 집안 어른이 아닌 장의사와 같은 전문가들이 생겨났다. 전문 업체로는 상조회사와 장례산업체[24])가 있다. 이들 전문 업체들이 제공해주는 편리한 서비스로 인하여 의례의 수행이 과거 보다 훨씬 편리해졌다.

우리는 집에 부친이 돌아가셨는지가 12년 전인가. 우리는 옛날같이 고생은 안 했어. 돌아가신 지가 얼마 안 돼서. 시어른이 돌아가신 지도 8년째가 7년째인가 그랬는데. 별로 곡소리를 해도. 요새는 전부 병원에 가가지고 하니까. [병원에서 어떻게 치르셨어요?] 병원에 거기에는 장례식에 돈만 주고. 거기서 손님 오는 거 하고. 손님이 상갓집에 문상 오면, 거기서 식당이 전부 저걸 다 해주잖아. 식당이 해주니까. 상옷을 입고 그만 우리는 입고. 그 사람들이 다 해주고. 돈 주고 해놓으면 사람들이 다 밥하고 다 해줘.[상조회사가 해주는 거예요?] 상조회사도 하고. 안 그러면 거기서는 병원에서 해달라고 하면 그 사람들이 다 해주고. 요새는 장례식 쉬워. 옛날에는 막 7일장, 8일장 하면 힘들었지만, 지금은 힘들 것 없어. 옛날에는 행상밀고 이랬잖아. [25])

과거 집에서 장례를 치를 때는 장례기간도 길었고, 일일이 손수 품을 들여야 하는 일들이 많았다. 장례용품을 직접 마련하고 손님을 대접하는

---

24) 송현동, 「상조회사의 등장과 죽음의례의 산업화」, 『죽음의례 죽음 한국사회』, 한국종교문화연구소, 모시는 사람들, 2013, 139~140쪽.
25) 송삼순(여, 72세)의 제보(2015년 7월 24일, 자택)

것 등의 일은 모두 자체적으로 해결해하는 것들26) 이었다. 그러나 요즘은 돈만 있다면 장례의 전문 업체가 제공해주는 편리한 서비스를 이용하여 모든 것을 간편하게 해결할 수 있게 되었다. 이러한 죽음의례의 변화는 죽음에 대한 인식에도 영향을 미쳤다. 현대인들은 어떻게든 빨리 죽음을 처리하고 일상생활에 복귀하면서 죽음의 문제에 대해 생각할 시간이 짧아지게 되었고, 이에 따라 죽음의 문제를 기피하고 소외하게 되었다.

이와 같은 죽음의례와 죽음에 대한 인식의 변화 속에서 곡은 어떠한 변화과정을 거쳤는지 살펴보겠다. 먼저 의례 주체의 변화에 따른 곡의 변화양상을 보겠다. 전통사회에서 의례의 주된 주체는 상주들이었지만, 호상護喪이라고 하여 의례의 절차와 규범을 지도해주는 집안에 연륜이 있는 어른에 의해서 의례가 원활히 수행되었다. 그러나 요즘은 장의사와 상조회사의 직원들이 집안어른들이 맡았던 호상의 역할을 대신하여 맡고 있다.

> 장례식장에서 하라고 하니까. 장례하러 오시는 분들이, 맡아서 하는 분들이 있잖아. 뭐라고 하나 상조회라. 거기에서 직접적인 책임자가 와가 시키는 이도 있고. 아니면 자기가 문중에서 옛날에 범절을 지켜오던 사람들은 자기대로 시켜서 하면 되고. 그러면 다 같은 예이니까.[지금도 어이도 하고, 아이고도 해요?] 지금은 상주만 아이고 하고. 우리들은 남의 문상에 가면 어이하고.27)

물론, 아직도 연륜 있는 어른이 있는 집안에서는 스스로 알아서 곡을 하기도 한다. 그러나 현재는 의례의 절차가 많이 간소화되고 과거와 같이

---

26) 이점조(여, 80세)의 제보(2015년 1월 23일, 자택). "장사 요래 지내고 나니 많으면 또 빚지. 식량은 받아먹어야 되지. 또 뭐시기 해가지고 이래하니 아이구 풀밭을 메야 되지요. 옛날에는 요새, 요새 참 세월도 좋고 젊은 사람들이 나많은 부모는 안 거둔다고 하지만은 또 그게 다 자기 앞으로 가는 거래요. 자기 늙으면 맹 그러니까. 우리들은 옛날에 전부 참말로 다 모셔가지고 제사 지내고 이래하기 때문에. 요새 사람들은 그리 시집을 산다는 게 있는겨 뭐가 있는겨."
27) 김세동(남, 78세)의 제보(2015년 7월 18일, 자택)

복잡한 의례 절차와 규범을 학습할 필요가 없어지면서, 대부분 사람들은 전문가의 도움을 받아 의례를 수행하는 것이 일반화되었다. 전문가들에 의해 상주들이 배우는 곡의 언어표현은 '아이고' 하나만으로 굳어졌지만, 아직 농촌에서는 조문객이 상갓집에 가면, 과거에 관습대로 '어이'라는 곡을 계속 하는 것을 볼 수 있다.

의례의 규범이 점차 약화되면서 곡을 반드시 해야만 된다는 의무감도 사라졌다. 장의사가 시켜도 그것을 하는 몫은 상주들에게 달려 있다. 그러나 곡을 해야 한다는 의무감은 사라졌지만, 남의 시선 때문에 해야 하는 형식적인 의무감이 존재한다. 오늘날 장례식장에서는 상주들이 계속 곡을 하고 있지는 않지만 손님이 올 때만큼은 꼭 곡을 하는 것을 볼 수 있다.

> [병원에 가면 성복을 한 다음에 곡을 해요?] 그렇지. 맹 하기야 하지. 빈소방에 있는데 거기서 좀 하다가, 손님이 안 오면 안 하고. 들어 올 것 같으면 아이고, 아이고 하고.[손님이 오면 아이고, 아이고 하고요?] 그렇지. 계속 해도 되고. 자기 마음이지. 그런데 왜 그러냐면 손님이 들어오면 이 집이 상갓집이 왜 곡소리도 없이 가만히 있나 이런 소리를 들을까봐.[28]

오늘날까지 한국사회에서 효의 관념은 매우 중요한 덕목이 된다. 곡은 부모를 먼저 여읜 불효자의 죄인 된 심정을 표현하는 것이다. 따라서 곡을 제대로 수행하지 않으면 불효자가 되고 남으로부터 질타를 받기 쉽다. 효의 이념이 현재에도 강하게 작용하면서 곡도 계속 이어져 오고 있다. 다음으로 사회구조의 변화에 따른 곡의 사물화된 양상을 보겠다.

루카치는 마르크스의 물신숭배개념[29]을 사물화reification 현상으로 파악

---

[28] 김세동(남, 78세)의 제보(2015년 7월 18일, 자택).
[29] 전경갑·오창호, 『문화적 인간·인간적 문화 : 기호학과 문화 이론』, 푸른사상사, 2003, 173쪽. "우리가 나무 십자가에 신성을 부여하고 이를 신처럼 숭배하듯, 상품에 어떤 가치를 부여하고 이를 상품 그 본래적 가치인 것처럼 생각하게 되는 현상을 상품의 물신숭배라고 한다. 가령 배추 열 포기와 커피 한잔은

한다. 질적인 것이 양적인 것으로 전도되고, 인간존재가 스스로를 상품처럼 여기게 될 뿐만 아니라, 인간들간의 사회적 관계가 상품들간의 사물적 관계로 전도되는 일련의 현상은, 한마디로 인간의 속성이 사물적 속성으로 전도되는 현상이기 때문에 사물화30)라고 하는 것이다.

곡은 감정적 소비가 매우 심하므로 계속 하고 있기가 힘들다. 그러나 발인 때까지는 곡을 계속 멈추지 않고 해야 하는 것이 원칙이다. 이러한 문제는 라디오라는 새로운 매체가 등장하면서 편리해졌다.

> 상중에는 계속 곡성이 시체가 나갈 때 까지 곡을 해야 해.[발인할 때가지 계속 해야 돼요?] 그렇지. 계속 하는데. 요새는 계속 하는 사람이 있나. 하면 좋다고 하지만. 내려 오다보면 녹음을 해가지고 상주가 하나뿐이면. 상주가 많으면 교대를 하고. 곡성을 떨어지면 안 된다는 이유도 그거거든. 사람이 죽으면 곡성도 안 나고 저 집안의 놈의 상놈이다. 이런 소리가 나오잖아. 부모가 죽었는데 곡성도 안 나오고, 희희낙락 웃기만 하고 저거 친척들이 모였다고. 모여서 웃기만 하고 얘기만 한다는 소리를 안 들으려면 녹음까지 해가지고. 그런 집도 있어. 혼자 고되잖아.31)

사람의 목소리이든, 라디오의 녹음된 목소리이든, 곡을 계속 끊이지 않도록 하는 것이 중요하였다. 라디오가 생기면서 곡 대신에 절의 염불소리를 녹음하여 틀어 놓기도 하였다.32) 염불소리는 망자의 극락왕생을

등가의 상품이라고 여김으로써 비등가적인 것을 등가화할 뿐만 아니라, 만원이라는 가치가 마치 배추 열포기나 커피 한잔에 본래적으로 체화된 가치로 착각하게 되는 현상을 뜻하기도 한다.(『자본론』 1권 72~76)"
30) 전경갑·오창호, 위의 책, 174쪽.
31) 김세동(남, 78세)의 제보(2015년 7월 18일, 자택)
32) 송삼순(여, 72세)의 제보(2015년 7월 24일, 자택), "옛날에는 우는 것이 너무 힘들잖아. 힘드니까 곡소리를 그리고 옛날에 라디오 나오고는 곡소리를 절에 가는 것, 염불하는 것을 하고. 라디오를 내 놓고 저 앞에. 영혼의 앞에 두고 소리를 내잖아. 곡소리를 안 비우려고. 근데 요새는 그런 것은 없어. 곡소리도 뭐 그저 한 참 있다가 손님이 오면 가 그냥 곡소리를 내고, 그 다음에 전부 다 나와서. 계속 우는 누가 우는 이가 있나. [손님 올 때만 울고요?] 그렇지"

위해 틀어 놓는 것으로, 새로운 매체와 더불어 새롭게 생겨난 것이다. 현대사회에서 직업적인 분화가 이루어지고 기술이 발달하면서, 우리는 더욱 편리한 생활에 매우 익숙해져 있다. 무엇이든지 돈만 있으면 할 수 있는 자본주의 시대에서 더 이상 사서 고생하려 들지 않는다. 이처럼 간편하게 치러지고 있는 죽음의례의 변화를 통해서 곡은 사람이 아닌 새로운 매체가 대체하고 사물화되는 양상을 볼 수 있다.

5. 맺음말

송제의 사례를 통해서 슬픔이라는 감정이 어떻게 곡으로 양식화되고 규율되는지 살펴보았다. 먼저 전통사회에서 곡은 망자와의 혈연적인 친밀도 즉, 친소관계에 따라서 곡의 언표가 달라지는 것을 볼 수 있었다. 이는 가부장적 유교사회에서 친소관계에 따른 위계질서가 곡의 언표에도 반영된 것이다. 망자와의 친소관계에 따른 언표의 차이를 정리하면 다음과 같다.

아이고는 가장 기본적인 곡의 언어표현으로 망자와의 친소관계에 따른 위계질서가 반영되지 않았고, 애고와 어이에서 위계질서가 분명하게 작용하는 것을 볼 수 있다. 직계가족 간에 그리고 직계가족들이 아버지의 상을 치를 경우에는 이들 관계는 모두 혈연적으로 비슷한 친소관계를 가지기 때문에 슬픔의 정도를 곡으로 위계화하지 않고 아이고로 통일하여 표현한다. 그러나 직계가족 외에 4촌 이내 친척과 지인들의 참여하고, 또한 직계가족이라도 어머니의 상을 치를 경우에는 각자 망자와의 친소관계에 따라 슬픔의 정도를 애고와 어이의 곡으로 위계화한 것을 볼 수 있다.

다음으로 곡의 강도와 의미구조에서 곡이 일정한 강도를 띠면서 양식화되는 과정과 그 의미구조를 다루어보았다. 곡은 죽음의례의 절차에 따라서 일정한 강도를 띠면서 특정하게 규범화되는 것을 볼 수 있다. 장례기간에는 발인제를 지내기 전까지 빈소를 차려놓고 밤낮을 가리지 않고 곡성이 떨어지지 않도록 하는 것이 원칙이었다. 그러나 장례를 마치고 탈상기간 동안은 망자의 영혼이 저승으로 통합되어 가는 과정 속에서 곡의 강도는 점차 약화된다. 이처럼 곡은 죽음이라는 비정상적인 상황에서부터 다시 정상적인 일상으로 돌아오기 위한 특별한 의식의 과정으로 볼 수 있다.

　죽음의례에서 곡이라는 특별한 행동이 연출되면서 갖은 의미가 있다. 먼저 죽음의례에서 곡은 한국사회의 사회화 과정 속에서 생긴 억눌린 감정을 조절하는 문화적 장치가 된다. 한국의 가부장적인 가족제도에서 아버지를 중심으로 한 엄격한 위계질서로 인해 서로 간의 불만이나 갈등이 있지만 표현하지 못하고 억눌린 감정들이 있다. 산자는 이러한 억눌린 감정을 곡을 통해 발산하고, 망자에 대한 원망이나 죄책감에서 벗어나서 새롭게 시작할 수 있다. 또한 곡은 효의 이념뿐만 아니라 공동체의 결속감과 결부되어 공동체까지도 망자에 대한 슬픔의 감정이 일정정도 곡으로 규범화되어 있다. 상주와 조문객뿐만 아니라 부고를 전달받은 사람도 함께 곡을 하면서 그 참여범위가 넓어지는 것을 볼 수 있다.

　마지막으로 현대 자본주의 사회에서 죽음의례의 변화와 함께 곡이 사물화되는 과정을 살펴보았다. 사물화는 인간의 속성이 사물적 속성으로 전도되는 현상이다. 자본주의 시대에 전문장례업체가 등장하면서 과거에 일일이 품을 들여 치렀던 의례가 이제는 돈만 있으면 모든지 간편하게 치를 수 있게 되었다. 이러한 과정에서 곡도 조문객이 올 때만 잠깐 하는 등 형식적 의무감으로 행해지고 있다. 더불어 라디오와 같은 새로운 매체가 등장하면서 사람의 곡성을 대신한 녹음테이프와 염불소리가 대체되어 사물화되는 양상을 보이고 있다.

| 참고문헌

단행본
김시덕, 『한국의 상례문화 : 한국 유교식 상례의 변화와 지속』, 민속원, 2012.
김열규, 『메멘토 모리, 죽음을 기억하라 : 한국인의 죽음론』, 궁리, 2002.
미야케 히토시 지음, 김용의, 김희영, 이은경, 조아라, 최가진 옮김, 『종교민속학=Folklore of religion』, 민속원, 2013.
이규태, 『한국인의 의식구조 2 : 한국인은 누구인가?』, 신원문화사, 1983.
이용범, 『죽음의례 죽음 한국사회』, 한국종교문화연구소, 모시는 사람들, 2013.
일레인 볼드윈 외 지음, 『문화 코드, 어떻게 읽을 것인가? : 문화연구의 이론과 실제』, 한울, 2014.
전경갑·오창호, 『문화적 인간·인간적 문화 : 기호학과 문화 이론』, 푸른사상사, 2003.
A. 반 겐넵 지음,; 전경수 옮김, 『통과의례』, 을유문화사, 2000.

논문
강주만, 「죽음의 문화정치학 : 한국의 '장례' 커뮤니케이션에 관한 연구」, 『한국언론학보』 54(5), 한국언론학회, 2010.
전혜숙, 「고려시대와 조선초기 오복제도의 변화에 관한 연구」, 『한국의류산업학회지』 6, 한국의류산업학회, 2004.

세시풍속의 전승 양상과 문화적 의미

최지호
안동대 민속학과 석사과정 4학기

1. 머리말

　세시풍속은 자연의 주기적 변화와 밀접한 관련 속에서 삶을 영위했던 전통사회 사람들의 시간의식이 인간의 삶을 구성하는 시간 축 중 하나인 순환반복의 시간, 즉 하루·한달·계절·1년의 주기 속에서 일상화[1]된 표준적 행동양식이다. '세시'는 '역법'과 '절기'의 체계로 구체화되었고 풍속은 세시에 따른 사람들의 공동체적 생활 문화로서, 시간의 주기에 따라 주민들이 그들의 생활과 생업 속에서 전승해온 경험지식의 총체라 할 수 있다.[2] 그러므로 송제마을의 세시풍속이란, 송제마을의 지형과 기후에 따른 마을주민들의 생활양식이 계절적으로 혹은 관습적으로 되풀이되었던

---

1) 일상화란 특정한 행위가 일정한 시간의 주기 속에서 주기적으로 반복되어 하나의 전형성을 지님으로써 나날의 삶 속에 녹아듦을 의미한다. 일상화는 지속성과 반복성을 내포하고 있기 때문에 그 속에 역사적 전승과 전통성을 내포하고 있다(임재해, 「민속예술의 본질적 성격과 인간해방 기능」, 『비교민속학』 23권, 비교민속학회, 2002, 26~28쪽).
2) 이영배, 「근대적 시간체제 비판과 민속적 시간문화의 가치 재인식」, 『대동문화연구』 90권, 성균관대학교 동아시아학술원, 2015, 183~186쪽.

종교적이고 사회적인 의례로서 주민들의 시간인식과 그 주기성을 반영하고 있는 '시간문화'3)라고 할 수 있다.

　이러한 송제마을의 세시풍속을 이 글에서는 마을주민들의 시간에 대한 지식으로 보고자 한다. 여기에서 지식은 민속현상 속에 담긴 전승 및 연행 집단의 경험과 지혜의 축적 혹은 그 체계를 의미한다.4) 이러한 관점 속에서 송제마을의 세시풍속의 전승양상과 그것의 전통적인 의미의 분석을 통해 송제마을 세시풍속에 담긴 지식의 특성 및 의미를 분석하고자 한다.

　이 글은 다음과 같은 순으로 진행될 것이다. 첫째, 송제마을 세시풍속의 전승 양상을 정리하여 그 특성을 살펴봄으로써 전통사회에 기반한 세시풍속이 현대사회 속에 어떠한 지점에 위치해 있는지 알아볼 것이다. 둘째, 앞의 논의를 바탕으로 마을의 전통적 세시풍속의 구성 원리와 문화적 의미를 살펴볼 것이다.

---

3) '시간문화'란 시간과 관계된 생활양식과 행위의 체계로서 시간체제의 도입과 경쟁 속은 변동에 따라 생성·변화·소멸하는 문화이다. 여기서 시간은 그 자체로 무한하지만 그것의 문화화 과정에서 유한하고 변동 가능한 객체로서 사유된다. 따라서 '시간문화'는 사회구성원들이 그것을 매개로 사회를 재생산하거나 변화시키는 일종의 자원으로 기능할 수 있다(위의 논문, 193쪽).

4) 여기서 살펴보고자 하는 지식은 민속지식에 해당한다고 볼 수 있다. 민속지식에 대한 정의들을 살펴보면 아래와 같다.
　1. 민속지식은 민간전승의 지식으로서 집단 사람들이 생활하는 가운데 습득한 크고 작은 실체에 대한 실제적이고 경험적인 인지이자 지식으로 어떤 집단들 사이에서 통용되고 객관적 타당성이 있는 것으로 여겨지는 논리의 체계, 판단의 체계라고 할 수 있다(배영동, 「분류적 인지의 민속지식 연구의 가능성」, 『비교민속학회』 57권, 2015, 76~79쪽).
　2. 민속지식은 민중에 의한 전승지식으로서 자민족의 전통지식이 주류를 이루고 있으며, 생활세계에서 전승으로 터득하는 경험지식이라 할 수 있다. 더 구체적으로, 민속지식은 전승자들이 세간에서 일상생활의 쓰임새에 따라 전승력과 효용성을 발휘하게 되는 전통지식이자 공동체 성원들이 무상으로 공유하는 지식을 말한다(임재해, 「한국 지식지형의 비판적 인식과 민속지식의 새지평」, 『실천민속학연구』 23권, 실천민속학회, 2013, 26쪽).
　이 글에서 주목하는 지식은 집단에 의해 통용되고 축적된 경험지식이자, 전승지식으로 위의 두 정의에 부합된다고 볼 수 있다. 그렇기 때문에 세시풍속을 통해 살필 수 있는 이 지식은 민속지식의 범주에 포함되는 것이라고 할 수 있다.

2. 세시풍속의 전승 양상과 그 특징

안동시 길안면 송사1리의 자연마을 중 하나인 송제마을은 전형적인 농촌마을로서 오랫동안 전통사회에 기반한 삶의 방식을 유지해왔다. 이러한 경향은 시간문화인 세시풍속의 전승 양상을 통해서 잘 파악할 수 있다. 마을의 세시풍속은 70년대 전까지만 하더라도 전통사회에서 이어져 온 세시풍속이 거의 지속되어왔다. 물론 세부적인 풍속의 양상의 경우 일정 부분 변화되기도 하였지만, 세시풍속의 구조 자체는 변화하지 않았다. 그러나 70년대를 기점으로 새마을운동 등으로 인해 도로와 제방 같은 사회기반시설들이 확충되고, 새로운 문물과 기술이 들어옴에 따라 사람들의 삶의 방식은 큰 폭에서 변화하였다. 이러한 변화는 마을 세시풍속도 바뀌게 하였다. 기존의 전통사회에 기반한 세시풍속들은 전승이 단절되거나, 본래의 맥락에서 벗어나게 되었으며, 변화된 삶의 방식에 맞춘 현대적 세시풍속들이 새로이 등장하였다. 이처럼 마을의 세시풍속은 70년대를 기점으로 변화하게 되었는데, 이러한 변화는 어떠한 특징을 보이는지 전승 양상을 정리함으로써 살펴보도록 하겠다. 먼저, 전승 양상에 관하여 서술하기 전에 송제마을 세시풍속을 간략하게 표로서 제시하면 아래와 같다.

〈표 1〉 송제마을 세시풍속 전승 양상

월	세시		풍속	전승여부	비고
음력 1 (양력 2)	설날		정초차례, 세배와 덕담, 동네세배, 설빔, 복조리, 액막이, 엄나무 걸기.	전승	
	정초십이지일	쥐날	바느질하면 생손 앓는다.	단절	
		토끼날	여자가 남의 집에 일찍 가지 않기.	단절	
		뱀날	장 담그지 않기.	전승	
		말날	장 담그기.	전승	
		닭날	장 담그기.	전승	

	동제(당제)		일부 전승	전승이 단절되었다가 안동시와 문화재청의 지원으로 2010년부터 재전승.
	정월대보름	샘물 먼저 뜨기, 달보고 소원 빌기, 지신밟기, 횃불놀이, 줄당기기.	일부 전승	그 전날인 14일에는 밤을 샌다.
	마을총회	전반적인 운영과 활동 계획, 마을 기금 내역 계산, 음식 대접, 윷놀이.	전승	
	귀신날	대문 앞에 체 걸기, 대문 앞에 불 놓아두기.	단절	
음력 2 (양력 3)	영등날	정화수 떠놓기.	단절	
	입춘	입춘축 붙이기.	단절	
	노인회 관광	국내여행 가기.	전승	양력
음력 3 (양력 4)	삼짇날	화전 해먹기.	일부 전승	
	한식	성묘 가기.	단절	
음력 4 (양력 5)	4월 초파일	절에 불공드리러 가기, 연등달아 소원 빌기.	전승	
	어버이날	카네이션 달아 드리기, 음식마련, 부녀회가 어머니은혜 불러드리고 절하기.	전승	양력
음력 5 (양력 6)	단오	그네뛰기, 창포로 머리 감기, 머리에 궁궁이 꽂기, 약쑥 뜯어말리기.	일부 전승	1985년부터 길안면에서 단오제가 열리면서 점진적으로 쇠퇴.
음력 6 (양력 7)	유두	창포, 쟁피, 약쑥에 머리 감기.	전승	
	복날	복날 음식 먹기.	일부 전승	음력, 6~7월 중
음력 7 (양력 8)	칠석	불공 기도 올리기, 절에 가기.	전승	
	풋굿	마을 청소, 음식 먹기, 풍물, 사회자밴드 초청.	전승	약 10년 전부터 풍물 대신 엠프 및 노래방 기계를 준비하고, 전문 사회자 및 공연자를 고용함.
	삼굿		단절	
음력 8 (양력 9)	추석	추석 차례, 성주에 제사 지내기.	전승	

음력 9 (양력 10)	중귀(중구)	중구 차례, 성주에 제사 지내기.	단절	
	운동회		일부 전승	학생 수 감소로 마을 축제적 기능은 상실.
음력 10 (양력 11)	시제	5대조 이상 조상에 제사 지내기.	일부 전승	
음력 11 (양력 12)	동지	팥죽 먹기, 나이만큼 새알 먹기.	일부 전승	
	크리스마스	카드 드리기, 같이 모여서 음식 먹기.	전승	양력
음력 12 (양력 1)	섣달그믐	불 켜두기.	일부 전승	
윤달	부정이 안타는 날	수의 마련, 이사 가기, 영정 마련.	전승	

    위의 표를 바탕으로 마을 세시풍속의 전승 양상을 대략적으로 설명하면 다음과 같다.[5] 정월은 해가 전환되는 시점으로 새롭게 다가올 해를 준비하는 기간이다. 그렇기 때문에 많은 세시풍속들이 이 달 행해지는데, 이는 송제마을 역시 동일하다. 정초는 새로운 해가 시작되는 시기로서 다양한 풍속들이 행해진다. 정초의 대표적인 풍속으로는 정초 차례가 있다. 정초 차례는 보통 4대 조상까지 모시며, 음식으로 떡국을 함께 올린다. 보통 자녀들이 귀성하여 함께 차례를 지내지만, 차례를 도시에 거주하는 아들에게 물려준 경우에는 반대로 역귀성하는 경우도 종종 있다. 이 날에는 설빔이라고 하여 새로운 해를 맞는 것을 기념하여 새로이 옷을 장만하여 입는데, 과거에는 직접 만드는 경우가 많았지만, 현재는 구매해서 입거나, 기존의 옷을 손질하여 입기도 한다.

---

[5] 송제마을의 전승 양상은 2015년 1월부터 5월 사이에 이루어진 현지답사를 통해 얻어진 자료와 안동대학교 민속학과 정기답사의 일환으로 출간된 안동대학교 민속학과·대학원 민속학과 BK21 사업팀, 『사과의 고장 길안의 전통』, 민속원, 2013을 참조하여 작성하였다.

차례가 끝난 후에는 식사를 하거나, 세배를 하는데, 그 순서는 상황에 따라 다르다. 세배를 하면 윗사람은 아랫사람에게 덕담과 세뱃돈을 준다. 덕담의 내용은 건강·복·공부·효 등을 강조하는 경우가 많다. 가정에서의 세배가 끝나면 마을의 어르신들을 찾아뵙고, 세배를 한다. 이를 동네 세배라고 하는데, 세배를 받는 집에서는 식혜, 수정과, 떡, 묵 등의 음식과 술을 차려서 오는 이들에게 대접한다. 동네 세배까지 마친 이후에는 가족끼리 또는 주민들이 모여서 윷놀이나, 화투 등을 하면서 시간을 보낸다.

조상에 대한 차례 이외에 가신에 대한 제의도 이 날 지낸다. 특히, 가장인 대주와 연결된 성주에게 제를 올리는데, 이는 보통 차례를 지내기 전에 이루어진다. 제물로는 밥, 콩나물국, 떡, 생선, 삼실과, 나물 등을 올린다. 성주고사는 설 이외에도 대보름, 추석과 같이 큰 명절에도 행해진다.

새로운 해의 복을 기원하는 의미에서 복조리를 교체하기도 한다. 복조리는 이 시기에 마을로 찾아오는 복조리 장수에게서 구매하며, 이전에 걸어두었던 복조리는 생활도구로서 활용한다. 보통은 매 해 새로이 복조리를 사서 걸지만, 상황에 따라서 그렇지 않은 경우도 있다. 구매한 복조리는 방문이나, 문 위, 혹은 방안이나 부엌에 걸어둔다. 이와 더불어 엄나무도 이 날 교체하는데, 보통 현관문 근처에 걸어두어 다가올 액을 예방한다.

인근의 절이나, 무당을 찾아 한 해의 운수를 살피기도 하는데, 신수의 결과에 따라 부적을 쓰거나, 액막이를 한다. 보통은 무당이나, 절을 찾지만 기독교 신자의 경우에는 예배를 드리는 것으로 이를 대체한다.

정초와 정월보름 사이에는 날에 부여되는 간지에 따른 십이지일이 존재한다. 그 날 부여된 동물에 따라 다양한 금기가 존재하는데, 이를 간략히 서술하면 다음과 같다. 쥐날에는 바느질 하는 것을 금하였는데, 만약 이를 어기면 생손을 앓는다고 한다. 토끼날에는 여성의 집 밖 출입을 금하였다. 이 또한 어길 시에는 액탈이 발생한다고 믿었다. 말날과 닭날, 뱀날에는 장맛과 관계된 금기가 존재하는데, 말날과 닭날에는 장을 담그면 맛이 좋고, 뱀날에는 장을 담그면 맛이 좋지 않다고 한다. 이는 유모일 즉

털 달린 짐승날과 관련이 있다. 이러한 금기들은 현재는 장과 관련된 것을 제외하면 모두 전승이 단절된 상태이다.

정월보름에는 정초 못지않게 다양한 풍속들이 이루어진다. 정월보름의 풍속은 전날인 열 사흗날 저녁부터 시작된다. 열 사흗날에는 잠을 자면 눈썹이 하얗게 센다는 속신이 있었기에 잠을 자지 않고, 밤을 샜다. 혹시나 잠이 들 경우에는 밀가루를 눈썹에 묻혀 이를 모의적으로 구현하기도 했다. 밤을 샐 때는 다음날인 정월보름에 부럼으로 사용할 콩을 미리 볶아놓는다고 한다.

열 사흗날에서 정월보름으로 넘어가는 이 시기에는 밤새기와 더불어 동제가 이루어진다. 동제의 절차는 마을회의를 통해서 제관을 선출하는 것으로부터 시작된다. 선정된 제관은 제의가 이루어지기 7일 전부터 집 앞에 금줄을 치고, 외출을 삼가는 등 몸가짐을 조심한다. 열 사흗날이 되면 제관은 당 주변을 청소하고, 제물을 마련한다. 제물은 보통 길안장에서 구매하며, 돼지고기·소고기·상어고기·고등어·백찜 등을 준비한다. 동제가 이루어지는 장소는 현재의 길송분교 뒤편에 위치한 서낭당과 소태나무, 회나무 주변이며, 소태나무와 회나무가 동신의 신체로서 여겨진다. 동제는 열 나흗날 자정에 유교식으로 엄숙하게 치러지며, 올린 제물은 다음날인 정월보름 아침 마을회의 때 주민들끼리 나누어 먹는다. 이러한 동제는 약 15년 전에 잠시 그 전승이 단절되기도 하였으나, 2010년부터 안동시의 지원을 받아서 재전승되고 있다.

정월보름 새벽에는 또한 용알뜨기도 이루어졌다. 정월보름에 가장 먼저 뜬 물로 밥을 지어먹으면 좋다는 관념이 있어 마을의 부녀자들은 이 날 새벽에 샘을 찾아서 물을 떴다. 마을 안에는 두 개의 샘이 존재하는데, 위쪽에 위치한 샘이 물이 더 맑다고 여겨서 그곳을 많이 찾았다. 가장 먼저 물을 뜬 경우에는 바가지를 뒤집어 표시를 했다.

정월보름 아침에는 마을총회가 열린다. 마을총회 때는 마을 대소사와 관련한 전반적인 운영과 활동을 계획하고, 지난해 예산 내역을 결산한다.

회의를 마치면 동제 때 올린 음식을 음복하고, 부녀회에서 준비한 음식과 술을 나누어 먹으면서 논다. 윷놀이와 화투 같은 놀이가 행해지는데, 윷놀이의 경우에는 전 마을주민이 참여하는 대동 윷놀이로 이루어진다. 윷놀이가 끝나면 참여자 전원에게 상품을 지급하는데, 승패에 따라 상품에 차등을 둔다.

정월보름에는 찰밥과 나물을 해서 먹으며, 귀가 밝아진다고 하여 귀밝이술도 마신다. 또한 호두, 땅콩과 같은 견과류로 부럼깨기를 한다. 부럼을 깨물면 피부에 부스럼이 없고, 이가 튼튼해진다고 한다.

주민들은 이 날 저녁에 달을 보러가기도 했다. 저녁이 되면 주민들은 윗마을에 있는 산 또는 천지갑산에 올라 달을 봤는데, 먼저 달을 봐야 복을 받는다고 여겼다. 현재는 산에 올라가지는 않고, 각자의 집에서 달을 보면 소원을 빈다.

현재는 전승이 되지 않지만 지신밟기도 이 날 이루어졌다. 지신밟기는 70년대까지 전승이 되었는데, 단절된 이유는 지신밟기를 행할 풍물패를 구성하는 것이 어려워졌기 때문이다. 이전만 하더라도 마을에는 풍물을 칠 수 있는 주민이 많았기에 풍물패를 구성하기가 용이했으며, 이들을 중심으로 지신밟기가 이루어졌다. 풍물패는 마을의 각 집을 돌아다녔으며, 지신을 밟아준 보답으로 음식·술·돈 등을 받았다. 이렇게 거둬진 것들은 음식과 술의 경우는 함께 나누어 먹고, 돈은 마을기금에 보탰다. 지신밟기는 보름에 많이 행해졌지만, 설부터 정월보름 사이의 기간에는 언제라도 풍물패가 구성되면 이루어졌다.

정월보름에는 횃불싸움과 줄당기기 같은 대동놀이도 이루어졌다. 횃불싸움은 1950년까지 전승되었는데, 송제와 둔전의 경계에 있는 늪 주변에서 이루어졌다. 늪 주변에서 행해지는 것은 화재를 예방하기 위해서다. 편은 송제와 둔전으로 나뉘어져 이루어졌다. 횃불이 먼저 꺼지는 쪽이 패배한 것으로 여겨졌는데, 이긴 편은 그 해 풍년이 들 것이라고 여겨졌다. 그렇기에 때로는 큰 싸움으로 번지기도 했지만, 놀이가 끝나면 다 잊고,

함께 풍물을 치고, 음식을 나누어 먹으며 우애를 다졌다. 줄당기기도 역시 70년대 이후 전승이 단절되었다. 놀이에 사용되는 줄은 청년회 회원들이 각 집에서 갹출한 짚으로 만들었다. 놀이는 현재의 목축장이 있는 사과나무 밭에서 이루어졌으며, 편은 성별을 기준으로 나뉘었다. 여자편이 이기면 마을에 풍년이 든다고 여겼기에 여자편이 이기는 경우가 많았다. 줄당기기 이후에 사용한 줄은 보관하지 않고, 바로 소각하였다.

지금은 전승이 단절되었지만 정월 열엿새 날은 귀신날이라고 하여 관련 풍속이 있었다. 이 날에는 해질녘 집 앞에서 목화를 태웠는데, 이는 목화를 태우는 냄새와 연기를 귀신이 싫어하여 침입을 막을 수 있다고 여겼기 때문이다. 또한 자기 전 체를 문고리에 걸어두었는데, 이도 목화의 경우와 비슷하게 귀신이 체를 보면 체의 구멍을 세다가 들어올 시기를 놓쳐 도망간다고 여겼기 때문이다.

2월에는 영등날의 풍속이 있었다. 영등날은 영등할머니가 내려오는 날로서 딸과 함께 오면 바람이 불고, 며느리와 함께 오면 비가 내린다고 여겼다. 이 날에는 영등할머니를 대상으로 하여 제를 올렸는데, 그 장소는 대게 부엌이었다. 보통 부엌의 부뚜막 위에 제물을 차렸는데, 일반적으로 제물은 밥, 떡, 나물, 탕 등을 올렸다. 또한 입춘날의 풍속이 있었다. 입춘이 되면 입춘대길·건양다경과 같이 좋은 의미의 글을 쓴 종이를 집의 기둥 또는 대문에 붙였다. 이를 입춘축 또는 입춘척이라고 하였는데, 이를 하는 이유는 집안의 안녕을 기리기 위해서였다. 보통 글은 집안의 가장이 쓰거나, 스님에게 받았다고 한다.

양력으로 2월에는 노인회에서 관광여행을 떠난다. 약 10년 전부터 이루어지고 있는데, 여행경비는 일인당 20,000원에서 50,000원 정도를 거둬서 충당한다. 여행의 시기는 보통 2월 초에 마을이장과 노인회장이 상의해서 정하며, 여행기간은 짧으면 하루, 길면 2박3일이다.

3월에는 삼짇날의 풍속이 있다. 삼짇날에는 마을의 부녀자들이 모여 윗마을에 위치한 산에 화전놀이를 가곤 했다. 참꽃으로 화전을 부쳐 먹거나, 사진사를 불러 사진을 찍기도 했다. 이는 현재도 여전히 지속되고 있지만, 이전에 비해선 규모가 작다. 또한 한식의 풍속이 있었다. 한식에는 조상의 묘소를 찾아서 가토를 하거나, 성묘를 하는 풍속이 있었다. 하지만 약 15년 전부터는 번거롭다고 하여 추석 때 하는 것으로 바뀌었다.

4월에는 초파일의 풍속이 있다. 초파일은 부처님이 오신 날로서 불교 신자의 경우에는 평소 다니던 절을 찾아서 연등을 달고, 가족들이 잘 되게 해달라고 빈다. 송제마을의 주민들의 경우에는 보통 금곡리에 위치한 용담사를 많이 찾는다.

5월에는 단오의 풍속이 있다. 단오는 설이나, 정월대보름 못지않은 큰 명절로서 다양한 풍속들이 행해졌다. 여성들은 이 날이 되면 궁궁이 풀을 꺾어 머리에 꽂고 다니거나, 머릿결이 좋아진다고 하여 창포를 삶은 물로 머리를 감았다. 궁궁이 풀을 꽂는 풍속은 여전히 지속되고 있으나, 창포 삶은 물로 머리를 감는 풍속은 세안용품이 일반화되면서 더 이상 하지 않게 되었다. 단오의 놀이로는 그네뛰기가 있었는데, 궁디띄기라고 불리기도 하였다. 총 두 군데 그네를 매었는데, 제방이 축조되기 전에는 길송분교장 앞에 있는 소나무에 매었으며, 이후에는 현재 보호수로 지정된 느티나무에 매었다. 그넷줄은 줄당기기의 줄과 같이 각 집에서 짚을 모아서 만들었다. 그네는 남녀노소 할 것 없이 탔는데, 그네를 뛰면 모기에 덜 물릴 수 있을 것이라고 생각하였다. 하지만 그네뛰기는 길안면에서 풍년민속단오제가 열린 이후 점차 그네를 매지 않게 되면서 전승이 단절되었다.

양력 5월에는 어버이날 잔치가 열린다. 이 날에는 마을회관에 마을의 어르신들을 초청하여 하루 음식을 대접한다. 잔치의 준비 및 진행은 부녀회가 맡아서 한다. 여기에 드는 비용은 마을기금 또는 자식들이 낸 찬조금으로 충당한다. 음식 대접과 더불어 카네이션을 달아드리고, 어머니은혜라는 노래를 불러드리기도 한다.

7월에는 칠석의 풍속이 있다. 칠석은 견우와 직녀가 만나는 날로 이 날 비가 내리면 풍년이 들고, 그렇지 않으면 흉년이 든다고 여겼다. 이 날

불교신자들은 금정암, 용담사와 같은 인근에 위치한 절에 가서 불공을 드린다. 이는 백중도 역시 마찬가지이다.

7월에는 또한 풋굿도 행해진다. 현재는 전문 사회자 및 공연자를 고용하여, 하루 정도 마을 주민들이 노는 행사이지만 약 20년 전만 하더라도 전 마을 주민들이 참석하여 4일 동안 이루어지는 마을 축제와 같았다. 마을의 규모가 컸던 송제마을은 규모에 비례하여 주민의 수도 많았기에 약 20년 전만 하더라도 경우에 따라 각 반별로 따로 풋굿을 행하기도 하였다. 따로 한다고 하더라도 풋굿에 동반되는 청소와 풀베기, 음식장만 정도만 완전히 구분되어 행하였지, 잔치가 시작되어 흥이 오르면 사람들은 자신의 반을 벗어나 다른 반의 잔치에 참여하여 함께 놀기도 하였다. 이러한 양상은 풋굿이 진행되었던 약 4일간 지속적으로 나타났다. 하지만 현재는 기계를 설치하고, 전문공연자를 초청하는 등 방식에 있어서 많은 차이를 보인다.

8월과 9월에는 추석과 중구의 풍속이 있다. 추석과 중구에는 설과 같이 조상에 대한 제를 올린다. 두 날에 모두 제사를 올리는 것은 아니고, 햇곡식이 나는 시기에 따라 둘 중 하루를 정해 제사를 올렸다. 그렇기에 햇곡식이 늦게 나서 중구에 제사를 지내는 경우, 추석을 평일과 같이 보내기도 했다. 하지만 70년대 이후 외지로 나가는 자식들이 많아짐에 따라 편의를 위해 현재는 공휴일로 지정된 추석 때 보통 제사를 지낸다.

10월에는 가신의 신체 안에 넣어두었던 곡식을 교체한다. 그 해에 수확한 햇곡식을 이전에 넣어두었던 묵은 곡식과 교환을 하는데, 교환한 것은 가족들끼리 밥을 해서 나누어 먹는다. 이는 타인과 이를 나눌 경우 집안의 복이 달아난다고 여겼기 때문이다. 현재는 가신을 모시지 않는 집이 많아져 이를 행하는 경우가 드물지만 모시는 경우에는 이를 여전히 지속하고 있다.

11월에는 동지의 풍속이 있는데, 이 날에는 팥죽을 끓여서 먹거나, 집안에 뿌려 액을 막는다. 70년대 이후에는 뿌리지는 않고, 먹는 정도에서 그치고 있다.

12월에는 한 해를 마무리하는 섣달그믐의 풍속이 있다. 이 날에는 한 해를 보내고, 새로운 해를 맞이하는 의미에서 날을 잡아 집안을 청소하고, 밤새도록 불을 켜놓는다.

양력 12월에는 기독교의 명절인 크리스마스가 마을의 풍속으로서 자리 잡고 있다. 크리스마스 때는 마을에 위치한 송사교회에서 신도들을 중심으로 모여서 예배를 올리고, 음식을 나누어 먹는다.

이처럼 송제마을의 세시풍속의 전승 양상을 정리할 수 있다. 송제마을의 경우에는 다른 지역의 상황과 비슷하게 새마을운동이 본격적으로 진행된 70년대를 기점으로 그 양상이 많이 바뀌었다. 이전만 하더라도 마을의 세시풍속은 소위 전통사회에 기반한 것들이 대부분이었다. 설날부터 시작하여 섣달그믐에 이르기까지 과거로부터 이어져오고 있던 절일들이 마을 세시풍속의 주기를 형성하고 있었고, 이러한 주기의 바탕 속에 마을 환경에 맞춘 풍속들이 배치되어 행해지고 있었다. 물론 운동회와 같이 근대 이후 새롭게 발생된 행사가 마을 세시풍속의 하나로서 중요하게 여겨지기도 했다. 하지만 운동회는 근대화과정 속에서 발생된 것임에도 그 성격이나, 행사의 양상이 이전 마을축제의 연장선에 위치해있었기 때문에 기존 세시풍속의 전통을 와해시키지는 않았다.

하지만 70년대 새마을운동이 본격화됨으로써 세시풍속은 많은 측면에서 변화한다. 해당시기를 기점으로 그러한 성격의 풍속들은 대부분 쇠퇴하였다. 전통적 세시풍속의 경우에는 주민들의 기억 속에만 존재할 뿐 실제는 행해지지 않는 것들이 다수이며, 유지된다고 하더라도 그 규모는 현저하게 축소되거나, 여가적인 성격이 강화되어 상품화 또는 이벤트화되는 경향을 보인다.

이처럼 마을의 세시풍속은 70년대를 기점으로 급격한 변화를 겪게 된다. 이는 산업화, 근대화 등을 통해 새로운 시간체제가 정착하고, 이로 인해 새로운 방식의 사회적 시간의 형성이 요구됨에 따라 발생한 것으로 이는 그것을 향유하는 사회의 성격을 바꾸어 놓고 있다.

3. 전통적 세시풍속의 구성 원리와 문화적 의미

　새마을운동을 전후하여 송제마을에는 근대화의 바람이 불었다. 다양한 기반시설의 확충과 새로운 농업 기술 및 라디오, TV 같은 미디어의 도입 등의 변화는 시간의 자본화를 가져왔다. 시간의 자본화는 그 속에서 이루어지는 모든 행위들을 자본의 논리 속에 종속시켰다. 이러한 변화는 삶에 있어 효율성·합리화와 같은 경제적 관념을 강화시켰고, 이는 문화의 향유도 소비의 형태로 이루어지게 하였다. 그러면서 전통적 세시풍속도 본래의 맥락에서 벗어나 여가화되고, 이벤트화되는 경향을 보인다. 이러한 변화는 여러 문제점을 야기하는 원인으로 현재 작용하고 있다. 이와 같은 문제에 대해서는 "노동시간과 자유시간의 유기적인 연합 속에서 문화를 유지·존속"[6]시켰던 전통적 세시풍속의 시간성이 의미를 지닐 수 있을 것이다.
　그렇기 때문에 이 절에서는 세시풍속의 시간적 특성을 살피기 위하여 구성 원리를 분석해보고, 이를 통해 나타나는 시간성이 가지는 문화적 의미를 살펴보도록 하겠다. 이러한 관점에서 이 절은 다음과 같은 순서로 진행할 것이다. 첫째, 전통적 세시풍속이 어떤 관계를 구현하는지를 살펴볼 것이다. 둘째, 어떻게 시간을 조성하고, 문화를 구성하는지 알아볼 것이다. 셋째, 형성된 세시풍속이 어떠한 의미가 있는지 논의해볼 것이다.

1) 유기적 관계의 구현

　세시풍속은 기본적으로 자연의 주기적 변화에 기초하여 세시의 주기를 형성한다. 해와 달과 별의 움직임과 같은 천체의 움직임과 계절에 따른 식물의 생장은 세시의 주기를 형성하는 가장 기본적인 요소로서 대부분의

---

[6] 이영배, 앞의 논문, 185쪽.

세시들이 이에 기반하고 있다. 실제로 송제마을의 경우를 살펴보더라도 마을 세시풍속을 구성하는 세시절일들은 오랫동안 자연의 주기적 변화에 기초한 것들이 대부분이었음을 알 수 있다.

오랫동안 마을의 세시풍속을 구성하였던 세시절일들을 정리해보면 아래와 같다.

설, 정초십이지일, 정월열나흘(14일), 동제, **정월보름**, 귀신날, 마을총회, **영등날**, 입춘, 삼짇날, 한식, 사월초파일, 단오, **유두**, 복날, 풋굿, 삼굿, 칠석, **추석**, 중구, 시제, 동지, 섣달그믐, 윤달

위의 절일들은 전통사회에 기반한 것들이 대부분으로 자연의 주기적 변화에 기초하여 형성된 것들이다.[7] 이러한 절일들은 다른 지역의 경우가 그러하듯 특히 달과 계절에 따른 식물의 생장에 기초하고 있다. 약 30일을 기준으로 이루어지는 달의 삭망은 한 달이라고 하는 시간주기를 만들어냈고, 이는 달의 삭망에 따라 한 달 중 초하루와 보름이 특별한 의미를 가지게 하였다. 초하루는 달의 주기의 시작점으로서 모든 것이 새롭게 시작하는 시기로 여겨지고, 보름은 달이 가장 커지는 시기로서 모든 기운이 충만한 시점으로 여겨진다. 그렇기 때문에 이러한 시기는 다른 때와는 구별되는 특별한 시점으로 여겨진 것이다. 실제로 마을의 세

---

7) 김일권은 자신의 논문(김일권, 「조선후기 세시기에 나타난 역법학적 시간 인식과 도교 민속 연구」, 『역사민속학』 제29호, 한국역사민속학회, 2009, 157~165쪽)에서 세시기 속 나타나는 절일들이 어떠한 시간요소의 조합으로 구성되고 있는지 다음과 같이 정리하였다. (1) 태양 순환 주기 절일 : 동지, 입춘, 한식, 청명의 절일, (2) 달의 순환 주기 절일 : 정월 보름 상원절, 6월 보름 유두절, 7월 보름 중원절, 8월 보름 추석절, 고려 팔관회의 10월 보름, 11월 중동 보름 / 2월 초하루 중화절, (3) 태양과 달의 복합 주기 절일 : 설날 원일, 제석, 윤달 (4) 태양과 간지역법 복합 절일 : 정월 상해일, 상자일 혹은 상묘일 (5) 달과 간지의 음양오행 절일 : 정월 묘일, 사일, 10월 오일 (6) 달과 중앙의 존양 절일 : 3월 3일 삼짇날, 5월 5일 단오절, 7월 7일 칠석, 9월 9일 중구절 (7) 사회 풍속과 기념절일 : 정월 인일, 4월 초파일 등석일. 이러한 그의 정리를 볼 때 대부분의 절일들이 태양과 달, 특히 달의 주기에 의해 형성되고 있음을 알 수 있다. 이를 통해 볼 때 세시기에서 언급하고 있는 세시절일들을 오랫동안 마을의 세시로서 전승하고 있었던 송제마을도 역시 자연의 주기적 변화에 기초하여 자신들의 세시풍속을 구성하고 있었음을 알 수 있다.

시풍속을 보더라도 초하루와 보름이 절일로서 인식되는 경우가 많음을 쉽게 알 수 있다.8)

이러한 경향은 특히 정월보름의 경우를 통해 쉽게 살필 수 있다. 정월보름에는 지신밟기와 달맞이, 횃불싸움, 줄당기기 등의 다양한 풍속들과 동제와 마을총회와 같은 마을의 중요한 행사들이 이루어지고 있음을 알 수 있다. 다양한 풍속과 행사들이 이루어진다는 사실은 이 날이 특히나 주민들에게 중요한 날로 여겨졌음을 잘 보여주는데, 이러한 의미는 달맞이 등의 풍속을 통해 볼 때 달의 주기에서 비롯된 것임을 알 수 있다. 이처럼 달의 주기 속에서 의미를 부여받는 정월보름이 마을에서 중요한 날로서 인식되고 있다는 사실은 마을의 세시풍속이 달의 주기에 기초하여 이루어지고 있음을 잘 보여준다.

그리고 계절의 변화에 따른 식물의 생장은 농한기와 농번기를 낳고, 이는 세시 주기를 형성하는데 또한 영향을 끼친다. 이는 마을의 풍속들이 농번기가 아닌 농한기에 집중되어 나타난다는 사실을 통해서 알 수 있다.9) 상대적으로 농한기라고 할 수 있는 정월과 단오, 풋굿 때 다양한 풍속들을 하면서 크게 즐겼다는 사실은 계절의 주기적 변화가 달의 주기와 더불어 마을 세시의 주기를 형성하는데 크게 작용하였음을 잘 보여준다.

달의 주기와 생업의 주기로 대표되는 자연의 주기적 변화는 세시 주기의 토대로서 작용한다. 이러한 주기에 맞추어 만들어진 세시 주기 위에 적절한 풍속들이 행해짐으로써 결과적으로 사람들은 그러한 토대가 된 주기에 맞추어 자신들의 삶을 조직하게 된다. 달의 주기와 생업의 주기, 특히 생업의 주기에 자신의 삶을 맞춘다는 것은 마을 환경에 적합한 삶의 양식을 습득한다는 것이다. 그렇기 때문에 세시풍속은 자연의 주기적 변

---

8) 최길성, 「세시풍속과 의례」, 『한국인의 생활풍습』, 시사영어사, 1982, 55~59쪽.
9) 위의 책, 51쪽.

화에 기초하여 세시 주기를 형성함으로써 주어진 환경에 적합한 사회적 시간을 형성하는 것이라고 할 수 있다. 이러한 성격의 사회적 시간은 이를 통해 조직되는 사회 구성원들의 공감을 얻기 쉬우며, 삶에 필요한 지식들을 자연스럽게 주민들이 습득할 수 있게 한다.

'역주'[10])는 역법의 체계에 결부됨으로써 자연의 주기적 변화와 더불어 시간에 의미를 부여한다. 대표적 역주인 10간 12지는 역법이 만들어내는 연월일시의 시간체계에 각각 부여되는데, 이러한 간지의 명칭 또는 배정된 동물의 형상은 그 날에 이루어질 사람들의 행위에 하나의 지침으로서 작용한다.[11]) 이러한 현상은 정초십이지일의 풍속을 통해서 살필 수 있다. 설부터 정월보름에 이르기까지의 기간에 부여된 간지는 하나의 금기 또는 지침의 토대로서 그날 이루어지는 사람들의 행위를 규정한다. 송제마을의 경우에도 그와 같은 지침들이 존재하는데, 이를 정리하면 아래와 같다.

〈표 2〉 송제마을의 정초십이지일

쥐날	바느질하면 생손 앓는다.
토끼날	여자가 남의 집에 일찍 가지 않기.
뱀날	장 담그지 않기, 뱀 잡는 불 놓기
말날	장 담그기
닭날	장 담그기

---

10) 역주(曆註)는 역법과 더불어 역서를 구성하는 요소 중 하나로서 천문학적인 역법과 달리 점성학적이다. 역주는 미시적인 인간행위들을 시간적인 것으로 만들어 역일에 배당하는 기술로 이를 통해 작은 행위들이 점술적으로 타당한 행위로 '의례화'된다. 예를 들면, 나무를 심는다는 행위는 농학적이고 식물학적인 행위지만, 이러한 행위를 역서의 시간에 배당하여 행위의 길흉을 따지는 것은 주술-종교적인 행위라는 것이다. 다시 말해서 '식목'이라는 행위가 역법에 배당된 역주를 통해 농학적·식물학적 맥락에서 점술적인 맥락으로 자리를 이동하여 길흉의 범주에 들어온다는 것이다. 이러한 역주는 시간역주와 행위역주로 구성되는데, 시간역주는 일상행위의 의·불의를 표시함으로써 천문학적 시간을 일상행위의 시간으로 변형시키고, 역으로, 행위역주는 인간행위를 시간을 의식하는 행위로 재조직한다(이창익, 『조선시대 달력의 변천과 세시의례』, 창비, 2013, 27~28쪽, 120~151쪽).
11) 김일권, 앞의 논문, 162쪽.

앞의 표를 통해서 살펴볼 때 송제마을에서 정초십이지일은 금기와 지침으로 나뉘어서 존재하는 것 같다. 금기는 쥐날과 토끼날, 뱀날에 각각 바느질을 하지 않고, 여자는 남의 집에 가지 않으며, 장을 담그지 않아야 한다는 것이고, 지침은 말날과 닭날에 장을 담가야 한다는 것이다. 이러한 금기와 지침은 하나의 삶의 지식으로서 해가 전환되는 지점인 정월에 행위를 조심할 필요가 있다는 것을 상기시켜주는 것과 동시에 장 담그기라고 하는 행위의 중요성을 인식시켜준다. 역주를 통해 전해지는 이러한 지식들은 관념적인 측면이 강하지만 그것이 위치한 시점의 의미나, 그에 따라 이루어지는 행위의 중요성을 사람들에게 인식시켜 섣부르게 행동함으로써 발생할 수 있는 불상사를 예방한다.

이처럼 역주는 역법에 결부됨으로써 역법의 기초가 되는 자연의 주기적 변화에 따른 삶을 사람들이 받아들이도록 한다. 그리고 역주는 살아가면서 얻어진 사람들의 삶의 지식과 결합됨으로써 그러한 지식들을 사람들에게 전파시키는 것과 동시에 그러한 지식에 따른 행위를 소규모의 제의로 변화시킴으로써 사람들의 삶과 직결된 사회적 시간을 만드는 데 도움을 준다.

앞서 살펴본 바와 같이 세시풍속은 다양한 원리 속에 작동하며, 이는 사회의 통합을 궁극적으로 이끌어낸다. 하지만 그러한 통합은 특정 집단이 동일한 풍속에 참여하거나, 이를 공유할 때 발생한다. 사회의 구성원들은 세시의 주기에 따라 배치된 풍속을 같이 하거나, 비슷한 시기에 각자 함으로써 서로 간의 동질감을 구성한다. 이러한 동질감은 사회의 기초가 되는 사람들의 관계망을 형성하고, 이는 세시의 주기에 따라 풍속을 순환·반복함에 따라 안정적으로 지속된다. 풍속을 통해 만들어진 동질감은 상이한 개체들 간에 집단성을 발생시키고, 이는 그들이 하나의 집합적 신체를 구성할 수 있게 한다. 이러한 집합적 신체의 구성은 다수의 사람들이 공통된 움직임을 보이게 하며, 이는 결과적으로 사회를 조직하는 사회적 시간을 발생시킨다.

풍속의 참여와 공유를 통한 관계의 형성과 지속은 다양한 풍속을 통해서 쉽게 확인할 수 있는데, 이러한 면모는 풋굿과 지신밟기의 수행 속에 가장 잘 드러나는 것 같다.12) 송제마을의 풋굿은 현재는 전문 사회자 및 공연자를 고용하여, 하루 정도 마을 주민들이 노는 행사이지만 약 20년 전만 하더라도 전 마을 주민들이 참석하여 4일 동안 이루어지는 마을 축제와 같았다. 마을의 규모가 컸던 송제마을은 그에 비례하여 주민의 수도 많았기에 약 20년 전만 하더라도 경우에 따라 각 반별로 따로 풋굿을 행하기도 하였다. 하지만 풋굿에 동반되는 청소와 풀베기, 음식장만 정도만 완전히 구분되어 행하였을 뿐 잔치가 시작되어 흥이 오르면 사람들은 자신의 반을 벗어나 다른 반의 잔치에 참여하여 함께 놀기도 하였다. 이러한 양상은 풋굿이 진행되었던 약 4일간 지속적으로 나타났다.

지신밟기는 설부터 정월보름으로 이어지는 기간에 주로 행해졌던 놀이이자, 제의로서 약 30년 전까지만 하더라도 마을에서 많이 행해졌다. 지신밟기는 풍물을 칠 수만 있다면 누구나 행위의 주체로서 참여가 가능하였다. 그렇기 때문에 이를 수행하는 집단이 하나가 아니라 다수 존재하였다. 지신밟기패가 집을 방문하여 지신을 밟아주면 그 집의 주인은 음식이나 돈 등을 걸립하였다. 이렇게 걸립된 음식과 돈은 마을기금에 보태거나, 지신밟기를 수행한 사람들끼리 나누어서 가졌다.

이러한 지신밟기와 풋굿의 양상 속에서 풍속의 참여와 공유를 통한 관계의 형성과 지속을 잘 살펴볼 수 있다. 각 반별로 나누어서 행해지기도 했던 풋굿은 각 반의 구성원들이 풀베기와 청소, 음식 장만 등을 함께 수행하고, 잔치를 함께 즐김으로써 그들이 하나의 집단으로서 뭉치게 했다. 그러나 잔치의 진행 속에서 사람들은 자신의 반을 벗어나 다른 반의 잔치에도 참석함으로써 그들은 더 나아가 송제마을의 주민이라는 공감대도 형성할 수 있었다. 그리고 지신밟기는 지신을 밟는 행위를 통해 같은 공동체

---

12) 풋굿과 지신밟기에 대한 내용은 안동대학교 민속학과·대학원 민속학과 BK21 사업팀, 앞의 책, 1058쪽, 1064~1065쪽을 참조하여 작성하였다.

에 속해있다는 것을 느끼게 하는 것과 동시에 지신밟기를 수행하는 집단의 구성원들이 서로 간에 동질감을 느낄 수 있게 하였다. 그리고 또한 수행 집단과 각 주민들은 걸립이라는 행위를 통해 서로 간의 관계를 형성한다. 이처럼 지신밟기와 풋굿 속에는 여러 집단의, 다양한 형태의 관계 맺음이 나타난다.

이처럼 세시풍속은 참여와 공유라고 하는 구조를 통해 사람들이 관계를 형성하고, 지속할 수 있게 한다. 풋굿 때 반별로 행해졌던 일련의 행위들과 지신밟기 때 각 가정에서 이루어지는 지신을 밟는 행위와 같이 세시풍속은 사람들을 하나의 행위에 직접적으로 참여하게 함으로써 서로 간의 동질감을 형성한다. 그리고 비록 직접적으로 행위에 같이 참여하지는 못하였더라도 풋굿 때 다른 반의 잔치를 돌아다니면서 함께 즐기는 것이나, 동일한 시기에 지신밟기패가 방문하고, 그들에게 걸립을 해주는 것처럼 음식이나, 돈, 그리고 풍속에 대한 비슷한 경험의 공유를 통해서도 사람들은 서로 간의 관계를 형성한다. 이와 같이 세시풍속은 참여와 공유라고 하는 장치를 통해 사회의 안정적이고, 지속적인 통합을 가능하게 한다.

2) 채움과 비움의 유기적 순환

자연의 주기적 변화에 기초하여 형성된 세시의 주기는 달의 주기나, 계절의 변화, 식물의 생장과 같이 채움과 비움의 구조로 인식된다. 그렇기 때문에 모든 시간은 동일하지 않으며, 시기에 따라 가지는 의미의 차이가 있다. 주기 상 어느 지점에 위치해있는가에 따라 그 시점이 가지는 분위기는 차이가 있으며, 이러한 차이는 거기에 배치되는 풍속의 차이를 가져온다. 한 달을 기준으로 보면 초하루는 주기가 시작되는 지점으로 상대적으로 기운이 빈약하다. 그리고 새롭게 다가올 시간을 준비하는 기간으로서 상대적으로 행동에 신중을 기할 필요가 있는 기간이다. 이와는 반대로 보름은 주기상 가장 기운이 충만한 시기로 지금까지의 노고가 결실을 맺는 기간이다. 그렇기 때문에 이에 맞게 초하루에는 상대적으로 정적인 풍속들이 배치되고, 보름에는 동적인 풍속들이 배치된다.

이러한 경향은 해가 전환되는 시점인 정월의 세시풍속을 통해 잘 드러난다. 마을의 사례를 살펴보면 정월에는 설, 정초십이지일, 동제, 정월보름, 마을총회, 귀신날 등에 다양한 풍속들이 행해지는 것을 알 수 있다. 크게 봤을 때 설을 시작으로 하여 정월보름으로 끝나는 정월의 세시풍속은 뒤로 갈수록 점차 동적이고, 대규모의 풍속들이 행해진다. 설의 경우에는 차례와 세배, 설빔, 복조리 걸기와 같이 상대적으로 정적이고, 소규모의 풍속들이 이루어지지만, 정월대보름은 지신밟기, 동제, 횃불놀이, 줄당기기 등의 동적이고, 대규모의 풍속들이 이루어진다.

이러한 모습은 또한 동일한 풍속이 시기에 따라 다른 방식으로 나타나는 것을 통해서도 살필 수 있다. 대표적으로 윷놀이와 세배를 들 수 있는데, 먼저, 윷놀이는 정월에 이루어지는 대표적인 민속놀이로서 그 달에 지속적으로 행해진다. 하지만 이 윷놀이는 그것이 행해지는 시점에 따라 놀이의 규모나 양상이 달라진다. 설의 경우에는 정적이고, 소규모인 다른 풍속들의 성격에 맞추어 윷놀이도 몇 사람을 중심으로 하여, 방안에서 작은 규모로 행해진다. 하지만 정월보름이 되면 이러한 윷놀이의 양상도 바뀌어서 수십 명이 참석하여, 마당에서 큰 규모로 행해지는 집단놀이로 변모한다. 그리고 세배의 경우에도 설 당일에는 집안의 어르신들에게 절을 올리지만, 그 다음날부터는 그 범위를 넓혀 이웃에 거주하는 어르신들을 찾아뵈며 세배를 올린다. 이처럼 같은 정월임에도 풍속의 차이가 나타나는 것은 한 달이라는 기간 속에 찼다가 비워지는 구조가 존재하고 있음을 잘 보여준다.

앞서도 말하였듯이 채움과 비움의 구조는 일 년이라는 시간 주기 속 존재하는 다양한 주기들 속에서 공통적으로 나타난다. 이는 일 년이라는 시간 속에서 반복적으로 정월의 경우와 같이 시점에 따라 다른 성격의 풍속들이 배치되어, 이루어지게 한다. 성격이 다른 풍속의 교차·배치는 다양한 집단을 하나의 사회 속에 뭉쳐질 수 있게 한다. 이는 성격의 차이에 따라 그것을 수행하는 집단도 역시 달라지기 때문이다.13)

예를 들면 정월의 차례는 가족을 중심으로 하는 혈연집단이 중심이 되어서 행해지며, 그러한 행위를 통해 얻고자 하는 것도 가정의 안녕이다. 하지만 이와는 반대로 정월대보름이나, 단오, 풋굿 등의 풍속은 혈연을 벗어나 지역으로 묶인 지연집단이 중심이 되어서 이루어지는 것이 대부분이며, 이를 통해 얻고자 하는 안녕과 풍요도 마을이 대상이 되는 경우가 많다. 이처럼 성격이 다른 풍속은 그러한 행위의 중심이 되는 집단도 다른데, 이러한 풍속들이 채움과 비움의 구조 속에서 교직됨으로써 각 집단을 하나의 세시풍속을 공유하는 더 큰 집단을 이룰 수 있게 해준다. 이와 같이 세시풍속은 규칙적이지는 않지만 지속적으로 성격이 다른 풍속들을 그 속에서 교직함으로써 다양한 집단들을 하나로 묶는 사회적 시간을 형성한다.

3) 불안과 결핍의 해소

세시의 주기 속에 배치됨으로써 순환·반복하는 풍속은 일종의 제의로서 그러한 행위를 수행함으로써 어떠한 목적을 이루고자 한다. 이러한 목적은 풍속의 성격이나, 그것이 행해지는 시점에 따라 달라진다. 하지만 공통적으로 풍속을 통해 이루고자 하는 것은 안정적인 미래에 대한 확신이다. 이러한 목적의 성취는 풍속의 절차 속에서 자연스럽게 이루어진다.14) 이러한 예는 특히 대규모의 사람들이 참여하여 이루어지는 대동놀이 속에서 잘 드러난다.

마을의 사례 속에서 이러한 예를 찾아보면, 정월보름에 행해졌던 횃불

---

13) 임재해, 「설과 보름 민속의 대립적 성격과 유기적 상관성」, 『한국민속학』 19권, 한국민속학회, 1986, 310~316쪽.
14) 이영배, 앞의 논문, 213~214쪽.

놀이와 줄당기기, 그리고 다수가 동시에 참여하는 것은 아니지만 단오에 행해졌던 그네뛰기를 들 수 있다. 각 놀이의 양상을 간략하게 서술하면 다음과 같다.15) 먼저, 횃불싸움은 60년대까지 정월보름 저녁에 이루어졌던 마을의 대동놀이로서 송사1리의 두 자연마을인 송제와 둔전으로 편을 나누어서 행해졌다. 보름날 저녁이 되면 양 마을의 사람들은 누가 약속한 것도 없이 각자 싸리나 수수 등을 묶어서 만든 횃대에 불을 붙여 두 마을의 경계로 모였다.16) 경계에 모이면 서로 준비해온 횃불을 돌리면서 서로 승패를 가렸다. 승패는 준비해온 횃불을 어느 쪽이 더 오래 유지하는가로 판가름이 났다. 처음에는 조용히 시작한 놀이는 이내 큰 몸싸움으로까지 번지는 등 굉장히 격렬한 양상으로 이루어졌다. 승패가 가려지면 놀이에 참여한 사람들은 모여 술을 먹고, 풍물을 치면서 놀았다. 격렬한 몸싸움이 벌어짐에도 서로 간에 의가 상하지 않은 것은 이러한 행위가 그 해 농사의 풍년을 비는 행위였기 때문이다.

다음으로 줄당기기는 30년 전까지 마을에서 이루어진 대동놀이로, 이루어지는 시기는 횃불싸움과 동일하게 정월보름이었다. 줄당기기에 필요한 줄은 청년회 회원들이 마을을 돌아다니면서 얻은 짚을 꼬아서 만들었다. 줄당기기는 현재의 목축장 앞 사과밭에서 이루어졌는데, 편은 남녀를 기준으로 나눴다. 경기의 승패는 삼세판으로 가려졌는데, 보통은 여성편이 이겼다. 이는 여성이 이기면 그 해 농사가 풍년이 든다고 믿었기 때문이다. 하지만 이는 이후 점차 변화하여 전승이 단절될 쯤엔 반을 기준으로 편을 나누고, 주로 풍흉을 점치는 것이 아닌 술내기를 하는 경우가 많아졌다.

다음으로 그네뛰기는 단오 때 행해졌던 놀이로, 단오 때만 되면 마을의 청년들이 각 집을 돌아다니면서 모은 짚으로 줄을 만들어서 매었다.

---

15) 횃불싸움과 줄당기기, 그네뛰기에 관한 내용은 안동대학교 민속학과·대학원 민속학과 BK21 사업팀, 앞의 책, 1058~1059쪽, 1062쪽을 참조하여 작성하였다.
16) 경계는 심수택씨가 거주하는 집 근처에 위치한 늪이었다(위의 책, 1058쪽).

처음 그넷줄은 길송분교장 앞에 있는 제방근처에 위치한 소나무에 매었지만, 제방이 생기면서 소나무가 없어짐에 따라 그 이후에는 현재 보호수로 지정된 느티나무에 매었다. 보통 그네는 여자들이 많이 뛰었고, 남자들이 뛰는 경우도 있었다. 이는 모기 날린다고 하여 그네를 타고 나면 여름에 모기가 물지 않는다고 여겼기 때문이다. 그네는 단오 때마다 지속적으로 매어오다가, 1985년 길안면 풍년민속단오제가 개최된 이후에는 점차 매지 않게 되었다.

위와 같은 양상으로 놀이들은 전개되었는데, 이 놀이들은 행위나, 승패를 통해 미래에 대한 소망을 이루고자 한다는 점에서 공통점이 존재한다. 놀이의 수행을 통한 이러한 소망의 선취가 가능하다고 믿었던 것은 그것이 행해지는 가운데 미래의 상황이 재현된다는 믿음이 일정부분 존재하였기 때문이다. 횃불싸움이나 줄당기기의 경우에는 놀이의 승패를 통해 마을의 풍흉을 가린다. 횃불싸움은 이긴 편이 그 해 풍년이 들고, 줄당기기 같은 경우는 여성편이 이기면 마을 전체에 풍년이 든다고 믿었다. 놀이의 절차 속에서 농사의 결과가 나오는 미래의 상황이 재현되고, 그러한 재현 속에서 승패를 가리는 행위를 통해 풍년이라고 하는 미래의 긍정적 결과를 도출해낸다. 이러한 믿음은 놀이의 절차를 통해서도 얻어지지만 그것이 행해지는 시기를 통해서도 구현된다.

횃불싸움과 줄당기기가 행해지는 정월보름은 해가 전환되는 지점으로서 실제로는 겨울에 가깝지만 관념적으로는 여름이나, 가을과 같은 의미를 지닌다. 이는 정월이라고 하는 기간이 해의 전환기로서 다가올 새로운 해를 준비하는 기간이며, 달의 주기상 보름은 모든 기운이 충만해지는 시기이기 때문이다. 그렇기에 정월보름은 실제와는 다르게 여름이나, 가을과 같이 여겨졌고, 이는 더위팔기라고 하는 풍속이 이 때 행해진다는 점에서 잘 드러난다. 그렇기에 정월보름은 관념적으로 생업 주기상 농업의 성패가 결정되는 여름과 가을에 해당하는 시기라고 할 수 있으며, 이는 이 시기 행해지는 놀이들이 미래의 상황을 재현하고, 긍정적 상황을 도출해

내는 데 영향을 준다.

그리고 그네뛰기는 횃불싸움과 줄당기기와는 달리 실제로 모기가 기승하는 여름에 행해지는 풍속이기는 하지만 그네뛰기라는 행위 속에서 앞으로 오지 않은 미래의 상황을 재현함으로써 모기의 피해를 적게 받는 미래를 선취한다는 점에서 앞의 두 놀이와 동일한 맥락에서 살펴볼 수 있을 것이라고 생각된다.

이러한 풍속을 통한 긍적적 미래의 선취는 앞에서 언급한 예시 이외에도 다수 존재한다. 세시 주기의 전환점 속에서 배치되어 행해지는 풍속들은 제의적 성격을 가진 경우가 많은데, 긍정적 미래의 선취를 그 목적에 두고 있다. 이러한 풍속을 통한 선취는 주기의 전환점 속에서 아직 다가오지 않은 미래의 상황을 풍속을 통해 재현하여 극복해냄으로써 접하지 않은 미래 상황에 대한 불안감을 해소하여 다가올 시간을 긍정적으로 접할 수 있게 함으로써 사회의 안정적이고, 지속적인 통합을 가능하게 한다.

4. 맺음말

앞서 살펴본 바와 같이 송제마을의 전통적 세시풍속은 자연의 주기적 변화에 기초하여 세시의 주기를 형성함으로써 자연스레 사람들이 사회를 구성할 수 있게 만든다. 이러한 자연스런 통합은 역주라고 하는 것을 통해 공고해진다. 역주에 따라 지침과 금기를 정해놓음으로써 자연스레 삶의 지식을 후대에 전파하고, 그러한 지식에 따른 행위는 역주와 결부됨으로써 제의적 성격을 띠게 되어, 삶과 직결된 사회적 시간을 형성하는데 도움을 준다. 그리고 의례와 음식의 참여와 공유를 통해 구성원들은 동질감을 형성하고, 서로가 유기적 관계를 형성할 수 있도록 한다.

채움과 비움의 구조 속에서 세시의 주기는 형성되고, 그러한 주기에 맞추어 성격이 다른 풍속을 교차·배치함으로써 다양한 집단의 시간이 동일한 공간 속에 번갈아 나타나게 한다. 이는 다양한 시간이 결합된 사회적 시간을 형성하고, 그에 해당하는 집단들을 하나로 뭉칠 수 있게 한다.

세시의 주기에 배치된 풍속의 수행을 통해 미래에 다가올 상황을 미리 재현함으로써 새로운 시간에 대한 사람들의 불안을 불식시켜 안정적으로 사회가 유지되게 한다. 이처럼 전통적 세시풍속은 그것을 향유하는 사람들이 한 사회의 구성원으로서 안정적이고, 지속적으로 통합될 수 있게 한다.

전통적 세시풍속을 통한 사회의 형성은 구성원들의 삶을 강하게 반영한 세시의 주기와 풍속의 배치를 통해 세시풍속을 공유하는 사람들 사이에서 자연스럽게 이루어진다. 이러한 통합은 삶과 직결되고, 다양한 집단을 포괄하는 형태로 작동하는 전통적 세시풍속을 통해 이루어지는 것이기 때문에 구성원의 소외가 발생하지 않는다. 즉, 사람들은 삶과 직결되어 형성되는 전통적 세시풍속의 수행을 통해 집합적 신체를 구성함으로써 사회적 시간을 구성하고, 이를 통해 소외없는 사회를 조직한다는 것이다. 이러한 전통적 세시풍속을 통한 소외없는 사회의 통합을 이끌어내는 방식 혹은 지혜가 이 글에서 살피고자 한 마을주민들의 민속지식이라고 할 수 있다.

그렇다면 마지막으로 이러한 주민들의 민속지식이 현대사회에서 어떠한 의미를 지닐 수 있을까? 근대화, 산업화로 인한 시간의 자본화는 인간의 모든 행위를 자본의 논리 속에 종속시켰다. 물질적인 것뿐만 아니라 관념적인 것까지도 자본의 논리 속에서 이해되었고, 이는 사회의 병폐를 가져왔다. 사회적 시간도 예외는 아닌데, 절대적 척도로서의 시간의 등장은 전통적 세시풍속을 통해 작동되던 사회적 시간의 메커니즘을 붕괴시켰다. 대신 자본화된 시간이 새로운 사회적 시간으로서 사회를 조직하게 되었으며, 이는 사회의 통합도 역시 자본의 논리 속에서 이루어지게 하였다. 효율성, 경제성 등으로 대표되는 자본의 논리는 그에 부합되지 않는 구성원을 용납하지 않으며, 이는 이전과 같은 소외없고, 안정적이며, 지속적인 사회의 통합을 발생시키지 않는다.[17] 이러한 현상은 사회의 다양한 문제를 야기하는 원인으로 작용하고 있기 때문에 시급한 해결이 필요하다.

이처럼 근대적 시간체제의 확대로 인한 근대사회의 문제들이 팽배한 이 때, 이 글에서 살펴본 민속지식은 그러한 문제에 대한 하나의 대안으로서 활용가능하다. 여기서 살펴본 민속지식은 사회를 조직하는 사회적 시간의 작동에 관한 지식이다. 이러한 방식은 근대 이전의 사회를 토대로 이루어지던 것들이지만 하나의 방식으로서 바뀐 토대 속에서도 활용해볼 가능성은 충분히 있다. 과거 전통사회의 경우에도 상층부의 경우에는 시각법 등을 통해 현대 사람들 못지않게 시간을 세밀하게 구분하여 살아갔다. 하지만 이러한 토대 속에서도 피지배층들은 거기에 완전히 종속되지 않고, 자신들에게 주어진 환경에 맞춘 나름대로의 시간을 형성하여 살아갔다. 그리고 근대 이후의 경우에도 운동회의 사례에서도 살필 수 있듯이 근대적 사회·문화의 토대 속에서도 기존의 사회적 시간을 작동시켰던 방식이 유효함을 알 수 있다. 그렇기 때문에 그러한 시간지식은 현대사회의 문제에 대한 대안으로서 의미를 지닌다고 할 수 있다.

대안으로서 의미를 지닌다는 것은 전통사회를 조직하였던 전통적 세시풍속을 현대사회 속에 그 모습 그대로 재현하자는 것은 아니다. 사회를 이루는 기반들이 변화한 이 때 과거와 동일한 형태의 문화가 존재하는 것은 어려운 일이며, 이를 되살린다고 하더라도 본래 맥락에서 벗어난 것이기 때문에 지속되기가 어렵다. 하지만 운동회 등의 사례를 통해 근대적 사회·문화의 장 속에서 이전의 시간을 작동시키던 방식의 재현은 불가능하지 않다. 이러한 방식의 재현은 어려웠지만 즐거웠다는 주민들의 과거 회상 속에서 그들도 역시 원하는 바임을 알 수 있으며, 어쩌면 이러한 그들의 열망은 대안적인 의미에서 과거의 방식을 통한 한국사회의 문화적 전환을 이루는 원동력으로 작용할 수 있을 것이다.

---

17) 이진경, 『근대적 시공간의 탄생』, 그린비, 2010, 48~70쪽.

| 참고문헌

단행본
안동대학교 민속학과·대학원 민속학과 BK21 사업팀, 『사과의 고장 길안의 전통』, 민속원, 2013.
이진경, 『근대적 시공간의 탄생』, 그린비, 2010.
이창익, 『조선시대 달력의 변천과 세시의례』, 창비, 2013.
최길성, 「세시풍속과 의례」, 『한국인의 생활풍습』, 시사영어사, 1982.

논문
김일권, 「조선후기 세시기에 나타난 역법학적 시간 인식과 도교 민속 연구」, 『역사민속학』 제29호, 한국역사민속학회, 2009.
김일권, 「조선후기 類書類의 세시풍속과 세시사상」, 『역사민속』 34권, 한국역사민속학회, 2010.
배영동, 「분류적 인지의 민속지식 연구의 가능성」, 『비교민속학회』 57권, 2015.
이영배, 「민속연구에서 문화이론의 문제설정」, 『비교민속학』 47권, 비교민속학회, 2012.
_____, 「근대적 시간체제 비판과 민속적 시간문화의 가치 재인식」, 『대동문화연구』 90권, 성균관대학교 동아시아학술원, 2015.
임재해, 「설과 보름 민속의 대립적 성격과 유기적 상관성」, 『한국민속학』 19권, 한국민속학회, 1986.
_____, 「민속예술의 본질적 성격과 인간해방 기능」, 『비교민속학』 23권, 비교민속학회, 2002.
_____, 「한국 지식지형의 비판적 인식과 민속지식의 새지평」, 『실천민속학연구』 23권, 실천민속학회, 2013.

제 2 장

삶의 지혜와 물질전승지식

가양주 담그기의 전승지식과 그 의의 | 황동이
농촌 여성들의 미용에 관한 전승지식 | 김소연
집짓기에 나타나는 흙에 대한 전승지식 | 이정욱

가양주 담그기의 전승지식과 그 의의

황동이
안동대 민속학과 석사과정 3학기

1. 머리말

술을 전문적으로 제조하거나 판매하는 시기 이전에는 주로 각 가정에서 술을 만들어 소비하였다. 가양주家釀酒란 집에서 담근 술을 말하는데, 집집마다 조상대대로 전해내려 오는 술 빚는 비법으로 다양한 가양주 문화가 만들어졌다. 이런 다양한 가양주 문화는 일제강점기 때 시행된 주세법과 1960~1970년대의 주세법 시행과 밀주 단속 등으로 인해 가정에서 술을 담그기가 어려워지면서 점차 사라졌다. 이런 이유로 현재 우리나라에서는 전국에 유명한 가양주를 '민속주(혹은 전통주)'로 지칭하여, 문화재로 지정하고 관리하여 사라져가는 가양주를 보전하고 있다.

지정된 민속주는 주로 종가에서 내려오는 가양주로 제조방법뿐만 아니라 술과 관련된 역사까지 잘 보전되고 있다. 그러나 이렇게 지정된 민속주 이외에도 일반 민가에서 담갔던 술 또한 가양주에 포함된다. 민중들에게도 술은 기호식품 그 이상의 가치를 지닌 것이었다. 현대에는 술이 공장에서 대량으로 생산되고 외래에서 유입된 술의 소비 비중이 증가하는 등의 이유로 가정에서 술을 담그는 일이 없지만, 불과 30년 전만 해도 집집마다 술을 항상 담아왔다. 술은 손님 접대, 새참, 제례 등 생활 속에서 항상 필요하였고, 돈을 주고 술을 사먹기 보다 집에서 담근 술을 더 선호하였다. 그러나 술을 소비하는 주 대상은 남성이었으며, 술을 담그는 주체는 여성이었다.

그래서 술을 담그는 방식은 여성들을 통해서 전승되었으며, 모녀 간, 고부 간, 동서 간으로 전승되었다. 술은 언제라도 마실 수 있게 1년 내내 담가야 했고, 술을 잘 담그는 것 또한 여성들이 갖춰야 할 부덕婦德의 요소 중 하나였다. 그러므로 맛있는 술을 담그는 기술은 여성들에게 중요한 전승지식으로 전해졌다. 이런 전승지식은 삶의 경험을 통해 축적한 민중들의 지식이기에 문헌지식이나 제도지식과 구분되며, 기록되지 않은 지식을 통해 민중의 문화를 파악할 수 있다는 점에서 중요성을 가진다.[1] 또한 술을 담글 때 필요한 곡식을 분류하여 파악하고 곡식의 종류에 맞는 술밥의 형태를 파악하고, 숙성의 정도를 결정하는 등 술을 담그는 과정에서 행위자만이 가지고 있는 분류적 인지의 민속지식도 중요하다. 분류적 인지의 민속지식은 사람들이 생활하는 가운데서 현상과 사물을 어떤 형태로든 구분하고 분류하여 파악하고 알아가는 지식으로 기본적이고 중요한 문화적 지식이다.[2] 따라서 여성들의 삶에서 중요한 부분을 차지한 술 담그는 기술은 전승지식, 문화적 지식으로서 중요하게 다루어져야 한다.

이 글은 현지조사를 바탕으로 술을 담그는 과정과 그것에 담긴 전승지식을 분석하고자 한 것이다. 조사지인 안동시 길안면 송사리는 1950년대부터 술을 만들어 판매하는 양조장이 있었음에도 불구하고, 집집마다 술을 담아서 먹었다는 점에서 주목할 만하다. 또한 기존의 연구가 주로 국가

---

1) 배영동, 「화전농업의 기술과 전승지식의 의의」, 『비교민속학』 제51집, 비교민속학회, 2013, 60쪽 참고.
2) 배영동, 「분류적 인지의 민속지식 연구의 가능성과 그 의의」, 『비교민속학』 제57집, 비교민속학회, 2015, 79~80쪽 참고.

에서 지정된 민속주의 전승과 변화에만 주목하는 것에 비해, 이 연구는 일반 농가에서 가양주를 담그면서 체득한 전승지식에 주목하고 그 의의를 밝힌다는 점에서 의미가 있다. 따라서 이 글에서는 송사마을에서 가양주 담그기를 경험한 70~80대 여성의 제보를 바탕으로 가양주 제조 방식과 그에 따른 전승지식을 살피고, 그 속에 담긴 의미를 밝히고자 한다.3)

2. 누룩 만들기의 전승지식

한국의 전통 술은 곡식을 주 원료로 한 발효주인데, 이때 술을 발효하기 위해 필요한 재료가 누룩이다. 또한 누룩은 술을 담글 때 술 맛을 결정하는 중요한 재료였다. 그래서 좋은 누룩을 만드는 방법은 술 담그기에서 중요한 전승지식이라 할 수 있다. 누룩은 곡물에 적당한 수분을 가한 다음 따뜻한 곳에 두면 공기 중의 효모와 누룩곰팡이가 번식하여 만들어지는 것이다.4) 따라서 누룩을 만드는 과정은 크게 좋은 곡식을 사용하여 누룩을 만드는 누룩 디디기와 누룩이 잘 발효할 수 있게 좋은 환경을 만들어 주는 누룩 띄우기 두 단계로 나눠서 살펴볼 수 있다.

1) 누룩 디디기

누룩을 만들 때 필요한 주 재료는 곡물이다. 송사마을에서는 누룩을 만들 때 주로 밀을 썼으며, 밀 이외의 곡식으로는 누룩을 만들 수 없다고 인식하고 있었다. 누룩은 사계절 내내 만들 수 있으나 여름에 수확한 햇밀로 누룩을

---

3) 집에서 담그는 술은 크게 곡주와 과실주로 나눌 수 있다. 그러나 우리나라에서 전통적으로 담그는 술은 곡주였으며, 과실주는 과일이 흔해진 이후에 담그던 것이다. 따라서 이 글에서는 전통적으로 담근 곡주를 중심으로 가양주 담그기의 전승지식을 서술하고자 한다.
4) 박록담, 『전통주』, 대원사, 2004, 145쪽 참고.

만들면 술맛이 더욱 좋다고 한다. 누룩을 디디는 과정은 다음과 같다.5)

- 햇볕에 말린 통밀을 디딜방아로 찧는다.
- 찧은 통밀을 얼개미6)에 친다.
- 체에 남아 있는 입자가 거친 밀과 체 아래로 떨어진 밀을 구분한다.
- 아래에 떨어진 밀을 구멍이 촘촘한 체에 한 번 더 쳐서 입자가 고운 가루를 제거한다.
- 얼개미에 남은 입자가 거친 밀과 구멍이 촘촘한 체에 남은 밀기울을 반반씩 섞는다.
- 입자가 거친 밀과 밀기울을 섞은 후 물을 부어 반죽한다.
- 반죽을 여러 번 치대어 잘 뭉쳐지도록 한다.
- 메주틀, 봉태기, 그릇 등에 잘 뭉쳐진 반죽을 가장자리에 놓고 마른 밀기울이 더 많이 섞인 것을 가운데 놓고 보자기나 짚으로 덮는다.
- 가장자리 반죽에 수분이 빠질 때까지 기다린 후 이것을 발로 밟는다.

수확한 밀은 햇빛에 말린 다음 디딜방아에 찧어서 입자를 작게 만드는데, 이때 너무 곱게 빻지 않는 것이 중요하다. 빻아진 밀을 〈그림 1〉과 같은 체 망의 구멍이 큰 얼개미에 쳐서 입자가 거친 것과 비교적 고운 입자를 분류하는데, 그 이유는 입자가 고운 밀만 사용해서 술을 담그면 술이 걸쭉하고 탁해지기 때문이다. 얼개미에 친 후 비교적 고운 입자를 한 번 더 체 망의 구멍이 촘촘한 체에 쳐서 고운 가루와 거친 알갱이를 분류한

---

5) "누룩은 밀기울로 만드는디, 밀을 일단 빠삭(바짝) 말려. 말려서 빠아야지. 그리고 가루를 체에 쳐서, 체에 남은 거랑 밀가루랑 섞어야 돼. 밀가루 고운 걸로 하면 술이 걸어서 안돼. 그래서 마른 밀기울에다가 맑은 물을 섞어가지고, 마른 밀가루 반이랑 마른 밀기울 반이랑 이렇게 섞어야 돼. 가장자리에는 다 젖은 걸 놓고, 복판(가운데)에는 이렇게 마른 밀기울이 많이 섞인 걸 놓고 그 위를 마른 걸(밀기울)로 삭 덮어놓으면 이 수분이 많은 걸 막 빨아 먹잖느껴." 이점조(여, 81세, 소미댁)의 제보(2015년 8월 26일, 자택 마당).
6) 곡식을 빻아서 거르는 체로 일반 체보다 체 망의 구멍이 큰 것이 특징이다.

다. 누룩을 만들 때는 얼개미에 쳐서 남은 입자가 거친 것과 좀 더 촘촘한 체에 쳐서 남은 입자가 거친 알갱이(밀기울)7)를 섞는다. 이처럼 누룩을 만들기 위해 밀가루 하나를 쓰더라도 입자가 고운 것과 굵은 것으로 나눠서 사용하는 것을 알 수 있는데, 이것 역시 오랜 시간 경험을 통해 체득한 전승지식이다.

〈그림 1〉 밀을 치는 얼개미8)

체에 쳐서 남은 입자가 큰 밀과 밀기울을 1:1 비율로 섞은 후 물을 부어 반죽한다. 물의 양은 반죽의 양에 따라 달라지는데, 반죽이 질지 않고 잘 뭉쳐질 정도로 물을 붓는다. 이것을 잘 섞은 후 여러 번 치대어 반죽을 해서 잘 뭉쳐지도록 한다. 반죽을 손으로 쥐었을 때 풀어지지 않고 잘 뭉쳐지면 잘 된 반죽이라고 생각했다.

> "반죽을 하는 데 너무 질면 안되고, 부실부실(보슬보슬)하게 이렇게 뭉칠 정도로 되면 '봉태기(멱둥구미의 방언)'에 담지. 이 봉태기에 하나씩 넣고 짚을 펴 놓고 지근지근 밟아 눌러서 덮어 놓고 띄우면 되지."9)

---

7) 주민들은 체 망의 구멍이 촘촘한 체에 쳐서 남은 밀을 밀기울이라 불렀다. 그래서 이 글에서도 밀기울을 이와 같은 의미로 쓰고자 한다.
8) 이것은 강도일(여, 85세, 샘내댁)씨의 집에 보관하고 있던 얼개미로 밀을 빻아서 칠 때 사용한 것이다.
9) 송송향(여, 80세)의 제보(2015년 8월 26일, 자택).

누룩 반죽에서 중요한 것은 반죽이 너무 질지 않고 보슬보슬하게 뭉칠 정도로 하는 것이다. "너무 질지 않게", "보슬보슬하게" 하는 반죽은 물기가 많지 않고 적당한 수분이 있는 것인데, 이렇게 해야 누룩을 띄웠을 때 삭지 않고 잘 뜨기 때문이다. 이런 반죽은 계량을 통해 만드는 것이 아니고 오랜 세월 경험을 통해 몸에 체득된 방식으로 만드는 것이다.

　디디기 좋게 뭉쳐진 반죽을 메주틀, 봉태기, 그릇 등에 담는다. 이때 물이 섞인 반죽은 가장자리에 놓고, 가운데 물이 섞이지 않은 반죽을 넣고 보자기나 짚으로 덮는다. 이렇게 가운데 마른 반죽을 넣는 이유는 누룩이 잘 뜨도록 하기 위해서이다. 가장자리 반죽의 수분이 어느 정도 빠져나가면 이것을 발로 밟아 단단하게 만드는데, 이것을 '누룩 디딘다'고 표현한다.

- 메주틀에 반죽을 넣을 경우 보자기를 안쪽에 깔아준다.
- 보자기를 덮고 반죽을 발로 밟는다.
- 디뎌진 누룩을 꺼낼 때는 밖으로 나와 있는 보자기 양 끝을 잡아당긴다.

　메주틀에 반죽을 넣을 때는 보자기를 안쪽에 깔고 그 위에 반죽을 넣는데, 그 이유는 발로 밟은 후 누룩이 단단해져 틀에서 잘 빠지지 않기 때문에 쉽게 누룩을 꺼내기 위해서라고 한다. 누룩을 디딘 후 만져보았을 때 단단하고 부스러기가 생기지 않으면 누룩이 잘 디뎌졌다고 판단하였다.

2) 누룩 띄우기

　누룩을 디딘 후 발효시키는 과정을 '누룩을 띄운다'고 한다. 누룩이 잘 떠야 좋은 누룩이라고 판단하였으며, 잘 뜬 누룩을 사용해야 좋은 술을 만들 수 있다고 한다. 누룩을 띄우는 방식은 아래와 같다.

- 온기가 있는 방안에 짚을 깔고 디딘 누룩을 일렬로 놓는다.
- 누룩 위에 짚을 덮어둔다.
- 누룩을 띄우기 위해 방 안의 온도를 적절하게 유지하고 그 상태로 일주일 이상 둔다.
- 누룩이 다 뜨고 나면 햇볕이 들지 않는 서늘한 곳에서 며칠동안 말린다.

누룩을 띄울 때 가장 중요한 것은 방안의 온, 습도를 맞추는 것이다. 요즘처럼 온습도계가 있는 것이 아니므로 누룩을 띄우는 방안의 온습도는 사람이 체감하는 것으로 판단하였다. 온도가 낮으면 발효가 잘 되지 않아 누룩이 뜨지 않고, 온도가 너무 높으면 누룩이 까맣게 되어 쓸 수 가 없다고 한다. 그래서 누룩이 완전히 뜨기 전까지 수시로 확인하면서 정성을 쏟았다고 한다.

"누룩은 따뜻한 데 띄워야지. 너무 뜨거우면 안되고. 안 추울 정도로 훈훈하게 온기만 있으면 돼. 옛날에는 누룩 띄우는 방에서 잠도 자고 그랬는데. 그러니까 사람이 있을만 하면 되는 거지."10)

누룩을 띄우기 적합한 온도는 사람이 방안에 들어갔을 때 따뜻하고 온기가 있다고 느끼는 정도인데, 누룩을 띄우는 방에서 잠을 자고 생활을 할 수 있을 정도의 온도가 적당하였다. 누룩이 있는 방 안의 온도를 잘 유지해주면 일주일 정도 지난 후에 술 냄새가 나는데, 이것을 통해 누룩이 다 떴음을 판단하였다. 이때 잘 뜬 누룩을 구별하는 방법은 아래와 같다.

- 누룩이 뜨면 방 안에 술 냄새가 가득해진다.
- 누룩의 가운데 부분이 하얗게 뜬다.
- 누룩 안 쪽에 국화꽃 모양의 곰팡이가 핀다.11)

---

10) 강도일(여, 85세, 샘내댁)의 제보(2015년 11월 04일, 자택 마당).

누룩이 떴음을 판단하는 방법은 색깔, 곰팡이 형태, 냄새 등으로 알 수 있다. 제일 빠르게 알 수 있는 방법은 냄새인데, 누룩이 제대로 뜨면 방 밖까지 술 냄새가 난다는 것이다. 또한 술 냄새가 나면 누룩이 떴음을 알고, 누룩이 잘 떴는지 확인하기 위해 반으로 잘라서 노랗게 '국화꽃 모양' 처럼 곰팡이가 피어있으면 잘 뜬 누룩이라 생각했다. 누룩곰팡이가 실제로 국화꽃 모양은 아니지만 누룩을 만드는 행위자가 그것을 보고 '국화꽃 모양과 닮았다'고 인식하였다. 이를 통해 누룩이 제대로 떴음을 인지하고 그것이 전승지식으로 자리 잡은 것이다. 제대로 뜨지 않은 누룩은 까맣게 곰팡이가 피어 썩은 것이나 덩어리가 뭉쳐져 있는 것인데, 이것을 사용해 술을 담그면 술이 금방 시큼해지기 때문에 쓰지 않았다고 한다.

이처럼 잘 뜬 누룩을 구별하기 위해 송사마을의 주민들은 후각, 시각 등의 감각적 지식을 활용하였다. 이것은 오래도록 누룩 만들기 경험을 통해 터득한 지식이며, 또한 좋은 술을 담그기 위한 전승지식이다. 이렇게 만든 누룩은 햇빛이 들지 않는 서늘한 곳에서 3~4일 동안 말린 후 서늘한 곳에 보관하였다. 이렇게 만들어둔 누룩은 오래도록 쓸 수 있어서 한 번 누룩을 만들 때 많은 양을 만들어 술을 담글 때마다 조금씩 빻아서 사용하였다.

3. 술밥 만들기의 전승지식

누룩을 만든 후 술을 담그기 위한 술밥을 만든다. 술밥은 주로 보리, 조, 멥쌀, 찹쌀 등을 재료로 하여 찌거나 삶는 형태로 조리를 하는 것이다.

---

11) "누룩이 뜨고 나면 딱 반으로 갈라보면 노란 국화꽃 같이 되어 있어. 군데군데 국화꽃처럼 예쁘게 펴있지. 까맣게 되면 못 쓰고, 또 덩어리가 져 있으면 안 된 거지." 송송향(여, 80세)의 제보(2015년 8월 26일, 자택).

곡식의 종류와 술밥의 조리 형태에 따라 술의 맛이 조금씩 달라진다. 식량이 부족하던 시절에는 멥쌀로 술밥을 만들기 어려웠기 때문에 주로 보리, 조 등을 섞어서 만들었고, 보리나 조 한 가지로만 만들기도 하였다. 곡식의 종류에 따라 술밥을 만드는 형태와 조리방법이 개인마다 다르게 나타났는데, 주민들이 어떤 기준으로 분류하고 있는지에 대해 살펴보면 다음과 같다.

〈표 1〉 술밥 제조방법에 따른 민속 분류

재료	조리 방법	형태
멥쌀, 찹쌀, 보리, 조	• 쌀을 불린 후 불린 쌀을 채반에 놓고 가마솥에 쪄서 익힌다. • 물을 조금씩 부어 가면서 고루 익을 수 있도록 젓는다.	고두밥
보리, 조	• 쌀을 빻는다. • 빻은 쌀에 물을 붓고 넙적한 형태로 반죽한다. • 반죽을 펼쳐 시루에 찐다.	떡
	• 쌀을 빻는다. • 빻은 쌀에 물을 붓고 반죽한다. • 반죽을 조금씩 떼어서 끓는 물에 삶는다.	
보리, 조	• 쌀을 빻는다. • 빻은 쌀에 물을 붓고 반죽을 한다. • 동그란 모양으로 반죽을 두껍게 만들어 가운데 구멍을 뚫는다. • 밥솥에 채반을 놓고 푹 찐다.	

〈표 1〉은 주민들이 곡식의 종류에 따라 술밥을 만들었던 형태와 조리 방법을 정리한 것이다. 술밥의 형태는 크게 고두밥과 떡으로 나뉘고 떡은 종류와 조리 방식에 따라 3가지로 나뉜다.

먼저 고두밥은 보리, 조, 멥쌀, 찹쌀 모두를 재료로 하여 만들 수 있어서 가장 흔하게 사용되었다. 떡과 비교하여 나타나는 가장 큰 차이는 고두밥을 만들 때 쌀을 빻지 않고 불려서 찌는 것이다. 찌는 방식으로 조리를 하지만 '밥'이라고 표현한 이유는 쌀을 빻지 않고 조리하기 때문이다. 이 형태는 여러 곡식을 섞어서 술밥을 만들 때 주로 사용하였다. 식량이 부족하던 과거에 한 가지 곡식만으로 술밥을 만들기 어려웠기 때문에 이 방식이 자주 쓰였다고 해석 가능하다. 고두밥을 만들 때 밥이 질어지지 않게

찌는 것이 중요한데, 진밥으로 술을 빚으면 밥알이 가라앉아 술이 탁해지기 때문이다.12)

떡은 주로 보리와 조로 술밥을 만들 때 나타나는 형태이다. 크게 두 가지 조리 방법이 있는데, 두 방법 모두 쌀을 빻아서 쓰지만 하나는 시루에 찌는 것이고 다른 하나는 끓는 물에 삶는 형태이다. 끓는 물에 삶는 방식으로 떡을 만들어 술을 담그면 다른 형태의 술밥으로 만든 것에 비해 술이 독하다고 한다.13) 떡의 다른 형태는 쌀을 빻아 반죽을 하여 반죽 가운데를 동그랗게 구멍을 낸 모양이 있는데, 이것 또한 보와 조를 재료로 할 때 주로 사용하던 방식이다.

"좁쌀 빻아가지고 가루 만들어가지고 물반죽을 해서 구멍을 만들어가지고 쪄. 들병들병하게 떡처럼 만들어가지고 식혀가지고 누룩을 떡에다 주물러서 그렇게 술 해먹고 그랬지."14)

떡을 동그란 형태로 두툼하게 만들기 때문에 빨리 익으라고 가운데 구멍을 뚫는다고 한다. 이런 형태의 술밥은 덧술을 할 때 주로 사용하던 것이었다.

술 맛을 결정하는 요소는 여러 가지가 있지만 그중 어떤 곡식으로 술밥을 만들어 술을 담그느냐에 따라 그 맛에서 차이가 나타난다. 곡식에 따라 술이 맑은 정도, 부드러운 정도, 단맛의 정도가 다르게 나타난다. 주민들은 술밥을 만들 때 찹쌀이나 멥쌀의 비율이 높을수록 술이 맑고 부드러우며 달짝지근하여 술맛이 가장 좋다고 인식하고 있었다. 반대로 보리

---

12) "밥이 고두밥을 하는데 질면 또 안 좋아. 질면 가라앉잖아. 꼬들꼬들하게 해야 술을 했을 때 밥알이 동동 뜨지." 송송향, (여, 80세)의 제보(2015년 8월 26일, 자택).
13) "떡을 삶으면 술이 더 독해. 그리고 이렇게 하면 더 맛있지." 이점조(여, 81세, 소미댁)의 제보(2015년 8월 26일, 자택 마당).
14) 김명희(여, 76세)의 제보(2015년 08월 26일, 마을회관).

나 조로만 술밥을 만들어 술을 담그면 술이 뻑뻑하여 부드럽지 않고, 달짝지근한 맛이 덜하여 멥쌀과 찹쌀로 담근 술에 비해 맛이 못하다고 한다.

그렇지만 경제형편이 좋지 못한 농가에서는 주식이 주로 보리밥과 조밥이었기 때문에 찹쌀이나 멥쌀로 술을 담그기 어려웠다. 하지만 조나 보리 등 한 가지 곡식으로 술밥을 만들어 술을 담그면 상대적으로 깊은 맛이 떨어지기 때문에 보리와 조, 보리, 조와 멥쌀을 섞어 불려서 찌는 방식을 가장 많이 이용하였다. 이를 통해 쌀이 넉넉하지 않은 시절에도 술은 중요한 먹거리였으며, 술맛을 생각해 한 가지 곡식으로 술을 담그기보다 여러 종류의 곡식을 섞어 담가 좋은 술맛을 내려고 노력하였음을 알 수 있다.

4. 술 담그기의 전승지식

누룩과 술밥을 만든 후 술을 담그기 시작한다. 여기서 '담그다'는 '김치·술·장 따위를 만드는 재료를 버무리거나 물을 부어서 익거나 삭도록 그릇에 넣어 두다'라는 뜻이 있다. 또한 '술을 빚는다'고 표현하기도 하는데, 여기서 '빚다'는 '술밥과 누룩을 버무려 술을 담그다'는 뜻이다. 따라서 누룩과 술밥을 만드는 것도 술을 담그는 과정 중 하나지만 누룩과 술밥을 버무려 숙성시키는 단계가 술 담그기의 핵심이라 할 수 있다.

우리나라 고유의 술은 한 번 빚어서 끝나지 않고 빚은 술을 발효, 숙성시키는 횟수에 따라 도수, 술의 맛 등이 달라지는 것이 특징이다.[15] 그래서 밑술을 만들어 숙성을 시킨 후 밑술에 다시 술밥을 넣어 발효·숙성시키는 덧술 하는 단계를 여러 번 거친다. 그러나 송사 마을 주민들은 대부분 덧술을 하지 않고 주로 한 번만 빚어 바로 마시는 단양주를 담갔다.

---

15) 박록담, 앞의 책, 42쪽 참고.

단양주는 술의 도수가 높지 않지만 술의 숙성 기간이 짧아 일주일 내로 마실 수 있는 것이 특징이다.

   술을 담그는 과정은 누룩과 술밥을 버무려 술을 담그는 술 빚기와 빚은 술을 숙성 시키는 숙성하기로 나눠서 살펴볼 수 있다. 또한 술을 담는 용기인 술독을 잘 관리하는 것도 맛있는 술을 오래 보관하는 방법 중 하나로 좋은 술독을 선별하고 술독을 관리하는 것에 대한 전승지식 역시 중요하다.

1) 술 빚기

   미리 누룩과 술밥을 만들어 놓은 후에 술을 빚기 때문에 그 과정이 크게 복잡하지 않다. 술 빚는 과정을 보면 아래와 같다.16)

- 건조된 누룩을 곱게 빻아 가루로 만든다.
- 누룩가루를 한 번 더 햇볕에 말린다.
- 만들어 놓은 술밥의 김이 빠지도록 식힌다.
- 술밥이 식으면 누룩가루 1/3과 술밥 1/3을 넣고 잘 버무린다.
- 술을 담글 독에 버무린 것을 담고 차가운 물을 반죽이 잠길 정도로 붓는다.
- 술의 발효를 돕기 위해 차가운 물에 술약을 녹여 넣는다.17)

   술을 빚는 과정은 크게 복잡하지 않지만 좋은 술을 빚기 위해 많은 정성이 들어간다. 만들어 놓은 누룩을 곱게 가루로 만들어 햇볕에 말리는데, 햇볕에 말림으로 해서 살균효과와 나쁜 냄새를 제거하는 효과를 얻을 수 있다고 한다. 누룩은 미리 만들어 보관하지만 술밥은 술을 빚기 바로 전에

---

16) 강도일(여, 85세, 샘내댁)의 제보(2015년 11월 04일, 자택 마당).
17) 이점조(여, 81세, 소미댁)의 제보(2015년 8월 26일, 자택 마당).

만들므로 충분히 식힌 후 누룩과 섞어야한다. 넓은 체반 위에 술밥을 펼친 후 주걱으로 저어주면서 한 김을 뺀다. 주민들은 누룩과 섞기에 알맞은지 알기 위해 직접 손으로 만져보거나 더 이상 김이 나지 않으면 식었다고 판단한다고 하였다. 술밥이 충분히 식지 않으면 술을 담갔을 때 술이 금방 시큼해지기 때문에 좋지 않다고 한다.

    식힌 술밥과 누룩가루를 먼저 버무린 후 술을 담글 독에 담는다. 거기에 반죽이 찰랑찰랑하게 잠길 정도로 물을 붓는다. 이때 넣는 물은 식수로 쓰는 물이어야 하며, 미지근하거나 뜨거운 물이 아닌 차고 시원한 물을 넣어야한다. 이것 또한 미지근하거나 뜨거운 물을 부으면 술이 숙성되는 과정에서 시큼해지기 때문이다. 술을 빨리 숙성시키기 위해 물의 양을 넉넉하게 붓는 경우도 있었다. 그 이유는 술밥, 누룩, 물을 넣고 섞을 때 물을 많이 부어 술이 묽게 빚어져야 빨리 익고 술이 쉽게 상하지 않기 때문이다. 이렇게 술의 좋은 맛을 만들어내기 위해 좋은 누룩을 사용하고, 술밥의 온도, 물의 온도, 물의 양 등을 조절하는 것이 술을 담그는 중요한 지식이며, 동시에 좋은 술을 빚기 위해 오래도록 축적된 경험을 통해 형성된 지식이다.

    일부 주민은 술의 발효를 촉진시키기 위해 '술약'을 함께 넣었다고 한다.18) 술약은 이스트Yeast를 말하는데, 이것은 가정에서 만드는 것이 아니라 시장에서 구입하여 술 빚는 과정에서 넣는 것이었다.

- 술약을 넣으면 술이 익는 시간이 단축된다.
- 술약을 마른 가루의 형태로 넣으면 그 술을 마셨을 때 숙취가 생기고, 차가운 물에 녹인 후 넣으면 그 술을 마셨을 때 숙취가 없다.

---

18) "술약이 있잖아. 가게 가면 노란 거, 좁쌀 같이 생긴 거 있어. 천 원 정도 할 걸? 그걸 넣으면 술이 빨리 되잖니껴. [어르신 젊을 때 술 만들 때도 이걸 넣었어요?] 넣었지. 술약은 사야 되지. 이건 집에서 못 만들어." 이점조(여, 81세, 소미댁)의 제보(2015년 8월 26일, 자택 마당).

이스트를 술약이라고 부르는 이유는 이것을 넣으면 술이 익는 시간이 절반으로 줄어들기 고 약과 같은 효과가 나타나서다. 술을 빚을 때 이스트를 쓰는 주민은 이것을 약과 비슷하다고 인식하여 '술약'이라고 부르는데, 이것은 경험과 인식에 의해서 만들어진 민속어휘로 볼 수 있다. 술약은 술을 익는 시간을 단축 시켜 줄 뿐 아니라 술을 마신 후 숙취를 없애는 기능도 한다고 하였다. 여기서 중요한 지식은 술약을 마른 가루로 넣으면 술을 마신 후 숙취가 있지만, 차가운 물에 녹여서 술을 빚을 때 넣으면 그 술을 아무리 마셔도 숙취가 없다는 것이다.

2) 숙성하기

숙성하기는 술을 빚고 난 후 술을 발효시키는 단계이다. 누룩을 띄울 때와 마찬가지로 술을 숙성하는 공간의 온도가 중요하기 때문에 주민들은 여름과 겨울을 나눠 숙성 방식을 달리하였다.

- (여름의 경우) 술독을 이불이나 짚으로 감싸 그늘진 곳에 둔다.
- (겨울의 경우) 술독을 이불로 덮어 따뜻한 아랫목에 둔다.
- 대략 3일이 지나면 술이 끓는다.
- 끓는 소리가 멈추고 하루 정도가 지나면 술이 가라앉는다.
- 술이 가라앉으면 덮어 둔 이불(혹은 짚)을 걷고 서늘한 곳에 보관한다.

여름은 날씨가 덥기 때문에 방 안에서 술을 숙성시키지 않고, 마루나 마당에 그늘진 곳에서 술독을 이불이나 짚으로 감싸서 숙성시켰다고 한다. 겨울은 실외 온도가 낮으므로 누룩과 마찬가지로 따뜻한 아랫목에 이불을 덮어두고 숙성을 시켰다. 술은 사계절 내내 담그는 것이지만 기온의 영향으로 여름에는 술이 쉽게 시큼해지기 때문에 다른 계절에 비해 술을 담그기 힘들다고 한다.

술이 숙성되는 단계를 주민들은 '술이 익는다'고 표현하였다. 이렇게 담근 술은 3~4일만 지나면 익는데, 여기서 중요한 전승지식은 주민들이 술이 익은 정도를 소리로 구별한다는 것이다. 술을 빚은 지 대략 3일 정도가 지나면 술이 '부글부글' 혹은 '뽁딱뽁딱' 소리를 내면서 끓는다고 한다. 일정 시간이 지나고 끓는 소리가 나지 않으면 술이 다 익은 것으로 판단하고, 술밥이 다 가라앉을 때까지 기다린다. 이처럼 술의 숙성정도와 마시기 알맞은 시기를 판단할 때도 계량화된 지식보다 술이 끓는 소리를 듣고 감각적 경험을 통해 판단하는 전승지식이 나타난다. 또한 주민들은 곡식의 분류를 통해 술이 익는 시기가 달라짐을 인지하고 있다.

〈표 2〉 곡식의 종류에 따른 술 숙성 시기

곡식의 종류	술이 숙성 시기
조	반나절
멥쌀	하루
보리	하루 반나절 ~ 이틀

위의 〈표 2〉는 주민들의 제보를 바탕으로 술밥으로 쓰이는 곡식의 종류에 따라 술이 숙성하는 시기를 나타낸 것이다. 주민들은 모든 곡식을 분류하지는 않지만 술밥을 만들 때 자주 쓰는 곡식은 그 종류에 따라 술이 익는 시기가 다름을 인지하고 있다. 멥쌀과 조는 보리에 비해 숙성이 빨리 이루어지는데 그 이유는 곡식의 겉껍질이 비교적 얇기 때문이다. 상대적으로 껍질이 두꺼운 보리로 술밥을 만들어 술을 담그면 숙성 시간이 오래 걸린다고 한다. 그러므로 한 가지 곡식으로 술을 담글 때보다 여러 가지 곡식을 섞어 술을 담그면 숙성 시간이 더 오래 걸린다.

가정에서 술을 담그는 주체인 여성에게 술을 담그는 재료에 대한 지식도 중요하였다. 어떤 곡식으로 술을 담그면 맛이 좋은지, 곡식에 따라 술이 익는 기간이 어떻게 달라지는지, 어느 정도 시기가 지나야 담근 술을 마실 수 있는지 등에 대한 지식은 술을 담그기에 위한 필수적인 지식이었다. 송사마을 여성들은 시집을 오기 전부터 친정에서 술을 담그는 것을 어깨너머로 보고 배웠으며, 주로 친정어머니나 올케가 술을 담그는 모습을 보고 배웠다고 한다. 그래서 시집오기 전 보고 배운 것을 시댁에서 자신이 터득한 방식과 시댁의 방식을 적절하게 섞어 술을 담갔다. 이러한 지식은 기록되지 않은 채 여성들에게 누적적 경험을 토대로 하여 전승되어 왔던 것이다.19)

3) 술독 선별과 관리의 전승지식

좋은 장을 담기 위해서 좋은 장독을 고르듯 좋은 술을 담그기 위해서도 좋은 술독을 선택해야한다. 술독이 온전하지 못하면 술을 담았을 때 잡냄새가 나거나 술이 금방 쉬어버리는 경우가 있어 장기간 보관이 힘들어지기 때문이다.20) 한번 술을 담그면 보름에서 한 달 정도 보관하여 먹을 수 있는데, 이때 어떤 술독에 담아 보관하느냐에 따라 그 기간이 단축될 수도 있고 연장될 수도 있다.

술을 담기에 적합한 독은 가을에 구워 봄철에 판매하는 것이라고 한다. 여름에 구운 독은 잿물이 쉬기 때문에 술을 담으면 맛이 없어진다고 인식하고 있다. 옹기를 굽기 전 유약을 바르는데 이때 초목에서 얻은 재를 이용하여 만든 잿물을 사용한다.

　　단지도 어른들이 이야기하시는 거 보니까 장 단지도 가을에 만든 거 사면
　　장이 맛있고, 술 단지도 그렇지. 우리 시어머니가 맨날 하시는 말씀이야. 단지

---

19) 배영동, 앞의 글, 2015, 83쪽 참고.
20) "단지가 술이 잘 뜨는 단지가 있어. 어떤 단지는 술을 해놓으면 곡내 나는 술이 있고, 어떤 단지는 해놓으면 술이 서지고, 어떤 단지는 술 해놓으면 술이 달고 맛있어. 그게 좋은 단지야." 김명희(여, 76세, 부녀회장)의 제보(2015년 08월 26일, 마을회관).

를 가을에 해서 구우면 봄에 소비시키러(팔러) 나가잖니껴. 그리고 또 여름에 구운 건 가을에 나가잖니껴. 근데 여름에 구운 건 재물이 쉬고 또 얼른 안 마르잖아. 그래서 맛이 없다고 하는 거야.21)

이런 주민의 말은 여름이기 때문에 쉽게 상한다는 인식과 습한 날씨로 인해 옹기의 건조가 어려울 것이라는 인식이 맞물려 나타나는 것으로 해석 가능하다. 실제로 여름에는 옹기를 굽는 가마의 습기를 제대로 건조시키지 않으면 옹기의 질이 떨어지는 경우가 생길 수도 있으며, 옹기를 굽기 적절한 시기는 습도가 낮은 봄과 가을이라고 한다.22) 이처럼 시어머니를 통해 들은 이야기가 좋은 술독을 구별하는 지식으로 자리 잡게 됨으로써 하나의 전승지식으로 형성되는 것을 알 수 있다.

다음으로 술을 보관하는 데 있어서 술을 담기 전 술독을 소독하는 것도 중요하다. 술독을 소독하는 과정은 아래와 같다.

- 장이나 김치 등을 담지 않았던 독을 선택한다.
- 깨끗한 물에 독을 씻어 햇볕에 건조 시킨다.
- 볏짚에 불을 붙여 독 안을 연기로 채운다.
- 어느 정도 연기로 그을린 후 마른 천으로 독 안을 닦는다.

술독으로 쓰는 독은 장이나 김치를 담았던 것은 쓸 수가 없는데, 술이 숙성되는 단계에서 독에 남아있던 잡냄새가 배기 때문이다. 그러므로 깨끗한 독을 선택하여 깨끗이 씻은 후 짚불을 피워 연기로 소독을 하는데, 그 이유는 남아있는 잡냄새를 없애고 술이 금방 쉬는 것을 예방하기 위해

---

21) 이점조(여, 81세, 소미댁)의 제보(2015년 8월 26일, 자택 마당).
22) 이한승, 「옹기 제작에 나타나는 전승지식의 양상 : 경기도 '오부자옹기'를 중심으로」, 『민속연구』 31집, 안동대학교 민속학연구소, 2015, 321쪽 참고.

서이다. 주민들은 이렇게 소독이 끝난 독이여야만 술을 담을 수 있다고 생각하였다. 또한 술을 다 마시고 난 후에도 독에 남아있는 찌꺼기를 버리고 위의 방법과 같이 소독하여 다시 새 술을 담근다. 이것 역시 술이 상하지 않게 오래 보관하기 위해서이다.

5. 술 거르기의 전승지식

술이 익고 난 후 어떤 방식으로 거르느냐에 따라 술의 종류가 달라진다. 같은 곡주穀酒이지만 거르는 방식에 따라 맛, 색깔, 도수, 쓰임새 등에서 차이가 나타난다. 한 번 빚은 술은 거르는 방식에 따라 청주, 탁주로 나눌 수 있고, 탁주를 불에 끓여 얻는 증류식 소주가 있다.

1) 청주

술은 숙성 기간이 짧으면 도수가 높지 않고 단맛이 많이 나고, 숙성 기간이 길수록 도수가 높아지고 맛이 깊어진다고 한다. 그래서 오래 익혀 도수가 높은 술을 좋은 술이라 생각하였다. 보통 3~4일 정도 숙성 시킨 후에 술을 걸러 마시지만 집안에 높은 도수의 술을 좋아하는 어른이 있으면 7일 이상 숙성을 시켜서 먹었다고 한다. 술이 익으면 술밥과 누룩이 바닥에 가라앉고 윗부분은 노랗게 뜨게 된다. 이때 젓지 않고 맑은 술만 떠내는 것이 청주이다.

- 노랗게 뜬 윗부분을 밑의 술과 섞이지 않게 조심스럽게 바가지로 뜬다.
- 뜬 술을 체에 한번 거른다.

청주는 형편이 좋거나 전문적으로 술을 판매하는 곳에서는 용수를 이용하여 걸렀지만, 일반 가정에서는 다른 조리도구를 쓰지 않고 바가지로 윗술만 떠냈다. 떠낸 술은 불순물을 제거하기 위해 체에 한번 걸러주었다. 떠낼 때 아래의 술과 섞이면 청주 고유의 맛과 빛깔이 나오지 않으므로 특히 조심하였다고 한다. 청주는 멥쌀과 찹쌀의 비율이 높아야 맑고 양이 많은데, 보리나 조로 담근 술은 탁해서 청주가 거의 뜨지 않거나 그 양이 적었다. 그러나 일반 가정에서는 멥쌀과 찹쌀을 많이 쓸 수가 없어 보리, 조로 술을 담근 경우 덧술을 하여 청주의 양을 늘렸다.[23]

- 보리, 조로 고두밥을 지어 식힌 후 누룩과 섞고 물의 양을 적게 하여 밑술을 담근다.
- 밑술을 3~4일 간 숙성 시킨다.
- 보리, 조로 가운데 구멍이 뚫린 떡 형태의 술밥을 만든다.
- 만든 술밥에 누룩가루를 섞어 반죽하여 밑술에 넣고 물을 독의 3분의 2정도 붓는다.
- 다시 3~4일 간 숙성 시킨 후 술이 끓으면 가라앉을 때까지 기다렸다가 청주를 뜬다.

가정에서는 제사와 손님 접대를 위해 청주는 반드시 필요한 술이었다. 그런데 보통의 가정에서는 보리와 조로 술을 담그기 때문에 청주의 양이 많지 않았고, 이를 채우기 위해 덧술을 한 것이다. 이렇게 만든 청주는 멥쌀과 찹쌀로 만든 것에 비해 맛이 못하지만 구색은 갖출 정도는 되었다고 한다.

청주는 맑은 부분만 떠내는 술이므로 그 양은 적지만 도수가 높고 맛이 좋아 사람들은 '청주가 진짜 술이고 고급 술'이라는 인식을 가지고 있었다. 그래서 일상적으로 마시기 어려웠고, 손님 접대나 제사 때 제주祭酒

---

[23] 강도일(여, 85세, 샘내댁)의 제보(2015년 11월 04일, 자택 마당).

로 쓰기 위해 병이나 주전자에 따로 담아 보관하였다고 한다.

제사 때 쓰는 술은 청주와 탁주의 구분이 없었지만 탁주에 비해 청주를 쓰는 경우가 많았다. 제사를 지내기 일주일 전 쯤 술을 새로 담아 청주만 따로 떠서 보관하였다. 이때 제사에 쓰는 술은 술을 만들고 난 다음에도 맛을 보지 않았다고 한다. 여기에는 조상을 우선시하고 숭배하는 예절 지식과 의례적 지식이 동시에 나타난다. 또한 전통사회에서는 집에 손님이 방문하였을 때 술을 대접하는 것을 예의로 여겼고, 이때에도 귀한 손님을 대접한다는 마음으로 고급술인 청주를 사용하였다.

2) 탁주

청주를 뜨고 난 후 남은 술을 탁주라고 한다. 흔히 알고 있는 막걸리는 탁주의 한 종류이지만 송사마을 주민들은 탁주와 막걸리가 동일한 것으로 인식하고 있었다. 탁주는 가라앉은 쌀이 섞여있기 때문에 마시면 포만감을 주었다. 그래서 농사일을 할 때 주로 마셔 '농주農酒'로 부르기도 한다. 탁주를 마시는 방식은 크게 두 가지로 체에 걸러 마시는 방식과 거르지 않고 바닥에 깔린 술밥을 함께 저어 마시는 방식이 있다.[24]

- 청주를 뜨고 난 후 남은 술을 체로 거르면서 물로 농도를 맞춘 후 마신다.
- 청주를 뜨고 난 후 남은 술을 밑바닥까지 저은 후 물을 조금 섞어서 마신다.

체로 거른 술은 거르지 않은 술에 비해 술 빛깔이 맑아 육안으로 보기에 깔끔하여 거르지 않은 술보다 위상이 높다고 인식되었다. 그래서 청주를 대접할 형편이 되지 못하면 탁주를 한 번 걸러 손님에게 대접하였는데,

---

24) 송송향, (여, 80세)의 제보(2015년 8월 26일, 자택).

손님에게 깨끗하고 더 나은 것을 드려야 한다는 생각에 술을 대접할 때는 걸러서 대접하는 것을 예의로 여겼다.[25]

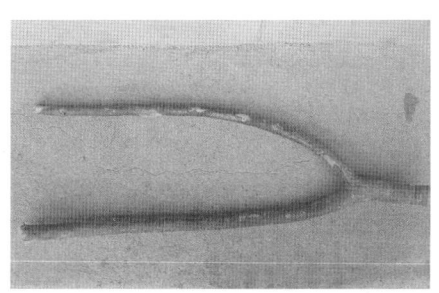

〈그림 2〉 쳇다리

술을 거르는 방법은 아래쪽에 큰 그릇을 두고 〈그림 2〉와 같은 쳇다리를 걸쳐 윗쪽에 체를 놓고 걸쭉한 술을 부어가면서 눌러주는데, 이때 농도를 맞추기 위해 물을 조금씩 섞으면서 거른다. 거르지 않은 술은 쌀이 많이 섞여 있어 뻑뻑한 형태이다. 그러므로 마시기 좋게 물을 조금 섞어서 마시는데, 쌀이 섞여있어 한 잔을 마시면 포만감이 생긴다고 한다. 그래서 거르지 않은 술은 주로 농사일을 할 때 새참으로 마시던 술이었으며, 먹거리가 풍족하지 않던 시절에 거르지 않은 탁주 한 잔은 농사일을 할 때 힘의 원동력이었다. 또한 술을 잘 마시지 못하는 사람들은 탁주에 사카린을 섞어 달짝지근하게 마시기도 하였다.

3) 소주燒酒

소주는 체에 거르지 않은 탁주를 불에 끓여 얻는 증류식 술이다. 오늘날 마시는 소주는 물과 알코올을 섞은 희석식 소주인 반면 우리나라 전통식 소주는 알코올을 끓여 얻는 증류식 술이다. 소주의 증류는 물과 알코올의 끓는 온도 차를 이용하는 기술인데, 불 조절이 어렵고 얻을 수 있는 술의 양이 적어 일반 농가에서는 잘 만들지 않았다.

---

[25] "그래도 손님 대접이라고, 손님 대접은 좀 더 나아야 되지. 깔끔해야지." 강도일(여, 85세, 샘내댁)의 제보(2015년 11월 04일, 자택 마당).

그러나 송사마을에서는 소줏고리 없이 소주를 만든 경험이 있는 주민이 한 분 있어 그 제보를 토대로 하여 소주 만들기 방식을 정리해 보았다.

- 솥 안에 거르지 않은 탁주를 붓는다.
- 솥 가운데 조그만 그릇을 넣는다.
- 솥 위에 솥뚜껑을 뒤집고 솥과 솥뚜껑 틈 사이에 김이 새지 않도록 반죽을 바른다.
- 불을 붙인 후 솥뚜껑에 찬물을 조금씩 부어준다.

솥 안에 거르지 않는 탁주를 넣고 솥뚜껑을 뒤집어 그 위에 찬물을 부으면 온도 차이에 의해 솥 안쪽에 술로 만들어진 수증기가 맺힌다. 솥뚜껑을 뒤집어 놓았으므로 손잡이 부분에 수증기가 맺히고 가운데 넣어둔 그릇에 한 방울씩 떨어지게 된다. 이런 원리로 증류식 소주를 만들었다고 한다. 소주는 만드는 방식은 번거롭고 정성을 많이 쏟아야하지만 도수가 높고 술이 맑아 청주보다 술맛이 더 좋다고 한다. 친정이 송사마을인 이 주민은 시댁에서는 소주를 만들어 마시지 않았지만 어릴 적 아버지가 좋아하셔서 자주 만들었다고 기억하고 있다.

6. 가양주 담그는 지식의 의의

이 연구는 일반 농가에서 이루어진 전통적 가양주 담그기의 전승지식과 그 의의를 밝히기 위해 안동시 길안면 송사1리를 현지 조사하여 분석한 것이다. 전통사회에서 술은 중요한 먹거리였고, 대부분 가정에서 여성들을 중심으로 술을 담그는 민속지식이 전승되었다. 이 글은 기록되지 않은 지식에 중점을 두고, 마을의 여성들이 오랜 시간 술을 담그면서 터득한 경험적 지식을 토대로 서술하였다.

이러한 과정에서 다양한 지식들이 요구되는데, 특히 경험을 바탕으로 체득한 눈대중과 손대중 같은 것은 오랜 시간을 거쳐 형성된 하나의 기술이자 지식과 같은 것이었다.26) 가양주 담그기 과정에서 나타난 중요한 전승지식을 정리하면 다음과 같다.

첫째, 누룩을 잘 디디고 띄우기 위한 지식이 전승되었다. 누룩은 여름에 수확한 햇밀을 성글게 빻아 물과 같이 반죽하여 잘 띄우는 것이 중요하다. 누룩을 잘 띄우기 위해서는 방안의 온·습도를 사람이 잠을 자고 생활할 수 있을 정도로 온기가 있게 유지해야 한다. 이것이 잘 지켜지지 않으면 누룩이 제대로 뜨지 않고, 술을 만들어도 술맛이 시큼해지기 때문에 좋은 술을 만들 수 없었다.

둘째, 맛있는 술을 담그기 위해 술밥을 만드는 재료 선택과 과정에 대한 지식이 전승되었다. 술은 어떤 곡식으로 술밥을 만들어 담그느냐에 따라 그 맛이 달라진다. 주민들은 멥쌀과 찹쌀을 섞어 만든 술밥을 최고로 인정하였고, 보리와 조로 만든 술은 그것보다 맛이 못하다고 여겼다. 그러나 멥쌀과 찹쌀로만 술을 담그기 어려웠던 시절에는 제한된 곡식으로 더 좋은 술을 만들기 위해 여러 곡식을 섞어 술밥을 만들거나 덧술을 하여 술 맛을 냈다.

셋째, 누룩과 술밥을 버무려 술을 빚은 후 숙성시키는 단계 역시 중요하다. 누룩과 마찬가지로 술을 익히기 위해 따뜻한 공간에서 며칠 간 숙성시켜야하는데, 이때 공간의 온도 유지가 중요하다. 너무 뜨거우면 술이 쉬어져서 마실 수 없고, 차가우면 술이 발효가 되지 않는다. 그러므로 술을 익히기 위한 온도를 유지 하는 것도 중요한 지식이었다.

넷째, 술을 담아서 보관하는 술독을 고르고, 관리하는 지식도 중요하게 여겨졌다. 술독이 좋지 못하면 술이 금방 상하고 맛이 없으며, 술독이 좋으면 술이 잘 익고 맛있다는 인식이 있었기 때문에 좋은 술독을 고르고 술을 담기 전 독을 관리하는 것이 중요하였다. 장이나 김치를 담았던 독은 사용할 수 없었고,

---

26) 김지선, 「농촌 간장문화의 전통과 변화」, 안동대학교 석사학위 논문, 2014, 13쪽 참고.

그 전에 술을 담았던 것이어도 한 번 더 짚불 연기로 소독하여 사용하였다.

다섯째, 술을 담그는 과정뿐 아니라 만든 술을 종류에 따라 상황에 맞게 소비하는 것에서도 생활가치에 대한 지식이 담겨있다. 곡주穀酒에서는 청주를 가장 고급술로 여겨 이를 제주祭酒로 쓰거나 귀한 손님을 대접할 때 사용하였다. 청주는 양이 적기 때문에 제사와 손님 방문을 대비하여 따로 담아 보관하는 것이 일반적이었다. 탁주는 농주農酒라는 인식이 강하였고, 술을 거르지 않고 먹으면 속이 든든하고 힘이 난다고 생각하여 농사일을 할 때 반드시 필요한 먹거리였다.

이와 같이 전통사회에서 여성들은 술을 소비하는 주체가 아닌 생산하는 주체였고, 맛있는 술을 담그는 것도 부덕婦德의 하나로 평가 받았다. 대부분의 여성들은 책이나 제도적 교육을 통해 지식을 얻기보다 혼인 전 친정에서, 혼인 후 시댁에서 집안 어른을 통해 지식을 습득하였다. 맛있고 좋은 술을 담그기 위해서는 누룩 만들기부터 술을 거르고 보관하기까지 많은 정성과 시간을 들여야 했는데, 이것은 여러 번 경험을 통해 체득된 경험적 지식이자 전승지식이다. 이렇게 습득한 지식은 술을 담그지 않는 현재에도 그들의 기억 속에 고스란히 남아있었으며, 여기에는 그들의 전통적 삶과 문화가 담겨 있다고 할 수 있다.

| 참고문헌

단행본
박록담, 『전통주』, 대원사, 2004.

논문
김지선, 「농촌 간장문화의 전통과 변화」, 안동대학교 석사학위논문, 2014.
박진영, 「전통주 복원의 사회문화적 의미」, 전북대학교 석사학위논문, 2009.
배영동, 「《음식디미방》에 나타난 술의 다양성과 그 사회적 의미」, 『문화재』 제34호, 국립문화재연구소, 2001.
_____, 「화전농업의 기술과 전승지식의 의의」, 『비교민속학』 제51집, 비교민속학회, 2013.
_____, 「분류적 인지의 민속지식 연구의 가능성과 의의」, 『비교민속학』 제57집, 비교민속학회, 2015.
안일국, 「전통적 된장 담그기의 전승지식과 전승양상」, 안동대학교 석사학위논문, 2010.
이한승, 「옹기 제작에 나타나는 전승지식의 양상 : 경기도 '오부자옹기'를 중심으로」, 『민속연구』 31집, 안동대학교 민속학연구소, 2015.

농촌 여성들의
미용에 관한 전승지식

김소연
안동대 민속학과 석사과정 2학기

1. 머리말

　미용에 관한 기원을 알 수 없다. 그렇지만 오래전부터 사람은 본능적으로 자신의 몸을 청결하게 유지하거나 아름답게 보이기 위해 외모를 꾸며 왔다. 인류와 같이 지속되고 있는 미용은 인간의 역사와 함께 발달해왔다고 볼 수 있다. 미용에 관한 용어는 근대와 현대에 들어와서 사용한 말이다. 미용과 관련된 용어로 외모꾸미기, 외모단장 등으로 한정지을 수 있다. 구체적으로 풀이를 하면 꾸미기란 '모양이 나게 매만져 차리거나 손질하다.'라는 말로 단장의 '얼굴, 머리, 옷차림 따위를 곱게 꾸밈.'이라는 뜻과 미용의 '얼굴이나 머리를 아름답게 매만짐. 아름답게 보이려고 입욕·마사지·미용 체조·성형 수술 따위의 방법임.'이라는 뜻과 통용되겠다. 따라서 협의의 뜻을 내포하는 외모꾸미기·외모단장과 광의의 뜻을 내포하는 미용의 용어로 설명될 수 있다. 따라서 세 용어를 종합하여 광의의 뜻을 내포하는 미용으로 용어를 통일하여 미용민속이라 하여 글의 논의를 다루고자 한다.

문화는 변화하는 특성이 있다. 미용민속에 전승지식도 과거와 현재를 비교해 보면 미용의 행위, 범위, 인식 등이 달라졌다. 요인을 말하자면 과거의 미용은 자신이 머무르는 곳의 기후나 풍토와 같이 한정적 지역의 자연・환경적 요인에 의해 영향을 받았지만, 오늘날에는 과학의 발전, 교통의 발달, 정보화, 세계화 등으로 인해 탈지역화가 되었고 그로인해 사회문화적 요인에 큰 영향을 받고 있다. 또한 과거에는 의식주 마련에 급급하여 꾸밈이 의례적인 행위로, 당위적 행위로써 특징이 주로 나타나는 반면에 의식주가 해결이 된 오늘날에는 자기개성에 맞춰 자기표현으로써 미용의 특징이 도드라지게 나타난다.

또한 오늘날에는 세계화, 정보화로 인해 미용에 관한 세계 공통된 인식이 형성되었다. 그로 인하여 과거 일부 지역에 국한된 전승지식이 세계적으로 공통되는 미용관이 잡게 되었다. 즉 피부관리, 화장법, 헤어스타일, 옷차림 등 꾸미기의 전반적인 영역에 걸쳐서 서양식 미용이 전통적인 미용을 대체했거나 변화시켰다. 이러한 현상은 통상적으로 한국의 근대화가 시작된 19세기말이라고 추측하나, 실제상에 있어서 농어촌의 여성들이 박가분, 동동구리무, 치약, 비누 등과 같은 화장품을 사용하게 된 시기는 훨씬 후대의 일이다.

미용민속의 지역적 측면을 고려할 때, 당시 근대화는 도심에 거주하는 여성들을 중심으로 전개되었다. 신문이나 잡지 등 미용에 관한 지식을 전하는 대중매체는 농촌에서 유포되기 어려웠고, 설령 농촌지역에서 이러한 매체를 접할 기회가 있었더라도 여기에 실린 화장품 광고를 보고 구매할 수 있는 경제력을 갖기 어려웠다. 또한 미용관을 변화시켰던 근대교육과 여성의 사회진출 역시 도시와 농촌에서 큰 차이가 있었다. 그러므로 도시지역과 달리 농촌지역에서는 여전히 화장하는 것이 기피 대상이 되거나 사치에 지나지 않았으며, 신체를 관리하는 법이나 화장품도 도시만큼 널리 퍼지지 못했던 것으로 추측된다. 이러한 이유로 19세기 이후 농촌지역의 미용에 관한 전승지식은 그 당시 대중매체에 시렸던 내용과는 상당히 다른 모습일 수밖에 없을 것이며, 미용관의 변화도 도시와는 다르게 전개 되었다고 할 수 있다.

따라서 이 연구는 송사마을의 70~80세 농촌 여성들을 대상으로 꾸미기에 관한 전승지식에 대해 알아보고, 어떠한 양상을 띠고 있는지 자연·환경적, 경제적, 사회문화적 요인을 바탕으로 살펴보고자 한다. 미용민속에 관한 범주는 넓으므로 세수, 머리감기, 목욕, 화장에 관한 이 네 가지로 살펴보겠다.

2. 세수에 관한 전승지식

세수란 손이나 얼굴을 씻는 행위를 일컫는다. 보통 한국 사람들은 하루의 일과를 세수로부터 시작한다. 기존에 남아있는 문헌자료에서는 삼국시대에 세수하지 않은 얼굴로 남을 대하면 대단한 결례로 생각한 예절생활 등이 있었고, 조선시대에는 아침에 일어나자마자 세수한 뒤에 빗질하고서 사당에 참배하고 부모에게 문안인사를 올린 뒤 각기 일을 시작하고 외출하기 전에, 외출했다가 돌아온 뒤에 반드시 세수하였다는 자료가 있다.[1] 언제부터, 모든 계층에서 행한 전승지식인지는 알 수 없으나, 이러한 문헌자료를 통해 그만큼 오래전부터 전승된 지식임은 틀림없다.

1) 세수하는 시간

㉠ "그때는 아침 먹고 했지. 젊을 때는, 시집 살 때는." (이순희, 여, 77세)
㉡ "어쩔 때는 아직[아침] 안 먹고도 하고. 며느리 되면, 여자는 식전에 해야 하잖아." (윤월분, 여, 82세)

---

1) [한국민족문화대백과, 한국학중앙연구소] 세수[洗手]

ⓒ "아침에 일어나면 옷 갈아입고, 세수부터하고, 밥하지." (우영순, 여, 78세)

ⓓ "며느리들은 식전에 세수하고 해야 돼지. 세수 안하고 밥해주면 시어마이[시어머니]께서 머라 하지[혼내지]."

"요새는 새벽기도 가기 전에 세수하고." (배태순, 여, 82세)

ⓔ "지금은 일어나면 세수하고, 아침밥 먹고 일하러 나가지." (김명희, 여, 78세)

송사 마을의 여성들은 하루의 일과를 세수로부터 시작한다. 시집을 막 온 새색시일 경우, 시어른을 모시고 사는 여성인 경우에는 꼭 아침밥을 준비하기 전에 세수를 한다. 또한 시집살이가 꽤 된 중년의 여성인 경우, 시어른을 모시지 않는 경우, 아침밥 준비가 분주한 경우에는 아침밥을 먼저 준비를 한 다음에 세수를 하는 경우도 있다. 따라서 아침밥과 세수의 순서가 정해진 것은 아니지만, 꼭 세수를 했다는 걸 통해 하루일과에서 중요한 일임을 알 수 있다.

하루의 일과를 세수로 시작한 까닭은 당시 여성들이 일어나서 해야 할 일에서 찾을 있다. 그리고 다른 사람에게 정갈하고 깨끗하게 보여야 하는 위생적·의무적 관념에서 찾을 수 있다. 60년대에서 80년대까지 부엌일은 여성들만이 하는 일로 간주되었다. 그래서 남성이 부엌일을 하면 큰일이 나는 줄 알았다. 따라서 남녀 분담하는 일이 나뉘어져 있었고, 시집 온 여성이 해야 할 가장 중요한 업무는 부엌일 즉 아침밥을 짓는 것이다. 아침밥을 짓기 위해서는 위생적으로 청결해야한다. 그러므로 식전에 세수를 해야 하고 그렇지 않으면 시어른한테 꾸중을 듣는다. 따라서 식전에는 당연히 세수를 해야 한다는 사회적 통념을 통해 의무적으로 세수를 했다는 것을 알 수 있다. 또한 식전에 세수를 통해 공동체 생활에서의 병을 예방하기 위한 합리적 전승지식임을 알 수 있다. 또한 다른 사람에게 정갈하고 깨끗해 보여야 하는 관념은 적어도 잘 꾸미지는 않아도 남들이 보기에 더

럽거나, 추하지 않는 모습을 함으로써 부끄러움과 창피함을 느끼지 않으려는 까닭이다. 이러한 인식은 외모가 정갈하지 않거나 깨끗하지 않으면 부끄럽게 여겨지는 사회적 통념이다. 이 사회통념은 남의 시선을 의식하는 것으로 위생적 관념이 의무적인 행위로 전승된 지식임을 알 수 있다.

오늘날까지도 세수하는 시간의 전승지식이 남아있다. 그래서 세수를 하루일과로 시작한다. 현재는 대부분 농사를 짓는 여성의 경우 세수하고 아침밥을 지어 먹고 일을 하러간다. 농사를 짓지 않는 여성의 경우는 종교활동이나 여가활동을 가기 전에 세수를 하고 나간다. 따라서 하루의 시작을 세수로 한다는 전승지식이 아직도 남아있다는 것을 알 수 있다. 현재의 송사 마을의 농촌여성들의 인식은 아직도 부엌일을 여성의 일로 간주하고 있지만, 대부분 시어른이 돌아가신 경우여서 굳이 세수를 먼저하고 밥을 지을 필요가 없다고 한다. 또한 세수를 먼저 하는 경우에는 대부분 자고 일어나면 더럽다는 까닭과 남들이 보기에 깔끔해 보이기 위함이라고 한다. 따라서 과거에 비해 오늘날에는 위생적 관념이 더 높아졌음을 알 수 있고, 남의 시선에 신경을 많이 쓴다는 것을 알 수 있다.

2) 세수하는 공간

㉠ "화장실이 있나. 물 떠가 마당에서 그냥 세수하는 거지." (김명희, 여, 78세)

㉡ "바깥에 물 한 바가지 떠가지고. 밖에 나가서 세숫대야에 물 부어 그래가 세수해. 다하면 텃밭에 아무 때나[어디든] 부었부고[부어버리다]." (우영순, 여, 78세)

㉢ "마당에서 했지. 그때 수도가 없잖아. 부엌에 두멍이라고 땅에 단지를 묻어. 거다 물 여다 넣어 그걸로 밥도 해 먹고 그걸로 세수도 하고. 그때는 물 여다 놓는 게 일이랬어." (배태순, 여, 82세)

송사 마을에는 새마을운동으로 인하여 집수암거 수로관을 1973년과 1974년에 걸쳐 매설하였다.2) 집수암거 수로관이 생기기 이전에는 직접 우물에서 물을 퍼 날라야 했기 때문에 물을 확보하기가 쉽지 않았다. 물론 집수암거 수로관이 매설되었어도 오늘날과 같이 화장실 안에 수도시설이 마련된 것이 아니라 마당에 있는 펌프식 수도였고 이 수도역시 보편화되기 전이었다. 따라서 물을 구하는데 있어서 품이 많이 들었다. 특히 겨울에는 춥기 때문에 물을 길러오면 손이나 팔이 트기 십상이었다. 그래서 겨울에는 다른 계절보다 덜 씻는 경향이 많았다고 한다.

우물에서 길러 온 물인 경우는 하루나 이틀씩을 사용할 수 있다. 이 물은 부엌에 단지를 땅 속에 묻어 그 속에 보관했다. 이 물을 식수로 사용하거나 씻는데 사용했다. 또한 당시 화장실은 있었지만 재래식 화장실로 단지 용변만 보는 곳으로 씻는 시설은 구비되어 있지 않았다. 따라서 당시 송사 마을의 여성들은 물을 쉽게 처리할 수 있는 공간인 마당에서 세수를 했다. 즉, 부엌에 보관중인 물을 떠서 마당에 나가 세숫대야에 붓고 맹물로 세수를 하고 마당 주위에 텃밭에 버렸다는 것이다. 이렇게 세수를 어디서 하는지를 통해 물을 어떻게 구하고 보관하고 처리하는지에 대한 전승지식을 알 수 있었다. 따라서 수도시설과 하수시설이 없던 당시에 집밖인 마당에서 사용했던 지혜를 엿볼 수 있었다.

3) 세수하는 방법

㉠ "비누가 있나, 치약이 있나. 그냥 물로만 세수했지." (우영순, 여, 78세)
㉡ "맨날[매일] 그냥 씻고. 그때야 별로 했나. 시집와서는 비누란 건 없고. 나중에도 별루 없었다." (강도일, 여, 86세)

---

2) 안동대학교 인문대학 민속학과·안동대학교 대학원 민속학과 BK21플러스사업팀, 「사과의 고장 길안의 전통」, 『민속학연구』 제17집, 민속원, 2014, 939쪽.

ⓒ "비누 사가지고 써 내는겨[쓸 수 있었는가]. 돈이 있는겨[있었는가]. 시집 와 가지고 비누 같은 것 마음대로 못 써요. 있어도 빨래비누지."(윤월분, 여, 82세)

ⓔ "쌀뜰물로도 하고, 대충 그래 하면은 살이 보드라워진다고. 하애진다고[하얗게 된다고]. 살뜰물 받아서 세수하고." (김명희, 여, 78세)

ⓜ "그때는 오염이 없었잖아. 오염이 없고 물도 다 좋았고 비누 없었지만 딱히 쓸 필요가 있나. 지금은 마구 오염이래. 비누 써야해." (이순희, 여, 77세)

오늘날 흔히 세수를 하면 비누나 폼클렌징으로 얼굴이나 손을 씻는다. 하지만 오래전에는 맹물로만 세수를 했다. 송사마을의 여성들도 시집왔을 때 주로 맹물로만 세수를 했다. 70~80년에 비누가 있는 집에서도 심하게 더럽지 않는 한 맹물로만 세수를 했다. 따라서 딱히 비누에 대한 필요성을 못 느꼈거나, 비누를 살 경제적 여건이 부족, 비누가 일반화되지 않아서 잘 사용하지 않았다. 또한 매일은 아니지만 간혹 쌀뜰물로 세수를 하는 여성도 있었다. 쌀을 짓을 때 쌀을 씻는 과정에서 나오는 물로 얼굴을 씻는다. 이렇게 하면 살이 부드럽고 하얗게 된다는 지식으로 간혹 했다. 요즘에 마을 여성들은 맹물로 세수를 하지 않는다. 이는 물이 오염됐다는 인식과 비누가 일반화되었기 때문이다. 이를 통해서 물이 오염되기 전후의 자연·환경적 요인과 비누가 일반화되기 전후의 사회적 요인이 마을 여성들의 인식에 변화를 준 것을 알 수 있다.

3. 머리감기에 관한 전승지식

머리감기는 두피와 머리카락을 물로 씻는 행위를 말한다. 머리감기는 머리만 씻는 경우도 있고 목욕을 하면서 같이 씻는 경우도 있다. 머리감기는 세수와 달리 꼭 하루일상의 시작은 아니었다. 그래서 매일 하지는 않고 며칠씩 거르며 감기도 한다. 또한 계절에 따라 머리감기는 빈도의 차이가 난다. 그래서 여름에는 더 자주하고 경우가 많고 겨울은 그 반대의 경우가 많다.

1) 머리감는 시간

　㉠ "하루 건너가 이틀 건너가 이래 머리 감고. 자주 못해. 머리 길다란데 [길은데] 번거로워." (김명희, 여, 78세)
　㉡ "일주일석[씩] 한 번씩 감고, 겨울에는 추워가 자주 못 감아. 요새야 세월이 좋다만." (우영순여, 78세)
　㉢ "하루 걸러[거르고] 감고, 이틀 걸러 감고 대중 있나. 그때는 자주 못했어. 목욕도 자주 못 했는데. 동네 친구들 모여가 목욕가면 그때 감기도 하고." (배태순, 여, 82세)

머리감기가 세수와 달리 매일하지 않았다. 그 까닭은 당시 머리손질이 번거로웠기 때문이다. 이는 당시 사회적 배경에 따른 처녀인 여성은 머리를 땋았고, 시집온 여성은 쪽머리를 해야 됐기 때문이다. 그래서 긴 머리를 감고 말리는데 있어서 번거롭다. 또한 물을 길러와 사용했기 때문에 번거로움이 배가 된다. 그래서 짧게는 이틀에 한번, 길게는 일주일에 한번, 혹은 목욕할 때 머리를 감았다. 따라서 세수와 달리 매일 꼭 해야 하는 것이 아니었고, 위생이나 청결행위로서 머리를 감았는 전승지식을 알 수 있다.

2) 머리감고 관리하는 방법

　㉠ "그때 뭐 비누가 있나. 샴푸가 있나. 맹물로 감지. 맹물로 감아가 머리속에 이가. 귓등머리 새가 하얗게. 머리에 이 막 누가 잡아주는 이가 있는껴.

참빗 하는 것 있어. 그걸로 많이 빗었어." (윤월분, 여, 82세)

ⓒ "겨울에는 가마솥에 물을 뜨사가[따뜻하게] 감았어. 여름에는 그냥 물을 써도 되지만, 겨울에 춥잖아. 그냥 마당에 세수대야에 물 퍼가 쪼그려 앉아가 머리 세숫대야에 대가 담가가. 그냥 끼었어." (우영순, 여, 78세)

ⓒ "그때 수건이 있나. 머리 말리는 게 일이래. 머리를 풀어 헤쳐가 돌아다닐 수는 없잖아. 말려가 비녀 꽂아야 되지." (배태순, 여, 82세)

ⓓ "동백기름 많이 썼지. 그때는 반질반질하게 바르고 다녔어." (김명희, 여, 78세)

ⓔ "머리 바르고, 요즘은 머리 영양제 안 있나. 영양제 바르지만은 그때는 피마지 기름 그것 동백기름 그런 것 발랐어. 그것 아니면 뭐 있나." (배태순, 여, 82세)

마을에 비누와 샴푸가 없었던 시절에는 맹물로 머리를 감았다. 70년대 초까지 머리를 자주 감지 못했다. 비누나 샴푸가 없었기 때문에 기생충이가 생겨 머리가 간지럽거나 위생적으로 불결했다. 그래서 촘촘한 빗인 참빗으로 머리를 빗어 이를 잡았다고 한다. 큰 빗으로는 머리를 빗고, 참빗으로는 이를 잡는 용으로 많이 쓰였다. 당시 마을 주민 대다수가 머리에 이가 있어서 참빗이 없는 집이 없었다. 또한 세수와 마찬가지로 수도시설이나 하수도가 없었던 시절로 마당처럼 쉽게 물을 처리할 수 있는 곳에서 머리를 감았다. 머리 감는 법은 주로 쪼그려 앉아 세숫대야에 머리를 담그거나 손으로 끼얹으며 감았다. 또한 지금처럼 드라이기가 없어서 머리는 자연적으로 말렸다. 덜 말린 상태로 머리를 풀고 돌아다니면 예의가 아니기 때문에 반드시 머리를 다 말린 후 정갈하게 단장을 하고 밖에 나갔다. 이를 통해 머리감고 단장하는 과정의 일은 집안내적으로 노출은 가능하나, 집안외적으로는 노출하면 안 됐다. 이는 머리가 긴데 풀어 헤치고 다니면 정갈하지 않은 상태로 부끄러운 행위였다. 따라서 머리감고 단장하는 과정은 가족내적인 일이라는 사회적 통념이 자리 잡고 있었다.

3) 의례적 행위로서 머리감기

㉠ "쟁피하고 궁궁이하고 그것 뜯어가지고 삶아가지고 그 물에 머리 감고. 단오에 하면은 사람 몸에 좋다고 그래 그랬지. 요새는 그런 것 하지도 안 해." (김명희, 여, 78세)

㉡ "몰라. 단오때 머릿결 좋아지고 부정한 것 없어진다고. 궁궁이 꽂고 쟁피에 머리감고 그랬어."(윤월분, 여, 82세)

㉢ "예전에 젊었을 적에 단오날에 꼭 머리 감았어. 머리감는 게 행사였어. 그때 감으면 머릿결도 부드라워지고[부드러워지고] 좋댔어." (우영순, 여, 78세)

머리감기는 일상생활에서 개인이 정해진 날짜 없이하는 행위이기도 했지만 특별한 날에 대다수 여성들이 의무적·의례적으로 머리감는 날도 있었다. 그 특별한 날은 단오날로 음력 5월 5일로 지정되어 있다. 이날 각종 의례들이 있지만 그 중에 대표적인 하나는 머리감기다. 특히 이날은 평상시와 달리 맹물로 머리를 감는 게 아니라 궁궁이와 쟁피3)를 사용하여 머리를 감았다. 이날 머리감기는 부정한 것을 없애기 위한 행위 혹은 머릿결이 좋아지는 행위였다. 쟁피는 사투리로 본래 창포라고 한다. 창포는 연못이나 개울 등에서 주로 흔하게 자라며, 그 기능은 천연세척의 효과와 식물 잎 전체에 향기가 난다. 그래서 창포로 머리를 감으면 세척의 기능을 하고, 머리가 빠지지 않고, 좋은 향기가 나며, 윤기가 흐른다고 전해져있다. 따라서 위생관리가 어려웠던 시절에 특별한 날인 단오날을 통해 머릿결을 가꿨던 전승지식을 살펴볼 수 있다. 또한 머리를 감으면서 부정을 씻는다는 행위로 부정한 것들이 없어지길 바라며 새로이 마음가짐을 다시 정갈할 수 있는 의례적인 행위였다.

---

3) 창포와 같은 말이다.

4. 목욕에 관한 전승지식

목욕은 온몸을 물로 씻는 행위를 말한다. 우리나라 사람들은 목욕을 청결 수단 외 미용·건강·질병 치료 혹은 의식儀式의 수단으로 인식하였다.4) 하지만 목욕의 의식적 행위는 고대이래로 흔한 행위가 아니므로 주로 청결, 미용, 건강, 질병의 수단으로 행한다. 또한 목욕은 세수, 머리감기와 같이 물을 사용하여 씻는 공통점이 있지만 씻는 과정을 외부에 노출을 하지 않는다는 차이점이 있다. 그래서 남들이 보이지 않는 곳, 어두워서 잘 안 보이는 밤에 남·녀 따로 목욕하고, 친한 동류와 목욕하는 등 가족 외적행위이기도 하면서 개인의 사적·비밀적 행위이다.

1) 목욕하는 시간·장소·방법

㉠ "저녁 되면, 저녁에 밤에 그랑[냇가]. 냇가에 가. 친구들 하고. 등물이라 하면서 그랑[냇가]에 했는데." (김명희, 여, 78세)

㉡ "몸물케[몸물해]. 저녁으로, 밤으로 여자들 몇이 모다가[모여가]. 이웃 여자들 오늘 밤 몸물하러 가자하면 이웃 사람들 자기친구 있으면 모다가[모여가] 몇 명씩 해가. 또랑[도랑]에 가가 몸물하고." (배태순, 여, 82세)

㉢ "대중없지. 목욕을 해 냈는껴[냈는가]. 겨울에는 못 하지. 할 때가 있어야 되지. 물 뜨실 때가 있나. 겨울 내도록 목욕 못 하지. 시집에 와도, 젊을 때는 목욕 못 하지." (윤월분, 여, 82세)

㉣ "아낙네들이 어느 정도 있어야 목욕하잖아요. 혼자는 안 해. 옛날 법이 그랬지. 밤에 남자들 안 볼 때 그래하지." (우영순, 여, 78세)

새마을운동 이전에는 집안 내에 씻는 공간이 따로 없었다. 목욕에 비

---

4) [한국민족문화대백과, 한국학중앙연구원] 목욕 [沐浴]

해 세수와 머리감기는 물 사용량이 적기 때문에 집안 내에 해결할 수 있었다. 하지만 목욕은 물을 여다 사용해야하는 데, 물 사용량이 많았을 뿐더러 몸을 노출하기 때문에 집안 내에서 해결할 수 없었다. 특히 몸을 함부로 노출하면 안 된다는 사회적 통념이 크게 자리 잡고 있었다. 그러므로 몸이 노출되면 부끄러운 행위로 인식했다.

목욕 장소는 집안 내에서 물을 공급할 수 없었기에 마을 내에 있는 냇가에서 한다. 또한 몸을 남에게 노출을 시키면 안 되므로 절대적으로 낮이 아닌 밤에 가고, 성별이 같은 동류들과 같이 목욕을 했다. 혼자가 아닌 공동으로 움직이는 이유는 목욕 장소가 사방이 뚫린 외부이고, 시간도 밤이기 때문에 서로의 신변을 보호하기 위함이다. 또한 몸을 혼자서 씻기에는 손이 안 닿는 부분이 있다. 특히 신체의 등은 혼자서 닦기 어려움이 있어서 서로 몸을 닦아주는 역할도 했다.

2) 오늘날 농촌 여성들 목욕하기

"요새 바빠서 그렇지 자주 간다. 안동도 가고, 청송도 가고, 저쪽 학가산에도 가고. 차비 얼마 안 하잖아." (김명희, 여, 78세)

"요새는 나라에서 와서 목욕에서 해주기 때문에. 한 달에 두 번씩 나는 요양사를 데려 놓거든요." (배태순, 여, 82세)

80년대 이후부터 목욕은 집에서 하거나, 대중목욕탕을 이용한다. 최근에는 요양사가 직접 집에 방문에 목욕을 해주고 몸단장까지 해준다. 송사마을 사람들은 빈도의 차이는 있지만 집에서 주로 일주일 한번, 혹은 두 번 목욕을 한다. 대중목욕탕은 청송 혹은 안동시내로 나가서 한 달에 한번 혹은 두 번 정도 이용한다. 따라서 오늘날 예전과 같이 냇가나 도랑에서 목욕하는 경우는 찾아볼 수 없다. 이는 화장실 그리고 대중목욕탕과 같은 씻을 수 있는 환경이 만들어졌기 때문이다. 그래서 굳이 밤에 동류끼리 모여서 냇가에 가서 할 필요성이 없어졌다. 따라서 오늘날 시간의 제약 없이 하고 싶을 때 언제든지 할 수 있게 됐다.

5. 화장에 관한 전승지식

화장이란 화장품을 바르거나 문질러 얼굴을 곱게 꾸미는 행위이다. 화장은 인체의 아름다운 부분은 돋보이도록 하고 약점이나 추한 부분은 수정 혹은 위장할 수 있는 하나의 수단이 된다.[5] 이렇게 화장이 아름답게 하는 수단이지만, 의례적 수단으로 혹은 치료적 수단으로도 활용되었다. 60~70년대에 살았던 농촌 여성들은 화장을 의례적 수단으로 처음 접한 경우가 대다수이다. 주로 경제적 여건이 안 되거나 농사일하기 바빴기 때문이다. 그래서 사치스럽게 여겼고, 특별한 날만 하는 것으로 인식하고 있다. 따라서 당시 여성의 대다수가 혼례 때 처음 화장을 접했다.

1) 화장을 접한 시기

㉠ "시집올 때 (화장)해봤지. 평상시에 해보나." (이순희, 여, 77세)
㉡ "혼례할 적에 분바르고 연지곤지 찍고 그때 처음 해봤다." (강도일, 여, 86세)
㉢ "젊을 적에 화장할 때가 있나. 비싸가 사내나. 혼례하면 시댁에서 요새 하면 함이라고. 함에 보내주면 그때 처음 해봤지. 그 안에 구라분이라고 가루분하고 있어 입술 바르는 거랑." (김명희, 여, 78세)
㉣ "요새는 그래도 참말로 민화장이라도 하고 다니지만 클 적에는 바빠서 할 여가가 있나." (우영순, 여, 78세)

---

5) 전완길, '화장 [化粧]', 『한국민족문화대백과』, 한국학중앙연구원, 1991.

송사 마을의 여성들은 대체적으로 화장을 혼례 때 처음 접해 본다. 젊었을 적에 화장이 일반화가 된 사회도 아니었고, 먹고 살 일이 바빴다. 따라서 주로 경제적 여건도 안 되는 경우가 많기 때문에 쉽게 접할 수 없었다. 그래서 특별한 날인 혼례 때 화장을 접하게 된다. 이때 물리적 조건이 충족되기 때문이다. 즉 평상시에 접하기 어려운 화장도구를 신랑집에서 예물로 신부집으로 보내지면 그때야 처음 화장도구를 갖게 되는 것이다. 혼례 때 예물로 화장품이 보내진 것은 오래전부터 내려온 의례적인 관습이다. 화장품을 예물로 보내지지 않더라도 혼례 때는 꼭 사서 단장을 한다. 혼례 때 화장을 하며 단장을 하고 연지곤지를 찍는 등의 행위는 마음을 정갈하게 하고 나쁜 기운을 막기 위한 행위였다. 그래서 자기표현으로서의 수단이 아니라 의례적인 행위로서 두드러지게 나타나는 전승지식임을 알 수 있다.

2) 혼례 때의 화장하기

ㄱ "해주는 분은 없고, 내가 해서 발랐지." (우영순, 여, 78세)

ㄴ "마을에 젊은 여성이 해줬어. 아무나 화장 못 해줘. 마을에서 바른 여성. 그런 여성이 와서 화장을 해줘." (강도일, 여, 86세)

ㄷ "신랑집에서 보내 준 사람한테 화장 받았어. 여자래. 와가 분 바르고, 연지곤지라고 양볼짝, 이마 찍고, 머리도 비녀 꽂고 그래가 혼례 치렀지." (김명희, 여, 78세)

ㄹ " 단장해가 혼례 치러야 되지. 안 그럼 혼례 못해. 옛날 때부터 그래왔어." (배태순, 여, 82세)

예물로 받은 화장품은 신부가 직접 단장을 하거나, 마을 내에 젊은 여성이나 신랑이 보내준 여성으로부터 단장을 받게 된다. 구체적으로 말하면, 대체로 마을에서 행실이 바르다고 인정되는 젊은 여성이나 화장을 할 줄 아는 여성 혹은 신랑집에 보낸 젊은 여성으로부터 단장을 받는다. 혼례 때 신부에게 하는 화장은 관례적인 화장법으로 얼굴에는 분을 바르고, 양볼과 이마에 연지곤지를 찍고, 머리에는 머릿기름을 발라 비녀를 질렀다. 이러한 전통은 오랫동안 마을에서 전승되었던 것으로 혼례의 중요한 절차였다. 이러한 혼례의 절차는 마을의 전승지식으로서 반드시 화장을 해야 했다.

3) 오늘날 농촌 여성들의 화장하기

㉠ "지금은 분도 발라, 입술도 바르고, 눈썹도 그리고 다해. 늙기도 서러워라하는데 옛날 시조도 안 있나. 늙기도 서러운데 얼굴에 바르는 것도 안 바르면 더 늙어 보이고 지금도 많이 늙었는데." (김명희, 여, 78세)

㉡ "내가 그렸지. 오늘 여기, 저쪽에, 요가 하러 갔거든. 요가 하러 간다고 내 눈썹 그렸지. 아무코롬해서[아무렇게 나해서] 어에 나가노. 남들 보기에 추접하지 않게 해가 나가야되지." (강도일, 여, 86세)

㉢ "올개도[올해도] 추석 오면서 먼저 또 막내딸이 설화 그것 한 채 보냈데. 화장품 돈 안 든다. 립스틱도 딸아가 다 사준다." (배태순, 여, 82세)

시집을 오기 전, 온 후에도 화장품은 물론 화장도 할 기회가 없었다. 하지만 요즘에는 기본적으로 세수하고 나면 화장품은 바르고, 화장도 종종 한다. 특히 화장은 명절날 혹은 장에 나갈 때 아니면 마을회관에 여가활동을 갈 때한다. 구체적으로 말하면 외출할 때 적어도 얼굴에 분은 안 바르더라도 눈썹이나 립스틱은 바르고 나간다. 젊었을 때와 비교하면 화장의 빈도가 높아졌다. 화장품은 주로 명절 때 자식들한테 선물을 받는 경우가 다수이고 아니면 시장에서 화장품을 산다. 오늘날 화장한 빈도가 높아진 까닭은 화장품 사용이 일반화가 되었고, 경제적인 여건 또한 달라졌다. 그리고 인식도 남의 시선을 고려한다던지, 젊어 보이려고 하는 등

달라졌다. 따라서 의례적 혹은 의무적 행위로서 화장이 자기관리 혹은 자기표현으로서 전승되고 있다.

6. 맺음말

앞에서 송사마을의 70~80대 농촌 여성들의 미용에 관한 전승지식을 세수·머리감기·목욕·화장을 나누어 네 가지 정도만 살펴보았다. 민속지식은 어떤 집단 사람들 사이에서 통용되고 객관적 타당성이 있는 것으로 여겨지는 논리의 체계, 판단의 체계이다. 이는 본질적으로 집단 구성원들 사이에서 형성된 문화에 내재하는 지식이기 때문이다. 그러므로 민속지식은 과학적 지식과 마찬가지로 그것을 전승하고 실천해온 사람들 사이에서 합리적인 지식이었다.6) 농촌 여성들의 미용에 관한 전승지식은 개인의 사회적·문화적·경제적·환경적인 요인에 따라 다소 상이할 수 있겠지만, 한 사회내에서 형성된 문화로써 집단 구성원들 사이에 통용된 합리적 지식이었다.

송사마을의 농촌 여성들의 미용에 관한 전승지식의 특징은 20세기 이전에는 대체로 위생적·의례적인 의무로써, 집안내적·집안외적인 일로 나뉘어 전승지식들이 이어져 왔다. 당시 농촌사회는 공동체 생활을 하며 농사일을 했고, 물이 귀하기 때문에 그 환경에 맞게 미용이 전승되었다. 따라서 당시 미용에 관한 전승지식이 농촌사회의 실황에 맞게 적용되었다. 따라서 미용에 관한 전승지식은 합리적인 지식임을 알 수 있었다.

또한 오늘날에 변화상도 알 수 있었다. 아직까지도 농촌마을에서는 위생적·의례적인 의무로써 행위가 남아있지만, 자유롭게 자신만을 가꾸기 위한 행위가 많아짐을 알 수 있었다. 전승지식은 여러 복합적인 영향에

---

6) 배영동, 「분류적 인지의 민속지식 연구의 가능성과 의의」, 『비교민속학』 제57집, 2015, 79쪽.

의해 점차 사회적 논리체계, 판단체계 하에 바뀐다. 농촌 여성들의 미용도 60년대 이후 오늘날까지 사회적 논리체계, 판단체계 하에 전승지식이 점차 실황에 맞게 변화하는 양상을 알 수 있었다.

| 참고문헌

단행본
안동대학교 인문대학 민속학과·안동대학교 대학원 민속학과 BK21플러스사업팀, 「사과의 고장 길안의 전통」, 『민속학연구』 제17집, 민속원, 2014.
전완길, '목욕[沐浴]', '세수[洗手]', '화장[化粧]', 『한국민족문화대백과사전』, 한국학중앙연구원, 1991.

논문
배영동, 「분류적 인지의 민속지식 연구의 가능성과 의의」, 『비교민속학』 제57집, 2015.

집짓기에 나타나는 흙에 대한 전승지식

이정욱
안동대 민속학과 석사과정 4학기

1. 집짓기에서 흙의 중요성 인식하기

집을 짓는 자재로 대표되는 것은 단연코 나무라 말할 수 있다. 나무는 기둥, 들보, 서까래 등으로 사용되어 집의 뼈대가 되기 때문이기도 하지만 집과 관련된 어휘들을 속에서도 나무의 중요성을 읽을 수 있다. 집을 짓는 사람을 '목수'라고 부른다. 목수는 한자말 그대로 풀어보면 나무를 다루는 사람정도가 될 것이다. 하지만 현재까지도 집 짓는 건축가를 지칭하는 단어로 '목수'를 사용하고 있다. 집의 신을 일컫는 말은 '성주'이다. 성주풀이를 보면 성주는 안동 제비원에서 솔씨로 탄생하여 소목, 대목으로 자라 성주목이 된다.[1] 집의 신을 나무로 인식하는 것이다. 이렇듯 나무는 집 짓는 재료 중에서도 대표적인 재료로 봐도 무방할 것이다.

---

1) 성주풀이는 부르는 가창자에 따라 내용이 조금씩 다르지만 '성주의 본향을 묻는' 대목은 언제나 들어가며, 그 내용도 한결같다. 구비문학대계 7-9 경북 안동시 이천동에서 수집 된 자료를 제시한다. '이런터에야 성주님을 성주본향이 어디메냐 경상도 안동땅 제비원이가 본일러라 제비원에 솔씨받아 용문지평을 썩꿇어가서 소산에뿌려 소목이되고 대산에뿌려 대목이되고'.

하지만 현지조사를 수행하던 연구자가 마을주민들에게 가장 많이 들을 수 있었던 내용은 흙에 대해서였다. 이종락[2]은 집 짓는 방법을 물었을 때 명확하게 답변을 하지 못하다가, 벽 바르는 법에 대해 묻자 "벽은 아무 흙으로나 바르는게 아니라"고 말하며 흙에 대해 알고 있는 지식을 풀어 놓았다. 배태순[3]은 시멘트나 슬레이트 지붕 같은 근대적인 재료로 집을 지었던 경험을 가지고 있으면서도 '지눌'이란 흙을 사용해야 하며, 송사리에서는 송사교회 뒤편에 '지눌구디'라 불리는 곳에 가면 지눌이 많다는 내용을 제보하였다. 마을사람들이 집 짓는 재료를 물을 때 나무보다 흙에 대해 더 많은 지식을 보유하고 있는 이유를 찾기 위해서는 집짓는 과정별로 수행하는 주체가 다르다는 것을 인식해야 하며, 집 짓는 주체별로 사용하는 재료가 다른 것 또한 인식해야 한다.

집 짓는 주체는 셋으로 나눌 수 있다. 전문가인 목수와 일반인이라 할 수 있는 마을주민, 그리고 준전문가로 돌을 떼는 기술이나 미장하는 기술이 뛰어난 마을주민으로 나눌 수 있다. 전문가인 목수나 준전문가인 미장이·구들장이의 역할은 일반적으로 잘 알려져 있다. 직업의 이름이 수행하는 일을 말해주는 까닭이다. 하지만 마을사람들의 공동노동으로 이루어진 집 짓기에서 마을주민들의 역할은 잘 알려져 있지 않다. 마을주민들은 흙을 사용하여 벽을 바르고, 새를 받으며, 바닥을 발랐다. 이 밖에도 많은 인력을 필요로 하는 집터다지기와 초가지붕올리기를 수행하였다. 마을사람들이 주체적으로 참여했던 작업들은 흙을 사용하였던 것이다. 그렇기 때문에 마을사람들은 흙에 대한 지식을 공유하고 전승할 수 있었던 것이다.

---

[2] 이종락(남, 84세, 송사2리)의 제보(2015.06.10. 길안면 버스정류소). 집안의 장남인 이종락은 동생이 혼인하여 분가하던 1950년대에 동생네 집을 지은 경험과 마을 부역으로 참여했던 집 짓기 경험을 바탕으로 제보하였다.
[3] 배태순(여, 82세, 송사1리)의 제보(2015.06.10. 자택). 배태순은 시댁에서 분가하던 1970년대에 집을 지은 경험을 바탕으로 제보하였다.

집 짓기에서 마을사람들의 역할이 잘 드러나지 않은 또 다른 이유는 학계의 무관심이다. 선행연구를 검토하면, 집 짓는 과정에 대한 연구를 많이 찾아볼 수 없었다. 이운형[4]은 석사학위논문을 통해 온돌문화를 살피며 집짓는 과정을 간략하게 제시하고 있다. 박선주는 '목수'에 주목하여 목수가 되는 과정과 목수의 영향력을 조명하였다.[5] 배영동은 집 짓기 과정과 가신신앙, 집들이 풍속으로 주거문화를 살피고 있다[6]. 충남무형문화재 심사를 위한 〈의당면 집터다지기〉 보고서[7]가 비교적 집 짓는 과정과 집터다지기 민속을 자세히 다루고 있다. 주거생활의 규칙을 찾는 종류의 선행연구들은 많으나 집을 짓는 과정을 다룬 논문, 집을 짓는 주체들의 인식에 대한 연구가 부족하다. 더욱이 마을사람들이 참여했던 작업임에도 집 짓는 과정에서 마을사람들의 역할에 대해서 주목한 논문은 없다.

이 글은 그동안 민속학계에서 주목되지 않았던 집 짓는 과정에서 마을사람들의 역할에 주목하여, 마을사람들이 건축자재로 중요하게 여겼던 '흙'에 주목할 것이다. 흙에 대한 인식체계를 살펴 건축자재로 사용되는 흙의 종류를 살필 것이며, 각 공정별로 사용되는 흙의 종류와 흙 사용법을 상세하게 살펴 마을사람들의 집 짓기 전승지식을 읽어 낼 것이다.

---

4) 이운형, 「溫堗文化의 傳統과 現代的 繼承-경북 문경시 무진골 마을 사례를 중심으로」, 안동대학교 석사학위, 2010.
5) 박선주, 「전통가옥과 목수집단-목수들의 지식체계에 내재된 민가 형식」, 『실천민속연구』 6, 실천민속학회, 2004.
6) 배영동, 「민속학으로 읽는 민가 주거문화의 전통」, 『建築』 54권 3호, 大韓建築學會(대한건축학회), 2010.
7) 이걸재(남, 59, 충남공주)에 의해 작성된 보고서. 조사자는 2015년 동안 여러차례 수행한 이걸재와의 면담조사를 통해 집 짓기 전반에 대해 들을 수 있었다. 이걸재는 청장년기에 마을에서 집 짓기에 참여한 경험이 여러 차례 있으며, 준전문가로 불리는 마을사람들의 일을 보조하는 인부로써의 경험도 많았다. 이걸재에게 들은 집 짓기의 내용을 기반으로 송사리 현지조사를 수행하였다.

2. 흙 인식 체계와 공정工程별 사용

마을사람들이 인식하는 흙의 종류로는 지눌(황토)[8]과 사벽땅, 논흙, 모래흙으로 나뉜다. 모래흙은 일반적으로 말하는 모래가 많이 섞인 흙을 말한다. 사벽땅에 대해서는 제보자 이종락의 표현을 그대로 살려 묘사하면, "흙 이기는 하나 '땡땡'하지 않고, '허벅허벅'한 흙"으로 찰기가 없어 잘 붙지 않는 흙이다. 논흙은 말 그대로 논에서 퍼온 흙으로, 입자가 고우며 집 짓는 자재로 쓰이는 흙 중에 가장 찰지지만, 먼지가 많이 난다는 단점이 있다.

지눌이 벽을 바르기 적합한 흙으로 인식된다. 배태순은 "벽은 찐덕찐덕한 지눌로 발라야 한다"고 표현하였고, 이종락은 "지눌 중에도 누런색이어야 한다"는 표현을 하였다. 마을주민들의 표현을 통해 집 짓는 흙으로 인식되었던 흙이 지눌이었음을 알수 있다. 또한 이종락의 표현을 통해 흙의 분류하는 기준이 흙 입자의 성분 뿐만아니라 색도 기준이 되는 것을 알 수 있다. 이종락씨와 배태순씨 모두 윗대에서 집을 지을 때 지눌을 쓰는 것을 보고 배웠다고 말하였으며, 배태순은 지눌이 많은 곳을 '지눌구디'라고 불렀다. 송사리에서는 현재 송사교회 뒷편인 뒷산 언저리에 있다.

〈마을 주민들이 인식하는 흙의 종류〉

흙의 종류	특징
모래흙	모래가 많이 섞인 흙으로 집짓기 재료로 사용할 수 없다.
사벽땅	모래가 섞이지 않은 흙으로, 점도가 낮다.
지눌	마을 사람들이 집짓기 가장 적합한 흙이라고 생각하는 황토. 점도가 좋다.
논흙	논에서 퍼온 흙으로 사용되는 흙중에 점도가 가장 좋다.

---

[8] 이종락, 배태순, 배영결과의 면담에서 제보자들은 지땅, 진, 지늘, 지눌 등으로 표현했는데, 사용빈도가 높았던 '지눌'로 표기하였다. 황토를 지칭하는 안동말로 생각되나, 이종락의 제보 중에서 '지땅 중에서도 누런색이어야 한다'는 표현에 의지하면, 황토 중에서도 '지눌'로 표현되는 황토가 따로 있을 것으로 생각되어, 이후 본문에서는 '지눌'로 표기한다.

〈공정별 사용되는 흙〉

		사벽땅	황토(지눌)	논흙	고운 논흙	비고
벽	흙벽돌		○	○		논흙이 부족할 때 황토를 섞어 사용
	초벽		○			짧게 자른 짚을 함께 넣는다
	맞벽(재새)		○			
	덧벽(재새)		○			
	새벽(미새)				○	논흙이 부족할 때 지눌을 사용
지붕	새받기(상토)	○	○			길게 자른 짚을 함께 넣는다
	천장 새벽				○	
바닥	고랫등(고래)	○	○			
	바닥 초벽	○	○			
	바닥 새벽				○	

집을 지을 때 지눌만을 사용한 것은 아니다. 마을주민들의 분류하는 흙 중에서 모래흙만 사용하지 않았고, 사벽땅과 논흙은 각 공정9)에 따라 지눌과 함께 섞어서 사용하였다. 사벽땅은 바닥면을 고정하는 용도로 사용한다. 지붕에 올리는 상토(새받기)나, 방고래를 만들기 위한 고래(고랫등)를 만들거나, 방고래 위에 구들을 올리고 구들을 고정하기 위해 바르는 흙에 사용된다. 벽과 비교할 때 벽면을 만든다는 공통점을 띠나, 지면과 수직으로 세워 올리는 벽은 점도粘度가 높은 흙이 요구되어 지눌만을 사용하는 것이다. 지면과 수평을 이루는 바닥이나, 지붕에는 고정시키는 정도의 점도만이 요구되기 때문에 사벽땅과 지눌을 섞어서 사용하게 되는 것이다.

---

9) 표에 제시된 공정은 전체의 공정에서 흙이 사용되는 공정만을 따로 분리해서 제시한 것이다. 전체공정은 '집터다지기-주추놓기-기둥세우기-상량-새받기-지붕이기-벽바르기-구들놓기-바닥바르기-문짝달기'의 순으로 정리할 수 있다. 전체공정은 이운형, 「溫堗文化의 傳統과 現代的 繼承-경북 문경시 무진골 마을 사례를 중심으로-」(안동대 석사학위 논문, 2010)의 내용과 〈충남무형문화재 심사보고서〉, 「공주 의당면집터다지기」 내용, 2015년 6월 10일 수행한 안동시 길안면 송사1리 현지조사의 내용을 참고 하여 제시한다.

논흙은 주로 미새10)(새벽)칠 때 사용된다. 보통 흙보다 고운 흙으로 인식되기 때문에 논흙을 사용한다. 실외 벽면을 새벽 바를 때는 논흙을 그대로 사용하고, 실내 벽면에는 채로 쳐서 사용한다. 새벽을 바를 때는 논흙을 사용하는 것이 일반적이나, 송사리의 경우 산촌마을로 논의 면적이 적어, 지눌을 사용하는 경우가 많았다. 지눌도 채로 쳐서 사용하였으며, 조금이라도 논흙과 함께 섞어서 사용하려 하였으나, 곱게 친 지눌로만 미새 친 경우가 많았다고 한다.11) 각 공정에 맞게 흙을 사용하는 것은 비근대의 민중들에게는 보편적인 전승지식이었다. 일반적인 지식 속에서 송사리만의 특징을 나타내는 것은 지눌로 새벽 바르는 것을 들 수 있다. 마을의 자연환경적 여건과 새벽 바르는 흙의 특성을 정확하게 파악하여 논흙을 대신하여 지눌로 새벽을 바른 것이다.

흙 중에 가장 찰진 논흙은 흙벽돌을 만드는데 유용하다. 찰진 논흙으로 흙벽돌을 만들면, 흙으로만 올리는 벽 중에서는 내구성이 가장 좋은 벽을 만들 수 있는 까닭이다. 흙에 잘게 자른 볏집을 넣어 반죽하였으며, 흙벽돌로는 주로 헛간을 지었다. 논흙이 가장 찰진 흙임에도 가옥의 건축자재로 사용되지 않은 이유는 먼지가 많기 때문이다.12) 송사리에서는 논이 많지 않아 지눌을 함께 넣어 반죽하였는데, 지눌만으로는 하지 않았고 적은 양이라도 논흙을 쓰려고 노력하였다.13)

---

10) '새벽바르기'의 안동말로 '미새친다'고 표현한다. 배영걸(남, 77세, 송사1리)의 제보(2015.12.14. 전화통화). 이후 글에서는 명사형으로는 '새벽바르기', 동사형으로는 '새벽 바르다'로 표현한다.
11) 배영걸(남, 77세, 송사1리)의 제보(2015.12.14. 전화통화).
12) 이걸재(남, 59세, 충남공주)의 제보(2015.12.12. 전화통화).
13) 배영걸(남, 77세, 송사1리)의 제보(2015.09.13. 자택).

3. 공정별에 따른 흙 사용법의 차이

집짓기에서 흙이 사용되는 부위는 벽, 지붕 그리고 바닥이다. 큰 분류에서 각 부위에 사용되는 흙의 종류가 일정한 모습을 보이며, 새벽 바르기의 경우 어느 부위이든 같은 흙을 사용한다. 하지만 같은 부위에 사용되는 흙일지라도 세부적인 공정에서는 반죽의 질척한 정도가 달라진다. 반죽의 질척한 정도는 명확한 수치로 제시 되는 것이 아니라 경험에 의해 터득된 지식체계로 전승되고 있었다.

가장 된 반죽은 흙 벽돌을 만들 때 사용하는 반죽으로, 장정이 흙 반죽을 쥐었을 때 손바닥에 물이 스미는 정도이다. 그 다음으로 된 반죽은 각 부위의 초벽에 사용되는 반죽으로 쥐었을 때 물방울이 몇 방울 떨어지는 정도이다. 조금 질척한 반죽은 덧벽이나 구들 위에 바닥을 바를 때 사용되는 반죽으로 쥐었을 때 물이 흐르는 정도이다. 집의 형편에 따라 덧벽을 바르는 경우도 있고 생략하는 경우도 있는데, 덧벽을 바르지 않을 때는 재벽의 반죽으로 사용되기도 한다. 마지막으로 가장 무른 반죽은 새벽을 바를 때 사용하는 반죽으로 흙손으로 바를 때 매끄럽게 되는 정도로 매우 질게 반죽한다.[14] 위의 내용을 표로 정리하면 다음과 같다.

---

14) 이걸재(남, 59세, 충남공주)의 제보를 바탕으로 배영걸(남, 77세, 송사1리)에게 확인하였다.

〈공정별 사용되는 흙 반죽의 질기〉

*숫자로 표현한 반죽의 질기
1: 반죽을 쥐었을 때 손바닥에 물이 스미는 정도
2: 반죽을 쥐었을 때 물방울이 떨어지는 정도
3: 반죽을 쥐었을 때 물이 흐르는 정도
4: 흙손으로 바를 때 곱게 발리는 정도

		사용재료	반죽의 질기			
			1	2	3	4
벽	흙벽돌	논흙, 지눌	○			
	초벽	잘게 자른 볏짚, 지눌		○		
	맞벽(재새)	잘게 자른 볏짚, 지눌		○	(○)	
	덧벽(재새)	지눌			○	
	새벽(미새)	고운 지눌, 고운 논흙				○
지붕	새받기(상토)	길게 자른 볏집, 지눌, 사벽땅		○		
	천장 새벽	고운 지눌, 고운 논흙				○
바닥	고랫등(고래)	지눌, 사벽땅		○		
	바닥 초벽	지눌(사벽땅)			○	
	바닥 새벽	고운 지눌, 고운 논흙				○

　된 반죽일수록 점도가 높아 서로 잘 엉겨 붙어, 벽의 안쪽에 발려 각 부위를 지지해주는 역할을 한다. 지붕에 올릴 때는 서까래 사이 외와 엮겨 지붕을 지탱하고, 벽에 발릴 때는 가장 안쪽에 발려 그 위에 계속 덮이는 재벽, 덧벽을 지지 해주는 역할을 한다. 바닥에 발릴 때는 고랫등을 만드는데 사용되어, 고랫등에 들어가는 돌과 함께 구들장으로부터 하중을 버텨 방고래를 지키는 역할을 한다. 질척한 반죽은 지지하는 힘보다는 매끈한 벽면을 얻을 수 있는데, 사용되는 흙을 채로 쳐서 더 고운 입자를 얻으려는 모습을 보인다. 각 부위 별로 작업과정을 면밀히 살펴 흙의 사용법에 대해 좀더 체계적으로 제시한다.

1) 지붕

　　상토15) 바르기는 집터다지기 때 동원되었던 마을 사람들이 다시 동원되는 시점이다. 마을사람들이 집터를 다지면 대목은 주추놓기를 시작으로 기둥을 세우고 들보를 얹는다. 들보가 올라가고 서까래가 올라가면 서까래 사이에 외를 엮고, 흙을 바르는 작업을 '새받기'라 한다. 이때 사용되는 흙은 지눌과 사벅땅을 섞은 반죽이며, 반죽의 질척한 정도는 '2'에 해당한다. 이때 길게 자른 볏짚을 넣고 반죽을 하게 되는데, 길게 자른 볏집은 반죽이 서로 잘 엉겨 붙게 하는 역할을 한다. 새받기에 사용되는 볏짚이 벽면의 초벽 반죽에 들어가는 볏집보다 더 긴데, 견고함을 기준으로 보면, 지면에 수직으로 세워지는 벽면을 더욱 곤고하게 하기 위해 긴 볏짚이 들어가는 것이 이치에 맞다. 하지만 이때의 기준은 외관에 있다. 천장은 지붕으로 덮는 까닭에 볏짚이 길어서 흙 밖으로 삐져나와도 눈에 띄지 않아 걱정없이 긴 볏짚을 넣는다.16)

　　새받기는 부역 나온 마을사람들이 많이 참여해야 하는 작업이다. 일 자체에 정교한 기술보다는 많은 노동력을 필요로 한다. 지붕 위에 흙을 바르는 것 자체로 공정이 많아진다. 흙을 반죽하는 사람, 반죽한 흙을 지붕 위로 던지기 좋은 크기로 뭉치는 사람, 지붕 위로 던지는 사람, 지붕 위에서 삼태기로 받는 사람, 받은 흙을 옮기는 사람들, 흙을 받아 외역은 위에 놓고 바르는 사람까지 많은 인력이 필요하다. 작업은 바깥 쪽에서부터 시작하여 안 쪽으로 발라간다. 일꾼들이 서서 일할 수 있는 공간이 나무뿐인 상태에서 많은 인원이 올라가는 것이 위험도를 높이기 때문이다. 또한 바깥 쪽부터 작업을 해서 올라가야지 지붕의 경사도를 조절할 수 있다. 흙과 흙을 바르는 층 사이에 경사가 낮다고 판단 되면 흙 위에 겻짚을

---

15) 새받기의 안동말임(배영걸의 제보).
16) 배영걸(남, 77세, 송사1리)의 제보(2015.09.13. 자택).

깔아 경사의 높이를 조절한다.

집 짓기의 대표적인 공동 노동 과정은 집터다지기와 지붕 올리는 작업이다. 집터다지기가 밤을 새며 행하고 작업 중간중간 풍장을 치는 등 축제적인 모습을 보이는 반면, 지붕올리기는 낮 시간동안 행하고, 하루종일 작업에만 몰두해야 한다. 새받기가 끝나면 2~3일간 흙을 말리고 초가를 올린다. 새받고, 지붕을 올리는 공동 노동의 시간동안 집 주인은 무료로 부역하는 일꾼들의 먹매를 댄다.

2) 벽

벽은 지붕이 올라가고 난 후에 수행하는 작업이다. 지붕을 올리고 나면 목수들은 기둥과 기둥사이를 연결한 수장에 수직으로 쇄장을 건다. 쇄장이 걸리면 가족노동력을 중심으로 외를 엮고 초벽을 바른다. 초벽에는 지눌과 잘게 잘린 볏짚이 들어간 반죽을 사용하며, 반죽의 질척한 정도는 '2'에 해당한다. 볏짚이 잘아서 새받는 반죽보다 점도가 약할 수 있으나, 오로지 지눌만을 사용하여 반죽의 점도를 높인다. 그 위에 재벽(재새)·덧벽(재새)을 바르는 데 벽을 덧바를수록 질척한 반죽을 사용한다. 마지막으로 새벽을 바르는데, 실외의 벽은 논흙을 사용한 것이 보통이며, 실내의 새벽은 채로 친 논흙이나, 채로 친 지눌을 사용한다.

벽을 바르는 일 역시 흙을 사용하는 작업이나 지붕 위로 흙을 올리는 작업이 아니라는 점에서 필요로 하는 노동력이 절반이상으로 줄어 든다. 흙을 반죽하는 사람, 나르는 사람, 벽을 바르는 사람정도만 있으면 가능하기 때문에 보통 가족의 노동력만으로도 작업이 가능하며, 친분에 의한 품앗이를 하기도 한다.

헛간의 경우 흙벽돌로 벽을 올렸다. 흙벽돌로 올리는 벽의 하단은 돌을 쌓는데, 흙을 파고 지반에서부터 쌓아올린다. 돌로 벽의 하단을 쌓는 것은 두 가지 이유에서이다. 하나는 터다지기를 하지 않아, 다져지지 않은 터를

〈담배 건조실〉

보완하기 위함이고, 둘은 습기에 약한 흙벽돌을 습기로부터 보호하여 건물의 내구성을 높이기 위함이다.

흙벽돌로 헛간을 지은 가장 큰 이유는 많은 인력을 필요로 하지 않기 때문이다. 가옥의 건축 과정에서 많은 인력이 확보되어야 하는 과정은 집터를 다지는 일과 새받는 일이다. 하지만 헛간의 경우 천장을 만들지 않고 서까래 위에 바로 지붕을 올렸으며, 집터를 따로 다지지 않아서 가족 노동력만으로도 충분히 지을 수 있었다.

헛간을 가족구성원들로만 짓는 또 다른 이유는 헛간 건축은 마을의 공동 부역 대상이 아니었기 때문다. 살아가기 위해 필수적인 공간인 가옥과는 다르게 헛간은 필요에 의해 만드는 것으로 인식하여 마을 공동노동의 대상이 아니었다고 한다. 특히 담배건조실은 "돈 벌려고 짓는 건물"[17]이라는 인식이 더해져 부역을 하지 않았다.

집 주인의 입장에서도 부역을 받게 되면 일꾼들의 먹매를 대야 하는 부담이 있었다. 이종락에게 집터다지기에 대해 물었을 때, "집터를 다지려면 술 한 말은 있어야지"[18]로 말을 시작하였다. 다지는 돌의 크기, 동아줄을 묶는 방법 등에 대한 언급보다는 일꾼들을 먹일 음식을 마련하는 것을 먼저 이야기 한 것에서 마을사람들이 인식하고 있는 일의 중요성을 살필 수 있다. 집터다지기는 밤샘 작업으로 이뤄지는 고된 노동이면서도, 작업의 내용은 단순하여 노동요를 곁들였고, 쉴 때면 풍장판이 벌어지기 일쑤

---

17) 배영걸(남, 77세, 송사1리)의 제보(2015.09.13. 자택).
18) 이종락(남, 82세, 송사2리)의 제보(2015.06.10. 길안면 버스정류소).

였다. 돌을 다지는 청년층과 횃불을 들고 어둠을 밝히는 청소년층까지 마을 구성원 전체가 참여하는 마을의 큰 잔치였던 것이다. 집터를 다지는 작업과 새받는 작업, 지붕 올리는 작업에 먹매를 대기 위해서는 많은 비용이 필요했다.

또한 헛간을 짓는 작업에는 전문가인 목수나 준전문가인 구들장이나 미장이가 수행하는 작업도 없다. 1960~1970년대 대목大木의 하루 품삯은 쌀 한 말이었고, 부목附木과 구들장이, 미장이의 하루 품삯은 쌀 닷되였다. 일반 장정의 하루 품삯이 2~3되였던 점을 감안하면 전문가와 준전문가를 부르는 것 역시 비용이 많이 들었던 편이다.[19] 1970년대 이전의 집 짓기 비용은 재료 구입비용보다, 사람을 쓰는 비용이 많이 들었다. 그렇기 때문에 헛간을 지을 때는 가족노동력을 기반으로 지었던 것이다.

3) 바닥

바닥을 만드는 일은 '고랫등놓기-구들장올리기-초벽바르기-새벽바르기'의 순으로 이뤄진다. 구들장올리기와 새벽바르기는 준전문가에 해당하는 마을 사람이 수행하였고, 고랫등놓기와 초벽바르기는 예사 마을사람이 수행하였다. 송사리에서는 최씨와 정O목씨[20]가 구들장 잘 놓았다고 한다. 고랫등 위에 구들장을 올리는 일은 빈틈이 없이 돌을 올려야하기 때문에, 수평을 맞추는 것 만큼이나, 필요한 크기로 돌을 떼는 것도 중요하다. 돌의 결을 읽어서 떼야하는 기술이라, 돌을 잘 볼 줄 아는 사람이 구들장을 잘 놓는 사람으로 인식되었다.

고랫등놓기는 아궁이의 온기가 방 전체에 고루 퍼질 수 있게 하는 방

---

19) 이걸재와 배영걸의 제보에 약간의 차이가 있으나, 1:2:4의 비율이라는 점에서 크게 벗어나지 않았다.
20) 배태순씨의 제보로 최씨는 현재 송사리 청년회 부회장인 최정열씨의 조부이며, 정O목씨는 현재 송사리 이장의 부친이다.

고래를 만드는 작업이다. 사벽땅과 지눌을 반죽하여 잔돌을 놓고 흙 반죽을 바르고, 다시 잔돌을 놓고 흙 반죽을 바르는 과정의 반복으로 수행된다. 높이는 약 40cm정도까지 쌓는데 수평이 전체적으로 높이가 맞아야 구들장을 놓기 용이하여 양 벽면에 여러 개의 실을 쳐서 고랫등의 높이를 맞췄다. 고랫등을 놓고, 구들장을 올리면 바닥의 초벽을 바르는데, 지붕의 초벽을 바르는 것과 같은 공정으로 수행하였다.

바닥의 초벽까지 다 바르면 방안의 벽면이 모두 완성되어 새벽을 바른다. 새벽은 입자가 곱고 찰진 논흙을 사용하였는데, 더 고운 입자를 내기 위해서 채로 친 후에 사용하였다. 산촌인 송사마을에서는 논이 많지 않아서 지눌을 채로 쳐서 사용하기도 하는 경우도 많았다고 한다.21)

4. 맺음말

마을사람들에게 집 짓는 일은 흙으로 벽면을 바르는 일로 인식되었다. 따라서 흙을 분류하는 인식체계를 갖추고 있었으며, 각 공정별로 사용되는 흙의 종류와 흙의 반죽법을 구체적인 지식체계로 갖추고 있었다. 흙은 모래흙, 사벽땅, 지눌, 논흙, 채에 친 고운 흙(논흙·지눌)로 구분하였다. 공정별로 사용되는 흙을 살피면 벽은 지눌을 중심으로 사용하였고, 바닥과 천장은 사벽땅과 지눌을 함께 사용하였다. 논흙이나 채에친 고운 흙은 새벽을 바르는데 주로 사용하였다. 사용되는 흙 중에서 가장 찰진 논흙은 흙벽돌을 만들어서 벽면을 올리기도 하였는데, 논흙의 특성상 먼지가 많이 나기 때문에, 흙벽돌은 헛간을 만드는 용도로 주로 사용되었다. 반죽의 정도는 벽의 가장 내부인 초벽을 바를 때는 된 반죽을 사용하였으며, 초벽 위에 덧 바를수록 질척한 반죽을 사용하였고, 새벽은 가장 질척한 반죽을

---

21) 배영걸(남, 77세, 송사1리)의 제보(2015.12.14. 전화통화).

사용하였다.

흙벽돌로 헛간을 짓는 것을 통하여 마을사람들의 집짓기 관행에 대해서도 살필 수 있었다. 이는 비용의 문제로 읽어 낼 수 있다. 마을공동체가 부역을 통해 집을 짓던 1970년대 이전에는 자재를 구입하는 비용보다 인력을 쓰는 비용이 주를 이루었다. 대목이나 부목, 미장이, 구들장이들처럼 전문적인 기술을 가진 인력에게는 '놉'이라 불리는 품삯을 지불하였고, 부역나온 마을사람들에게는 먹매를 대야 했다. 그렇기 때문에 가옥만큼의 견고함이나, 안정성을 덜 확보해도 되는 헛간의 경우, 놉을 주는 인력과 먹매를 대야하는 마을 부역의 도움을 받지 않고 가족노동력으로 집을 짓는 경향을 살필 수 있다.

1970년대 이후에는 새마을운동의 영향으로 시멘트와 슬레이트 지붕이 보급되면서, 공동노동의 형태가 점차 사라졌으며, 기술인력만을 고용하고 그 외의 일들은 가족노동력만으로도 지을 수 있게 되었다.[22] 시멘트로 집을 지은 배태순씨 역시 초벽은 지눌로 발랐는데, 이는 집짓기의 근대 공법으로 이항기의 모습이라 할 수 있겠다. 1970년대 까지만 해도 마을사람들에게 집 짓는 주재료는 흙이었으며, 자재로써 시멘트가 대치되는 과정속에서 마을공동체의 집짓기 관행 역시 함께 변했다.

---

[22] 1976년에 시멘트와 슬레이트 지붕을 사용하여 집을 지은 배태순의 사례이다. 기둥을 세우는 목수, 구들 놓는 구들장이 만을 놉을 주고 불렀으며, 그 외의 일은 시댁식구들과 함께 지었다.

| 참고문헌

논문
박선주, 「전통가옥과 목수집단-목수들의 지식체계에 내재된 민가 형식」, 『실천민속연구』 6, 실천민속학회, 2004.
배영동, 「민속학으로 읽는 민가 주거문화의 전통」, 『建築』 54권 3호, 大韓建築學會(대한건축학회), 2010.
이운형, 「溫堗文化의 傳統과 現代的 繼承-경북 문경시 무진골 마을 사례를 중심으로」, 안동대학교 석사학위, 2010.

참고자료
「의당면 집터다지기 충남 무형문화재 심사보고서」

제 3 장

생태환경과 생업의 경험지식

식량 부족을 해결하기 위한 전승지식 | 남동우
농기구 제작과 사용에 대한 전승지식 | 이한승
자연물과 동식물을 통해 본 기상예측 지식 | 손동기
소 질병치료를 위한 민속지식 | 진홍국
마을만들기사업에서 민속지식의 선별과 활용 | 김규필

식량 부족을 해결하기 위한 전승지식
― 1950~1960년대를 중심으로 ―

남동우
안동대 민속학과 석사과정 2학기

1. 머리말

오늘날에는 대부분의 사람들이 음식의 종류가 다양하기 때문에 어떤 음식을 먹을지, 어떻게 먹을지에 대한 다양한 고민 등을 한다. 하지만 1950~1960년대 통일벼 보급 이전 시기 농촌 마을에서는 다양한 고민을 할 수가 없었다. 왜냐하면 굶지 않는 것이 다행인 시기였기 때문이다.

지금처럼 교통이 잘 발달되고, 경제적으로 여유가 많지 않았다. 그래서 그 당시에는 먹을 것이 정말 귀했다. 식량부족을 해결하기 위해서 농촌마을에서는 식량의 범위를 넓혀서 더 많은 식재료를 구하려고 노력했다. 또한 한정된 식재료를 가지고 배를 불리기 위한 방법을 찾고자 노력했다. 따라서 이 글에서는 농촌마을에서 식량부족을 해결하기 위한 다양한 전승지식에 대해 살펴보고자 하였다.

구체적으로 서술하기 전에, 식량이라는 용어의 정의에 대해 알아보자. 본래 식량은 먹을 수 있는 모든 음식을 의미하는 단어이다. 이 시기에 식량은 부식과 간식, 구황식 등 식용이 가능한 모든 것을 주식과 혼용해서 먹는 형태로 음식을 많이 해먹었다는 것을 조사를 통해 알 수 있었다. 따라서 이러한 형태는 주식인 밥이 모자란 경우가 많기 때문에, 쌀의 부족함을 채우기 위해서 다른 것들을 혼용하여 배를 채운 것이다. 그러므로 식량이라는 용어를 사용하여 이 시기에 어떤 다양한 식량들이 있었는지 살펴보고자 한다. 그리고 식량의 범위를 넓혀 식량의 재료는 어떻게 구했는지, 어떻게 음식으로 만들었는지, 어떻게 음식으로 먹었는지에 대해서 구체적인 조사를 통해 살펴보고자 한다.

조사지로 선정한 송제마을은 경북 안동시 길안면 송사리에 위치했다. 마을 사람들이 식량 부족을 해결하기 위한 방법에 대해서 어떠한 다양한 방법이 있을지에 대해 다음과 같이 조사하였다. 앞서 말했듯이 먼저 어떤 것이 식재료가 되었고, 그 식재료는 어떻게 구하였는지 살펴보았다. 다음으로 음식량을 늘리기 위해서 어떠한 조리법이 있었는지 살펴보았다. 그리고 평소에 잘 먹지 않던 음식이었음에도 불구하고, 정말 배가 고파서 어쩔 수 없이 음식으로 만들어 먹었던 음식들에 대해서도 살펴보았다. 마지막으로 식후에 남은 음식은 어떻게 처리했는지, 보관은 어떻게 하는지에 대해서 연구하고자 한다.

농촌 사람들의 식량부족을 해결하기 위한 전승지식은 자연적응 지식과 건광관리 지식에 해당하는데, 구체적으로 자연적응 지식은 자연활용 지식과 생산적 지식, 건강관리 지식은 체력관리 지식이 연구하고자 하는 전승지식의 범위에 해당한다.[1)]

농촌 마을에서 나타나는 식량부족 현상을 해결하기 위해, 마을 사람들이 자연에서 해결책을 찾았다는 점과 자연에서 얻은 재료들이 대부분 건강을 좋게 만드는 긍정적인 효과가 있었다는 점을 보아 식량부족 해결을 위한 전승지식이 자연적응 지식과 건강관리 지식에 해당한다고 할 수 있다.

---

1) 배영동, 「민속지식 조사 보고 방법 특강 : 마을 단위 '민속지식 총서' 발간을 위하여」, 미간행, 2014.

2. 식재료의 범위를 넓히는 방법

1950~1960년대에는 통일벼가 보급되기 전이어서 곡식이 부족하였고, 경제적으로 넉넉하지 못하였기 때문에 사람들은 자연에서 식용이 가능한 것을 찾기 위해 노력했다. 결과적으로 맛보다는 양을 채우기 위해서 살아갔다고 볼 수 있다. 따라서 경제적으로 부담이 덜한 야생에서 먹을 것을 찾게 되었고, 결국에는 기존에는 먹지 않았던 식재료들을 자연스럽게 야생에서 만나게 되었고, 그 결과 자연에서 얻은 식재료를 통해 음식을 만들려고 하였고, 이는 부족한 주식을 해결하기 위한 방법이 되었다. 야생에서 구할 수 있는 재료는 생으로 먹는 것과 가공해서 먹는 것으로 나눌 수도 있고, 평소에는 먹지 않고 지나치는 재료이지만, 너무 배가고파서 그것마저 채취해서 배를 채우기 위해 노력했다는 사실을 알 수 있었다.

〈표 1〉 야생에서 얻을 수 있는 식재료의 쓰임

야생의 식재료	활용한 음식
쑥	죽, 밥, 떡
냉이	죽
칡	죽, 떡
시래기	죽
질경이	죽
소나무 껍질	죽

〈표 1〉을 통해 자연에서 얻은 식재료의 대부분이 1950~1960년대 곡식이 부족하여 죽과 혼용되어 쓰이고 있음을 알 수 있다. 죽이란 곡식을 오래 끓여서 알갱이가 흠씬 무르게 만든 음식이다. 이렇게 죽을 더 많이 먹는 이유는 당시 밥의 상태가 좋지 않기도 했지만, 결정적인 이유는 배를 더 불리기 위해 물을 섞어서 만든 음식이기 때문이었다. 따라서 포만감이

더 크기 때문에 죽을 선호하였던 것이다.

밥으로 만든 죽만으로는 허기를 달래기엔 부족하였다. 따라서 거기에 무언가를 첨가해서 더 풍족한 음식으로 만들기 위하여 고민을 하였고, 그 결과 야생에서 채취가 가능한 산나물과 그 외 자연에서 얻을 수 있는 재료들을 택하게 되었다. 경제적으로 어려운 시기였기 때문에 평소에 잘 먹지 않는 야생의 식재료를 구해서, 주식과 혼용해서 배고픔을 해결하였다. 그 뿐만 아니라, 그러한 재료들을 가지고 반찬을 만들어서 조금이라도 더 먹으려고 하였다. 배가 너무 고파서 고통스러웠기 때문에 자연스럽게 새로운 시도들을 하게 된 것이다. 제보자들의 상당수가 그 시절은 겪어보지 않으면 이해할 수가 없을 정도로 힘들었고 가난했다고 서술하였다.

- 전부 나물을 넣어서 먹고 살았다. 그나마 나물을 먹었기 때문에 굶어 죽지 않았던 것이고, 정말 힘들고 배고팠던 시절이었다.[2]
- 못 먹었는데 안 죽었던 것이 천만 다행인 시절이다. 젖도 잘 나오지 않았고, 나물 역시 지금처럼 크지 않고, 비료가 없었기 때문에 굉장히 작았다.[3]

그 밖에도 여러 제보자의 구술에 따르면, 배고픔을 달래기에는 턱없이 부족했지만 산나물을 활용해서 조금이라도 덜 굶기 위해서 끊임없이 노력했다는 사실들을 알 수 있었다.

산나물을 어떻게 손질해서 음식으로 활용하였는지 살펴보고자 한다. 가난했던 시절을 대표하는 음식이었던 송기죽의 송기를 어떻게 음식 재료로 손질하는지 제보자의 구술을 통해 알아보았다.

송구 껍데기 벗겨다가 재를 쳐가지고, 잿물 받쳐가지고 거기다 삶아야

---

2) 박금선(여, 83세)의 제보(2015년 8월 28일, 자택).
3) 강도일(여, 85세)의 제보(2015년 8월 17일, 자택).

무르거든. (중략) 삶아가지고 또 울카쁘고(우려내고) 방망이가지고 두드려. 두드려야 더 물러지거든.4)

소나무 껍질을 벗겨서 잿물에 삶는다. 그냥 물에 삶으면 무르기 때문에 잿물에 삶아서 더 무르게 만든다. 그리고 건져서 온 힘을 다해 방망이로 두드린다. 두드리면 퍼지게 하는 효과도 있지만 더 무르게 하는 효과도 있기 때문이다. 그런 과정을 거쳐서 죽에 쓰일 재료로 재탄생하는 것이었다. 자세한 과정을 살펴보면, 결코 재료를 만드는 것이 쉬운 일이 아니었음에도 불구하고 허기진 배를 달래기 위해서 엄청난 노력을 했다는 것을 알 수 있었다.

칡은 물에 담가놓고 뚜드려, 뚜드린 다음에 물러졌다 싶으면 끓는 물에 넣고 삶아. 푹 삶아서 밥을 넣고 밀가루도 넣고 해서 만들어 먹었지.5)
칡을 뚜드려서 물렁하게 하지. 그렇게 하면 먹을 때 편하지. 그래서 그 물렁한 정도를 가지고도 말이 많았어.6)

칡은 죽이나 떡의 재료로 사용되었는데, 칡을 캐서 흐르는 물에 씻고 털을 제거한 후 뿌리 부분만 햇볕에 말려서 사용하였다. 그 후 직사광선을 피해 통풍이 잘되는 서늘한 곳에 보관했다. 잘 보관된 칡을 물에 담가놓고 두드리면서 물러지게 하고, 따뜻한 물에 넣어서 갈면 맑아진다. 거기에 밥을 넣어서 죽을 끓여 먹었고, 양이 모자란 경우 밀가루를 넣어서 먹기도 하였다. 잘 사는 집의 경우 쌀가루를 넣어서 더 풍족하게 먹었다.
그리고 딱딱한 칡을 죽으로 만들어 먹기 위해서, 삶기 전에 칡을 온

---

4) 강도일(여, 85세)의 제보(2015년 8월 17일, 자택).
5) 김순득(여, 75세)의 제보(2015년 8월 29일, 자택).
6) 김오규(남, 85세)의 제보(2015년 8월 28일, 자택).

힘을 다해 두드린다. 두드리는 이유는 딱딱한 칡이 더 물렁하게 되도록 하는 작업이다. 즉, 물렁하게 만들어서 밥과 섞고 밀가루를 섞어서 먹었다는 것을 알 수 있었다. 그리고 칡이 부드러워야만 어른들에게 혼나지 않았다고도 한다.

위에서 언급한 산나물 외에도 식량 부족을 해결하기 위해 콩 이파리, 시무나무 이파리 등 나무의 이파리를 활용해서 죽이나 밥에 같이 먹었던 경험을 들을 수 있었고, 이 이파리들도 다른 산나물과 마찬가지로 주식에 혼용해서 비교적 푸짐한 음식으로 만들어졌다.

제보자들의 구술을 통해, 경제적으로 부담이 없는 야생의 식재료를 활용하여 배고픔을 해결한다는 것을 알 수 있었고, 야생의 재료를 손질하는 과정에서도 식재료로 활용하기 위해 애쓴 흔적들을 찾아볼 수 있었다. 이 시기에는 소량의 쌀을 가지고 식량 부족을 해결하기 위해 야생에서 얻은 재료를 손질하여 음식을 만들었다. 야생뿐만 아니라, 비교적 쉽게 구할 수 있는 채소와 구황식품 역시 소량의 쌀과 어우러져 배를 채우기 위한 음식으로 만들어졌던 시기이다.

그 밖에도 한 끼를 풍족하게 먹기 위해 물을 부어 양을 늘리는 조리법과 주식과 부재료를 섞은 음식이 자연스럽게 생겨났다. 그렇게 해도 먹을 것이 모자랐기 때문에 부식과 간식을 활용한 음식들도 많이 해서 먹었기 때문에 배가 고픈 상황을 그나마 해결할 수 있었던 것으로 보인다.

3. 음식의 양을 늘리는 조리법

앞서 조사한 내용을 통해 식량 부족을 해결하기 위해 식재료의 범위를 전반적으로 넓혔다는 것을 알 수 있었고, 그 방법으로 주식에 부식을 섞어서 음식을 만들었다는 것을 간략하게 알 수 있었다. 이제는 구체적으로 어떻게 음식의 양을 늘렸는지, 그 방법은 무엇이며 어떻게 만들어 먹었는지에 대해 살펴보고자 한다.

양을 늘리기 위한 조리법은 크게 두 가지가 있다. 첫째, 물을 많이 부어 끓이는 조리법이 있다. 물을 많이 부어 끓이는 조리법이란, 말 그대로 물을 부어 끓이는 음식에 식구 수를 고려해서 최대한 물을 부어 끓이는 조리법을 말한다. 물을 상대적으로 많이 먹게 되면 배가 그만큼 부르게 된다는 것이다. 둘째, 부재료를 혼용하여 새로운 음식을 만드는 방법이 있다. 앞서 말했듯이 주식이 부족하게 되면서, 부식을 늘리기 위한 방법을 상대적으로 많이 모색하였다. 그 과정에서 주식과 부식을 혼용한 새로운 음식을 만들어 먹기도 하였다.

1) 물을 많이 부어 끓이는 조리법

물을 많이 부어 끓이는 조리법에 해당하는 음식은 국수와 수제비, 그리고 숭늉 등이 있다. 제보자들을 통해 얻은 자료를 중심으로 서술해보고자 한다.

국수는 3대1의 비율로 밀가루(3)와 콩가루(1)를 반죽한 덩어리로 면을 먼저 만든다. 다음으로 안반 위에 올려놓고 홍두깨로 얇게 펴서 가는 면을 만든다. 면을 가늘게 만들면 국수의 면발이 더 많아지기 때문에 상대적으로 더 많은 국수를 그릇에 담을 수 있었다. 따라서 더 많은 물을 넣어야 했고, 물을 넣는 이유도 양을 늘리기 위한 것이었다. 그리고 국수가 부족하다고 판단되면 각종 채소(배추, 애호박 등)를 넣어서 양을 더 늘려 먹기도 하였다.

- 국수에 물을 더 넣는 이유는 배고픔을 해결하기 위한 최후의 방법이었다.[7]
- 국수에 물을 더 넣어 먹으면 더 많은 사람들이 먹을 수 있었다.[8]

---

[7] 김오규(남, 85세)의 제보(2015년 8월 28일, 자택).

국수에 물을 더 넣는 것은 정말 가난했던 시절에 배고픔을 해결할 수 있는 최후의 방법이었다. 밀가루가 모자라면 면을 덜 만들게 되고, 그것을 해결하기 위해 나물을 더 넣어서 풍족하게 만들었지만, 그마저도 부족했기 때문에 물을 더 부어서 조금이라도 더 배를 불리기 위한 방법이었다. 그만큼 그 시절에는 먹을 것이 부족했고, 귀한 식재료들을 얻을 수 없었기 때문에 물을 더 넣는 방법을 택해서 국물이라도 더 먹어서 포만감을 조금 더 오래 느끼려고 하였던 것이다.

그리고 면발을 상대적으로 얇게 만들어서 물도 더 넣어서 국수를 만들면 한 그릇이 더 생기기 때문에 그렇게 더 신경을 써서 만들었던 것이다. 그렇게 하면 국수에 사용한 밀가루 면의 양은 같지만 한명이 더 먹을 수 있었기 때문에, 상대적으로 양이 더 많았고 더 배부를 수 있었던 것이다.

수제비도 비슷하게 만들어지는데, 반죽한 것을 손으로 떠어내서 바로 물에 삶고, 거기에 각종 나물이나 감자 등을 넣고 장물을 넣어 먹었다. 그리고 물의 양 또한 경제적인 부분에 따라 차이가 있지만 대체로 더 넣어서 양을 늘려 먹었다는 것을 알 수 있었다.

- 수제비에도 물을 더 넣는 이유 역시 국수에서 물을 더 넣는 것과 같은 이유다.9)
- 식구가 많아서 수제비에 물을 많이 넣고 푹 끓여야 더 많이 나눠먹을 수 있었다.10)

수제비 역시 국수와 마찬가지로 물을 더 부어 먹는 다는 것은 배고픔을 해결하기 위한 최후의 수단이었던 것이다.

---

8) 박금선(여, 83세)의 제보(2015년 8월 28일, 자택).
9) 박금선(여, 83세)의 제보(2015년 8월 28일, 자택).
10) 김순득(여, 75세)의 제보(2015년 8월 29일, 자택).

숭늉은 가마솥에 밥을 하고나서 그 밥을 다 덜어서 먹고도 허기질 때 해먹었던 음식이다. 밥알이 가마솥에 붙어있는데, 뜨거운 물을 붓고 가마솥을 닫고 기다리면 숭늉이 완성된다. 숭늉 역시 그나마 더 풍족하게 먹기 위해 물을 많이 부어서 먹었던 것이다.

이처럼 부족한 식량을 해결하기 위해 물 음식을 자주 해먹었고, 물의 양은 상대적으로 많았다. 물을 더 부어먹는 상황이 말도 안 되는 것이라고 말하겠지만, 그 시대에는 그런 일들이 일상이었다. 너무 배가 고파서 물에 사카린11)만 넣어서 몰래 먹는 경우도 많았기 때문이다. 따라서 물 음식이 배를 채우기에는 유용하였다는 것을 알 수 있다.

2) 부재료를 혼용하는 조리법

야생에서 얻을 수 있는 식재료와 가정에서 얻을 수 있는 식재료를 혼용해서 음식을 만들었고, 이는 배를 불리기 위한 해결책 중 하나였다. 앞에서 어느 정도 부재료를 혼용하는 것에 대해서 살펴보았지만 더 구체적으로 어떻게 활용하였는지 살펴보고자 한다.

배를 불리기 위해 부재료를 활용해서 음식을 만드는 경우가 다양하게 나타나고 있었다. 특히, 죽과 부재료를 섞어서 만든 음식이 많았다. 대표적인 것으로 소나무 껍질을 활용한 송기죽이 있다.

- 그 당시 사람들은 먹을 것이 없어서, 소나무 껍질을 가지고도 죽을 써서 먹었다.12)

소나무의 겉껍질을 벗겨내고, 두드리면서 속껍질을 칼로 오려내서, 잿

---

11) 인공감미료 : 설탕보다 300배 달고, 칼로리 또한 낮지만 독특한 뒷맛이 있음.
12) 박정자(여, 74세)의 제보(2015년 9월 17일, 자택).

물에 삶고, 다시 두드려준다. 두드리는 이유는 조금 더 부드러운 식감을 위해 하는 작업이고 앞서 살펴보았듯이 쉬운 작업이 아니었음을 인지해야 한다. 그렇게 힘들게 얻은 송기를 가지고 잿물에 삶아서 냉수에 담가 우려낸 뒤 밥과 함께 넣어 쑤는 것이 송기죽이다. 밥이 부족한 경우에 밀가루로 수제비를 만들어 먹기도 하였다.

갱죽은 밥과 김치, 콩나물을 사용해서 만든 죽이다. 밥이 모자랄 경우 고구마와 감자를 활용해서 밥을 대신하기도 하였고, 수제비를 활용하기도 하였다. 밥을 물에 끓이다가 김치를 넣고, 콩나물을 넣고 된장도 풀어서 넣어서 먹었다.

- 비교적 경제적으로 조금 나은 집의 경우, 겨울에 별미처럼 갱죽을 해먹기도 하였다.[13]

항상 똑같은 것을 먹었기 때문에, 다른 시도를 하게 되었고, 그 시도 속에서 하얀 갱죽을 빨갛게 김치를 넣어서 별미처럼 만들어 먹었다는 것을 알 수 있었다. 이러한 시도를 통해서 김치를 다양하게 활용해서 음식을 만들어 먹었을 가능성이 크다고 생각한다. 왜냐하면 현대사회에서 김치가 찌개, 볶음밥, 전, 김치말이국수 등으로 김치가 음식에 다양하게 활용되고 있기 때문이다.

쑥을 활용해 만든 음식으로는 쑥을 삶아서 죽을 해먹거나 밥과 함께 소금으로 간을 하여 먹는 방법이 있다. 쑥은 위와 장에도 좋고, 변비와 여성의 생리통, 혈액순환 등을 도와주고, 몸을 따뜻하게 해주는 효능이 있어서 오늘날에도 건강 요리로 사랑받고 있는 음식이다. 그 당시 사람들은 효능에 대해서는 잘 알지 못했고, 지금처럼 좋은 효능을 가지고 있지도 않았을 것이다. 현재 우리가 먹는 쑥은 아주 잘 자란 쑥이다. 하지만 그

---

13) 박금선(여, 83세)의 제보(2015년 8월 28일, 자택).

당시 쑥은 야생에서 먼저 발견하고 따는 사람이 소유하는 것이었기 때문에 크지 않더라도 보이면 무조건 따서 쑥을 이용한 죽이나 밥, 떡 등을 해먹었다.

- 산나물 중 쑥은 다양한 음식에 사용되었기 때문에, 꼭 필요한 산나물이 었다.14)
- 봄철에 식량 부족을 해결할 수 없었기 때문에, 쑥이 없었다면 살기 힘 들었을 것이다.15)

쑥죽은 죽 만들 때 쑥을 같이 넣어서 당시 거칠었던 밥알이 물렁해질 때 까지 끓여서 먹었고, 쑥밥은 쑥을 삶아서 식힌 후에 물을 짜낸 후 밥을 짓다가 뜸들이기 전에 밥 위에 올려서 뜸을 들여서 먹었다. 그 외에도 떡과 반찬으로 사용되었다.

쑥밥처럼 다양한 부재료를 혼용해서 먹는 밥들이 많아졌고 그런 음식들을 살펴보려고 한다.

- 먹을 것이 부족했기 때문에 밥만 해가지고는 배고픔을 해결할 수 없었다. 따라서 부재료(콩나물, 감자, 무, 고구마 등)를 넣어서 그 양을 늘려서 식량 부족을 해결하려고 하였다.16)

제보자의 구술을 통해서도 알 수 있듯이, 밥만 가지고는 배고픔을 해결할 수 없었고, 그렇기 때문에 죽, 밥 등에 나물을 혼용해서 먹었다는 것을 알 수 있다.

---

14) 심수택(남, 76세)의 제보(2015년 9월 17일, 자택).
15) 강도일(여, 85세)의 제보(2015년 8월 17일, 자택).
16) 박금선(여, 83세)의 제보(2015년 8월 28일, 자택).

먼저, 콩나물밥에 대해 설명하겠다. 죽으로도 사용되었지만, 밥하고도 같이 먹었다. 콩나물밥은 콩나물을 솥 밑에 깔고, 그 위에 쌀을 얹어 지으면 된다. 그 때는 콩나물이 고급 반찬이었음에도 불구하고 다른 반찬을 만들 형편이 안되면 밥 위에 얹어 먹는 것이 가장 현명한 방법이었다.

다음으로, 감자밥에 대해 설명하겠다. 감자밥의 감자는 벼에 비해서 비교적 적은 시일이 걸려서 활용하기 좋았고, 밥과 함께 먹으면 배도 부르고, 부족한 탄수화물도 해결할 수 있는 일석이조의 효과가 있었다. 만드는 방법은 밥을 할 때 적당한 크기로 썰어서 같이 넣어주면 된다. 기호에 맞게 소금을 넣으면 더 맛이 좋다.

다음으로, 무밥은 소화가 잘되는 장점을 가지고 있으면서, 배가 금방 꺼진다는 단점이 있었기 때문에 무밥을 하는 날에는 배를 불리기 위해 숭늉을 꼭 먹었다. 만드는 방법은 밥을 할 때 무를 채 썰어서 같이 넣어준다. 이 때 물의 양이 중요한데, 무에서 수분이 나오기 때문에 평소 밥 할 때보다 적게 잡아줘야 한다. 무밥은 보통 비빔밥으로도 먹고, 양념장만 넣고 먹었다.

마지막으로, 여러 가지 나물을 밥과 함께 고추장이나 간장에 비벼서 먹는 비빔밥이 있다. 주식과 부재료를 활용해서 만든 대표적인 음식이다. 양을 늘리기 위해서 여러 가지 재료를 섞어서 만든 것이다. 비빔밥에 대한 재미있는 이야기가 있는데, 비빔밥은 양푼이에 퍼서 먹지 않았고, 박 바가지에 퍼서 먹었다고 한다. 그 이유는 물이 생기기 때문이라고 하는데, 박 바가지는 그 물을 흡수하여 주기 때문에 더 맛있게 먹을 수 있다. 그 시대에 사람들은 먹는 양 뿐만 아니라 먹는 방법에서도 다양한 지식들을 가지고 있었음을 알 수 있었다. 그 외에도 고구마를 활용해서 밥의 양을 늘려 먹기도 하였고, 각종 산나물을 활용해서 밥의 양을 늘려 먹기도 하였다.

정리하자면, 식량 부족을 해결하기 위해 주식에 여러 가지 부재료를 혼용해서 음식을 만들었다는 것을 알 수 있었다. 하지만 배고픔을 해결하기에는 한없이 부족하였고, 따라서 부재료를 활용한 다양한 음식들이 더 만들어졌다.

4. 각종 부재료를 활용한 조리법

　양을 늘리기 위해 물을 부어 먹고, 주식에 부재료를 혼용해서 먹었음에도 불구하고 모자란 경우가 허다했기 때문에, 부재료를 활용해서 반찬을 더 차리거나 간식을 먹었다. 어떤 반찬과 간식을 먹었고, 그것을 어떻게 만들어 먹었는지 살펴보고자 한다.

　먼저, 보리개떡은 단오 즈음 여무는 햇보리로 만드는 떡으로 햇보리떡이라고도 한다. 보리를 갈아서 반죽하여 치댄 후 쪄서 떡으로 해먹었는데, 흡사 빵을 먹는 식감이고 외형 역시 빵과 유사하다.

　다음으로, 칡떡은 칡을 가루로 만들어서 물을 뿌려 시루에 찐 다음 콩고물을 묻힌 떡이다. 칡을 가루로 만들 때에는 앞서 살펴보았듯이 칡을 두드려서 비교적 부드럽게 만든 후, 계속 두드려서 가루로 만들었다. 그 후 물을 뿌리고 시루에 찐 다음에 콩고물을 묻혀서 만들어 먹었던 것이다. 칡떡을 만들게 된 이유는 칡을 이용해서 죽을 끓여먹고 난 후 남은 칡을 이용해서 간식용으로 떡을 만들어 먹었다고 한다. 보통 뿌리부분을 봄이나 가을에 채취해서 물에 담갔다가 햇볕에 말려 그대로 썼다.

　호박범벅은 호박에 양대(동부콩)를 넣고 삶는다. 삶는 과정에서 호박을 계속 저어야 하며, 사카린을 넣는다. 마지막엔 수제비처럼 덩어리가 진다. 그리고 양이 부족하다 싶으면 수제비를 넣기도 한다.

　산에 가면 꿀밤이 있는데, 그 밤을 활용해서 그냥 삶아 먹지 않고, 묵을 해서 먹는데 그 이유는 삶아서 먹는 거 보다 배를 불리기에 효과적인 방법이기 때문이다.

- 꿀밤을 삶아서 먹는 방법과 묵으로 만들어 먹는 방법이 있었는데, 묵으로 만들어 먹는 것이 양을 더 풍족하게 먹을 수 있었기 때문에 선호하였다.[17]

---

17) 강도일(여, 85세)의 제보(2015년 8월 17일, 자택).

밤을 가루로 만들어서 물을 넣고 섞어준 후 계속 저으면서 끓인다. 그 후 걸쭉해지면 그걸 꺼내서 묵을 만드는 방법과 동일하게 만든다. 다소 텁텁하지만 밤 맛이 나고, 도토리묵의 쌉싸름한 맛은 나지 않았다.

식량 부족을 해결하기 위한 전승지식에 대해 알아보았는데, 이 글만 보고 오독을 할 수 있기 때문에 한 가지 유의할 점을 짚고 넘어가려고 한다. 다양한 재료를 활용하였고, 물을 부어 먹고, 주식과 부재료를 혼용해서 먹고, 다양한 음식을 만들었다고 해서, 결코 식량 부족을 완벽하게 해결한 것은 아니었다. 많은 것을 해먹은 것 같지만, 양이 정말 적었기 때문에 힘든 시기를 조상들의 지혜로 그나마 잘 버텨냈다는 것을 인지해야 한다.

제보자들의 구술에 의하면, 정말 굶어 죽지 않은 것이 천만다행인 시절이었고, 그것을 해결하기 위해 야생에 있는 식재료들을 안 먹어 본 것이 없고, 배고픔을 해결하기 위해 주식과 혼용해서 새로운 것을 만들어내고, 부족한 것을 채우려고 하였다. 그들의 아픔과 고통을 이해하는 작업이 필요하다고 생각한다.

5. 식재료 보관과 재활용 방법

마지막으로 음식의 재료를 보관하는 방법과 먹다 남은 음식을 재활용하는 방법에 대해서 살펴보려고 한다. 냉장고가 보급되기 전 시기이기 때문에, 조사할만한 유용한 정보가 있을 것으로 판단되기 때문에 알아보려고 하였다.

- 산나물을 채취해서 그것을 말려서 보관해두었다가 급할 때 사용하여 음식을 만든다.[18]

---

18) 김순득(여, 75세)의 제보(2015년 8월 29일, 자택).

- 각종 발효식품을 활용해서 음식을 만들어 먹었고, 필수 음식이었다.[19]
- 집 근처에 도랑이 있어서 그늘이 생겼고 서늘하였다. 그래서 거기에 음식을 보관했다.[20]

식재료를 보관하는 방법은 묵나물의 경우 생채로 말리거나 약간 삶아서 말려두었다가 먹는다. 대체로 산나물 종류는 생 거로 먹기도 하였지만, 삶아서 말리는 방법을 택하여 식량이 부족한 겨울을 대비하였다.

발효식품에는 김치, 된장, 고추장, 간장 등이 있는데 이런 식품들이 있었기 때문에, 겨울에 식량이 부족하더라도 장을 섞어 먹을 수 있었기 때문에 양은 적겠지만 입에 풀칠은 할 수 있었다. 그 밖에도, 각종 음식에 추가되어 더 감칠맛을 내기 때문에 필수 음식이었다.

그리고 특이한 점으로는 마을에 도랑이 많았던 편이어서 도랑 근처에 그늘이 지는 곳을 활용하여 음식물을 보관하기도 하였다.

> 이사 오기 전에 도랑이 있었는데, 거기다 인제 요래 나무를 가지고 다리를 만들었더니 그 공간이 컸어… 거기다 인제 반찬 만들어가지고 여름에 인제 물에 다가 넣기도 하고, 나무 놓고 해서 그늘이 지니까… 거기에다가 보관했죠.[21]

이렇게 음식을 도랑에 보관을 하였는데, 주로 여름철에만 사용하였다고 한다. 겨울철에는 얼기 때문에 사용하지 않는다. 심수택 할아버지는 이렇게 도랑을 활용해서 음식을 보관하였기 때문에 비교적 냉장고도 늦게 사셨을 정도로 편리하게 사용하였다.

---

19) 강도일(여, 85세)의 제보(2015년 8월 17일, 자택).
20) 심수택(남, 76세)의 제보(2015년 9월 17일, 자택).
21) 심수택(남, 76세)의 제보(2015년 9월 17일, 자택).

마지막으로, 음식을 재활용하는 방법 중 대표적인 것이 비빔밥이다. 아침이나 저녁으로 먹다 남은 나물을 한데 모아 장과 함께 비벼먹는다. 하지만 이 시절 음식이 남는 경우는 매우 드물었다. 배가 고팠기 때문에 대체적으로 음식이 모자랐기 때문이다.

그리고 밥을 하고나서 숭늉을 해먹기도 하지만 누룽지를 해먹기도 하는 것이 재활용하는 방법이라고 볼 수 있을 것이다. 앞서 설명했듯이 숭늉은 밥만으로는 배고픔을 해결할 수 없었기 때문에 거의 매일 먹었고, 먹지 않는 날에는 누룽지를 해서 아이들 간식으로 많이 만들어 먹었다.

당시에는 식재료를 보관하는 상황이 드물었다. 냉장고가 없었기 때문에 금방 상한다. 따라서 그 때 그 때 음식을 해서 먹었기 때문에, 보관이라는 인식이 별로 없었다. 그렇기 때문에 자연스럽게 저장이 용이한 발효음식이 발전한 것이 아닐까라는 생각이 들었다.

재활용의 경우도 앞서 말했듯이, 음식이 부족하였기 때문에 남는 음식을 재활용하는 경우가 드물었다. 배가 고파서 남은 음식을 해치웠고, 그만큼 배고픔을 달래는 것이 어려웠던 시기였다는 것을 알 수 있었다.

6. 맺음말

지금까지 식량 부족을 해결하기 위한 다양한 전승지식을 살펴보았는데, 마을 사람들이 전체적으로 경제적으로 힘들게 살았다는 것을 알 수 있었다. 이 문제는 송사1리 마을뿐만 아니라 다른 마을을 조사하면 1950~1960년대 통일벼 보급 이전 시기에 나타나는 보편적인 현상이다. 그만큼 먹고 사는 것이 힘든 시기였음을 의미한다. 그럼에도 불구하고 배를 불리기 위한 노력을 하였고, 그 속에서 나타난 지식을 필자 나름대로 발견해서 정리해 보았다.

경제적으로 형편이 어려웠기 때문에 어쩔 수 없이 주민들은 야생의 식재료를 활용하려고 하였고, 그 때 그 때 얻을 수 있는 재료를 선택해서 가정주부의 요리 솜씨를 겸비한 배가 부른 음식을 만들어 먹었다. 그리고 통일벼가 보급되면서 경제적으로 그나마 나아지는 시기부터 더 다양한 음식을 먹을 수 있었고, 잔치나 제사 등 큰 행사에만 먹었던 생선·고기 음식들을 더 자주 먹게 되었다. 그 전에는 음식의 맛보다는 양을 더 중시하였지만, 경제적으로 나아지면서부터 음식은 맛을 더 중시하게 되었다.

예를 들면 1960년대 후반 라면이 생기고 나서 라면이 맛있기 때문에, 국수로 삶아 먹어야 하는 면을 라면에 넣어서 양을 늘려서 맛있는 것을 더 많이 먹는 모습을 볼 수 있었다. 양을 늘리기 위해서 한 방법이기도 하지만 국수보다 맛이 있기 때문에 이 방법을 선택하는 것이었다. 물론 국수를 하는 것이 더 번거로운 일이지만, 국수를 힘들게 만들었음에도 불구하고 간편한 라면의 맛을 따라가지 못하기 때문에 나타난 현상으로 볼 수 있다. 아마 힘들게 만든 국수가 더 맛이 있어서 가치가 있었다면, 귀한 국수의 면발을 라면에 넣지 않았을 것이다.

그 밖에도 1980년대 냉장고의 보급은 음식이 더 다양해질 수 있는 변화를 가져왔다. 음식을 보관하기 편해졌기 때문에, 식재료들을 저장하는데 무리가 없었다. 따라서 보관된 식재료를 가지고 조리하기 시작한 것이고, 경제적으로 시간적으로 여유가 생기기 때문에 점점 맛을 중시하는 다양한 음식이 생겨났다. 그리고 현대 사회에서는 웰빙 열풍이 불고 있고, 옛날에 먹었던 음식들이 각광받기 시작하였다. 채소 위주의 식재료가 오늘날에 새롭게 주목받기 시작한 것이다.

옛날의 음식들이 주목받지만, 옛날 사람들이 어떻게 살았는지에 대한 관심은 상대적으로 적다. 그렇기 때문에, 그들이 음식을 어떻게 만들어 먹었는지 살펴볼 필요가 있다고 생각하기에 이러한 글을 작성하게 되었다.

당시에는 음식 하나를 만드는 일은 시간이 많이 걸렸고, 정성이 많이 들어갔기 때문에 음식을 만드는 것은 정말 힘든 일이었다. 재료를 구하기 위해 아침부터 자연으로 나가야 했고, 그 재료를 손질하는 과정 또한 결코 쉽지 않았다. 그리고 손질 된 재료로 정성스러운 음식을 만들어야 했다. 그렇게 힘들게 준비했음에도 식구들의 배가 채워지지 않았기 때문에 부식이나 간식을 만들어야 했다. 부식과 간식을 만드는 과정도 결코 쉽지 않았다. 힘들게 준비해서 식구들의 배를 채우면, 정리를 해야 했다. 따라서 음식과 관련된 가사노동이 말로 표현할 수 없을 만큼 힘든 일이었다는 것이다.

제보자들은 "그 당시는 정말 상상하기도 싫다"라고 하였다. 그 시대를 경험하지 못한 이들에게 설명하는 것조차 끔찍하다는 것이었다. 또한 이해하지 못하기 때문에 아픈 과거를 이야기하는 것을 꺼려했다. 그렇게 힘든 시절 먹는 문제를 해결하기 위해 노력했고, 대체로 비슷한 것들을 먹고 나누며 함께 살아온 것이었다.

| 참고문헌

홍만선, 『고전국역총서 산림경제』, 민족문화추진회, 1983.
이귀주, 「서울의 전통 일상음식 연구」, 『비교민속학』 20, 비교민속학회, 2001.
김재영, 「일제시기 제천지역 구황음식의 식용양상」, 『역사민속학』 19, 한국역사민속학회, 2004.
김진혁, 「농촌에서 쌀밥의 문화적 의미 변화 - 대전 무수동 사례를 중심으로」, 안동대학교 대학원 민속학과 물질문화 전공 석사학위논문, 2008.
박선미, 「산골마을 사람들의 산나물 채취와 식용의 전승지식 - 경북 안동시 풍산읍 서미1리를 중심으로」, 안동대학교 대학원 민속학과 물질문화 전공 석사학위논문, 2008.
박효진, 「안동의 한 동성마을 밥상차림으로 본 음식등급과 서열의식」, 안동대학교 대학원 민속학과 물질문화 전공 석사학위논문, 2010.
서종학, 『구황촬요 : 굶주림과 질병을 이겨낸 조상의 지혜』, 국립국어원, 2011.

농기구 제작과 사용에 대한 전승지식

이한승
안동대 민속학과 박사과정 2학기

1. 농기구와 관련된 전승지식의 특징

한국에서 식량 걱정을 하지 않게 된 시기는 그리 오래 되지 않았다. 1970년대 초에 통일벼가 보급되기 이전까지만 해도 식량 부족은 늘 고민거리였다. 식량문제는 주로 농경생활을 통해 해결해왔던 만큼 한정된 토지를 효과적으로 경작하기 위한 기술과 지식을 끊임없이 발전시켜왔다. 이러한 농경생활의 기술과 지식의 발전을 잘 보여주는 것이 농기구이다.

농기구는 농경생활과 관련된 기술과 지식의 발달이 만들어낸 산물인 동시에 농경기술의 발전을 이끄는 도구이기도 하다. 기계식 농기구가 도입되기 이전의 재래식 농기구는 철제로 된 것을 제외하면 마을공동체 안에서 자체적으로 제작되는 것이 많았다. 송제마을 주민에게서도 직접 재래식 농기구를 만들거나 손위 마을주민이 제작한 것을 본 경험을 조사할 수 있었다.

민속지식은 기록된 지식이 아니라, 민간의 구비전승, 행위전승, 물질

전승에 내재하는 지식이다.[1] 또한 민속지식은 민간전승의 지식으로서 집단 사람들이 생활하는 가운데 습득한 크고 작은 실체에 대한 실제적이고 경험적인 인지이자 지식이다.[2] 이러한 민속지식은 한 개인이 아닌 공동체에 의해 전승되는 지식이다. 공동체 지식이 앞세대에서 뒷세대로 이어지는 지속적 공유 방식을 '전승'이라 하는데, 민속지식은 이러한 전승성을 지닌 것이 특징이다.[3] 민속지식은 민간전승의 지식이므로, 민속지식을 전승지식handed down knowledge이라는 말로 바꾸어도 별다른 차이가 없다.[4]

전승지식에 대한 연구에서 농기구는 흥미로운 연구대상이다. 그 이유는 재래식 농기구는 그 자체가 전승지식을 바탕으로 만들어진 산물이면서 농경에 쓰이는 기술적 도구이기 때문이다. 그런 만큼 이 글에서는 농기구를 인공물인 물질문화자료로 보고, 농기구의 제작과 사용의 기술적 과정을 중심으로[5] 그와 관련된 전승지식을 살펴보고자 한다. 이 글에서 전승지식과 관련해 다루는 농기구는 재래식 농기구를 의미하며, 현대의 기계식 농기구와 구분한다.

2. 농기구 제작에 대한 전승지식

각 농기구마다 제작을 위해 필요한 지식과 기술의 수준이 달라서 이에 따라 제작의 주체도 차이가 발생했다. 농기구는 주로 남성이 제작했다.

---

[1] 배영동, 「머리말 : 마을에 전승되는 민속지식을 주목하면서」, 『신전마을 사람들의 민속과 전승지식』, 민속원, 2015, 5쪽.
[2] 배영동, 「분류적 인지의 민속지식 연구의 가능성과 의의」, 『비교민속학』 제57집, 비교민속학회, 2015, 79쪽.
[3] 임재해, 「한국 지식지형의 비판적 인식과 민속지식의 새 지평」, 『실천민속학연구』 제21호, 실천민속학회, 2013, 13쪽.
[4] 배영동, 앞의 책, 2015, 5쪽.
[5] 배영동, 「물질문화 개념 수정과 연구 전망」, 『한국민속학』 46, 한국민속학회, 2007, 254~259쪽 참조.

"여자들은 밥 해먹고 길쌈하고."6)라는 말에 드러나듯 여성은 가족이 먹을 음식과 옷을 만드는 일을 담당했다. 그렇다고 해서 모든 남성이 모든 종류의 농기구를 제작할 수 있었던 것은 아니다. 농기구는 그 종류가 100여 가지가 넘을 정도로 다양하다.7) 그런 만큼 각 농기구를 제작하기 위한 방법이 달랐고, 제작에 필요한 기술적 차이도 존재했다. 게다가 철제 농기구는 일반인이 제작할 수 없었다. 호미나 괭이 그리고 낫처럼 철제로 된 농기구는 벼름간(대장간)의 장인만이 제작할 수 있었다.

지게 제작은 일정 수준 이상의 솜씨가 필요하다. 지게의 형태를 만들기만 해서 되는 것이 아니라 사용할 수 있도록 제대로 만들어야 했기에 지게의 구조를 이해하고, 그에 맞는 재료를 선택하는 지식이 필요하다. 지게를 제작하기 위해서는 우선 재료를 준비해야 한다. 지게 제작 경험을 가지고 있는 권오준(남, 82세) 씨에 의하면 지게의 좌우측 부분을 이루는 것은 소나무를 쓰고, 그 사이를 가로로 연결하는 네 개의 나무(세장)는 뿔나무를 쓴다고 한다.8) 이때 중요한 것은 지게로 물건을 질 때 안정감을 가질 수 있도록 좌우측의 형태가 동일한 소나무를 재료로 구하는 것이다. 그 사이를 연결하는 목재를 뿔나무로 쓰는 이유는 가볍고 마모에 강하기 때문이라고 한다. 목재로 만든 지게는 그 특성상 몸체가 고정적이지 않고 조금씩 움직여서 각 연결 부분에 마찰이 발생하기 때문에 마모에 강한 뿔나무가 좋다는 것이다.

---

6) 강도일(여, 82세)의 제보(2015년 8월 17일 제보자 집).
7) 김광언은 농기구를 조사하여 가는 연장, 삶는 연장, 씨 뿌리는 연장, 거름주는 연장, 매는 연장, 물대는 연장, 거두는 연장, 터는 연장, 말리는 연장, 고르는 연장, 알곡 및 가루내는 연장, 운반 연장, 갈무리 연장, 축산 연장, 농산제조 연장, 기타 연장으로 분류하고, 총 115개의 농기구를 소개하고 있다(김광언, 『한국의 농기구』, 민속자료조사보고서 제20호, 문화공보부 문화재관리국, 1969).
8) 뿔나무는 붉나무를 의미하는 것으로 보인다.

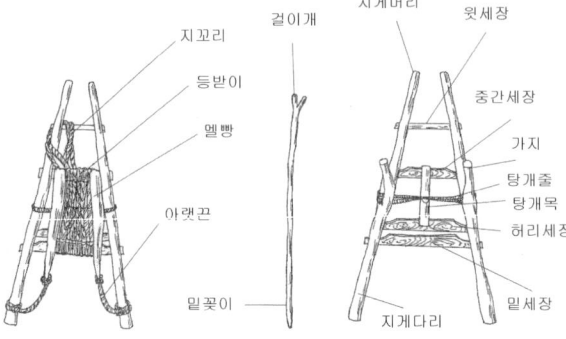

〈그림 1〉 지게   〈그림 2〉 지게의 형태와 부분명칭9)

　　〈그림 1〉의 지게는 김세동 씨가 사용했던 것으로 어깨에 걸어 메는 멜빵을 지게와 연결하는 아랫끈의 재질이 합성섬유이다. 그러나 예전에는 현대적 재료가 없었기에 멜빵을 비롯해 아랫끈을 모두 짚으로 만들었다. 지게의 구조를 보면 2개의 y자형 목재가 좌우측에 있고, 그 사이를 가로로 된 4개의 목재(세장)로 연결해 놓은 형태이다. 이때 연결 부분이 빠지지 않도록 y자형 목재 2개를 끈(탕개줄)으로 감고, 끈 중간 부분에 나무 막대(탕개목)를 끼운 후 돌려서 조여 놓는다. 〈그림 1〉의 지게는 전선으로 y자형 목재를 조여 놓았는데 예전에는 삼을 꼬아 만든 삼줄을 주로 썼다고 한다. 그 이유는 힘을 많이 받는 부분인 만큼 질긴 삼줄이 적합하기 때문이다.

　　75년도 거의 80년도 되어가지고 그때 쇠가 나왔거든. 그때 이제 쇠로 된 게 많이 나왔어. 지게도 쇠로 지게를 만들고. 70년대 새마을사업 할 때. 새마을사업하고는 그 뒤로는 없어져브랬어. 사가지고 하니까 몸에 맞지를

---

9) 〈그림 2〉는 김광언의 책(『지게연구』, 민속원, 2003, 46쪽)을 참고하여 김호일이 경북 영양군 석보면의 중논실마을 주민들이 사용하는 지게의 부분명칭을 기술한 것이다(김호일, 「지게 제작과 사용 전통의 지속과 변화-경북 영양군 중논실마을 사례를 중심으로-」, 안동대학교 민속학과 석사학위논문, 2010, 21쪽). 지게의 세부명칭에 대해 권오준 씨가 모두 알지는 못해서 김호일이 작성한 것을 그대로 사용하였다. 권오준 씨가 답한 지게의 세부명칭을 괄호 안에 기술하면 지꼬리(지게꼬리), 등받이(등태), 멜빵(멜빵), 아랫끈(맬끈), 지게머리(지게머리), 탕개줄(지게새줄)이다.

안 하는데. 지게를 다듬으면 자기가 이제 허리에 맞춰가지고 하거든. 저런 거는 일정하게 고마 같아 놓으니까. 적은 사람이 있고, 큰 사람이 등따리 넓덕한 사람이 있고 좁은 사람도 있고 그렇거든. 보통 말하자면 사이즈가 잘 안 맞아. 그래도 지게는 오래도록 쓰니까네 그래하지.10)

 지게 제작에서 중요하게 고려해야 할 사항은 사용자의 체형에 맞추어 만드는 것이다. 권오준 씨는 쇠로 된 지게는 튼튼한 반면 사용자의 체형을 고려하지 않고 일률적으로 나오기 때문에 직접 만든 지게가 사용하기에는 더 낫다고 한다. 수제手製로 지게 제작을 할 때 사용자의 체형을 고려해서 지게의 형태를 구성하는 지식이 동원됨을 알 수 있다. 또한 현대식 공장제 농기구와 전통 방식으로 직접 만든 재래식 농기구의 장단점을 잘 보여준다.
 지게와 달리 비교적 쉽게 만들 수 있는 농기구로는 도리깨가 있다. 도리깨는 곡식의 낟알을 떠는 데 사용하는 농기구로 손으로 잡는 부분인 '찍지', 곡식을 때리는 부분인 '도리깨 열', 이 둘을 연결하는 부분인 '꼴띠'로 이루어진다.11) 찍지는 주로 단단하고 곧은 노가지(노간주)나무로 만들었다고 한다. 도리깨 열을 만들 때 사용하는 나무는 정확한 명칭은 모르고 '도리깨 열나무'라고 하는데 물푸레나무보다는 좀 더 가늘다고 한다.12) 도리깨는 찍지를 잡고 도리깨 열을 회전시켜 곡식의 낟알을 떠는 방식이기에 찍지와 도리깨 열을 연결하는 꼴띠에 많은 충격과 마찰이 발생한다. 그렇기 때문에 충격과 마모에 강한 단단한 대추나무를 주로 사용한다.13)
 도리깨 열은 도리깨 열나무 3개로 구성된다. 도리깨 열나무를 불에 구워서 부드럽게 만든 후 구부려서 도리깨 열을 만든다. 이 작업은 도리깨

---

10) 권오준(남, 82세)의 제보(2015년 8월 13일 제보자 집).
11) 김세동(남, 77세)의 제보(2015년 8월 13일 제보자 집).
12) 김재호의 글에는 '도리깨 열'을 '도리깨놀이'라고 부르며 주로 쉽게 갈라지지 않는 물푸레나무로 만들었다고 설명되어 있다(김재호, 『우리네 농사연장』, 소나무, 2004, 66쪽).
13) 과거 옹기점에서 물레가 회전하며 맞닿는 부분을 대추나무로 쓸 정도로 충격과 마모에 강한 것이 대추나무이다(김인규·이한승, 『옹기를 만드는 사람들』, 민속원, 2009, 79쪽 참조).

열나무를 벤 후 1주일 정도 지나서 하는데 그 이유는 바로 하는 것보다 나무가 좀 더 부드러워지고 그보다 늦으면 나무가 말라서 부러질 위험이 있기 때문이라고 한다. 이러한 것은 직접 도리깨를 만들면서 익히게 되는 경험적 지식이라고 할 수 있다.

〈열을 만들 때 이건 어떻게 굽히나요?〉 글케. 생 거를 베어가지고 한 10일 이내에는 부들부들 하잖아. 마르기 전에 바짝 마르기 전에 이제 굽히는 거라. 어예 굽히느냐. 불에다가 뜨뜻하게 너무 태워버리면 안 되고. 나무는 불에 들어가면 많이 물렁물렁해지잖아. 그 무렵에 빙 틀어가지고 꼬불치면 꼬부래져요. 〈구부리는 부분에 열을 가해서요.〉 옳지. 그러면 하나도 안 부러지고 되는데 너무 바짝 마른 걸로 구부리려고 하면 부러지는 것도 많고. 장에 사러 가보면 그런 것도 많아. 그냥 뺑 돌려가지고 한 것도 있고 부러진 것도 있고, 덜 부러진 것도 있고. 그런 건 도리깨 오래 못 가는 거래. 〈그럼 도리깨 열을 베자마자 열을 가해서 구부려야 잘 되는가요?〉 베자마자가 아니고 베고 한 일주일 있다가 해야 나무가 더 부드러워지데. 〈베고 일주일 정도 지나서요? 바로 하면 안 되는가요?〉 바로 해도 안 되는 건 아닌데 껍데기도 홀떡 벗겨지고 그러더라고. 우리가 하는 결과는 맹 그래가지고 했고.14)

도리깨 열의 형태는 곡식의 낟알을 떠는 끝 쪽이 3방향으로 갈라져 있고, 꼴띠 쪽으로 갈수록 모아진다. 도리깨 열이 3방향으로 갈라져 있지 않고 모아져 있으면 곡식이 잘 떨리지 않고, 도리깨 열끼리 서로 마주쳐서 파손될 수도 있다고 한다. 도리깨 열은 예전에 삼줄이나 칡넝쿨로 감아서 만들었는데 삼줄이 질겨서 더 낫다고 한다.

---

14) 김세동(남, 77세)의 제보(2015년 8월 13일 제보자 집).

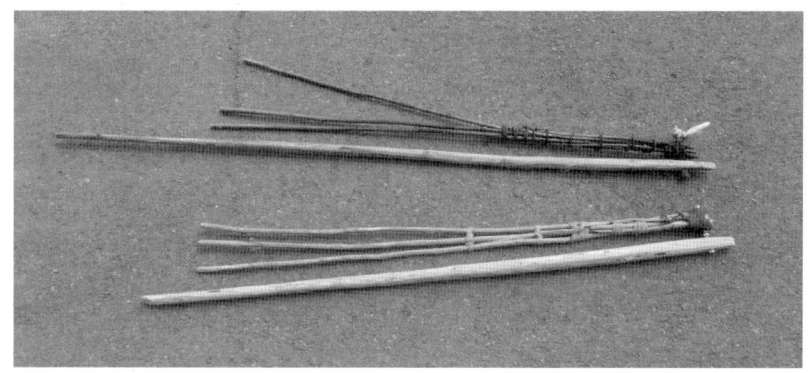

〈그림 3〉 김세동 씨가 만든 도리깨(상)와 구입한 도리깨(하)

〈그림 4〉 대추나무 꼴띠

〈그림 5〉 철제 나사로 된 꼴띠

　〈그림 3〉의 위쪽의 도리깨는 김세동 씨가 2013년에 직접 만든 것이고, 아래쪽의 것은 2014년에 시장에서 구입한 도리깨이다. 전체적인 형태는 예전 도리깨의 것을 바탕으로 하고 있지만 재료에서 차이가 나타난다. 김세동 씨가 만든 도리깨는 삼줄 대신 전선으로 도리깨 열을 감아놓았다. 시장에서 구입한 도리깨도 정확한 재질은 알 수 없지만 예전과는 다른 재질의 끈으로 도리깨 열을 감아놓았고, 무엇보다도 꼴띠가 목재가 아닌 철제 나사로 되어 있다는 점이 특징적이다. 예전 방식으로 만든 도리깨로 곡식을 떨다보면 도리깨 열이 빠지기도 하는데 시장에서 구입한 것은 철제 나사로 조여 놓아서 도리깨 열이 거의 빠지지 않는다. 이것은 도리깨의 형태적 구조는 예전 것을 바탕으로 하고, 다양해진 현대적 재료를 이용해서 부분적으로 개량한 것이라고 볼 수 있다.

김세동 씨는 도리깨가 필요해서 직접 만들어 보았지만 시장에서 만 원 정도만 주면 구입할 수 있기에 구매하는 것이 더 낫다고 한다. 예전에는 궁핍한 상황이었기에 조금이라도 아껴서 쓰기 위해 구매보다는 직접 만들거나 구해서 쓰는 것이 일반적이었다. 그러나 지금은 경제적 여유가 있기에 도리깨를 직접 만들기 보다는 구입해서 쓰는 것이 일반화 되었다.

지게나 도리깨는 인력만을 사용하는 농기구이다. 이와 달리 축력을 이용한 농기구도 있는데 그 가운데 하나가 후치이다. 후치는 나무로 된 쟁기라는 의미에서 '목리木犁'라고도 하고, 지방에 따라 훅지, 홀칭이, 극젱이 등으로도 부른다.15) 쟁기와 비슷한 모양새를 가졌지만 크기가 작고 가벼우며, 보습이 쟁기보다 조금 큰 것이 보통이고 볏이 없다.16) 송제마을에서 사용하던 후치도 보습만 있고 볏은 없는 형태이다. 보습은 쇠로 되어 있기에 직접 제작하지는 못하고 벼름간에서 구입한다.

후치에서 보습을 제외한 나머지 부분은 주로 목재로 되어 있기에 마을 주민 중에서 제작기술을 가진 사람이 직접 제작했다. 권오준 씨가 후치를 제작한 경험이 있다고 하는데 목재를 깎고 다듬어서 조립해야 하는 만큼 어느 정도 솜씨 있는 사람이 만들 수 있었다. 그리고 후치를 제작할 때 각 부분마다 그 특성에 맞는 목재를 썼는데 소나무, 버드나무, 참나무를 사용했다고 한다.

우선 보습을 달아서 쓰는 술 부분은 버드나무로 만드는데 물을 먹어도 소나무에 비해서 가볍다고 한다. 이 부분은 땅을 갈 때 지표면과 맞닿는 부분이기에 재료 선택에서 습기에 대한 영향도 고려하고 있음을 알 수 있다. 소와 연결하는 줄이 달리는 부분은 소나무로 만든다고 한다. 그리고 앞의 두 부분을 연결하는 곳은 강한 힘을 받기에 소나무는 버티지 못해서 단단한 참나무를 쓴다. 이처럼 단단한 참나무를 다른 부분에 쓰지 않는

---

15) 김재호, 앞의 글, 139쪽 참조.
16) 김재호, 앞의 글, 139쪽.

이유는 다른 목재에 비해서 무겁기 때문이라고 한다. 후치를 끌 때 무거우면 소가 지칠 수 있기 때문에 무게도 재료 선택에서 고려해야 할 요소임을 알 수 있다.

〈그림 6〉 강도일 씨 소유의 후치

〈그림 7〉 후치에 달린 보습의 뒷모습

한국의 쟁기나 후치의 손잡이 형식은 4가지 정도가 소개되어 있다. 첫째, 손잡이를 술의 위에서 아래로 내려 박는 방식, 둘째, 지름 2~3센티미터의 막대기를 술에 가로 꿰는 방식, 셋째, 위아래에 막대 둘을 가로 꿰는 방식, 넷째, 양쪽으로 벌어진 나무 가지를 그대로 이용한 방식이다.17) 송제마을의 후치는 세 번째 손잡이 형태로 되어 있다. 땅이 거친 경상북도 및 강원도 산간지대가 세 번째 손잡이 형식으로 되어 있다고 하는 만큼18) 손잡이 구조가 기존에 조사된 지역적 특성과 일치한다.

〈만들 때 좀 신경 써서 만드시는 부분 있으세요?〉 있지. 잘 못 만들면 이게 이제 흙이 이쪽으로 갈 때는 이쪽으로 뒤배야(뒤집어야) 되고, 저쪽으로 갈 때는 저쪽으로 한쪽으로 뒤배야 되거든. 뒤배야 되는데 갈 때도 일로 뒤배고 올 때도 일로 뒤배는 거 때문에 요게 이제 아주 반듯해야 되지. 반듯해야

---

17) 김광언, 『쟁기연구』, 민속원, 2010, 654~655쪽 참조.
18) 김광언, 위의 책, 655쪽 참조.

되야. 사람이 이렇게 해주면 이짜로 넘어가고, 이쪽으로 하면 이짜로 넘어가고 해야지. 그러니까 아주 좀 잘 만들어야 돼. 삐딱하게 만들면 못써. 〈그러니까 술 그 부분이.〉 예, 그게 제일 중요하지. 구멍을 뚫어가지고 하거든. 요 뚫고 요 뚫어가지고 요래 하는데 삐딱하게 해놓으면 못써. 이래 끼(끼워) 가지고 후치 날이 있어요, 쇠로 된 거. 이래 생긴 거. 맞춰가지고 봐가면서 후청 술을 다듬어. 다듬어가지고 늦게 이제 구멍을 뚫어가지고 맞춰요. 아무따나 해 놓으면 못 쓰지. 흙이 한쪽으로 안 자빠지거든.19)

후치의 용도는 땅을 갈아엎는 것이다. 그렇기 때문에 위의 설명에도 나오듯이 후치 제작에서 신경 쓰는 부분도 땅을 제대로 갈아엎을 수 있도록 만드는 데 있다. 후치의 날 부분인 보습이 한쪽으로 비틀어지면 사람이 조종하는 대로 땅을 갈아엎기가 어려워진다. 그래서 보습이 비틀어지지 않고 바르게 되도록 보습과 맞춰보면서 술 부분을 다듬는다.20)

이처럼 재래식 농기구를 만들기 위해서는 그에 맞는 재료 선택에 대한 지식, 재료 가공에 대한 지식, 용도에 맞게 형태를 구성하는 지식 등이 필요하다. 또한 이러한 지식을 바탕으로 농기구를 만들 수 있는 기술도 갖추어야 한다. 민속지식은 오랜 세월에 걸쳐서 형성되고 축적된 것으로서 집단적인 속성을 띠지만, 그 집단에 속해 있는 사람이라고 할지라도 민속지식을 균질적으로 이해하고 수용하고 소통하는 것으로 보기는 어렵다.21) 그런 만큼 지식과 기술의 차이나 개인의 필요성 등에 따라 마을 내에서도 해당 농기구를 만들 수 있는 사람과 없는 사람의 차이가 나타났다.

---

19) 권오준(남, 82세)의 제보(2015년 8월 13일 제보자 집).
20) 권오준 씨는 후치의 술 부분을 후청술이라고 불렀다. 후청술의 어원은 정확히 모르지만 숟가락과 유사하기 때문일 것이라고 한다.
21) 배영동, 「분류적 인지의 민속지식 연구의 가능성과 의의」, 『비교민속학』 제57집, 비교민속학회, 2015, 100~101쪽.

3. 농기구 사용에 대한 전승지식

농기구를 사용하는 동력에 따라서 구분하면 인력 농기구, 축력 농기구, 기계식 농기구로 구분할 수 있다. 여기에서 다루는 재래식 농기구는 인력과 축력을 사용한 것에 해당한다. 인력을 이용한 농기구는 호미, 괭이, 도리깨에 대해 다루고, 축력을 이용한 농기구는 후치와 써레에 대해 다루고자 한다.

호미와 괭이는 지금도 여전히 농촌에 가면 쉽게 볼 수 있는 도구이다. 그러나 좀 더 세밀하게 살펴보면 예전과는 그 사용에 있어서 변화가 일어났음을 알 수 있다. 전반적으로 사용 빈도가 줄어들고, 각 농기구 중에서 전혀 사용되지 않게 된 유형도 나타났다.

호미는 땅을 팔 수 있도록 만든 도구로 주로 잡초를 제거하는 용도로 많이 사용되었다. 잡초 제거 이외에도 호미는 다양한 용도로 사용되었고, 그 기능에 따라 호미의 형태도 여러 가지로 분화되었다. 호미는 날, 슴베, 자루의 3요소로 구성되어 있는데, 날은 땅을 파고 뒤집을 수 있도록 만든 납작한 철판이며, 자루는 손잡이이고, 슴베는 날과 자루를 연결해주는 중간부분이다.[22]

〈그림 8〉 김기한 씨가 소유한 호미

---

22) 배영동, 「호미의 변천 분화와 농업기술의 진전」, 『농경생활의 문화읽기』, 민속원, 2002, 73쪽 참조.

〈그림 8〉에 나오듯 김기한 씨는 다양한 형태와 용도를 가진 호미를 소유하고 있다. 김기한 씨는 각 호미의 용도를 왼쪽부터 산에서 약초 캐는 호미, 부추밭 매는 호미, 지심 죽이는 호미, 밭호미라고 설명하였다. 이때 '지심'은 김매기의 '김'처럼 논밭에 난 잡풀을 의미한다.

약초 캐는 호미와 부추밭 매는 호미는 날의 폭이 가장 좁다. 약초 캐는 호미는 날의 형태가 이등변 삼각형 형태로 대칭형이지만 부추밭 매는 호미는 날의 형태가 좌우 비대칭이라는 점이 다르다. 그러나 김기한 씨에 의하면 두 호미의 기능은 서로 호환될 수 있다고 한다. 두 호미의 날이 좁은 이유는 약초를 캘 때 그 뿌리가 상하지 않도록 세밀하게 작업할 수 있도록 하고, 부추처럼 촘촘하게 심겨진 밭을 맬 때도 날이 넓으면 부추를 상하게 할 염려가 있기 때문이라고 한다.

지심 죽이는 호미는 〈그림 8〉에 나온 것 중에서 날의 형태가 가장 특징적이다. 다른 호미는 땅을 팔 때 효과적으로 힘이 전달되도록 슴베와 땅을 파고드는 날 끝의 방향이 동일하다. 그런데 지심 죽이는 호미는 슴베가

〈그림 9〉 지심 죽이는 호미로 잡초 제거

날의 양쪽 끝 중앙쯤을 향하고 있어서 땅을 팔 때 힘이 효과적으로 호미에 전달되기에는 부적합한 구조로 되어 있다. 그 이유는 지심 죽이는 호미가 날 끝으로 땅을 파는 것이 아니라 날의 한 면으로 땅을 긁어서 잡초를 제거하는 용도이기 때문이다.

밭호미는 현재 가장 흔하게 볼 수 있는 호미의 형태로 잡초 제거를 비롯해 여러 용도로 쓰인다. 이것과 대별되는 것으로 논호미가 있는데 논의 흙을 뒤집어 엎으면서 잡초를 제거하는 데 사용했다. 밭호미는 남녀가 모두 사용했지만 논에 김매는 것은 힘든 작업이었기 때문에 논호미는 주로 남성이 다루었다고 한다.

요새사 예치기도 있고 기계 좋으니까 까짓 거 그래 하지. 요새 논에 모 숨가(심어) 놓으면 풀이 안 나는 약 쳐버리면 뭐 지심 하나 있나, 피가 하나 있나. 〈논호미가 필요 없네요.〉 호미가 필요 없지 뭐 이제는.23)

김기한 씨는 현재 논에 김매기를 할 일이 없어져서 논호미를 가지고 있지 않다. 그 이유는 기계식 농기구나 제초제를 이용해서 논의 잡초를 쉽게 제거할 수 있게 되었기 때문이다. 밭호미나 그 이외의 것은 예전만큼은 아니더라도 여전히 쓸모가 있기에 가지고 있다.

괭이는 산에서 약초를 캘 때 사용하는 괭이, 땅을 팔 때 사용하는 일반적인 괭이, 조를 갈 때 사용하는 괭이로 3종류가 있다고 한다.24) 산에서 약초를 캘 때 사용하는 괭이는 자루가 가장 짧고, 괭이의 날 폭이 가장 좁다.

〈그림 10〉 조를 갈 때 사용하는 괭이의 사용법을 설명하는 김기한 씨

약초를 캐는 호미와 마찬가지로 세밀하게 작업할 수 있는 구조로 되어 있다. 땅을 팔 때 사용하는 일반 괭이는 자루의 길이는 중간 정도이고, 날의 폭은 가장 두껍고 넓다. 일반 괭이는 자루가 너무 짧거나 길면 땅을 팔 때 힘을 효율적으로 전달하기 어려워 그에 맞게 중간 길이 정도로 한 것이고, 날은 단단한 흙이나 돌을 쳐도 상하지 않도록 두껍게 만든 것이다. 조를 가는 괭이는 조를 심을 수 있도록 땅을 살짝 파는 용도로 사용하는데 날의 두께는 중간 정도이고 허리를 굽히지 않고 작업할 수 있도록 자루의 길이가 가장 길다.

---

23) 김기한(남, 79세)의 제보(2015년 9월 21일 제보자 밭).
24) 김기한(남, 79세)의 제보(2015년 9월 21일 제보자 밭).

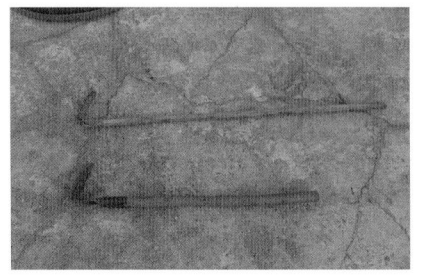 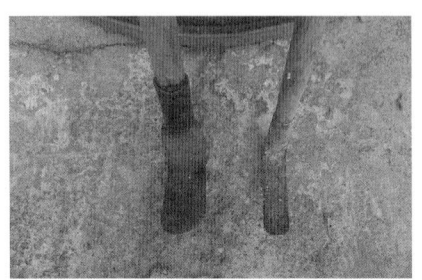

〈그림 11〉 김기한 씨 소유의 일반 괭이(아래)와 조를 갈 때 사용하는 괭이(위)

〈그림 12〉 김기한 씨 소유의 일반 괭이(왼쪽)와 조를 갈 때 사용하는 괭이(오른쪽)

김기한 씨는 약초를 캘 때 사용하는 괭이는 없고, 나머지 두 종류의 괭이만 가지고 있다. 지금은 조 농사를 짓지 않기에 조를 갈 때 사용하는 괭이는 쓸모가 없어졌다고 한다. 대신 조를 갈 때 사용하는 괭이는 자루가 길어서 지금은 아궁이 속의 숯이나 재를 꺼낼 때 사용하고 있다. 일반 괭이는 땅을 파헤칠 때 지금도 유용하게 사용한다.

도리깨는 추수한 곡식을 떠는 데 사용하는 도구이다. 손잡이인 찍지를 양손으로 잡고 도리깨 열을 바닥으로 내리치며 곡식을 떠는데 이때 두 가지 방법이 있다. 첫째는 찍지를 어깨 너머로 넘기지 않고 살짝 들었다가 내리치는 일반적인 방법으로 도리깨 열이 한 바퀴 회전하며 곡식의 낟알을 치게 된다. 둘째는 찍지를 어깨 위나 그 너머까지 들었다가 힘껏 내리치는 방법으로 도리깨 열이 완전히 회전하지는 않고 올라갔다가 그대로 바닥으로 내려온다. 두 번째 방법은 "꼴띠 넘겨서 때린다"고 하는데 첫 번째 방법보다 힘과 기술이 더 필요하다.

〈그림 13〉 일반 도리깨질

〈그림 14〉 꼴띠 넘겨서 때리는 도리깨질

송제마을에서 도리깨를 실제로 사용하는 모습을 확인할 수 있었다. 〈그림 13〉은 2015년 8월 3일에 송제마을의 한 여성이 집 앞마당에서 도리깨로 밀을 떠는 모습이다.25) 이처럼 도리깨로 직접 곡식을 떠는 이유는 밀을 100평정도 소량으로 재배하고 있어서 기계로 탈곡할 정도의 양이 되지 않기 때문이라고 한다. 김세동 씨는 〈그림 14〉의 꼴띠 넘겨서 때리는 도리깨질을 보여주었는데 그 역시 소량으로 재배하는 곡식이라서 기계로 탈곡하기 어려울 때 도리깨를 쓴다고 한다.

지금도 도리깨 없는 집 없어. 다 있어. 기계 갖다가 채릴 수도 없고. 그거 뭐 기계 다 있는 것도 아니고 탈곡기도 없거든. 탈곡기 그 큰 거 살려고 하면 몇 십 만원 줘야 되는 거 아니래. 그러니 요새 탈곡기 해봤자 논의 벼 그 뿐이잖아. 거기서 논에서 해서 다 해서 집에 갖다 줘버리면 끝인데. 콩이라든가 서숙 있잖아. 쪼매큼 뭐 두어 말 한 말 이렇게 나오도록 만드는 거는 탈곡기 가져올 수도 없고 옛날식으로 하는 수밖에 없지. 〈소량으로 하는 것들요.〉 그렇지. 서숙 같은 것도 뭐 타작 도리깨로 해야지.26)

예전에는 탈곡하는 기계를 이용하지 못했기에 도리깨질로 대량의 곡식을 떨어야 했다. 특히 대농가에서는 농사를 많이 짓는 만큼 대량의 곡식을 탈곡하기 위해서 몇 명이 모여서 도리깨질을 했다. 이때 효율적인 도리깨질을 하기 위해 다음과 같은 방법을 사용했다고 한다. 처음에는 짚을 바닥에 두껍게 깔아놓고 전체적으로 도리깨질을 한다. 그런 후에 두세 명은 한 방향으로 나란히 서서 수직으로 내려치는 도리깨질을 하고, 한 명은 이들과 반대쪽 사선 방향에 서서 도리깨를 비껴서 치며 위쪽에 쌓인 짚을

---

25) 이때 사용한 도리깨는 2014년에 안동신시장에서 구입한 것으로 도리깨 전체는 12,000원이며, 도리깨 열만 구입하면 5,000원이라고 한다.
26) 김세동(남, 77세)의 제보(2015년 8월 13일 제보자 집).

다른 사람들 쪽으로 보낸다. 즉, 한 명이 두껍게 쌓인 짚을 흩어주는 역할을 하는 것인데 보통 가장 도리깨질을 잘 하는 사람이 맡는다. 또한 짚을 옆으로 쳐서 보내려면 일반적인 도리깨질로는 안 되기에 "꼴띠 넘길 줄 아는 사람"이 한다. 이에 대한 설명은 아래와 같다.

> 타작 한다고 하면 이런 식으로 열 평 열 몇 평 이렇게 보리를 딱 재어 놓는 거야. 대가리 위로 올라오도록 바삭 마른 걸. 꼭 대가리만 나오도록 이렇게 재어 놓으면 타작을 이제 바짝 마른 걸 타작을 하면 여기 두 사람 서고, 한 사람은 이쪽에 서가지고. 두 사람이든 세 사람이든 사람이 더 많으면 더 좋지. 여기서 한 사람이 장정이 잘 하는 사람이 쳐내는 거라. 〈쳐내는 게 뭐죠?〉 도리깨 이걸 보리를 옆으로 쳐내는 거라. …(중략)… 처음에는 그냥 덮어놓고 그냥 때린 거라. 여기 두 사람이 세 사람이 막 때리면 다 부서질 거 아니래. 이래 하면 보리라는 게 한 개만 있는 게 아니고 이 중간까지 싹이 들어가 있단 말이래. 그 타작을 다 해야 될 거 아니라 한 몫에 다 으러지도록 하자면. 위에 것만 다 몽땅하게 다 두드려 놓고는 어예하나 하면 휘서야(흩어야) 될 거 아니라. 휘서가며 밑에까지. 높이가 이 정도 돼. 땅바닥이면 이 정도로 해 놓고. 휘서가며 때리고 때리고 이래야 되는데 큰 대농가는 한 사람이 두 사람이 해가지고 한 사람이 여기 서가지고 노래를 해가며 쳐내면 휘서야 되는 거라. 여기서 탁 치며 휘서 나와. 〈비스듬히 치나 보네요?〉 옳지. 휘서 나오면 옆에서는 막 때리는 거라.[27]

후치와 써레는 위에서 설명한 호미, 괭이, 도리깨와 달리 소의 힘을 이용한 축력 농기구이다. 이 농기구는 소의 힘을 농경작업으로 전환시키는 매체의 구실을 하며, 소는 농기구를 작동시키는 동원력으로 작용하고, 사람은 농기구와 소를 조정 운행하는 관리자가 된다.[28] 그런 만큼 축력 농

---

27) 김세동(남, 77세)의 제보(2015년 8월 13일 제보자 집).

기구를 다루기 위해서는 농기구뿐만 아니라 소를 다루는 지식도 있어야 한다. 강도일(여, 82세) 씨로부터 소를 농경에 이용할 수 있도록 훈련시키는 방법과 후치와 써레의 사용법을 조사할 수 있었다.

강도일 씨는 수소보다는 암소를 농경에 더 많이 이용했다고 한다. 그 이유는 수소는 암소보다 힘은 더 세지만 성격이 거칠어서 다루기가 쉽지 않기 때문이다. 반면에 암소는 수소에 비해서 성격이 온순해서 다루기가 쉽고, 무엇보다 새끼를 배게 해서 가정 경제에 도움이 되었다. 즉 농경에 이용하는 것뿐만 아니라 새끼를 밸 수 있는 것까지 고려했을 때 암소를 키우는 것이 농가에 더 큰 이득을 가져다준다는 것이다.

소는 태어난 후 그 이듬해부터 농경에 이용할 수 있도록 훈련을 시킬 수 있다고 한다. 처음부터 소가 사람의 말을 잘 듣는 것이 아니기 때문에 단계별로 훈련을 시킨다. 소가 후치를 끌게 할 때 뒤에서 후치를 조종하는 사람 외에도 훈련 중에는 앞에서 소를 이끄는 사람이 한 명 더 있다. 훈련은 앞에서 이끄는 사람이 없어도 소를 농경에 이용할 수 있도록 단계별로 이루어진다. 훈련의 단계는 아래와 같다.

① 사람이 소의 앞에 서서 이까래가 팽팽하도록 잡고 소를 이끈다.
② 사람이 소의 옆에 서서 이까래가 팽팽하도록 잡고 소를 이끈다.
③ 사람이 소의 옆에 서서 이까래를 느슨히 잡고 소를 이끈다.
④ 사람이 소의 옆에 서서 이까래를 놓고 소를 따라간다.
⑤ 앞쪽에서 소를 이끌던 사람은 빠지고, 뒤에서 후치를 조종하는 사람만 남는다.

처음부터 소가 후치를 조종하는 사람의 말에 따라서 움직이지 않기 때문에 앞에 선 사람이 소를 이끈다. 이때 앞에 선 사람은 코뚜레에 연결된

---

28) 배영동, 「소 이용의 방식과 농업기술사」, 『농경생활의 문화읽기』, 민속원, 2002, 65쪽.

짧은 줄을 잡고 소를 이끄는데 이 줄을 '이까래'라고 한다.29) 후치를 조종하는 사람의 말과 다르게 엉뚱한 방향으로 가지 않도록 앞에 선 사람은 이까래를 잡고 조종한다. 소가 한 단계에 익숙해지면 다음 단계로 넘어갔다가 잘 되지 않으면 다시 앞 단계로 되돌아가는 방식으로 소를 훈련시킨다. 소를 훈련시킬 때 강도일 씨는 주로 앞에서 소를 이끌고, 그의 남편은 뒤에서 후치를 조종했다고 한다. 이런 식으로 훈련을 받은 후 소가 태어난 지 3년째 되면 중소가 되어 힘도 세지고 농경에도 어느 정도 이용할 수 있게 된다.

- 소를 오른쪽으로 움직임 : 말["어디, 어디"]+행동[이까래를 오른쪽으로 잡아당김]
- 소를 왼쪽으로 움직임 : 말["일로로, 일로로"]+행동[이까래로 소의 오른쪽 등허리를 침]
- 소를 앞쪽으로 빠르게 움직임 : 말["이랴, 이랴"]+행동[이까래로 소의 등을 내려침]

위와 같은 방식으로 후치로 땅을 갈 때 뒤에서 사람이 말과 행동을 통해 소를 조종한다. 방향을 전환하거나 속도를 높이기 위한 말과 행동을 규칙적으로 반복해서 행함으로써 소에게 각인시키는 것이다. 이러한 것에 익숙해진 소는 행동을 하기 전 말만 들어도 그에 맞는 동작을 할 정도가 된다. 오른쪽과 왼쪽으로 방향 전환을 할 때 이까래의 사용방식의 차이는 후치를 조종하는 사람이 주로 오른손으로 이까래를 잡고 있는 데서 비롯된다. 오른손으로 이까래를 잡고 좌우로 방향전환을 시킬 수 있는 가장 효율적인 행동을 선택한 결과가 위와 같은 방식이라고 할 수 있다.30)

---

29) '이까래'는 고삐의 경상도 방언이다.
30) 만약 이까래를 왼손으로 잡고 소를 조종한다면 방향전환을 위한 행동은 그에 맞춰서 재조정 될 것이다.

사람은 소를 부리는 것과 더불어 후치도 조종해야 한다. 후치를 조종하는 것은 주로 손잡이를 어떠한 방식으로 잡는가에 따라서 이루어진다. 송제마을의 후치는 앞서 제작 부분에서 설명했듯이 손잡이가 위아래에 막대 둘을 가로 꿰는 방식으로 되어 있다. 이러한 손잡이 구조는 땅을 갈 때 후치의 각도를 약간 비틀 때 이용된다. 후치를 기울지 않고 땅을 갈 때는 위쪽의 손잡이를 양손으로 잡지만, 후치를 좌우로 약간씩 틀어서 땅을 갈 때는 그에 맞춰서 한손은 위쪽 손잡이를 잡고 나머지 손은 아래쪽 손잡이를 잡아서 조종한다.

〈그림 15〉 강도일 씨의 철제 후치

후치는 축력뿐만 아니라 인력으로 끌기도 했다. 사람이 소를 대신해서 후치를 끄는 것을 "사람이 소질 한다."라고 한다. 아무리 훈련되었더라도 사람이 소를 부리는 것이 쉬운 일은 아니었기에 간단한 작업은 소를 대신해 사람이 후치를 끌었다고 한다. 강도일 씨도 소를 대신해 후치를 끌어본 경험을 가지고 있었다. 후치가 축력 농기구이지만 실제로는 인력 농기구로도 쓰였던 것이다. 지금은 기계로 밭을 갈기 때문에 예전 목재로 된 후치는 사용되지 않는다. 대신 사람이 끄는 철제로 된 후치를 이용해서 밭을 갈 때가 있다고 한다. 강도일 씨는 기계식 농기구를 가지고 있지 않기에 2015년에 콩밭을 갈 때 외손자를 불러서 철제 후치를 끌도록 했다고 한다.

써레는 흙덩이를 분쇄하고, 땅을 평탄하게 만드는 데 사용하는 축력 농기구이다. 후치를 이용할 때처럼 땅을 깊이 갈거나 하는 것이 아니기

이 경우 왼쪽으로 소를 움직일 때는 이까래를 왼쪽으로 잡아당길 것이고, 오른쪽으로 움직이기 위해서는 소의 왼쪽 등허리를 이까래로 칠 것이다.

때문에 써레질 때는 비교적 소가 힘이 덜 든다고 한다. 그리고 후치를 이용해 일률적으로 밭고랑을 내는 작업에 비해서 써레질 작업은 단순해서 소를 부리기도 편하다고 한다. 써레의 조정은 평균보다 높은 땅은 눌러서 낮춰주고, 평균보다 낮은 땅은 다른 곳의 흙을 가져와서 메우는 방식으로 이루어진다.

전승지식의 측면에서 보면 호미나 괭이와 같은 농기구의 다양한 형태와 기능의 세분화는 지식과 기술의 전승을 통해 만들어진 것으로 볼 수 있다. 그리고 농기구는 그 동력원에 따라 인력과 축력을 이용한 방식으로 나누어지는데, 이를 이용한 사용방식 또한 전승지식의 결과물로 이해된다. 호미나 괭이를 다루는 법, 도리깨질을 혼자 하거나 여럿이 하는 법, 소를 다루어 후치나 써레를 이용하는 법 등은 모두 오랜 시간 지식과 기술을 전승하면서 구축한 기술체계인 것이다.

4. 농기구 관리에 대한 전승지식

농기구는 사용할수록 닳기 때문에 지속적으로 사용하기 위해서는 관리가 필요하다. 그런 만큼 농기구 관리에 대한 지식은 사용하기 좋게 농기구의 상태를 유지시키고, 수리해서 최대한 오래 쓸 수 있도록 하는 것으로 이루어진다. 농기구를 제작할 때와 마찬가지로 철제로 된 것은 주로 벼름간에 맡겨서 수리하고, 그 이외의 것은 마을주민이 스스로 수리하는 경우가 많았다. 철제 농기구 이외의 것은 제작에 대한 지식을 바탕으로 교체하거나 수리가 가능했을 것이기에 여기에서는 철제 농기구에 대해서만 다루었다.

낫은 날이 두꺼워 나뭇가지도 벨 수 있는 조선낫과 날이 얇아서 주로 풀을 벨 때 사용하는 왜낫으로 나누어진다. 철제 농기구이지만 낫은 많이 닳기 전까지는 사용자가 직접 수시로 날을 숫돌에 갈아서 사용한다. 낫을 가는 것은 어려운 기술을 필요로 하지는 않지만 그 나름의 요령이 필요하다.

요래 딱 붙여가지고 이만 대이도록 해가지고 갈면 우선 이는 바짝 서지, 닳으니까. 오래 못 쓰지. 안 그렇겠어. 이치적으로. 이래하면 숫돌에 갈아서 대면은 이는 대이니까 닳아가지고 버뜩 이가 얇아져가지고 들 순 있단 말이라. 오래 안 간다 하는 이유가 오래 하는 건 이래 가는 거 돌에 대여가 하는 거 하고, 약간 덜 대여가 하는 거 하고. 쇠도 같이 닳도록 옆에 것도 같이 닳도록 해가 하는 게 오래 간다 하는 이 말이거든. 〈전체적으로 날이 서기 때문인가요?〉 그렇지. 여기 봐라. 여기 쇠를 같이 닳도록 해가 하면 오래 쓸 수 있는데 요만 문댔기 때문에 쇠만 이 있는 데만 닳았기 때문에 오래 못 쓴다 이거라. 우선 들기는 들어도, 칼이고 뭐고 다 그런 거래. (…중략…) 그리고 이를 너무 대가 그래 해버리면 이가 넘어가버리거든, 한쪽으로. 한쪽으로 넘어가버린다고. 얇으리 해가지고 살짝 넘어가버리면 새로 또 넘어갔는 거는 문대가지고 새로 내야 돼. 나무라도 잘못 쪼아버리면 이가 너무 얇아가지고 자빠져버리잖아. 이거 안 되잖아. 헛 같은 거지. 안 넘어가도록 이래 이래 대보면서 까칠까칠 하도록 갈아야지.31)

낫은 날 끝부분을 비롯해 그 뒷부분까지 전체적으로 갈아야 오래도록 쓸 수 있다고 한다. 만약 날의 끝부분만 갈면 짧은 시간 안에 날을 세울 수는 있지만 금방 닳아서 오래 사용할 수 없고, 나중에는 끌처럼 날 끝만 경사지게 되어 예리함이 무디어진다고 한다. 이러한 상태가 심해지면 숫돌에 갈아서 날을 세우는 것은 힘들고, 줄로 갈거나 벼름간에 맡겨서 날을 전체적으로 고르게 다시 세운다.32) 한편, 날을 예리하게 세우려고 갈다가 보면 날이 눌려서 반대편으로 넘어가기도 한다. 이렇게 날이 반대편으로 넘어가면 베는 기능이 떨어져 새롭게 날을 갈아야 한다. 그래서 날이 넘어가지 않도록 촉각으로 그 상태를 파악하면서 낫을 갈아준다.

---

31) 김세동(남, 77세)의 제보(2015년 8월 13일 제보자 집).
32) 줄은 쇠붙이를 쓸거나 깎는 데에 쓰는 강철로 만든 연장이다.

톱은 강철로 된 얇은 톱양에 날카로운 이가 여럿 있는 형태이다. 이가 무디어지면 줄로 갈아서 날카롭게 만들어야 하는데 낫을 갈 때보다는 기술이 더 필요하다고 한다. 김세동 씨는 직접 톱의 이를 갈아봤지만 몇 번 갈게 되면 이가 낮아지고 목재 사이에 껴서 사용이 어려웠다고 한다.

줄 사가지고 나도 이를 내보고 해도 이는 뽀족하게 나왔는데 찌는(끼는) 거라, 끊어보니. 왜 찌느냐. 이가 낫는 중에서도 딱딱 벌려져 있잖아. 여기 끝만 살짝살짝 눌러가지고 요짝 옆으로 누워있어. 그게 나오면서 끊기는데. 한 두 번은 끝을 눌러주면 삭삭하면 뽀족한 줄이래야 되거든. 금방 서니가 잘 끊기는데 두 번 세 번쯤 하면 이가 낮아지는 거라, 자꾸. 안 그래. 그러니 톱으로 끊어보면 이가 요리 벌어지고 조리 벌어지고 되어 있지. 안 그래. 이거는 이게 들락날락 잘 하라고 그 사이가 벌어져 있는 거라. 그 사이가 끊기면 그 사이가 널러야 드갔다 나갔다 하지 그냥 해부면 안 되거든. 그래 오래 내려가면 자꾸 솔아지는(좁아지는) 거라. 위에만 벌어졌지 밑에는 본 쇠 아니라, 그지. 내려가면 이게 찡겨가지고 안 되더라고. 드갔다 나갔다 안 해가. …(중략)… 잘 하는 사람은 줄 가지고 더 내려가지고 이만큼 한 1미리(㎜), 2미리(㎜) 더 내려가지고 더 벌려야 된다고 집게 가지고. 그래야 톱을 가지고 왔다갔다 잘 하지. 이것도 그 원리를 알아야 돼. 이래 이래 해보고 찡겨(끼여) 가지고 안 되는 거는 이게 하매 솔아(좁아)가지고 글타 그런 걸 알아야 돼. 이래 벌어진 건 이게 못 빠져 나간다고.[33]

톱의 이는 구조적으로 좌우로 조금씩 벌어져 있어서 목재를 자를 때 톱이 드나들 수 있는 공간이 만들어지도록 되어 있다고 한다. 그런데 톱의 이를 갈다가 보면 마모되어 좌우로 벌어져 있던 이가 좁아지게 되고, 이러한 톱으로 목재를 자르면 여유 공간이 없어서 톱이 자르던 나무 틈 사이

---

33) 김세동(남, 77세)의 제보(2015년 8월 13일 제보자 집).

에 끼게 된다는 것이다. 그래서 기술자는 줄로 톱양 부분까지 깎아서 마모된 이의 길이를 늘이고, 집게로 톱의 이를 좌우로 벌린다고 한다. 이렇듯 톱의 이를 가는 법에 대해서 김세동 씨는 이론적으로는 이해하고 있지만 본인이 직접 하기보다는 기술자에게 맡기거나 새로 사는 것을 선호한다. 이것은 기술에 대해 이론적 지식으로 이해하고 있더라도 직접 행동으로 실천하기 위해서는 손재주가 필요하다는 점을 알려준다. 여기서 손재주는 기술을 실천할 수 있는 능력으로 솜씨 등으로도 표현할 수 있다.

이처럼 쇠로 된 날을 갈아서 쓰는 것은 기술자에게 맡길 수도 있지만 마을주민이 스스로 할 수도 있는 선택적인 부분이다. 그러나 쇠에 열을 가해서 수리하는 경우에는 무조건 벼름간에 맡길 수밖에 없다. 예전에는 벼름간에 가서 철제 농기구를 수리하기도 했고, 마을에 직접 장인이 찾아오기도 했다고 한다. 김세동 씨가 10대이던 1950년대까지는 초봄인 3월 전후로 장인이 마을에 직접 찾아와서 2~3일간 머물며 임시로 벼름간을 차려놓고 철제 농기구를 수리하거나 만들어줬다고 한다. 이러한 장인은 송제마을뿐만 아니라 인근 마을을 돌며 같은 방식으로 며칠씩 머무르며 농기구를 수리했다. 그 당시에는 경제적으로 여유가 있던 시기가 아니었기에 수리비는 가을에 추수가 끝나면 곡식으로 받아갔다고 한다.

낫 이를 벌겋게 달궈가지고 이쪽으로 망치가지고 때리더라고. 때리면 늘어져가지고 얇게 늘어져야 날이 잘 서도록 갈면 날이 버떡 서고, 버떡 갈고 하지. 그냥 무디어진 건 암만 갈아도 힘들어. 날 세우기가. 그래 이제 벼름할 때 그런 거 해. 날을 더 만들어내고. 얇게 만드는 거지.[34]

시장에 가서 사다가 쓰다가 닳잖아. 닳으면 볼로 다는 거라. 볼로 어예 다나 하면 쇠로 이런 걸 철까치 같은 거를 불에 달가(달궈) 가지고 녹잖아.

---

34) 김세동(남, 77세)의 제보(2015년 8월 13일 제보자 집).

이래 접는 거라. 그 호미 이래 다 닳았는 거 아이가. 이래 넣어 놓고 이래 가지고 띠들어(두드려)가지고 합방을 시키는 거라. 그래 붙여가지고 끝을 내는 거라. 그래 하면 이게 새 호미가 되잖아. 그래가 썼다.35)

벼름간에서 철제 농기구 수리는 무디어진 날을 날카롭게 벼리거나 쇠를 덧붙여서 마모된 부분을 보강하는 방식으로 이루어졌다. 낫이나 호미, 괭이는 날이 무더지거나 닳아있으면 불에 달군 후 두드려서 날카롭게 새로 벼렸다. 쇠를 덧붙여서 새로 보강하는 방식을 '볼'을 달아낸다고 한다. 이때 볼은 무딘 연장의 날을 벼릴 때에 덧대는 쇳조각을 뜻한다.36) 낫이나 괭이는 볼을 달아서 수리하는 것은 없고, 그냥 벼리기만 했다고 한다. 호미에 대해서 김세동 씨는 볼을 달지 않는다고 했지만 김기한 씨는 위에 나오듯이 볼을 달았던 것에 대해서 설명하고 있다. 이처럼 호미의 수리에 대한 설명이 다른 것은 이들이 철제 농기구를 직접 제작하거나 수리하는 장인이 아니라 간접적으로 본 것을 설명하는 것이기에 해당 상황에 대한 경험의 차이에서 비롯된 것으로 보인다.

볼 따는 건 뭐라 카는가 하면 쟁기가 많이 닳잖아. 새 거 살라고 하면 비싸잖아. 쟁기 끝에 그건 두드려 내지도 못하고, 붙이는 게 있어. 〈쟁기 끝을 붙이는 건가요?〉 그렇지. 쇠로, 쇠를 녹여가지고 쟁기를 놔놓고 쟁기 그 뭐라 카노. 그 요래 만들어 가지고 쟁기 끝 요래 나올 정도로 오목하게 해가지고 뭐 흙을 만들든지 그래 만들더라고. 그래 쇠를 디게 녹여가지고 거기 들어부어 버리더라고. 그게 붙어가지고 후치이 끝이 이만큼 더 나오데. 〈아, 거기 쇳물을 부어서 붙이는가 보네요?〉 예. 그 무쇠도 그게 되는동 몰라. 후치이 볼 따러 왔습니다, 볼 따러 왔습니다 그러더라고. 볼 딴다 그러더라고. 볼

---

35) 김기한(남, 79세)의 제보(2015년 9월 21일 제보자 밭).
36) 볼에 대한 설명은 국립국어원의 표준국어대사전 참조.

따는 건 밑에 덧붙이기 위해서 이를 낸다 이거라. 그거 처음 듣는 소리지. 쟁기 볼 딴다 그래. 옛날 어른들한테 가면 알아. 이거 볼 따는 것도 아냐 그래. 그건 아주 어릴 때고.37)

김세동 씨는 어린 시절 후치에 쓰이는 보습에 볼을 다는 것에 대한 기억을 가지고 있었다.38) 이러한 설명에 따르면 보습에 대한 수리는 호미처럼 쇳조각을 덧붙여서 두드려내는 것이 아니라 쇠를 녹여서 볼을 다는 주물 방식을 사용한 것으로 보인다. 그리고 보습을 수리하기 위해서 장인이 직접 찾아오기도 했다는 것을 알 수 있다. 이처럼 장인이 직접 마을을 찾아와서 수리하는 모습은 1960년대부터 점차 사라졌다고 한다. 또한 지금은 농기구를 수리해서 쓰는 것이 크게 줄어들었다. 예전보다 경제적으로 풍족해진 만큼 대부분 고쳐서 다시 쓰는 것이 아니라 낡으면 버리고 새로 구입하는 것이 더 편하다는 인식을 하고 있다.

5. 농기구와 관련된 전승지식의 약화

지금까지 송제마을에서 이루어진 재래식 농기구의 제작, 사용, 관리와 그에 대한 전승지식을 살펴보았다. 이를 통해 농기구와 관련된 문화는 그 당시 경제적 여건과 기술적 발전 단계와 관련성을 가지고 있음을 알 수 있었다. 1970년대까지 송제마을은 경제적으로 풍족하지 못하고 기계식 농기구의 도입이 크게 이루어지지 않은 상황 속에서 재래식 농기구에 대한 의존도가 높았다. 이때까지만 해도 재래식 농기구와 관련된 지식과 기술

---

37) 김세동(남, 77세)의 제보(2015년 8월 13일 제보자 집).
38) 여기서 설명하는 쟁기는 후치와 같은 의미로 쓰고 있다. 그리고 김세동 씨는 '볼'을 덧붙이는 것에 대해서 '볼 딴다'고 설명하고 있다. 그러나 의미상으로는 김기한 씨가 말한 '볼을 다는' 것이 더 적절해 보인다.

은 그것이 일상적으로 제작되고 사용되는 상황 속에서 자연스럽게 전승되었다.

　농기구 제작은 철제 농기구를 제외한 나머지 것들은 마을 안에서 마을 주민에 의해 제작되는 것이 많았다. 경제적으로 풍족하지 않았던 만큼 농기구를 손수 만들어서 쓰는 문화가 일반화 되어 있었다. 일반적으로 농기구는 대부분 남성이 제작했는데 여러 종류의 농기구가 있었던 만큼 만들기 쉬운 것과 어려운 것이 존재했다. 예를 들어 지게나 후치를 제작하려면 어느 정도 기술이 필요했기 때문에 마을 내에서도 솜씨 좋은 사람이 맡아서 만들었다.

　농기구는 쇠로 된 것을 제외하고 나머지 부분은 주변에서 구할 수 있는 재료를 이용해서 만들었다. 그런 만큼 농기구 제작자는 각 부분에 맞는 재질을 파악하여 사용하는 재료에 대한 지식을 갖추고 있었다. 재료에 대한 지식은 충격이나 마모에 대한 내구성, 습기에 견디는 성질, 무게, 형태 등에 대한 것이다. 또한 이러한 재료를 가공하는 것과 가공한 재료를 용도에 맞게 조합해서 농기구의 형태를 구성하는 것도 전승지식을 바탕으로 하고 있다.

　농기구의 사용에 대한 지식은 상황에 맞는 농기구의 선택, 농기구의 사용방법 등에 대한 것으로 이루어진다. 농기구의 선택에 대한 지식은 호미와 관련해서 잘 나타난다. 호미는 여러 종류가 있고, 각 종류마다 형태가 다르며 그에 따라 기능에도 차이가 있다. 사용자는 약초를 캘 때, 밭에서 잡초를 제거할 때, 논에서 김매기를 할 때 등 각각의 상황에 맞는 적절한 호미를 선택한다. 이렇듯 사용자가 상황에 맞는 농기구를 선택할 수 있는 것은 농기구의 형태적 특성과 기능에 대한 지식을 바탕에 두고 있기에 가능한 것이다.

　농기구의 사용방법에 대한 지식은 도구의 용도를 이해하고 다루는 것을 비롯해서 동일한 도구를 다르게 사용하는 방법, 혼자 일할 때와 여럿이서 일할 때의 방법, 인력을 이용할 때와 축력을 이용할 때의 방법 등 여러 측면으로 나누어서 이해할 수 있다. 도리깨를 보면 약하게 내리칠 때와 강하게 내리치는 방법이 다르고, 여럿이서 도리깨질을 효과적으로 할 수 있는 방법도 전승되었다. 또한 후치와 써레를 보면 축력 농기구는 사용하는 농기구에 대한 지식뿐만 아니라 동력이 되는 소를 농경에 이용할 수 있도록 훈련시키고 다루는 지식도 필요함을 알 수 있다. 이러한 농기구의 선택과 사용방법은 어느 한 개인에 의한 것이 아니라 오랜 시간 지식과 기술이 전승되는 과정 속에서 구축된 기술체계이다.

　농기구 관리에 대한 지식은 지속적으로 농기구를 사용할 수 있는 상태를 유지하는 것으로 이루어진다. 낫이나 톱을 지속적으로 사용하기 위해서는 날카롭게 날을 갈아야 하는데 이 역시도 지식과 기술을 필요로 한다. 낫의 날을 적절한 각도로 갈아야 오래 쓰며 너무 힘을 줘서 갈면 날이 넘어가서 풀을 베기가 어렵게 된다는 것도 모두 지식에 포함된다. 철제 농기구를 불에 달구어 수리하는 것은 벼름간의 장인만이 할 수 있는 일이다. 마을주민은 벼름간에서 농기구를 수리하는 방식에 대해서는 직접 실행한 것이 아니기에 대강의 원리만 짐작할 뿐이다. 농기구의 수리나 제작에 있어서 철제 농기구는 재료를 다룰 수 있는 기술적 한계로 인해 마을주민은 철제 농기구의 관리에 대한 지식을 한정적으로 가지고 있었다.

　산업화를 전후하여 마을공동체 안에서 자급자족하는 문화는 크게 줄어들었다. 특히 마을공동체 내에서 무엇인가를 직접 만들어서 생활에 필요한 것을 충당하는 모습은 점점 찾아보기 어렵게 되었다. 예전보다 경제적 여건이 향상되면서 농기구를 직접 만들거나 오래도록 수리해서 쓰기보다는 농기구를 사서 쓰고 닳으면 빨리 새 것을 구매하는 것이 일반화 되었다. 그리고 기계식 농기구와 현대화된 농경기술의 도입으로 인해 재래식 농기구의 사용이 크게 줄어들었다. 그나마 인력 농기구는 기계식 농기구를 사용하기 어려운 곳에서 여전히 활용되고 있지만 축력 농기구가 사용되는 모습은 송제마을에서 더 이상 찾아볼 수 없게 되었다.

　전승지식은 기록이 아닌 사람을 통해 구전되거나 실생활에서 행해짐으로써 자연스럽게 전승된다. 특히 농기구처럼 물질문화 영역에 속하는 것은 실생활에서 제작되거나 사용되면서 지식이나 기술이 전승되는 부분이 크다. 그런 만큼 재래식 농기구가 마을주민에 의해 제작되거나 사용되는 비중이 낮아진 현재의 상황은 관련된 지식 전승의 약화로 이어지고 있다.

| 참고문헌

김광언, 『쟁기연구』, 민속원, 2010.
_____, 『한국의 농기구』, 민속자료조사보고서 제20호, 문화공보부 문화재관리국, 1969.
김인규·이한승, 『옹기를 만드는 사람들』, 민속원, 2009.
김재호, 『우리네 농사연장』, 소나무, 2004.
김호일, 「지게 제작과 사용 전통의 지속과 변화 - 경북 영양군 중논실마을 사례를 중심으로 -」, 안동대학교 민속학과 석사학위논문, 2010.
배영동, 「머리말: 마을에 전승되는 민속지식을 주목하면서」, 『신전마을 사람들의 민속과 전승지식』, 민속원, 2015.
_____, 「물질문화 개념 수정과 연구 전망」, 『한국민속학』 46, 한국민속학회, 2007.
_____, 「분류적 인지의 민속지식 연구의 가능성과 의의」, 『비교민속학』 제57집, 비교민속학회, 2015.
_____, 『농경생활의 문화읽기』, 민속원, 2002.
임재해, 「한국 지식지형의 비판적 인식과 민속지식의 새 지평」, 『실천민속학연구』 제21호, 실천민속학회, 2013.

자연물과 동식물을 통해 본 기상예측 지식
― 길안면 송제마을을 중심으로 ―

손동기
안동대 민속학과 석사과정 2학기

1. 머리말

    오늘날 우리들에게 내일의 날씨를 알아보는 것은 어려운 일이 아니다. 우리는 오늘의 날씨를 시간대별로 알 수 있을 뿐만 아니라, 길게는 2주간의 날씨를 시공간에 구애받지 않고 누구나 알 수 있다. 이렇듯 언제, 어디서, 누구나 할 것 없이 날씨에 관한 정보를 쉽게 얻을 수 있게 된 것은 기상위성의 발명 때문이다.

    최초의 기상위성은 1960년 미국에서 쏘아올린 타이로스 1호이다. 이로 인해 한정된 지역의 위성 영상을 수집할 수 있게 된다. 이후 1960년대 후반에 쏘아올린 기상위성은 지구 전체를 포괄하는 기상관측자료를 수집할 수 있게 된다. 우리나라에서 최초로 쏘아올린 기상위성은 천리안 위성으로 2010년에 발사되어 2011년 4월부터 정규 운영을 시작하였다. 기상위성의 역사만 보더라도 우리가 과학적인 데이터를 통해 날씨를 예측할 수 있게 된 것은 오래 전의 일이 아님을 알 수 있다.

    그렇다면 기상위성이 발명되기 전에는 어떻게 날씨를 예측할 수 있었을까. 이에 대해 단정 지을 수는 없으나, 필자는 오로지 인간의 감각을 통해서 날씨를 예측했다고 본다. 예를 들면, 나이가 많은 노인이나 특정부위를 다친 사람의 몸이 평소보다 쑤신다거나, 하늘에 떠있는 구름을 통해서 기상을 예측할 수 있다. 뿐만 아니라 동식물, 곤충을 통해서도 기상을 예측했다. 이러한 방법을 통해 기상을 예측하는 것은, 길게는 한 해의 기상을 예측할 수 있었고, 짧게는 당일의 기상을 예측할 수 있었다. 즉, 기상위성이 발명되기 전에는 오로지 인간의 감각을 활용해 기상을 예측했다는 것이다.

오늘날에는 인간의 감각을 활용하지 않아도 스마트폰, 인터넷, 기상전화를 통해서 기상 정보를 쉽게 얻을 수 있다. 그럼에도 불구하고 우리들은 여전히 개인의 감각이나 다양한 경험을 통해서 날씨를 예측하곤 한다. 이러한 기상예측방법은 조상으로부터 배우기도 하지만, 자신의 경험을 바탕으로 터득하기도 한다. 예를 들면, "낮인데도 불구하고 밤처럼 어두울 때" 비가 온다고 예측하는 것은 후자라 할 수 있고, "새가 낮게 날면 비가 온다는 것"은 전자라고 할 수 있다. 전자의 경우에도 물론 혼자서 터득하는 경우도 있지만, 기상을 예측방법은 대체로 윗대에서 아랫대로 전승되는 지식이 많다. 그래서 필자는 기상을 예측하기 위한 전승지식이라고 해서, '기상예측지식'이라고 부르고자 한다.

기상예측지식의 전승은 누군가의 강요에 의해 이루어지는 것이 아니라, 일상생활 속에서 자연스럽게 전승된다. 그래서 기상예측지식은 살아가는 환경에 따라 조금씩 다르게 나타난다. 크게는 국가 별로 다르게 나타나며, 작게는 한 국가 내에서도 조금씩 다르게 나타난다. 왜냐하면, 한 국가 내에서도 각 지역마다, 또는 각 마을마다 자연환경이 다르기 때문이다. 그래서 필자는 안동시 길안면 송제마을 주민들을 대상으로 기상예측지식을 파악해서 일반적으로 통용되는 기상예측지식과 어떤 차이가 나타나는지 기술하고자 한다. 그래서 2장에서는 일반적으로 통용되는 기상예측 지식을 기술한 후, 3장과 4장에서 송제마을 주민들의 기상예측 지식을 기술하겠다. 끝으로 송제마을 주민들을 대상으로 수집된 기상예측 지식에는 어떠한 체계와 성격을 담고 있는지 기술하고자 한다.

2. 기상예측에 관한 일반 지식

기상예측지식은 우리나라뿐만 아니라 다른 국가에서도 공통적으로 나타난다. 왜냐하면, 대다수의 국가들이 농경사회를 거쳐 산업사회가 되었기 때문이다. 농경사회, 즉 1차 산업은 농업·목축업·임업·어업 등 자연에 작용하는 산업의 총칭을 말하는데, 대표적으로 농업과 어업을 들 수 있다. 1차 산업이 주류를 이루던 사회에서는 날씨에 민감할 수밖에 없다. 왜냐하면, 1차 산업은 날씨에 따라 일고동이 결정되었기 때문이다. 그래서 근대화 이전의 사회에서는 날씨를 예측하는 일이 삶의 중요한 과제가 아닐 수 없었다. 그러므로 그 당시 사람들은 기상을 예측하기 위해 노력할 수밖에 없다. 기상예측지식은 이러한 노력의 결실이라고 할 수 있으며, 오늘날에도 우리의 삶속에서 유용하게 사용되고 있다.

1960년, 미국에서 처음으로 기상위성을 쏘아 올렸기 때문에 기상위성으로 날씨를 예측하게 된 것은 불과 50여년, 전의 일이다. 그래서 1960년대 이전 사람들은 오직 개인의 감각에 의존한 기상예측밖에 할 수 없었다. 단지 국가별로 근대화의 시기가 다르기 때문에 기상의 영향을 많이 받고, 덜 받는 정도의 차이만 있을 뿐이다. 우리나라의 경우 1960년대 이전까지 1차 산업 중심의 사회였기 때문에 날씨를 예측하는 것이 중요한 과제였다. 이 말은 즉, 우리나라의 기상예측지식은 지금으로부터 불과 50여년, 전까지만 해도 활발하게 전승되었다는 것이다. 그렇다면 우리나라에서 일반적으로 통용되는 기상예측 지식은 어떤 것들이 있을까? 우리나라에서 일반적으로 통용되는 기상예측 지식을 제시하면 아래의 〈표 1〉과 같다.

〈표 1〉 일반적인 기상예측 지식[1]

봄	여름	가을	겨울
·봄 날씨 하루가 일 년 농사를 결정한다. ·봄날 첫 갑자일에 비가 오면 백리중이 가물다. ·봄비는 따뜻해지면 갤 징조이다. ·입춘 전날에 비 오면 그 해는 비가 많이 내릴 징조이다. ·입춘 지나 눈이 오면 흉년이 들 징조이다.	·여름 소나기는 소 등을 다툰다. ·여름에 바람이 적으면 가뭄이 들 징조이다. ·3년 가뭄은 견뎌도, 한 달 홍수는 못 견딘다. ·가뭄 끝은 있어도, 장마 끝은 없다. ·석달 장마에 햇빛 안 나는 날 없다. ·장마철 기온변화가 심하면 흉년이 든다. ·삼복 모두 가물면 극심한 가뭄이 올 징조이다.	·가을 무껍질이 두꺼우면 겨울이 춥다. ·가을비가 잦으면 춥지 않다. ·가을비는 오래오지 않는다. ·가을에 맑은 날이 계속되면 비가 올 징조이다. ·가을철에 아이들이 저녁까지 늦게까지 놀던 다음날 맑은 징조다. ·큰 서리가 있으면 3일 후 비가 올 징조이다. ·나뭇잎이 일찍 떨어지면 눈이 일찍 올 징조이다.	·가루눈이 내리면 추워질 징조이다. ·겨울 산이 울면 눈이 내릴 징조이다. ·겨울밤에 흐리면 낮은 포근하다. ·겨울에 눈이 많이 오면, 여름에도 비가 많이 내린다. ·겨울이 춥지 않으면, 여름도 덥지 않다. ·겨울철에 치는 천둥과 번개는 여름에 가뭄이 올 징조이다. ·눈 밟을 때 소리가 많이 나면 추워질 징조다. ·눈 온 뒷날에는 거지도 빨래한다. ·눈발이 잘면 추워질 징조이다. ·산이 울면 눈이 내린다.

자연물	동식물
·겨울밤이 구름 한 점 없이 맑으면 곧 눈이 옴. ·구름이 높이 있으면 비가 오지 않음. ·구름이 북쪽으로 이동하면 맑을 징조. ·구름이 빨리 움직이면 곧 바람이 세어짐. ·구름이 촘촘히 흩어져 있는 권적운은 비가 올 징조. ·뭉게구름이 피어오르면 날씨가 맑아질 징조. ·비행기 지나간 자리에 구름이 오래도록 남으면 날씨가 흐릴 징조. ·산에 덮인 구름이 올라가면 날씨가 개고, 내려오면 비 올 징조. ·상층운이 출현할 때 비 올 징조. ·양떼구름이 나타나면 비올 징조. ·여름 적란운은 다음날 맑을 징조. ·연기가 낮게 깔리거나, 구름이 많이 끼면 비 올 징조. ·은하수에 구름이 없으면 10일간은 비가 내리지 않음. ·일출 후에 적은 구름이 나타나면 가뭄이 들 징조. ·개구리가 시끄럽게 울면 태풍이 올 징조. ·개구리가 얕게 월동하면 겨울이 따뜻할 징조. ·지렁이가 나오면 비가 올 징조.	·개미가 구멍을 막을 때는 비가 올 징조. ·개미가 길을 가로지르면 비가 올 징조. ·개미가 이사를 하면 큰 비가 옴. ·개미가 진을 치면 비가 옴. ·거미가 집을 지으면 맑을 징조. ·고추잠자리가 날면 찬바람이 날 징조. ·날개달린 개미가 많으면 곧 비 올 징조. ·매미가 일찍 울면 그 해는 가뭄이 듬. ·모기 많은 해는 폭풍이 올 징조. ·반딧불이 높이 날면 바람이 없을 징조. ·벌이 날지 않으면 비 올 징조. ·벌집이 낮은 해는 비바람이 많음. ·잠자리 떼가 날아다니면 태풍이 올 징조. ·장구벌레가 물 위로 뜨면 비 올 징조. ·저녁 매미가 울면 다음날 맑을 징조. ·참매미가 일찍 우는 해는 서리가 빨리 옴. ·하루살이가 많이 끼면 큰 비가 올 징조. ·메밀꽃이 많이 피면 큰 눈이 올 징조. ·무궁화 꽃이 일찍 피면 서리가 일찍 올 징조.

---

[1] 편집부, 『알면 재미있는 날씨 속담 300』, 온이퍼프, 2012.

·고양이가 소란을 피우면 비 올 징조. ·닭이 산 나무에 높이 오르면 큰 비가 올 징조. ·말이 큰소리로 울면 맑을 날의 징조. ·못자리에 개구리가 울지 않으면 가뭄이 들 징조. ·뱀의 동면이 빠르면, 서리도 빨리 옴. ·뱀이 산으로 올라가면 장마 올 징조. ·뱀이 지붕 위를 타면 대홍수가 올 징조. ·물가에 물거품이 많이 일면 비 올 징조. ·바다가 울면 날씨가 급변할 징조. ·가까운 산이 멀리 보이면 날씨가 좋고, 멀리 있는 산이 가까이 보이면 비가 옴.	·민들레꽃이 닫히면 비 올 징조. ·배꽃이 많은 해는 홍수가 올 징조. ·벚꽃 색깔이 일찍 바래지면 여름 날씨가 좋을 징조. ·벚꽃이 일찍 피면 풍년이 들 징조. ·복숭아꽃이 피면 맑은 날이 3일도 못 감. ·봄꽃이 가을에 다시 피면 그 해는 추위가 늦게 올 징조. ·가지 꽃이 많이 피면 가뭄이고, 잎이 서면 맑을 징조. ·감이 풍년인 해는 추위가 심함. ·잣나무에 새순이 나면 장마가 질 징조. ·겨울 철새가 일찍 오면 눈이 많이 옴. ·제비가 낮게 날면 비 올 징조.

〈표 1〉은 우리나라에서 일반적으로 통용되는 기상예측지식을 계절별, 자연물, 동식물 별로 나눈 것이다. 이밖에도 다양한 기상예측지식이 존재하지만, 여기서는 출처가 정확한 자료만 인용했다. 그래서 독자가 알고 있는 기상예측지식과는 다소 차이가 있을 수 있다.

제시한 자료를 통해서 알 수 있듯이, 기상예측지식은 길게는 한해의 날씨를 짧게는 그날의 날씨를 예측하는 것을 볼 수 있다. 또한 날씨를 토대로 농사의 풍년과 흉년을 예측하기도 했다. 이러한 자료를 비과학적이라 할 수 있을까? 그렇지 않다. 물론 제시한 자료 중에는 과학적으로 설명하기 불가능한 것도 있다. 하지만 오늘날 기상에 관한 과학적 수준이 높아지면서 오히려 '일기속담'에 관한 과학적인 근거가 제시되고 있는 실정이다. 그렇다면 과학적으로 설명할 수 없는 기상예측지식은 신빙성이 떨어지는 자료일까? 과학적으로 설명할 수 없는 자료라고 해도 신빙성이 떨어지는 것은 아니다. 왜냐하면, 오늘날에도 많은 사람들이 날씨를 예측하는 준거로 〈표 1〉과 같은 자료를 많이 활용하고 있기 때문이다.

지금까지 우리나라에서 일반적으로 통용되는 기상예측지식을 살펴보았다. 그렇다면 송제마을 주민들 사이에서 통용되는 기상예측지식은 어떠한 것들이 있을까. 결론부터 말하자면, 위에서 제시한 일반적인 기상지식과 큰 틀에서 차이가 없다. 하지만, 비슷한 기상예측지식이라도 송제마을의 지리와 자연물의 특징 속에서 기상예측지식이 조금씩 다르게 나타났다. 지금부터 송제마을의 기상예측지식 중에서 '자연물을 통한 기상예측지식'을 살펴보고자 한다.

3. 송제마을 주민들의 기상예측 지식

1) 자연물을 통한 기상예측 지식

송제마을 주민들의 기상예측지식을 이해하기 위해서는 송제마을의 자연환경을 간략하게 살펴볼 필요가 있다. 송제마을은 전형적인 배산임수형 농촌 마을이다. 마을은 천지갑산과 금학산 등 사방이 산으로 둘러싸여 있고, 마을 앞으로는 송제천이 흐르고 있다. 마을주민들은 마을을 둘러싸고 있는 산 중에서 천지갑산과 금학산을 특별하게 인식하고 있다. 마을주민들은 마을의 안녕을 천지갑산을 통해 점치기도 하고, 기상을 예측할 때도 천지갑산에 있는 참나무나 금학산의 풀잎을 통해 예측하는 것으로 보아, 마을주민들에게 천지갑산과 금학산은 특별한 존재로 인식되고 있다고 볼 수 있다.

송제마을의 명칭은 소나무로 제방을 쌓았다고 해서 '송제松堤'라 붙여졌다. 현재 마을의 남서쪽으로는 소나무가 많고, 북동쪽으로는 참나무가 많다. 마을주민들은 천지갑산의 참나무를 통해 기상을 예측했다. 천지갑산의 참나무, 금학산의 풀잎을 통해 기상을 예측하는 것은 우리나라에서 일반적으로 통용되는 것이 아니다. 천지갑산과 금학산은 송제마을에만 존재하는 것이기 때문이다. 그렇다면 송제마을 주민들은 이러한 자연물을 통해서 어떻게 기상을 예측했을까. 본장에서는 송제마을 주민들의 기상예측지식 중 자연물을 통한 기상 예측지식에 대해 기술하고자 한다. 아래의 도식은 송제마을 주민들이 자연물을 통해 기상을 예측하는 것을 정리한 것이다.

〈자연물을 통해 본 송제마을 주민들의 기상예측지식〉

- 천지갑산의 참나무 잎이 하얗게 되면 3일 내로 비가 많이 내린다.
- 서쪽으로 해가 질 무렵, 해가 밝게 넘어가면 날씨가 맑다.
- 노인의 몸에 신경통이 오면 3일 내로 비가 내린다.
- 바람이 세게 불고, 소나기가 자주 내리면 태풍이 온다.
- 소나기가 오면 천둥이나 벼락이 많이 친다.
- 금학산으로 인해 소나기와 우박이 마을로 넘어오지 못한다.
- 안개가 많으면 서리가 안 내리고, 날이 청명한 뒤에 서리가 내린다.
- 밤 날씨가 갑자기 추워지고, 청명하면 다음날 서리가 내린다.
- 비가 오기 전날의 밤하늘은 더 낮아 보인다.
- 다음날 날씨가 맑으려면, 전날 밤하늘이 높아 보인다.
- 비가 오기 전날 밤하늘에는 별이 안 보인다.
- 겨울임에도 불구하고, 날씨가 춥지 않고, 포근하면 곧 눈이 내린다.
- 겨울에 밤하늘이 낮게 보이면 다음날 눈이 온다.
- 아침에 노을이 생기면 3일 내로 비가 오고, 저녁에 노을이 생기면 날이 맑다.
- 낮은 구름이나, 먹구름이 드리우면 몇 시간 내로 비가 내린다.
- 금학산의 풀이 바람의 영향으로 하얗게 되면 내일 모레 비가 내린다.

위에서 제시한 자료는 송제마을 주민들의 기상예측지식이다. 앞서 언급했듯이, 송제마을의 기상예측 지식은 우리나라에서 일반적으로 통용되는 기상예측지식과 별 차이가 없다. 우리가 이미 알고 있는 기상예측지식이 있는가 하면, 송제마을에서만 통용되는 기상예측지식이 있다. 예를 들면, 천지갑산의 참나무 잎이나 금학산에 있는 풀의 변화를 통해서 기상을 예측하는 것을 들 수 있다. 하지만 엄밀하게 따지고 보면, 위에서 제시한 자료는 송제마을 주민들의 기상예측이라고 할 수 있다. 왜냐하면 우리나라에서 일반적으로 나타나는 기상예측 지식과 송제마을의 기상예측 지식에는 미세한 차이가 나타나는데, 송제마을 주민들의 인식이 기상예측 지식에 반영되었기 때문에 차이가 나타나기 때문이다.

〈표 1〉과 송제마을 기상예측지식의 미세한 차이는, 송제마을의 기상예측지식이 일반적인 기상예측 지식보다 더 구체적이라는 것이다. 〈표 1〉에서는 단순히 비가 "온다, 안 온다."로 기상을 예측하고 있지만, 송제마을 주민들의 기상예측지식에는 '3일 내로 비가 올 것'이라고 예측하고 있다. 즉, 송제마을 주민들의 기상예측지식은 구체적인 기한이 정해져 있다는 것이다. 물론 제보자마다 조금의 차이는 있었지만, 조사결과 보통 2~3

일 내로 비가 내린다고 했다. "왜 하필 3일이에요?"라고 물었지만 그에 대한 대답은 "옛날부터 그랬으니깐 그렇지"[2]라는 뻔한 답변 밖에 들을 수 없었다.

사실 이에 대한 답을 찾는 것은 불가능한 일이다. 왜냐하면, 송제마을 주민들이 오랜 기간 동안 자연물이나 동식물을 관찰한 결과를 통해 만들어진, 말 그대로 '속담'이기 때문이다. 답을 찾기 위한 과정에서 필자의 생각을 조심스레 기술하자면, '3일 내로 비가 내린다는 말'은 특별한 의미가 있는 것은 아닌 것으로 보인다.

이는 기상예측지식이 오늘날까지 이어져올 수 있었던 이유를 생각하면, 어느 정도 답을 찾을 수 있다고 본다. 만약 '일기 속담'이 순 엉터리라면 과연 오늘날까지 이어질 수 있었을까? 그렇지 않다. 우리 생활에 조금이라도 도움이 되었기 때문에 오늘날까지 지속될 수 있었다. '일기 속담'은 일기 예보처럼 과학적인 데이터를 활용해 분석한 섬세하고 정확한 자료가 아닌, 오로지 삶의 경험을 통해서 기상을 예측하는 것이다. 그렇다보니 오늘 예측한 기상 현상이 이튿날 나타나기도 한다. 그래서 기상예측지식의 기한을 3일로 잡은 것으로 보인다.

다음으로 송제마을에서만 통용되고 있는 기상예측지식을 살펴보겠다. 먼저 천지갑산의 참나무 잎을 보고 기상을 예측하는 것은 송제마을 주민들의 대다수가 인지하고 있다. '천지갑산의 참나무'를 통해 기상을 예측한다는 제보는 다수에게 들을 수 있었지만, 그 중 권오준 씨의 구술에 주목하고자 한다. 왜냐하면, 권오준 씨는 제보자들 중 나이가 제일 많고, 지금도 농사를 짓고 있기 때문에 제보자들 중 가장 날씨에 민감할 것으로 판단되기 때문이다. 권오준 씨의 구술을 보자.

[여기 천지갑산에 있는 참나무 있잖아요. 참나무 잎이 이래 누우면 2~3

---

2) 김기한(남, '79세)의 제보.(2015년 9월 3일, 김기한 씨 자택)

일 내로 비가 온다고 하드라고요.] 눕는게 아니고. 이래 보면 바람이 불어도 가만히 있잖아요. 참나무가 많애요. 바람이 비올 정도 이래 되면은 잎이 디배져가지고 이래 있던 잎이 뽀얘. 바람이 불면 이래 뽀야. [아 그게 멀리서도 보여요?] 보이지 그럼. 저 건너 보이지. 하여튼 이래 바람이 불면 잎이 허옇게 이래 드러나. 저 참나무 하나 있잖아. 저게 허옇게 저래 드러나. [어르신 그럼 지금 허옇게 된거에요?] 그래. 지금은 덜 보이기는 하는데, 아까 그 해가 바짝 조질 때는 잘 보였다고. [그럼 어르신 3일 내로 비 오는 거에요?] 그거야 머 있어봐야 알제.3)

처음 권오준 씨에게 다가가 '일기속담'을 알려달라고 하자, "그런 거 없어요. 과학적이지도 않고, 확실하지도 않고. 요즘 일기예보에 다 나오잖아요."라고 말했다. 하지만, 위의 채록본에서 재밌는 점을 발견할 수 있다. 처음 권오준 씨는 일기예보를 보기 때문에 '일기속담'은 비과학적이고, 부정확한 것이기 때문에 모른다는 듯 말한다. 하지만 권오중 씨의 구술 중 "지금은 참나무 잎이 허연게 덜 보이는데, 아까 그 해가 바짝 조질 때는 잘 보였다고." 말한 대목을 보면, 권오준 씨는 일기예보를 보지 않고도, 2~3일 내의 날씨를 예측했다고 볼 수 있다. 단지 본인이 그것에 대해 자각하지 못했을 뿐이다. 이러한 사례를 통해볼 때, 권오준 씨 외에도 대다수의 사람들이 일상생활에서 기상예측지식을 활용하는 것으로 보인다. 다만 본인이 자각하지 못할 뿐이다.

다음으로 금학산을 통해서 날씨를 예측하는 것은 두 가지 양상으로 나타난다. 하나는 비가 오는 것을 예측하는 것과 둘째는, 금학산으로 인해 마을에 소나기가 잘 내리지 않는다는 것이다. 전자의 경우, 금학산의 잎이 비가 오기 전에는 하얗게 변한다. 이러한 현상이 포착되면 2~3일 내로 비가 온다고 한다. 후자의 경우, 마을주민들은 금학산, 즉 높은 산으로 인해

---

3) 권오준(남, 82세)의 제보.(2015년 9월 3일, 권오준 씨 사과 밭)

마을 내로 소나기가 금학산을 넘어올 수 없다는 것이다. 전자의 경우에는, '천지갑산의 참나무 잎'과 마찬가지로 마을주민들의 대다수가 알고 있지만, 후자의 경우에는 소수에 한해 전승되고 있었다. 자세한 내용은 제보자들의 구술을 통해 보도록 하자.

[어르신 저기 높은 산(금학산) 있잖아요. 저 산(금학산)을 보고 날씨를 예측하기도 했어요?] 저게 금학산이거든 금학산. 금학산에 있는 저 풀이 인자 바람이 불어가 부옇게 되면은 비가 온다고 그랬어. [누가 그렇게 말해줬어요?] 옛날 어른들부터 그랬지. 근데 이게 맹 비록 과학적이지 않다고 하더라도 대강 잘 맞혀 들어가. 그이 내 나이가 80이 넘도록 기억하고 있제.4)

[여기 마을 주변이 산으로 둘러 쌓여있잖아요.] 그러치. 그러이 여기도 보면. 이 동네도 보면 저 옆으로 그이 금학산이라꼬 있어. 그 산이 높아가지고 저 짝서 소냉기가 들어오잖아? 그럼 이 동네로 안 오고 저리 나가는기라. 소냉기가 산이 낮은 쪽으로 빠져뿐다꼬. [아. 산이 높으니깐 바람을 타고 오다가 저 산(금학산)에 막혀서 낮은 쪽으로 간다는 말씀이죠?] 그래. 산에 막혀 있으니깐 마 바람이 저리 빠져나가는기라. 그러이 소냉기도 오는 곳은 오고 안 오는 곳은 안 오고 이렇단 말이라.5)

금학산을 통해 비를 예측하는 것은 앞서 살펴본 천지갑산의 사례와 비슷하다고 볼 수 있다. 여기서 또 흥미로운 것은, 이러한 기상예측지식이 비과학적이지만 "잘 맞다"는 것이다. 덧붙여 말하기를 "잘 맞으니깐 내 나이가 80이 넘도록 기억하고 있제."라는 말이 더 흥미롭다. 필자는 권오준 씨의 말에 적극적으로 공감한다. 사실 우리의 전통은 우리가 지켜야할 문

---
4) 위의 사람
5) 김기한(남, 79세)의 제보.(2015년 9월 3일, 김기한 씨 자택)

화이지만, 현시대를 살아가는데 있어서 불필요하다면 소멸하기 마련이다. 왜냐하면, 문화는 생성-변화-소멸의 단계를 반복하기 때문이다. 이러한 관점에서 볼 때, '일기속담'은 '일기예보'로 인해 소멸될 가능성이 크다. 그럼에도 불구하고 '일기속담', 즉 기상예측지식이 사라지지 않은 이유는 우리의 삶에 있어서 아직 유효하기 때문이다.

다음으로, 먹구름이 금학산을 넘지 못한다는 이야기이다. 먹구름은 비를 상징하기도 한다. 먹구름이 하늘에 드리웠다는 것은 이내 비가 온다는 것을 암시한다. 김기한 씨의 말에 의하면, 옛날 어른들이 먹구름을 보면 "저 구름에 비가 들었다."라고 표현했다고 한다.6) 비가 들어간 구름, 즉 먹구름이 하늘에 많이 떠 있으면 소나기가 온다. 하지만 송제마을 주민들은 금학산 때문에 소나기가 못 넘어 온다고 한다. 이는 맞는 말이다. 정확하게 말하면, 구름이 산을 못 넘어오는 것이 아니라 사라지는 것이다. 구름은 공기가 산을 오르면서 생겨난다. 이렇게 생겨난 구름은 산을 넘는 과정에서 공기가 하강하게 되면서 구름이 사라진다. 과학적인 원리에 의한 것이지만, 인간의 눈으로 보면 마치 구름이 산을 넘지 못하는 것처럼 보이는 것이다.7)

지금까지 송제마을 주민들이 자연물을 통해 기상을 예측하는 지식을 알아보았다. 우리나라에서 일반적으로 통용되는 지식이 있는가 하면, 송제마을에서만 통용되는 지식이 있었다. 그래서 필자는 송제마을에서 통용되는 기상예측지식을 간략하게 소개해보았다. 다음 장에서는 송제마을 주민들의 '동식물을 통한 기상예측지식'에 대해 기술하겠다.

---

6) 위의 사람
7) 이승호, 『한국의 기후 & 문화 산책』, 푸른길, 2009.

2) 동식물을 통한 기상예측 지식

앞장에서는 자연물을 통해 본 송제마을 주민들의 기상예측지식을 살펴보았다. 그 결과, 우리나라에서 일반적으로 나타나는 기상예측지식과는 큰 차이가 없었다. 하지만 송제마을 주민들의 기상예측 방법은, 일반적인 기상예측 지식과 다르게 마을의 자연환경이 반영되어 전승되고 있다. 지금부터 살펴볼 '동식물을 통한 기상예측지식' 또한 일반적인 기상예측지식과 크게 다를 것이 없다. 그렇다고 해서 송제마을의 기상예측 지식이 이들의 전승지식이 아니라고 할 수 없다. 왜냐하면, 송제마을 주민들의 기상예측지식은, 주민들이 거주하는 마을의 자연환경, 지리적 배경과 밀접한 관련을 맺고 있기 때문이다.

송제마을의 동식물을 통한 기상예측 지식은 앞장의 자연물을 통한 기상예측 지식보다 특이한 점이 있다. 그것은 바로 '장마'를 예측한다는 것이다. 앞장의 자연물을 통한 기상예측 지식은 단순히 비가 '온다, 안 온다.', 또는 '며칠 내'로 온다는 정도였다. 하지만 동식물을 통한 기상예측은 이에 덧붙여 '장마'까지 예측한다는 것이다.

〈동식물을 통해 본 송제마을 주민들의 기상예측지식〉

- 들에 나갔을 때 날파리가 사람에게 달라붙으면 비가 온다.
- 아침 일찍 꼬추잠자리가 많이 날면 날씨가 좋다.
- 소나기는 소 등을 타고 다툰다.
- 묶여있는 소가 안절부절 못하면 비가 온다.
- 개미가 이사를 가면 2~3일 내로 비가 온다.
- 평소엔 보이지 않던 새들이 때로 몰려다니면 2~3일 내로 비가 많이 온다.
- 비온 뒤, 잠자리가 때를 지어 낮게 날면 사흘 내로 비가 온다.
- 무 뿌리가 길면 그 해의 겨울은 엄청 춥다.
- <u>뱀이 높은 곳으로 이동하면 장마가 온다.</u>
- <u>논에 있던 개구리가 다른 곳으로 이동하면 장마가 온다.</u>
- <u>소태나무가 울면 비가 온다.</u>

앞에서 제시한 자료 중 밑줄 친 부분에 주목할 필요가 있다. 순서대로 살펴보면, 먼저 논에 있던 개구리가 다른 곳으로 이동하면 장마가 온다는 것이다. 개구리를 통해 기상을 예측하는 일반적인 속담은 '개구리가 심하게 울면 다음날 비가 온다는 것'이다. 하지만 송제마을에서는 개구리를 통해 장마를 예측하고 있다. 개구리뿐만 아니라 뱀을 통해서도 장마를 예측하는 것을 볼 수 있는데, 이는 일반적인 기상예측 지식에도 나타난다. 하지만 개구리를 통해서 장마를 예측하지는 않는다. 그렇다면 송제마을 주민들이 개구리를 통해서 장마를 예측하는 이유는 무엇일까? 권오준 씨의 구술을 보자.

> 장마 머 이럴 때는 이 이런데 논에 있는 개구리도 장마 오기 전에는 말이래. 비가 많이 오면 전부 이런데 올라와부래. 이 이런데 논에 안 있어요. 말 못하는 기라도 비가 많이 오면 떠내려가뿌거든. 그러니께 사람보다 영글어. 사람은 좀 둔하지만은. [장마 올 때가 되면 개구리가 올라온다는 말씀이시죠?] 예. 개구리 머 뱀 긋은거 전부다 산이나 들로 올로 오지. [아. 높은 쪽으로 올라간다는 말씀이시죠?] 그렇지. 그러면 아이고 장마가 많이 오겠구나. 옛날엔 그랬지.8)

> 옛날에는 우리 마을이 지금이야 저짜 제방있자네. 그게 지금이야 저래 잘 돼있지, 옛날에는 안 저랬다고. 그이 비가 좀 많이 온다 싶으면 항상 이 불안불안한기라. 저 물이 막 마을로 오니께네. 저 지금 제방 쪽에서 그 앞에 천을 보면 이게 바다 긋앴다고. 물살도 쌔고, 이래 넓은기. 바다 긋앴어.9)

송제마을 주민들에게 장마를 예측하는 것은 마을의 중요한 과제였다. 앞서 기술 했듯이, 송제마을 앞으로는 송제천이 흐르고 있다. 정확하게 말

---

8) 권오준(남, 82세)의 제보.(2015년 9월 3일, 권오준 씨 사과 밭)
9) 김재환(남, 79세)의 제보.(2015년 10월 22일, 김재환 씨 자택)

하자면, 송제마을 앞은 송제천과 길안천이 만나는 지점이다. 그래서 비가 많이 오면, 하천의 수량이 훨씬 더 많이 늘어나기 때문에 마을사람들은 수해를 입을 수밖에 없다. 지금이야 제방공사가 잘되 있기 때문에 수해가 없지만, 제방공사가 되기 전에는 조금만 비가 많이 온다싶으면 수해를 입었다고 한다.10) 이러한 환경적 요인으로 인해 송제마을 주민들은 장마를 예측해야만 했다. 그래야만 장마로 인한 피해를 줄일 수 있기 때문이다.

송제마을의 명칭만 보더라도 비의 영향이 많았다는 것을 알 수 있다. '송제'는 한자로 소나무 송松에 뚝 제堤이다. 이를 직역하면 소나무로 제방을 쌓은 마을이라는 것이다. 송제마을은 자연지리적 특성으로 인해 수해가 컸기 때문에 소나무를 심어 제방을 만듦으로서 피해를 줄이려 했고, 이러한 것이 특징적이기 때문에 송제라고 붙여진 것으로 보인다. 마을의 명칭만 봐도 알 수 있듯이 송제마을 주민들은 기상의 변화에 민감할 수밖에 없었다. 그래서 마을주민들은 큰 비가 오는 것을 예측하기 위해 개구리와 뱀의 움직임에 주시했다. 개구리는 논이나 밭에서 쉽게 볼 수 있는 동물이다. 송제마을 주민들은 개구리를 관찰한 결과, 개구리가 논을 벗어나 높은 곳으로 이동하면 큰 비가 온다는 것을 알게 된다. 이는 경험을 바탕으로 오랜 기간 축적되어온 송제마을 주민들의 지식이라 할 수 있다.

다음으로 소태나무가 울면 비가 온다는 것은 오직 송제마을에서만 전승되는 기상예측지식이다. 여기서 말하는 소태나무는 송제마을의 당나무이다. 마을주민들은 매년 정월 대보름이면 소태나무의 제당에서 동제를 지낸다. 마을주민들에게 소태나무는 마을을 지켜주는 수호신이자 날씨를 예측하는 하나의 수단으로 작용했기에 특별한 존재이다. 소태나무가 우는 것은, 나무에서 물이 흐른다는 것이 아니라, 비가 오기 전 소태나무에서 "우우웅"하는 소리가 난다는 것이다.

---

10) 위의 사람.

[어르신 어르신 집 앞이나, 초등학교에 있는 보호수를 가지고 날씨를 예측하는 것은 없었어요?] 우리 집 앞에 있는 이 나무로 머 날씨를 예측했다는 건 없어. 근데 그 초등학교에 있는 그 나무로는 비가 오는 걸 알 수 있었지. [그 동제지내는 나무 말씀하시는 거죠?] 그래. 옛날 어른들이 저 나무가 울면 비가 온다카드라고. [나무가 운다는 게 어떤 소리가 나는거에요? 아니면 나무에서 물이 흐른다는 거에요?] 그이 소리가 난다는 거라. 머 그냥 우우웅하는 소리가 나는 건데 그게 나무에서 소리가 나는 건지 머 그 주변에서 나는 건지는 모르겠는데. 옛날에는 이 차가 많이 안 댕길 때만해도 밤 되면 마을이 워낙 조용하니깐 별에 별 소리가 다 들렸다고. 그이 그 소태나무에서 나는 소리도 들렸는데 요즘은 머 안들래. 귀도 어둡고. 옛날 어른들이 그러기를 소태나무가 울면 비가 온다고 캤지.11)

소태나무가 운다는 이야기는, 일반적인 기상예측 지식 중 '산이 울면 눈이 온다'는 말과 비슷한 이야기 구조를 하고 있다. 하지만 송제마을 주민들은 '소태나무가 울면 비가 온다.'고 한다. 산이 울면 눈이 온다는 말은 과학적으로 일리가 있다. 하지만 소태나무가 울면 비가 온다는 것은 과학적으로 설명하기 힘든 현상이다. 여기서 중요한 것은 송제마을 주민들이 소태나무를 어떻게 인식하고 있는지가 중요한 것이다. 마을에서 매년 정월 대보름이면 소태나무에 동제를 지낸다는 것은, 그만큼 소태나무에 대한 마을주민들의 인식이 특별하다는 것을 알 수 있다.

소태나무에 대한 마을주민들의 인식을 엿볼 수 있는 일화를 소개하면 다음과 같다. 송제마을 동제는 마을 내에서 교인들이 많아져서 잠시 단절된 적이 있었다. 마을에서 동제를 지내지 않자, 마을의 젊은이들이 자꾸 죽어나가게 됐다. 그러자 마을사람들 사이에는 "동제를 지내지 않아서 동티난 것"이라는 말이 돌았다. 그래서 마을주민들 사이에서는 동제를 다시

---

11) 김기한(남, 79세)의 제보.(2015년 10월 22일, 김기한 씨 자택)

지내자는 여론이 형성되었고, 그 결과 동제를 다시 지내게 된다. 이러한 이야기로 볼 때, 마을주민들은 소태나무를 신성시 여기고 있다. 마을의 수호신으로 자리 잡고 있는 소태나무를 통해서 기상을 예측하는 것은 어찌 보면 당연한 결과라고 할 수 있다.

마을주민들이 신성시 여기는 소태나무가 '운다'는 것은 안 좋은 일이 생길 것을 암시한다. 소태나무가 소리내어 운 후 얼마 지나지 않아 비 오는 일이 반복되자, 마을주민들 사이에서는 소태나무가 울면 비가 온다는 말이 생겨난 것이다.

4. 주민들의 기상예측 지식의 체계와 성격

지금까지 3장과 4장을 통해서 송제마을 주민들의 기상예측지식을 살펴보았다. 이 장에서는 지금까지 살펴본 송제마을의 기상예측지식이 어떠한 체계와 성격으로 갖추고 있는지에 대해 기술하겠다. 그전에 위에서 살펴본 송제마을의 기상예측 방법이 생겨나게 된 원인을 간략하게 기술하자면, 송제마을 주민들은 기상의 변화에 특히 민감했기 때문이다. 기상의 변화에 민감했던 것은 송제마을 주민들에게만 국한되는 것이 아니다. 최소한 산업화 이전의 삶을 살았던 사람들 모두 기상의 변화에 민감했다고 볼 수 있다.

송제마을 주민들이 기상의 변화에 민감할 수밖에 없었던 이유는 크게 두 가지 체계로 나타난다. 첫째, 송제마을의 지리적 특성 때문에 마을주민들은 기상의 변화에 민감할 수밖에 없었다는 것이다. 앞서 송제마을의 자연환경에 대해 간략히 기술했다. 그 중에서 기상예측지식에 중요한 자연환경은 송제마을 앞의 송제천이다. 송제마을 앞에 흐르는 천은 송제천과 길안천이 만나는 지점이다. 그래서 비가 조금만 와도 하천의 수량은 더 많이 늘어날 수밖에 없다. 그래서 송제마을 주민들은 기상의 변화에 있어서 특히 '비'에 민감할 수밖에 없었다.

　둘째, 송제마을 주민들에게 기상의 변화는 생업과 직결되기 때문에 민감할 수밖에 없다는 것이다. 마을주민들의 대다수는 아직 농사를 짓고 있다. 앞서 설명했듯이, 다른 산업활동에 비해 1차 산업 종사자들은 기상의 변화에 민감할 수밖에 없다. 송제마을 주민들 또한 기상의 변화에 민감했다는 것을 기상예측지식을 통해 엿볼 수 있었다. '자연물을 통해 본 기상예측지식'과 '동식물을 통해 본 기상예측지식'의 내용을 보면, 주로 비와 서리, 눈을 예측하는 것을 알 수 있다. 왜냐하면, 비와 서리는 농업활동에 큰 영향을 미치기 때문이다. 그렇기 때문에 송제마을 주민들의 기상예측지식은 농업활동과 밀접한 연관을 맺고 있다고 할 수 있다.

　송제마을 주민들의 기상예측지식 체계는 위에서 기술한 두 가지 원리를 바탕으로 형성되었다. 첫 번째로 살펴본 것은 마을전체의 피해를 막기 위한 것이었다면, 두 번째로 살펴본 것은 개인의 농업활동에 있어서 피해를 막기 위한 것이라고 볼 수 있다. 이러한 두 가지 원리와 일반적으로 나타나는 기상예측지식이 합쳐져서 송제마을의 기상예측 지식이 만들어졌고, 오늘날에도 마을주민들 사이에서 유용하게 쓰여 지고 있다.

　오늘날에는 기상예측지식의 전승이 단절된다 하더라도 '일기예보'를 통해서 기상을 쉽게 알아볼 수 있다. 그리고 오늘날에는 비가 내리더라도 개개인의 농사에 영향을 미칠 뿐, 마을단위까지 영향을 끼치지 않는다. 왜냐하면 제방공사가 잘되어 있기 때문이다. 제방공사가 되기 전에는 비로 인해 마을이 침수되기 십상이었다. 하지만 마을의 제방을 높게 쌓은 뒤로는 물이 마을까지 들어오는 일이 없다. 그래서 오늘날에는 비가 많이 내리더라도 개개인의 농사에만 영향을 미칠 뿐, 마을단위로까지 확장되지는 않는 것이다. 그렇다보니 기상예측지식의 성격은 자연스럽게 약화되었다.

　기상예측지식의 성격이 약화된 것은 사실이나, 단절된 것은 아니다. 왜냐하면, 위에서 권오준 씨의 사례를 통해 보았듯이, 아직까지도 개개인이 기억하고 있는 다양한 기상예측 방법을 활용해서 날씨를 예측하고 있기 때문이다. 그렇기 때문에 기상예측 지식은 단절이 아닌 약화라고 볼 수 있다. 다만 송제마을의 기상예측지식은 사라질 가능성이 높다. 우리나라에서 일반적으로 통용되는 기상예측지식이야 전승되는 데 있어서 문제가 없지만, 송제마을에서만 통용되는 기상예측지식은 전승을 이어받을 사람이 없기 때문에 점차 단절의 길 위를 걷고 있다고 봐도 무관할 듯싶다.

5. 맺음말

지금까지 송제마을 주민들의 기상예측지식을 살펴보았다. 송제마을뿐만 아니라 다른 마을도 마찬가지이겠지만, 기상을 예측하는 것은 우리가 삶을 살아가는데 있어 매우 중요한 과제이다. 왜냐하면, 사람이 살아가는 데 있어서 기상의 변화가 주는 영향은 컸기 때문이다. 기상의 변화가 우리의 삶에 미치는 영향은 긍정적인 영향과 부정적인 영향으로 나타난다. 긍정적인 영향으로 예를 들면, 극심한 가뭄 중에 내리는 비는 말 그대로 '마른하늘에 단비'이지만, 비가 내리지 말아야 할 때 내리는 비는 사람들에게 '수해'를 줄 뿐이다. 이는 비뿐만 아니라 서리, 눈, 우박 등 또한 마찬가지로 우리 삶에서 긍정적인 영향과 부정적인 영향을 동시에 주는 자연현상이다. 기상의 변화가 우리의 삶에 긍정적이든 부정적이든 간에 사람들은 이를 예측하고 싶어 한다. 그래서 지금까지 살펴본 다양한 기상예측지식이 생겨난 것이고, 기상위성과 같은 발명품이 만들어진 것이다.

이 글에서 조사자가 말하고 싶은 핵심 장은 3~5장이다. 2장의 경우, 송제마을의 특징을 드러내기 위해서 우리나라에서 일반적으로 통용되는 기상예측지식을 기술한 것이다. 3장을 통해서 송제마을 주민들의 '자연물을 통한 기상예측지식'을 살펴보았다. 그 결과 송제마을 주민들은 천지갑산과 금학산을 통해서 기상을 예측하는 것을 볼 수 있었다. 즉, 송제마을의 자연물을 통해서 기상을 예측하고 있었다. 4장에서는 마을주민들의

'동식물을 통한 기상예측 지식'을 살펴보았다. 그 결과 송제마을 주민들의 지리적 특성상 '장마'를 예측하는 것이 중요했기에 동식물을 통해서 '장마'를 예측하는 것을 볼 수 있었다.

끝으로 송제마을 주민들의 기상예측 지식의 체계와 성격에 대해 기술했다. 그 결과 송제마을 주민들의 기상예측 지식의 체계는 두 가지 원리가 합쳐져서 체계를 갖추게 된다. 첫째, 송제마을의 지리적 특성 때문에 마을 주민들은 기상의 변화에 민감할 수밖에 없었다는 것. 둘째, 송제마을 주민들에게 기상의 변화는 생업과 직결되기 때문에 민감할 수밖에 없다는 것이다. 송제마을 주민들의 기상예측지식 체계는 위에서 기술한 두 가지 원리를 바탕으로 형성되었다.

송제마을 주민들은 아직도 기상예측지식을 많이 활용하고 있다. 앞서 권오준 씨도 말했듯이, 기상예측지식이 순 엉터리라면 사람들의 기억에서 지워졌을 것이다. 하지만 마을주민들의 나이가 70~80세가 되도 이에 대해 기억하는 것은 기상예측지식이 잘 맞아왔기 때문이다. 이러한 기상예측지식은 송제마을에서만 전승되는 것이 아니라 다른 마을에서도 전승되고 있을 것이다. 이러한 것으로 볼 때 기상예측지식은 오늘날에도 지속중인 민속지식이고, 앞으로도 지속될 민속지식이라고 볼 수 있다.

| 참고문헌

이승호, 『한국의 기후 & 문화 산책』, 푸른길, 2009.
편집부, 『알면 재미있는 날씨 속담 300』, 온이퍼프, 2012.
배영동, 「분류적 인지의 민속지식 연구의 가능성과 의의」, 『비교민속학』, 비교민속학회, 2015.
김재호, 「생태조건을 고려한 마을민속 새로 보기」, 『민속연구』, 안동대학교 민속학연구소, 2009.

소 질병치료를 위한 민속지식

진홍국
안동대 민속학과 석사과정 2학기

1. 머리말

　송제마을에서 소는 1970년대까지 농사일에 없어서는 안 될 존재였다. 하지만 현재 이곳에서 소를 기르는 집은 한 곳밖에 남지 않았다. 소 사육의 목적도 일을 시키기 위한 것이 아니라 시장에 내다 팔기 위한 것으로 바뀌었다. 시대가 변함에 따라 유능한 일꾼이던 소가 상품이 된 것이다.
　'소 치료'도 다르지 않다. 근대적 수의학 교육을 받은 수의사가 등장하기 전까지만 해도 소 치료법은 자연과학적으로 접근하기보다 경험에 의한 방법이 주를 이뤘다. 우리나라에서 근대적 수의학 교육이 처음 실시된 시기는 1908년이며,[1] 마을에 수의사가 등장한 때는 1960년대이다.[2] 수의사가 나타난 이후에도 제보자 대부분은 소가 병에 걸리면 '소 병 보는 어

---

1) 천명선, 『근대 수의학의 역사』, 한국학술정보(주), 2008, 122쪽.
2) 임정태(남, 1937년생, 전 새마을지도자) 씨(2015년 09월 04일, 자택)와 오광희(남, 1942년생) 씨의 제보 (2015년 10월 13일, 자택).

른'3)을 주로 불렀다. '소침쟁이'라고도 불리는 이들은 근대 수의학 교육과정을 정식으로 밟지 않은 민간 소 치료 전문가였다.

　소는 그 쓰임이 달라졌을 뿐 예나 지금이나 상당히 값어치 있는 가축이다. 축력을 사용하던 농경사회에서는 '소 없이 농사 못 짓는다'는 말이 있었다. 소를 활용하면 인력만을 사용할 때보다 작업 능률이 몇 배나 높았고, 소가 매일 같이 만들어내는 퇴비는 농토를 비옥하게 만들었으며, 소의 성장과 출산에 따른 잉여도 상당하였다.4) 지금에 와서는 소가 한 마리에 수백만 원에 달하고, 한우는 귀한 손님을 대접할 때 자주 등장하는 음식 중 하나이다. 물질문화 자료의 쓰임이 달라졌다는 것은 사회구조가 변하였다는 것을 의미하고, 이것은 그 시대의 사회·문화적 맥락을 이해하는 데 상당히 도움이 될 수 있다. 그리고 귀중히 여기던 것에는 그렇지 않은 것보다 더 다양한 행위가 존재할 수 있으며, 이것 또한 그 시대를 읽어내는 귀중한 자료가 될 것이다.

　이 글의 민속지적 현재는 제보자들이 본격적으로 소를 키우기 시작하는 1950년대부터 더 이상 소를 농사일에 활용하지 않게 된 1980년대까지이다. '본격적으로'란 초등학교 때 주로 하게 되는 활동인 꼴비기을 넘어서 소를 농사에 활용하는 단계에 올랐을 때를 뜻한다. 제보자는 총 네 명으로, 이들 모두 군대 생활을 제외하면 마을을 떠난 적이 없는 토박이다.5) 그들은 지금까지도 마을에서 농사를 짓고 있다. 제보자들은 1937~1942년 사이에 태어났으며, 1950년대부터 1980년대까지 소를 돌보았다. 조사자는 조사를 시작하기 전까지 소와 관련된 지식이 거의 없었고, 현지조사 경험도 많지 않은 상태였다. 조사자와 제보자의 관계는 질문자와 답변자

---

3) 송제마을에서는 '소 병 보는 어른'을 '소침쟁이' 또는 '이매쟁이'라고 불렀다. 소침쟁이는 '소 병 보는 어른'을 낮잡아 부르는 말이지만, 글의 가독성을 높이기 위해서 '소 병 보는 어른' 대신 '소침쟁이'라는 단어를 썼다.
4) 배영동, 『농경생활의 문화읽기』, 민속원, 2000, 189쪽.
5) 1942년생인 오광희 씨의 출생지는 일본이다. 하지만 그의 가족은 해방을 맞아 송제마을로 들어와 자리를 잡았다.

의 수준을 벗어나지 못했다. 첫 번째 제보자였던 임정태 씨와의 면담 내용을 기반으로 질문을 구체화했으며, 새로 만난 제보자들이 '기억나는 것이 없다'고 할 때 그 시점까지 얻은 조사 성과를 말해주어 그들의 기억을 상기시키려 노력했다.

글의 전개는 다음과 같다. 우선 '소침쟁이'의 역할과 활동에 대해서 다루었고, 그 다음 제보자들의 지식과 기억력이 허락하는 선에서 소 치료법을 민속지적 현재의 사회·문화적 맥락 속에서 기술하였다. 마지막으로 소 치료 민속지식에 담긴 문화적 함의에 대해 서술하였다.

2. '소침쟁이'의 역할과 활동

제보자들은 소가 소죽을 먹지 않거나 다리를 절룩거리는 등의 증상을 보이면 자기 나름대로 살펴본 뒤, 자신이 고칠 수 없는 수준이라는 판단이 들 때 소침쟁이를 찾았다. 하지만 마을 내에 소침쟁이가 없었으므로 10~30리 정도 떨어진 금곡리, 만음2리, 대사리 등까지 걸어가 그곳에 있는 소침쟁이를 데리고 왔다.

"죽도 안 먹고 소가 양을 안 치거든. (소는 원래) 죽 먹고 입을 다시거든요. 몸이 괴로우면 양도 안 쳐요. 그럼 소가 괴롭구나해서 소 병 보는 노인한테 오라고, 데리러 가지. 교통이 불편하니 보행으로 걸어가요. 그런데 노인이 안 온다고 다리 아프다고 하며 안 올 수도 있어요. 그럼 억지로 사정해서 모시고 오지요. (조사자: 돈을 많이 줘야 하나 봐요?) 그렇게 많지 않지. 그때 돈으로는 크다고도 할 수 있지. 하루 일당 값. 요새로 치면 한 5만원씩."[6]

---

6) 김재환(남, 1937년생) 씨의 제보(2015년 10월 29일, 자택).

소 주인은 소침쟁이를 찾아가 우선 소의 상태에 대해서 설명하였다. 그러면 소침쟁이는 '바새'라는 쇠로 만든 침과 소 주인에게 듣고 예상되는 질병에 맞는 조약造藥을 챙겨 길을 나섰다. 조약은 미리 만들어 놓은 것을 주기도 했고, 증상을 보고 소 주인에게 만드는 방법을 일러주기도 했다. 소침쟁이를 데리고 갈 때는 실랑이가 벌어질 때가 있었는데, 이것은 진료비 흥정의 일환으로 보인다. 진료비는 그 당시 하루 일당 수준이었다고 할 뿐 구체적인 액수는 알 수 없었다. 진료비는 화폐 또는 곡식으로 치렀으며, 조약 값까지 포함되어 있었다.

"수의사도 60년대부터. 처음에는 별로 없었거든요. 나이 많은 어른. 침놓는 어른이 있었기 때문에 그 어른을 부르고. 수의사 보다는 침놓는 사람이 더 저거 했지요. (조사자: 수의사는 진료비가 비싸서 그런 거예요?) 값도 값이지만, 하여튼 소한테 병 하는 거는 침을 놓는 게 침술을 사용했어요. (조사자: 수의사보다 소침쟁이가 더 잘 봤다는 말씀이네요?) (끄덕끄덕)"[7]

위에서 언급했듯이 송제마을에 수의사가 등장한 시기는 1960년대이다.[8] 하지만 제보자들은 1980년대까지 소가 아플 때면 수의사보다는 소침쟁이를 주로 불렀다. 수의사의 진료비가 비싸기도 했지만, 무엇보다 소침쟁이에 대한 믿음이 있었다.

제보자들은 소와 관련된 치료법에 대해서 말할 때 '소침쟁이에게 배웠다', '소침쟁이를 불러서 치료했다'는 식의 표현을 자주 사용하였다. 이것은 소침쟁이가 소 치료 민속지식 전승에 중심적인 역할을 담당했음을 의미한다. 소장수나 지인을 통해서 알게 된 경우도 있었지만, 소침쟁이에 의

---

7) 오광희(남, 1942년생) 씨의 제보(2015년 10월 13일, 자택).
8) 수의사가 있는 화목과 길안 중 비교적 가까운 화목의 수의사에게 약 처방을 받았던 것으로 보인다. 네 명의 제보자 중 오광희 씨만 수의사에게 약을 처방받은 경험이 있었다.

한 것에 비하면 조사된 사례의 수가 매우 적고, 내용의 깊이 측면에서도 제한적이었다.

　소 치료 민속지식의 전승이 소침쟁이를 중심으로 이뤄졌다는 사실은 제보자들이 알고 있는 정보의 깊이가 그리 깊지 못하다는 점을 통해서도 알 수 있다. 제보자들은 황달, 감기 등의 병명을 알고 있더라도 그 원인이 무엇인지 잘 모르거나 치료법을 정확히 기억하지 못할 때가 많았다. 특히 조약을 만드는 것에 대해서 '아무나 할 수 없는 것'이라고 표현하고, 제보도 대부분 증상이 매우 뚜렷하게 나타나는 질병이거나 치료법을 육안으로 확인할 수 있는 것들로 한정되는 경향을 보였다. 제보자들의 소 치료에 대한 민속지식의 수준이 결국 '어깨너머로 배운' 정도에 머물러 있었던 것이다.

3. 소 치료 관련 민속지식의 실제

　각 질병은 원인, 증상, 치료법 순으로 서술되었다. 병을 예방하는 것과 기운을 북돋는 것도 치료로 보았다.

1) 혓바늘이 났을 때

　소가 일을 많이 하여 몸이 괴로울 때 혓바늘이 돋곤 한다. 그래서 일이 많은 농본기에 주로 혓바늘이 발병하고, 농한기인 겨울에는 거의 볼 수 없는 질병이다. 소가 여물을 잘 먹지 않아 소의 혀를 살펴봤을 때 붉은색이던 혀의 색이 검은색으로 변해 있고, 우둘투둘한 것이 났다면 혓바늘이 돋은 것이다.

　"소가 혓바늘이 나면 소금을 한 접시 가져다 놓고 혀를 빼 가지고 거머쥐고 혓바닥에 소금을 대고 막 문지르는 기라. 문지르면 그게 약이라. 혀를 닦아주는 택이지. 소독은 소금을 가지고 그러면 된다. 헛바닥이 벌겋게 나오면은 보통 괜찮은데 시커멓게 헛바닥이 거멓게 나오는 기라. (중략) 접접하니까 혀를 내어 가지고 자꾸 새끼를 문대잖아. 헛바닥의 우둘투둘한 게 없어지라고 그렇게 해 놓는 거야."9)

혓바늘 치료 방법은 크게 두 단계로 나뉜다. 우선 혀를 빼서 바새(쇠침)를 가지고 소의 혀를 마구 찔러 피를 빼낸다. 이때 소의 다리를 잘 묶어 놓아야 한다. 소가 놀라 날뛰게 되면 치료가 어렵기 때문이다. 다리를 묶을 때는 뒷다리는 그대로 두고 앞다리만 묶는다. 뒷다리까지 묶어버리면 소가 날뛸 때 균형을 잃고 넘어져 다리가 부러질 수 있기 때문이다. 그 다음 과정은 짚이나 소금을 가지고 사람이 직접 혀를 문질러 주는 것이다. 비슷한 방법으로 소에게 새끼로 만든 재갈을 물리기도 한다. 재갈을 물릴 때는 여물을 먹을 수 있도록 느슨하게 조여야 하는데, 소가 여물을 먹을 때 자연스럽게 혀가 새끼에 문질러져 우둘투둘한 것이 긁어져 나오게 만든 것이다. 소금을 쓸 경우에는 굵은 소금을 써야 한다. 소금은 소독 효과가 있었으며, 당시에 쓰인 소금은 요즘의 것보다 굵었다.

2) 절음병이 났을 때

주로 축력을 이용해 농사를 짓던 시절에는 소를 데리고 이곳저곳에 있는 논과 밭을 돌아다녔다. 그렇다보니 소가 가시 같이 뾰족한 것을 밟고 다리를 저는 경우가 있었는데, 제보자들은 이 병을 '절음병'이라고 불렀다. 절음병이 나면 이물질이 낀 자리에 고름이 고이기도 했다.

"자갈밭 같은 곳에 댕기고 하니까 쇠 같은 걸 밟기도 하고 하니까 그래

---

9) 김기한(남, 1937년생) 씨의 제보(2015년 09월 04일, 자택).

가지고. 그걸 가지고 소 절음 났다고 하거든. 그러면 소를 붙들어가 달아매어 놓고. 그냥 하면 발로 차서 되나."10)

절음병 치료법은 크게 세 단계로 나뉜다. 우선 저는 다리를 살펴보고, 가시 등의 뾰족한 물질이 있으면 제거한다. 그 다음 이물질이 박혀 있던 환부에 고름이 생겼을 경우, 쇠침으로 찌르고 긁어서 제거한다. 이때 소가 날뜰 수 있으므로 혓바늘을 치료할 때처럼 잘 붙들어 매어 놓아야 한다. 마지막으로 뜨겁게 데운 간장을 환부에 부어 소독한다.

3) 등창이 생겼을 때

소는 유능한 농사꾼이자 힘센 짐꾼이기도 했다. 소를 가지고 짐을 운반할 때는 더 많은 짐을 싣기 위해 지르매(길마)라는 기구를 소의 등 위에 얹는다. 소가 무거운 짐을 지르매에 얹고 오래 걷게 되면 등이 지르매에 문질러져 짓무르게 된다. 이것을 '등창'이라 한다.

"짐 실을 때는 지르매라고 하는 게 있어. 여기다 숯껑을 싣는 기라. 등창이 뭐냐면 여기(지르매와 소의 등이 만나는 면)가 지르매에 문질러져 가지고 벗겨져 가지고, 해져 가지고 탈나는 거. 지르매 계속 문질러지니까. 그래서 탈나는 게 소 등창 났다고 하는 거지."11)

등창 치료법은 다음과 같다. 우선 환부에 고름이 생겼을 경우 쇠침으로 찔러 짜내고. 그 다음 딸까무라는 약초를 돌로 찧어서 즙을 내어 환부에 붙여 싸매놓는 것이다.12) 약초가 없을 경우에는 된장이나 간장으로 대

---

10) 김기한(남, 1937년생, 전 소장수) 씨의 제보(2015년 09월 04일, 자택).
11) 김기한(남, 1937년생, 전 소장수) 씨의 제보(2015년 09월 04일, 자택).

신한다. 간장은 뜨겁게 데워서 썼다. 된장과 간장은 직접적인 치료제인 딸까무와 달리 소독약의 개념으로 쓰였다.

4) 소가 일을 너무 많이 하여 지쳐 있을 때13)

'소가 없으면 농사를 못 짓는다'라는 말이 있을 정도로 소는 농사를 짓는데 없어서는 안 될 가축이었다. 소를 이용하면 사람이 혼자서 하는 것보다 작업 능률이 평균적으로 10배 이상 높았다.14) 소가 농사에 쓰이던 1950~60년대 안동에서는 일소가 좋은 논 한 마지기나 보통 논 두 마지기에 거래되었다. 솟값이 상당했던 것이다. 또한, 소 사육은 상당히 손이 많이 간다. 그렇다보니 농사를 지으면서도 소를 키우지 못하는 집이 있었다. 소가 없는 집에서는 논과 밭을 갈거나 썰 때 남의 집 소를 빌려다 썼다. 소를 빌리면 그 대가로 대여해준 집에 가서 같은 기간을 일해주어야 했다. 그러므로 소를 빌린 사람 중에는 매를 대면서까지 소에게 가능한 한 많은 일을 시키려 하는 경우가 있었다. 굳이 소를 빌려간 사람이 아니더라도 소는 상당히 많은 일을 했던 것으로 보인다. 제보자들은 당시를 회상하면서 '소가 제일 고생이었지'라는 식의 표현을 썼기 때문이다. 특히 논밭을 갈 때 소는 쉴 새 없이 일해야 했으므로 지칠 수밖에 없었다.

"소가 죽을판 살판 해야 돼. 그러니 이놈을 논밭 갈아봐. 얼마나 야문지. 그 걸 다 갈면 혀를 빼 문다고. 그래 하니까 이 소가 말이지 되게 부리니까 또 어떤 꼴이 나더라… 보면 워낙 되게 부리면 남의 소를 얻어다가 하면.

---

12) 약초 명이 정확하지 않다. 임정태 씨는 딸까무라는 약초에 대해 '딱감', '딸까무풀'이라고 하는 등 그 이름에 대해서 자신 없어 했다. 그는 그 약초에 대해서 '그 약초를 사람이 먹으면 죽을 수 있다', '마약이다'라고 표현했다.
13) 소가 일을 많이 하면 헛바늘, 배앓이 등의 증상이 나타나기도 하는데 이 항에서는 지쳐서 기운이 빠졌을 때로 한정한다.
14) 배영동, 앞의 책, 60쪽.

소도 없잖아? 없으면 남의 일 해주고 하루 일해주고 자기가 가지고 가면 자기 논과 밭을 이틀해도 못할 것을 그걸 다 갈려고 하면 소를 막 뚜드려야 하는 기라. 반 잡는 기라."15)

사람이 지칠 때 삼계탕·보신탕 등을 먹는 것처럼 소가 지쳐 보이면 기운을 북돋기 위해 음식을 먹인다. 제보자들은 소에게 꽃뱀, 미꾸라지, 막걸리, 조당수 등을 먹였다. 꽃뱀·미꾸라지·막걸리를 병에 담아 소의 입을 벌리고 목구멍 깊숙이 밀어 넣어서 부어주면 된다. 소에게 병을 사용해 무엇인가 먹일 때는 두 사람이 호흡을 잘 맞춰야 한다. 한 사람은 두 손으로 고삐를 들어 올려 소의 주둥이가 위로 향하게 하고, 나머지 한 사람은 소의 혀를 한 손으로 잡아당기면서 목구멍에다가 병에 담긴 내용물을 붓는다. 이때 기도에 붓지 않도록 조심해야 한다. 막걸리는 소에게 일을 시키는 도중에 맥을 못 춘다 싶을 때 바로 먹이면 즉시 효과를 보았다. 조당수는 사람이 먹는 것과 똑같이 만들어 여물과 섞지 않고 그대로 소에게 주었다.

5) 봄이 왔음에도 털을 제대로 벗지 못할 때

겨울이면 꼴을 베어 올 수 있는 곳이 없어 한겨울이 되기 전에 준비해둔 꼴과 짚을 소먹이로 주어야 한다. 겨울나기용 소먹이 준비는 집안의 경제적 상황에 따라 달라졌다. 논이 많고 노동력이 풍부한 집에서는 그렇지 않은 집에 비해 상대적으로 겨울나기용 소먹이 준비가 수월했다. 논이 많으면 짚이 넉넉했고, 노동력이 풍부하면 꼴을 베어다가 잘 말려놓을 수 있었던 것이다. 찌꺼기라고 해서 사람이 먹을 수 있는 것 중 내다 팔거나 먹고 남은 것을 소에게 주기도 했는데, 그것조차도 집안의 경제적 상황과 관련이

---

15) 임정태(남, 1937년생, 전 새마을지도자) 씨의 제보(2015년 09월 04일, 자택).

있었다. 소먹이를 충분히 준비하지 못하면 소가 비쩍 마르고, 봄이 되어도 털을 제대로 벗어내지 못했다. 증상이 길어질 때는 여름까지 이어졌다. 이러한 증상은 소의 체온 관리가 잘 되지 않을 때 더 심하게 나타났다.

"봄이 되면 생풀이 나면 먹이고 풀을 부지런히 먹이면. 겨울에는 풀이 없으니 못 먹이잖아. 풀을 먹이면 풀도 밭둑의 것하고 영양분이 천지 차이래. 좋은 거 빈다고 산에 전부 다니며 비면 막 부들부들 한 게 좋은 게 있어 소 잘 먹는 것이. 그걸 먹이면 살이 더 찌지 싶은데 안 쪄, 덜 쪄. 소가 뭐로 크는지 아는가? 소는 질소로 커. 질소로."16)

먹지 못해서 생긴 병은 그 어떤 것보다 잘 먹이는 게 제일 좋은 약이다. 봄이 되면 부지런히 꼴을 베어다가 소에게 먹이는 것만큼 좋은 약이 없는 것이다. 이때 꼴은 밭둑에 있는 것을 베어다 먹이는 것이 산에서 자란 것보다 효과가 좋았다. 밭둑에 있는 풀은 밭에 뿌린 비료를 먹고 자라 영양가가 높았기 때문이다. 여기서 영양가란 질소를 의미한다. 1960년대에 보급된 비료는 질소가 많이 함유된 요소비료였다.17) 그리고 소의 체온 관리가 잘 되어야 봄에 털을 잘 벗기 때문에 겨울이 되면 소에게 멍석을 덮어주고, 외양간에 짚도 충분히 깔아주었다.

6) 설사병이 났을 때

소에게 자주 나는 탈 중 하나가 설사이다. 소가 설사를 하는 원인에 대해서는 알 수 없었다.

---

16) 임정태(남, 1937년생, 전 새마을지도자) 씨의 제보(2015년 09월 04일, 자택).
17) 조규용(남, 한국비료협회 부장) 씨의 제보(2015년 10월 23일, 전화)에 의하면 우리나라에서 요소비료가 본격적으로 생산된 시기는 1961년이다. 임정태 씨는 5·16군사정변(1961년) 이후 요소비료를 쓰기 시작했다고 한다.

"설사하지. 설사를 많이 하지. 설사는 뭐로 약을 하냐면, 들에 가면 산에 가면 돌옷이라고 하는 게 있어. 여기 우리 담에도 붙어 있는 게 있어. 돌옷이 소나무를 타고 올라갔단 말이야. 담쟁이가. 소나무에 올라가는 담쟁이를 삶아 가지고 먹이면 설사가 끝이야."18)

소가 설사를 하기 시작하면 담쟁이를 삶아서 먹였다. 이때 담쟁이를 여물과 잘 섞이도록 잘게 썰어서 함께 주거나 삶긴 담쟁이는 버리고 물만 따로 먹이기도 했다. 후자의 경우 삶은 물을 병에 담아서 소의 입을 벌려 강제로 먹였다. 그리고 설사약으로 쓰이는 담쟁이는 반드시 소나무에 붙은 것을 사용해야 유효했다. 담벼락에 붙은 담쟁이는 약으로 쓰이지 않았다. 제보자들은 '우리 선조들이 얼마나 지혜로운지'라는 식으로 말할 뿐 정확한 그 이유에 대해서 알지 못했다. 소나무에 붙은 담쟁이는 산보다는 강변에 많았다.

7) 암소가 송아지를 낳았을 때

앞에서 언급했듯이 소는 농사에 없어서는 안 될 매우 중요한 재산이었다. 축력을 이용하는 것뿐만 아니라 소의 변은 거름으로도 쓸 수 있었고, 소는 돼지와 달리 사람과 먹는 것이 크게 겹치지 않아 그 효용가치가 다른 가축에 비해 높았다. 따라서 소의 출산은 큰 재산이 생긴 것과 다름없었다. 다른 가축의 출산에서는 찾아볼 수 없는 산후조리가 소에게만 나타나는 것도 같은 맥락으로 보인다.

"(사람처럼) 소도 출산하면 콩 같은 거를 좀 낫잡아 가지고 삶아 가지고 이래가 먹이고 애 먹었다고. 참 어떤 집은 잘 살고 한 집은 미역도 사다가

---

18) 김기한(남, 1937년생, 전 소장수) 씨의 제보(2015년 09월 04일, 자택).

그 소죽에다가 같이 넣어가 이래 가지고 주고. 소도 사람에게 딸린 건데. 그냥 놔둘 수 없다고. 없는 사람은 그것도 못하고 콩 찌끄래기 같은 거 가지고 쌀 겨 같은 거 그런 거 넣어 가지고 그랬지."19)

소가 새끼를 낳으면 콩·콩찌꺼기·쌀겨 등을 넉넉하게 넣고 소죽을 끓여 주었다. 산후조리용 소죽은 살림살이의 수준에 따라 달라졌다. 살림이 넉넉한 집에서는 사람이 출산했을 때처럼 미역을 넣어서 소죽을 끓여 주었다. 그리고 삼칠일 동안 쉴 시간을 주는데, 농번기처럼 일이 많을 때는 3일 정도만 쉬게 했다. 농본기에는 3일 정도만 쉬게 했다.

8) 버짐이 났을 때

소가 버짐이 나는 원인은 알 수 없었다. 버짐이 발생하면 해당 부위의 털이 모두 빠지고 가죽만 남는다.

"똘방하게 이래 가지고 자꾸 번져 나가는 거라. 번져 나가면 털이 빠져 나가고, 가죽만 이렇게 남는 거라. 그건 필히 약을 해줘야 하거든. 그건 그때 제조해 놓은 약은 아직까지 저기 가지고 있지 싶어."20)

버짐이 생기면 소장수에게 받은 조약을 환부에 발라주었다. 조약 제조법은 알 수 없었다. 한편, 소 버짐은 사람에게도 옮을 수 있으므로 조심해야 하고, 혹시 옮게 되면 소에게 쓰는 조약을 바르면 나았다.

---

19) 김기한(남, 1937년생, 전 소장수) 씨의 제보(2015년 09월 04일, 자택).
20) 김기한(남, 1937년생, 전 소장수) 씨의 제보(2015년 09월 04일, 자택).

9) 소가 죽었을 때

소는 대개 두 가지의 유형으로 죽음을 맞는다. 우선 식용으로 팔려 나가 죽는 경우이다. 위에서도 언급했듯이 소가 없으면 농사를 지을 수 없었고, 솟값은 좋은 논 한 마지기와 바꿀 정도로 비쌌다. 소가 늙어서 더 이상 일을 제대로 하지 못하면 내다 팔고, 그 돈으로 젊고 농사일에 잘 길들여졌을 것으로 보이는 소를 샀다. 그렇게 우시장에 나온 늙은 소는 보통 식용으로 넘겨졌다. 다음은 질병으로 죽음을 맞이하는 경우이다.

"금방 죽고 급살해서 죽고 한 거는 가져다가 묻고 병 안 들고, 낭떠러지에서 떨어졌다거나 또 어디 매 놓았다가 목 매달 듯이 떨어지면 목매는 것과 같은 거 아닌가. 그런 거는 사람이 가져다 먹고, 병들어 죽은 것은 공동묘지로 다 가져가."[21]

질병으로 인해 죽은 소는 먹거나 팔지 않고 땅에 묻어버렸다. 땅에 묻는 것은 질병이 다른 곳으로 번져나가지 못하게 한다는 의미로 일종의 전염병 예방법이라고 볼 수 있다. 죽은 소의 질병이 반드시 전염병이라고 볼 수 없을 것이다. 하지만 그 당시 소가 무슨 질병에 걸려 죽은 것인지 정확히 파악할 수 없었고, 혹시라도 전염병일 경우 다른 집까지 해를 입게 되므로 매장해버리는 것이다.

소를 묻는 장소가 정해져 있었는데, 제보자들은 그곳을 '소 공동묘지'라고 불렀다. 소 공동묘지는 마을에서 1km 떨어진 둔전교에서 장골로 들어가는 입새에 있었다.[22] 그곳에 사체를 묻게 되면 금줄을 친다. 사람들이 그곳에 들어가지 않도록 표시해둔 것이다.[23] 그리고 그곳에서 자란 풀

---

21) 김기한(남, 1937년생, 전 소장수) 씨의 제보(2015년 09월 04일, 자택).
22) 소 공동묘지는 현재 사과밭으로 바뀌었다.

은 전염병이 옮을 것을 우려해 소 먹이로 쓰지 않았다. 먹고 살기 힘들었던 당시에는 질병으로 죽어 소 공동묘지에 묻은 소를 밤에 몰래 파내어 먹는 이들도 있었다. 한편, 소가 질병이 아니라 낭떠러지에서 떨어져 죽거나 골절이 너무 심해 일소로 부릴 수 없을 때는 도축하기도 했다.

〈그림 1〉 소 공동묘지 위치.

10) 되새김질을 하지 않을 때

정확한 원인은 알 수 없지만 소가 '몸이 괴로우면' 되새김질을 하지 않는다. 마른 곡식을 많이 먹었을 때도 같은 증상이 나타난다. 사람들은 소가 되새김질을 하지 않는 것을 보고 '양을 치지 않는다'고 표현했다.

"조약이라고 하는 것은 나뭇잎 삶고, 아니면 인동덩굴하고 대나무 이파리하고 달여 가지고, 됫병에 넣어 가지고, 물을 소 입을 벌리고 혀를 이제 팔 힘쎈 사람이 당기고 들이붓지. 혀를 쥐고 당기고 있으면 토하지 못하거든요. 소 코 군지를 들고 천장으로 들고 있으면 돼."24)

제보자는 처치법에 대해서 정확히 기억하지 못했다. 단지 인동덩굴, 대나무 이파리, 고지박 등을 넣고 달인 물을 병에 넣어서 먹였다. 조약의

---

23) 이웃 마을에 소 전염병이 돌면 마을 입구에 금줄을 쳤다. 이 금줄도 전염병이 도는 마을의 사람들이 마을 내로 들어오는 것을 막기 위한 조치였다.
24) 김재환(남, 1937년생) 씨의 제보(2015년 10월 29일, 자택).

재료는 이 세 가지 외에 더 있다고 했지만 기억하지 못했다. 이 치료법은 원인과 증상, 그리고 조약 제조법까지 무엇 하나 뚜렷한 것이 없었다. 한편, 사람들은 소화가 잘 되지 않을 때 인동덩굴을 달여 먹었다.

4. 맺음말

사실 이 연구는 소를 포함해 개·닭·염소 등 모든 가축을 대상으로 진행됐다. 하지만 소를 제외하고 개와 닭에 대한 치료법은 각각 하나밖에 조사되지 않아 연구 범위를 소로 좁히게 되었다.[25] 그럼에도 모든 가축을 대상으로 한 조사 결과는 나름의 의미를 지닌다. 가축별로 조사된 자료의 양과 내용의 깊이를 통해 마을 사람들이 소를 얼마나 귀하게 여겼는지 알 수 있기 때문이다.

서두에서 밝혔듯이 조사자는 이 연구를 시작하기 전 가축치료에 대해 전혀 관심을 가지지 않았다. 가축 치료에 대한 조사가 서툴 수밖에 없었던 것이다. 이러한 조건을 고려하더라도 소 이외의 다른 가축에 대한 자료가 거의 나오지 않았다는 것은 마을 사람들이 소를 얼마나 귀하게 여겼는지를 알 수 있는 부분이다. 소는 '온칸재물'이라고 불릴 정도로 집안의 큰 재산이었으며, 좋은 논 한 마지기와 바꿀 정도로 금전적 가치가 높았을 뿐만 아니라 농사일에 없어서는 안 될 존재였다. 그러므로 소의 질병에 대한 대응 방식이 다른 가축에 비해 발달할 수밖에 없었던 것이다. 제보자들이 소가 아플 때 부르던 소침쟁이의 존재와 명칭도 같은 맥락으로 해석될 수 있다.

---

[25] 개와 닭에 대한 조사 내용은 다음과 같다. 개가 몸살에 걸린 듯이 몸을 부르르 떨면 낫을 숫돌에 갈면 나오는 하얀 물을 먹였다. 그리고 닭이 소위 '병든 닭'처럼 기운이 없어 꾸벅꾸벅 졸고 있으면 닭의 주둥이를 벌리고 참기름을 먹였다. 개와 닭 모두 병의 원인이 무엇인지는 알 수 없었다.

소가 그 어떤 재산보다 가치 있는 동물이었음에도 소 치료 민속지식은 소침쟁이라는 전문가를 중심으로 전승됐다. 더욱이 송제마을에는 소침쟁이가 없었다. 집집마다 소를 키웠음에도 마을에 소침쟁이가 없었던 것은 왜일까. 이에 대한 실마리는 소침쟁이를 본격적으로 다룬 연구가 선행되고, 소침쟁이가 거주하고 있는 지역과 없는 지역의 차이에 대한 연구가 뒤따를 때 찾을 수 있을 것이다.

소침쟁이가 한 명도 없었던 송제마을로 조사 범위가 한정되어 있는 이번 조사만으로는 제한적인 수준의 추론이지만, 소와 관련된 치료법 중에는 사람에게 쓰는 것과 비슷하거나 완전히 같은 것이 여러 개 발견되었다. 소화 능력이 떨어질 때 인동덩굴을 주는 것, 송아지를 낳은 암소에게 미역을 넣은 소죽을 끓여 주는 것, 송아지를 낳은 후 삼칠일 간 쉬게 하는 것, 소가 지쳐 보인다고 해서 사람이 지쳤을 때 먹는 뱀과 미꾸라지 등을 초식동물인 소에게 먹이는 것, 소 버짐 약을 사람에게도 쓰는 것 등이 그러하다. 이러한 치료법이 어떻게 개발되었는지 알 수 없지만, 그 당시에는 자연과학적 연구가 어려웠을 것이다. 그러므로 소가 아플 때면 우선 사람에게 쓰이는 치료법을 적용해보았을 가능성이 크지 않을까. 이 부분은 소 치료에 대한 더 많은 사례 연구가 진행될 때 밝혀질 것이다.

그리고 송제마을에는 현재 최성기 씨만이 소를 키우고 있다. 그에게 소 치료 민속지식을 조사해 지속과 변화 양상을 파악해보려 했지만, 조사를 거부하여 연구를 진행하지 못했다. 따라서 소 치료 민속지식이 현재 어떻게 전승되는지 알 수 없었음을 밝힌다.

| 참고문헌

천명선, 『근대 수의학의 역사』, 한국학술정보(주), 2008.
배영동, 『농경생활의 문화읽기』, 민속원, 2000.

마을만들기사업에서 민속지식의 선별과 활용

김규필
안동대 민속학과 석사과정 4학기

1. 들어가며

각 행정부처와 지자체가 다양하게 시도하고 있는 마을만들기사업은 농촌지역의 자생력을 보장하고 사회·문화·경제적 자립성을 높이고자 하는 목적에 따라 수행되고 있다. 우리나라의 마을만들기사업은 1970년대 이후 본격적으로 추진되고 있다. 1970년대를 기점으로 급속하게 진행된 농촌과 산촌 그리고 어촌 인구의 고령화와 과소화 그리고 공동화 현상은 일부 지역에 한정된 것이 아니라 모든 농촌과 산촌 그리고 어촌에 일반화되었고, 이에 따라 농촌의 지속성에 대한 의문이 사회적으로 제기되기에 이르렀다. 그리고 1990년대 이후 우루과이 라운드, WTO, FTA 추진 등에 따라 세계 경제 시장에 농어민이 직접적으로 편입되기 시작하면서 농어민이 생산하는 생산품에 대한 경쟁력은 기존 국내 시장에 한정되지 않고 점차 전 세계적 범위 안에서 유지되어야 하는 것으로 대체되기에 이른다.

이러한 상황에서 기존 농어민들의 생업환경은 세계적 자본의 유입과 무한 경쟁의 체계 속에서 기존의 소규모, 자영농의 운영 방식으로는 경제적·사회적·문화적 자립에 어려움이 따르게 된다. 결국 농어산촌의 지역과 해당 농어산촌민의 문제점을 극복하고 WTO와 FTA로 대표되는 세계경제 시장으로의 편입에 대비하고자 하는 정부와 행정부처 그리고 각 지방자치단체가 추진한 다양한 대책들 가운데 하나가 마을만들기사업이라 하겠다.

관주도의 대표적 마을만들기사업의 예시는 2001년 농림부가 주관한 '녹색농촌체험시범마을사업'이다. 녹색농촌체험시범마을 사업은 농촌체험 기반시설 및 마을경관 조성, 생활편의시설 등 하드웨어 정비는 물론이고 사업추진방법, 주민 간 역할분담, 사업수익모델 등 사업모델을 발굴·제시하는데 목적이 있다. 이에 따라 고유한 농촌전통문화를 농촌체험의 내용으로 발굴·보존하여 체험, 학습, 농가숙박, 농산물 직거래 등을 시행하고, 이를 통해 농촌생활의 활력과 도농교류에 기여할 수 있는 농촌마을을 조성하고자 하는 것이 녹색농촌체험시범마을의 주요한 내용이다.

이때 주목되는 것이 정부 중심의 하향식 마을만들기사업이 가지는 몇 가지 특징들이라 하겠다. 그 가운데 주목하고자 하는 것이 마을만들기사업이 농촌관광과 밀접하게 연관되며, 농촌관광의 주요한 내용, 즉 콘텐츠는 체험관광이 중심이 되고 있다는 점이다. '굴뚝 없는 산업'이라고도 표현되는 관광 가운데 특히 농촌관광과 같은 문화관광은 기존의 '보는 관광'의 차원에서 관광객의 적극적 참여와 교류가 가능한 문화를 '체험하는 형태'로 전문화되었다고 볼 수 있다.[1]

'체험하는 형태'의 전문화에서 주목되는 것은 해당 마을과 지역의 지역성 또는 특수성이 나타난다고 보여 지는 '민속' 또는 '민속 문화'의 활용에 있다. 다시 말해 마을만들기사업에서 진행하는 체험프로그램의 대부분이 해당 마을의 특색 또는 특징적인 전통, 생활양식, 민속 문화를 선별하

---

1) 한국관광공사, 『종교유산 관광상품화 방안』, 한국관광공사, 1998, 8쪽 참조.

여 이를 관광과 접합한다는 것이다.

따라서 마을만들기사업을 농촌, 산촌 그리고 어촌 마을의 '특정한 전통적 생활양식'을 수집 혹은 발굴하고 이를 대상으로 하여 '특정한 목적'에 맞추어 재구성한다2)고 할 때, '특정한 목적'은 농촌, 산촌 그리고 어촌의 주민들의 경제적·문화적 활성화라 할 수 있으며, '특정한 전통적 생활양식'은 마을만들기사업이 진행되는 해당 지역과 마을의 주민들이 운영하는 각종 체험 프로그램을 말한다. 특히 전통적 생활양식을 민속 문화라고 할 때 해당 프로그램은 민속 문화의 상품화한 것이라 하겠다.

다만 체험프로그램으로 관광과 접합하여 상품화된 '민속 문화'를 '민속 지식'으로 환언하여 이해할 수 있는가 하는 점이다. 민속학이 민간지식이라는 뜻을 지닌 folklore라는 점에서 곧 민속학인 민간지식, 다시 말해 민속지식이라 할 수 있다. 민속지식이 물질·구비·행위전승을 통해 기록된 기존 지식과의 변별성을 가진다고 한다면 마을만들기의 체험프로그램에서 활용되는 특정한 전통적 생활양식을 민속지식의 가공으로 이루어진 콘텐츠로 이해하는데 무리가 없으리라 생각된다.

그러한 가운데 체험프로그램으로 만들어진 민속지식을 범주화한다면 이를 '생활지식'으로 이해할 수 있겠다.3) 생활지식은 인간의 생존과 밀접한 관련을 맺어 삶의 영위를 가능하게 하는 지식이라 하겠다. 대체로 이러한 생활지식은 학습을 통해 관습적으로 지속하여 행하는 행위전승의 방식으로 민간에서 전해진다. 이러한 지식들 가운데 일부는 조리서나 예서 그리고

---

2) 이상현, 「마을만들기 사업에 있어서 산촌민속과 지역 전통의 창조적 활용」, 『민속연구』 제18집, 안동대학교 민속학연구소, 2009, 130쪽 참조.
3) 배영동은 민속지식을 세 가지로 범주화하여 이해하고 있다. 첫째는 인지적 측면에서의 민속지식, 둘째는 논리체계로서 민속지식, 셋째는 생활지식으로서 민속지식이다. 인지적 측면에서의 민속지식은 민속어휘를 포함한 모든 어휘에 내포된 것으로 의사소통을 통해 이루어지는 일정한 문화적 소통과 공감대의 형성의 측면에서 이를 확인한다. 논리체계로서 민속지식은 민속의 전승문화적 논리체계를 말하며, 문화적으로 학습되어 전승되는 민속 문화 안에서 살필 수 있는 논리적인 체계를 말한다. 마지막으로 생활지식으로서 민속지식은 실제의 삶과 직결되는 지식으로 인간의 생존과 생산 활동과 같은 상황에 대한 관습적 판단과 행위 등을 말한다. 안동대학교 대학원 민속학과 BK21플러스 사업팀, 『신전마을 사람들의 민속과 전승지식』, 민속원, 2015, 5~8쪽.

의서로 기록되기도 하지만 대부분은 행위를 통해 다음 세대로 이어진다.

그러나 이러한 세대 간의 전승에는 모든 생활지식이 대상이 되는 것은 아니다. 어떤 지식은 세대를 넘어 반드시 생존에 필요하기에 전승의 맥락 속에 위치하는가 하면, 어떤 지식은 더 이상 지식으로서의 가치를 상실하고 전승의 맥락에서 탈락하여 점차 사라지기도 한다. 다만 기존의 전승 맥락을 고려할 때 마을만들기사업과 관련 체험 프로그램에서 살필 수 있는 민속지식은 이미 사라지거나, 사라질 위기에 있는 생활지식을 기존의 전승 맥락에서 탈락하여 재맥락화 한다는 점에서 문화를 상품화하여 물상화하는 문제와 닿아있기도 하다.

그러나 문화 또는 민속의 상품화, 탈맥락화 이전에 마을만들기사업을 진행하기 위해 어떤 민속지식을 체험프로그램화 과정은, 해당 마을의 주민들이 다양한 생활지식을 취사선택하는 과정을 필연적으로 겪게 한다.

다시 말해 마을만들기사업을 진행하는 해당 마을의 주민들이 체험프로그램을 만들기 위해 선택하는 전통 혹은 민속에 어떤 것이 있는지 그리고 그러한 선택에는 어떠한 기준과 원리가 작동하는지에 대해 살피고자 하는 것이 본 논의의 중심이 될 것이다. 다만 이러한 취사선택의 이유를 질의할 경우 표면적이고 상투적인 대답만이 나올 가능성이 높기에 현지조사의 내용을 바탕으로 이를 분석하고자 한다.

나아가 행위전승의 생활지식은 마을의 입지조건과 이에 따른 생업환경, 그리고 그 안에서 마을을 형성하고 운영하던 주민들의 사회생활과 관련된 조직과 깊은 연관성을 지니고 있다. 농촌체험이라 하여 이루어지는 마을만들기사업의 다양한 체험 프로그램도 생활지식을 기반으로 만들어진 것이기에 해당 마을의 자연환경과 이로 형성된 생업, 사회조직, 놀이, 세시풍속, 의례 등과 밀접하게 연결되어 있을 수밖에 없다. 그렇기 때문에 현대의 마을만들기사업의 주요한 내용으로서 나타나게 되는 체험프로그램의 양상을 살핌으로 해당 마을과 주민이 지니는 소지역 내지는 특수성이나 특징들도 함께 살필 수 있을 것으로 기대된다.

대상이 되는 송제마을은 2008년 농촌진흥청이 주관하는 '전통테마마을 사업'에 선정되어 마을만들기사업을 진행하였고, 당해 행정자치부가 주관하는 '참살기 좋은마을 가꾸기 사업'에서 수상을 한 바 있다. 송제마을에서 진행하고 있는 마을만들기사업 또한 농촌체험관광을 기반으로 하여 각종 체험프로그램이 운영되고 있는 실정이다. 이러한 사업을 수행하기 위해 마을 주민들 스스로가 인식하는 전통적인 마을공동체 문화를 관광산업에 필요한 자원으로 활용하고 있다.
　이렇게 선별된 민속지식 자원은 마을만들기사업에 중요한 콘텐츠로 활용되고 있다. 지자체가 주관하는 사업을 수행하기 위해 마을주민들이 선별한 공동체의 전통 곧, 민속을 지식의 산업화하는 상황에서 마을주민들이 어떻게 이를 선별하고 활용하는지에 대해 살펴보고자 한다.

2. 조사지 개관[4]

　길안면의 남쪽에 위치한 송사리는 법정리로 송사松仕 1리里와 2리로 이루어져 있다. 조선시대 송사현에 속하였던 지역으로, 1896년(고종 32) 지방 관제 개혁에 따라 안동군 길안면에 편입되었다. 1914년 행정구역 개편에 따라 송제동, 마사리, 대사동의 일부를 통합하여 안동군 길안면 송사리가 되었다. 1995년 1월 1일 안동군과 안동시가 통합되면서 안동시 길안면 송사리가 되었다.
　조사 대상인 송사 1리는 송제松堤와 둔전屯田의 두 자연마을로 이루어져 있다. 비봉산과 금학산 그리고 천지갑산(462m)이 마을을 둘러싸고 있고, 마을 아래로 송제천이 흐르고 있어 안동에서도 경치가 수려한 곳으로

---

[4] 이상현, 「송제마을의 사회조직과 마을 운영의 양상」, 『천지갑산 굽어보는 마을 송제』, 안동민속박물관, 2015, 67~86쪽 참고.

손꼽힌다. 계절을 가리지 않고 천지갑산과 인근 산을 찾는 등산객들이 많은 편이다. 1966년 1월 13일, 천연기념물 제174호로 지정된 소태나무가 길송분교장 뒤뜰에 위치해 있다. 매년 음력 정월 대보름이면 청년회를 중심으로 동제를 지내는 곳으로 근처에 서낭당이 위치해 있다.

일반적인 농촌마을과 마찬가지로 인구의 고령화·과소화 현상이 나타남에도 불구하고 마을 주변으로 신축가옥들이 많은 것을 확인할 수 있는데, 대체로 40~50대의 귀농 혹은 귀촌인들이 송사1리로 이주하여 과수작물 특히 사과를 많이 재배하는 것으로 나타났다. 이러한 마을 인적구성은 사회조직을 통한 마을 운영방식의 변화를 추동하였다.

송제와 둔전은 송사 1리라는 단일한 행정구역으로 분류되지만, 각 자연마을 별 독립적 운영의 양상을 보인다. 독립된 운영을 위해 자연마을별 마을의 대소사를 진행하는 비용 곧 공동재산이 분리되어 있고, 공동재산을 마련하기 위해 매해 주민들로부터 이루어지는 송이채취권의 추첨과 해당 송이채취 지역도 두 자연마을이 별도로 이루어지고 있다.

운영의 방식도 다소 차이를 보이고 있다. 송제의 경우 자치조직도 한국전쟁 이후 재정비되어 2014년 까지 마을의 대소사를 관장하는 주요한 역할을 담당하였고, 1983년 이후 회의 장소도 변함없이 당시 건립된 마을회관에서 이루어 졌다. 자치회 재정비 당시 회칙을 새롭게 만들고 음력 정월 대보름에 총회를 열어 이를 안건으로 상정하여 가결하였는데, 당시 가결된 회칙에 따라 정월보름과 음력 10월 그믐에 정기총회가 열렸다. 회칙 상에서도 확인할 수 있지만, 자치회의 임원인 이사 4인을 뽑는데 5반인 둔전은 제외되어 있어 두 자연마을이 행정구역상 하나이지만 그 운영에 있어서 분리되어 있었음을 확인할 수 있다. 또한 상두계와 상두꾼에 관련한 자치회 회칙에 따르면 둔전을 제외한 1~4반에서 각각 상두꾼을 정하고 윤번으로 순서를 정해 운영했던 것으로 나타난다.

송사1리의 5반인 둔전은 행정적으로 지역을 구획하는 반의 반장뿐만 아니라 유사를 두고 마을의 대소사를 함께 결정하고 운영하였다. 1980년대 이전에는 윤번제에 따라 매해 유사를 정하고 유사가 음식을 장만하고 회의 장소를 제공하였지만, 이후 둔전의 인구가 점차 줄어들어 윤번제로 유사를 맡기에는 어려움이 있어 반장을 중심으로 마을의 전반적 운영이 이루어지고 있다. 5반의 반상회는 한해에 한번 음력 정월보름에 열리며, 1년 동안의 회계결산과 관련 내용의 보고, 송이산 입찰 추첨이 이루어진다. 추첨이 끝나면 간단하게 식사를 하는 것으로 반상회가 마무리 된다. 1~4반으로 구성된 송제의 경우 현재에는 각 반장의 활동이 뚜렷하지 않은가 하면, 유사의 역할을 반장이 담당하는 5반의 경우 반장의 활동이 보다 활발한 편이다.

마을 구성원들이 함께 참여하는 대소사들도 각 자연마을별로 이루어지고 있다. 어버이날 행사나 풋구의 경우에도 따로 열리고 있으며, 마을별로 이루어지는 행사에 서로 직접적인 참여가 이루어지고 있지는 않지만, 약간의 현금이나 현물을 찬조하는 형식으로 각 마을별 행사에 참여하고 있다.

송제마을의 경우 2008년 농촌전통테마마을로 선정되면서 천지갑산마을 영농조합법인 및 천지댁갑산댁 영농조합법인 등이 생겨나는 등 새로운 사회조직이 구성되었으며, 그 결과 마을 내·외부로 변화가 생겼다. 그러나 새로운 조직의 구성이 기존의 조직에서 구성원들의 새로운 관심과 욕구를 충족시키지 못함에 따라 발생하는 것이라는 점에서 마을 안에 여러 문제점들이 도출되었다. 결국 이를 해결하기 위해 마을운영의 방식 등도 일정부분 영향을 받아 변화하기에 이르렀다.

3. 마을만들기사업에서 활용되는 민속 콘텐츠

송제마을은 천지갑산마을이라는 영농조합법인 명으로 2008년부터 2년간 농촌진흥청이 주관하고 시·군의 농업기술센터가 지원하는 '농촌전통테마마을' 사업[5]에 신청하여 연간 1억 원(국비와 지방비 각각 50%)을 지원

받아 마을만들기사업을 진행하였다.

　농촌전통테마마을 사업은 2002년 남해 다랭이마을 등 9개소를 시작으로 2003년 남사예담촌을 비롯한 13개소, 2004년 18개소, 2005년 21개소 등 2007년까지 전국의 113개 마을이 선정되어 시행6)된 마을만들기사업이다. 해당 사업은 '마을의 고유한 전통문화 지식을 발굴하여 도시민이 체험하고 학습하게 하는 장을 마련함으로써 농가소득을 증대시키고 독특한 농촌문화의 맥을 이어가는 마을'을 구성하는 것을 목적으로 한다. 마을단위의 고유한 농촌전통테마를 발굴·보존하여 교육 및 체험시설을 설치하고, 계절별·기간별·인원별 다양한 농촌전통문화 체험·학습 프로그램 개발하는 사업이다. 이를 통해 농촌 생활의 질을 향상하는데 기여하고, 도농교류를 통해 농가소득의 향상하고자 하는 관주도 중심의 사업이라 하겠다.

　마을만들기사업의 운영 주체는 천지갑산마을 영농조합법인이다. 천지갑산마을 영농조합법인은 마을의 총회를 주관하고 각종 마을 내 행사를 진행했던 자치기구(자치회)의 구성원 일부가 형성한 조직이다. 법인 조직 이전에 자치회는 회장을 중심으로 한 임원진 그리고 마을 내 호주가 회원으로 구성되어 한해 마을의 행사를 주관하였다. 2008년 농촌전통테마마을 사업에 신청하게 됨에 따라 마을만들기사업을 담당할 새로운 조직의 구성이 필요하게 되었다. 이때 자치회 총회를 통해 법인의 구성을 위한 회의를 진행하였고, 전체의 과반이 넘는 40여 명의 자치회 회원이 이에 찬성한 것으로 보인다. 그 결과 출자금을 마련하였기 위해 각 회원별 자부담 100여 만원을 초기에 출자하였고, 일부는 마을의 공유자산을 활용하였고, 일부는 농림부와 농촌진흥청의 행정적 지원을 받아 영농조합법인이 조직되었다.

---

5) 농촌전통테마마을육성사업은 농촌진흥법 제13조와 농업·농촌기본법 8조, 제38조, 농림어업인 삶의 질 향상 및 농산어촌지역개발촉진에 관한 특별법 제35조에 근거한 사업이다.
6) 김명룡, 「농촌전통테마마을의 활성화 방안에 관한 연구-완주 디지털 산내골을 중심으로-」, 『농촌지도와 개발』 제15권 3호, 2008, 501쪽 참고.

농촌전통테마마을 사업의 행정적 지원은 크게 두 가지 방향으로 이루어진다. 먼저 하드웨어적 측면에서 해설판, 농산물 생산·수확·가공 및 판매시설, 지역문화 체험시설, 마을환경 정비, 숙박 및 편의시설, 종합안내센터 등의 설치이다. 소프트웨어적 측면에서 고유테마 발굴, 프로그램 개발·보급·시범 실시, 마을주민 및 리더 교육, 홍보와 마케팅 지원 등이 이루어진다.

송제마을도 전체적인 지원사업의 두 가지 틀에서 사업이 진행되었다. 첫 번째로 마을이 정부 및 지자체 그리고 행정부처의 마을만들기사업의 지원을 받고 있으며, 이에 따라 체험시설과 체험프로그램이 진행됨을 알리는 각종 안내판과 해설판이 설치되었다. 그리고 길안면을 비롯한 송제마을의 주요 생업인 사과와 호두를 가공할 수 있는 가공공장 1개소가 설치되었으며, 지역문화 체험시설과 숙박 시설을 겸하는 황토체험방 1개소가 마을 입구에 건립되었다.

두 번째로 송제마을의 사업 테마를 설정하게 된다. 농촌전통테마마을은 농촌에서 이루어지는 농민들의 의식주를 비롯한 민속을 활용해 고유한 전통을 살려 관광화·산업화 한 마을이다. 따라서 테마마을에서 이루어지는 체험프로그램들은 기반시설을 바탕으로 사계절별로 구분하여 운영되고 있다. 계절별 체험프로그램의 종류와 세부적 시기는 아래 표와 같다.

〈표 1〉 천지갑산전통테마마을 시기별 체험프로그램 내용

시기	체험프로그램 내용
봄	꺽지·송사리 낚시, 산나물 채취, 쑥떡 만들기, 화전놀이
여름	다슬기 채취, 민물고기 잡기, 강물놀이, 감자수확
가을	사과 따기, 송이 따기, 도토리묵 만들기, 사과주스 만들기
겨울	두부 만들기, 박 공예, 농악놀이 등
연중	천지갑산 등산하기, 온돌(황토방)문화체험, 농사체험

〈표 1〉은 안동시농촌체험관광 홈페이지7)를 토대로 재구성한 것이다. 체험프로그램은 대체로 계절별로 구분하고, 계절과 상관없이 연중 진행이 가능한 것으로 구성되어 있음을 확인할 수 있다. 계절별 구분은 연중 체험객의 방문이 가능하려는 목적으로 구성되어 있으며, 계절별 수확 혹은 채집의 내용이 주를 이루고 있다. 체험의 과정은 대체로 인터넷 혹은 대표전화로 이루어지는 체험 예약과 신청, 안전교육실시 및 체험순서 설명, 수확작물에 대한 식생과 효능 및 재배방법 등의 설명, 수확방법 설명, 체험준비물 배분, 수확체험 실시로 이루어진다.

이와 같은 체험프로그램은 마을 인근에 위치한 길안천과 마을의 입지환경과 연관 있는 산지 등의 자연환경과 경관을 이용한 등산이나 천렵체험, 마을 주민들의 주요 생업인 사과와 호두, 콩 등의 작물과 연계한 농사체험과 이를 직접 가공하는 체험, 인근 산에서 채취 가능한 송이, 도토리 등의 임산물 채취체험 등이 주요한 내용임을 확인할 수 있다. 그리고 세시풍속 혹은 민속놀이를 활용한 체험도 일부 확인할 수 있는데, 화전놀이나 농악놀이 체험 등이 그러한 예라 할 수 있겠다.

주목할 점은 이들 마을만들기사업의 중심적 과제라 할 수 있는 체험프로그램이 다른 농촌마을 혹은 마을만들기사업을 진행하는 마을과의 변별력을 보이는가하는 점이다. 다시 말해 송제마을만의 고유한 문화적 혹은 전통적 자원으로 프로그램이 구성되어 있냐하는 것이다. 이에 주목하는 이유는 해당 사업이 명시하는 추진방향(농촌다움과 향수를 자극할 수 있는 마을 고유의 환경 조성)의 문제와 직결되기 때문이다.

따라서 현재의 체험프로그램에서 살필 수 있는 민속 콘텐츠는 생활지식으로서 민속지식이 대부분임을 확인할 수 있다. 예로 길안천을 중심으로 하는 천렵, 산촌山村 취락에 따른 쑥을 포함한 산나물과 송이 등의 임산물 채취 관행, 마을의 입지와 자연환경의 조건에 따라 주요한 작물이 된

---

7) http://greenandong.com/board/index.php?doc=program/doc.php&do_id=6.

사과, 호두, 콩, 감자 등 주요 작물의 생산과 수확은 물론이고 이에 더하여 관련 작물을 활용한 전통음식의 조리가 대표적 콘텐츠라 하겠다. 또한 전통적인 세시력과 이에 따른 풍속으로 화전놀이를 봄철 체험프로그램으로 진행하고 있다. 이러한 민속콘텐츠는 송제마을의 주민들이 일상적 삶을 영위하는데 필요했던 생업·세시·의식주 등으로 행위 중심의 전승이 이루어졌던 민속들 가운데 선택된 것이라 하겠다.

이러한 선택은 마을만들기사업을 진행하는 과정에서 자의적 또는 타의적으로, 내·외부적으로 송제마을의 이미지를 표상하고 대표하는 민속 가운데 선별적으로 취사선택된 것으로 이해할 수 있다.

4. 민속 콘텐츠의 선별 : 민속지식의 취사선택

마을만들기사업 특히 농촌전통테마마을은 다른 마을과 차별되는 마을 이미지를 만들기 위해 여러 요소를 부각시키려 한다. 차별화되고 독창성 있는 마을의 이미지를 부각시키기 위해서는 다양한 방법이 있겠으나 그 가운데 가장 중요한 것이 해당 마을의 민속 콘텐츠를 활용하는 것이다. 앞서 살펴보았듯이 민속 관련 콘텐츠는 대체로 마을의 자연경관과 입지 조건에 따른 생업문화, 의식주 문화 등의 생활지식 곧, 행위지식이라 하겠다.

이와 같은 생활지식, 경험지식을 메티스Mētis라고도 할 수 있는데, 메티스는 그리스어에서 비롯된 개념으로 지역의 문화와 환경, 역사적 맥락에 기반하고 있는 어떤 경험적 기술이고 지식이다.[8] 송제마을에서 운영하는 체험프로그램의 대부분도 경험적 지식으로 이해될 수 있다. 그러나 마을에

---

8) 권봉관, 「도시의 '마을만들기'에 따른 공동체의 형성과 메티스[Mētis]의 기능」, 『민속연구』 제27집, 안동대학교 민속학연구소, 2013, 150쪽.

존재했거나 존재하는 민속을 체험프로그램을 위한 콘텐츠로 활용하기 위하여 선별하고 선택하는 과정에는 온전한 주민들의 의사만이 온전히 반영되는 것은 아니다. 체험프로그램을 만들고 이를 운영하는 과정에 일정부분 행정력이 미치기 마련이다. 이는 마을만들기사업이 정부로부터 초기 시설물과 프로그램 개발 등의 지원을 받아 실행되는 사업이기 때문이다.

2003년 농림부에서 작성한 '『농촌관광마을』연계추진 가능사업' 보고서의 지원내용 일부를 살펴보면, "①전문가 컨설팅을 통해 고유테마를 발굴하고, ②프로그램을 개발·보급·시범 실시 등과 마을주민 및 리더 교육, 홍보와 마케팅 지원 등 ③발굴된 마을 고유의 테마를 중심으로 계절별, 기간별, 연령별 등 요구를 반영하여 지역실정에 맞게 조정"할 것을 명시하고 있다. 이때 계절별, 기간별, 연령별 등을 반영할 것에서 살필 수 있듯이 현재의 체험프로그램이 해당 사업의 지원내용에 일치함을 확인할 수 있다.

〈표 2〉 농촌전통테마마을 사업추진체계

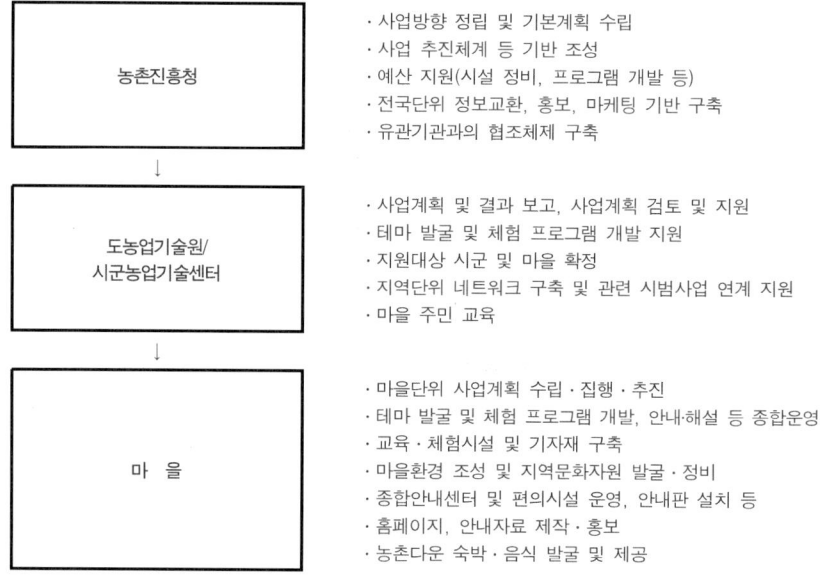

〈표 2〉의 마을만들기사업의 추진체계에 따르면 농촌전통테마마을의 체험프로그램은 ①과 같이 전문가의 컨설팅에 따라 발굴되는 것이 기본이다. 이러한 컨설팅은 시군에 위치한 농업기술센터에서 이루어지며, 송제마을을 대표하는 테마는 주민들이 사업 참여를 위해서 제출한 계획서를 토대로 구체화된다. 송제마을에서 초기 마을만들기사업을 진행하기 위하여 작성한 계획서는 확인할 수 없으나 현재 운영되는 프로그램을 토대로 향토음식과 사과를 비롯한 주요 생업과 작물의 수확 그리고 이를 가공하는 것이 주요한 체험의 테마라는 것을 확인할 수 있다.

①의 발굴과정을 통해 선별된 콘텐츠는 현재의 체험프로그램으로 구체화되어 운영된다. 현재 송제마을에서 운영되고 있는 체험프로그램은 크게 2가지임을 확인할 수 있다. 첫째, 농사체험과 음식체험으로 구분이 가능하다.

〈표 3〉 송제마을의 사과 생업력

작물\월	1월	2월	3월	4월	5월	6월	7월	8월	9월	10월	11월	12월
사과		가지치기			적뢰, 적화, 적과	봉지 씌우기		수확 및 출하 (아오리)		사과봉지 탈거 반사필름 깔기 잎 돌리기 잎 소지	수확 및 출하 (부사)	
				거름					수확 및 출하 (시나노)			
									수확 및 출하 (양광)			
	농약(10~15일 주기로 12~13회)											

농사체험의 경우 마을의 대부분이 경작하는 과수작물 가운데 사과를 대상으로, 한 해 동안 이루어지는 전체 생업 과정 중 수확시기에 체험이 가능하도록 고정되어 있다. 이러한 대표적인 예가 사과 따기 체험이다. 마을에서 가장 많이 재배하고 있는 종은 11월 경 수확과 출하가 가능한 왜

생종인 부사富士다. 안동지역에서 수확되는 사과 품종의 80%가 부사이며, 송제마을이 위치한 길안면도 안동지역에서 생산되는 사과 주산지 가운데 하나로 대체로 부사를 생산하고 있다. 해당 사과 품종의 경우 1970년대 이후 본격적으로 재배되기 시작하였는데, 부사는 특성상 산지 비탈면에서 재배가 이루어지기 때문에 송제마을과 같이 산촌山村의 입지조건을 가지고 있는 마을에서 특화된 품종이라 하겠다. 결국 마을이 위치한 입지와 주변의 자연환경에 따라 생업, 특히 사과 품종의 선택이 이루어졌고 이를 배경으로 체험프로그램이 구성되게 되는 배경이 된 것이다.

음식체험의 경우 현재 마을에 위치한 천지댁갑산댁 영농조합법인과 연계한 형태로 진행되고 있음을 살필 수 있다. 천지댁갑산댁 영농조합법인은 농촌전통테마마을 사업의 종료 이후인 2011년 경 부녀회의 인원들 일부가 중심이 되어 조직한 영농조합법인이다. 조합원 가족이 주로 생산하는 작물인 사과 및 호두의 유통 및 가공도 함께 이루어지고 있다. 농산품의 판매와 가공뿐만 아니라 향토음식체험관을 조성하여 기존 마을만들기사업을 통해 조성된 시설물과 연계한 음식 만들기 체험과 판매가 이루어지고 있다는 것이다.[9]

천지댁갑산댁 영농조합법인이 운영 중에 있는 체험프로그램은 크게 두 가지로, 음식 만들기 체험과 농사 체험이다. 먼저 향토음식 만들기 체험내용의 내용은 일반 손두부 만들기, 능이버섯 손두부 만들기, 각종 장아찌 만들기이다. 향토鄕土의 사전적 의미가 자신이 태어난 땅 혹은 장소, 시골 등이지만 경우에 따라서는 출생지, 조상들이 생활하던 곳, 유년시절을 보낸 곳 등 의미로 쓰이는 등 다양한 개념이라 하겠다. 이러한 향토를

---

9) 천지댁갑산댁 영농조합법인은 2011년 농어촌소득자원발굴육성사업에 공모하기 경상북도와 안동시 그리고 일부 자부담(도비24%, 시군비56%, 자부담20%)으로 시설을 갖추어 현재까지 운영 중에 있다. 영농조합법인은 여성 10명이 회원으로 구성되어 있으며, 애초 부녀회 내의 10여 명이 계원으로 있던 계 조직이 사업의 진행을 위해 영농조합법인을 설립하였다. 계는 친목과 식리를 목적으로 구성 2008년경 조직되었던 것을 보인다.

전면에 내세운 음식체험은 향수nostalgia를 관광 상품화하여 소비하도록 한 것이기에 주목된다.

향수는 '원형으로서의 향수'와 '상상되어진 향수'로 구분 가능하며, 이 때 향수를 과거에 대한 그리움이나 사라져 버린 것에 대한 추억과 같은 균질한 감정으로 이해하는 것은 곤란하다.[10] 중요한 것은 원형으로서 또는 상상된 향수의 층위가 전통 혹은 민속을 소비하는 행위의 핵심적인 관광의 동기가 된다는 것이다. 이에 따라 음식체험의 경우 향수를 동기로 마을의 생활문화 곧, 민속을 콘텐츠로 한 체험프로그램을 소비하도록 하는 동기를 유발하도록 하게 설정되어 진다고 할 수 있다.

그러나 손두부나 장아찌 만들기 등이 전통을 소비하도록 하는 동기를 적절하게 유발하는가 하는 점은 다소 이견이 있을 가능성을 내포한다. 향토음식이 지역의 특수성을 살필 수 있다고 할 때, 손두부나 장아찌 만들기 자체가 송제마을의 지역성을 보여줄 수 있는가에 대해 고민할 필요가 있다. 그러나 지역에서 생산하는 제철 식자재를 활용해 음식을 만들고 이를 메뉴로 선정하여 판매하고 있다는 점에서 소비 동기로서의 향수를 일부분 자극하고 있음을 고려할 수 있다.

그 가운데 산나물이나 송이버섯의 채취와 이를 이용한 음식체험의 경우 마을의 공동재산을 마련하기 위해 매해 주민들로부터 이루어지는 송이채취권의 추첨과 해당 송이의 채취 관행과도 연관된다. 매해 정월 대보름에 열리는 총회에서 결정되는 송이채취권은 마을 인근의 산에서 채취가 가능한 자연산 송이에 대한 권리를 추첨을 통해 결정하는 것으로 마을 공동재산을 형성하는 중요한 행사 가운데 하나다. 언제부터 송이채취권을 주민들과 계약하여 공동재산을 형성했는지 확인할 수 없으나 마을의 산촌山村적 특성을 확인할 수 있는 것이고 이와 연관한 체험프로그램을 운영하

---

10) 이진교, 「상품화된 '전통' 소비의 문화적 의미 : '한국민속촌'의 사례연구」, 『실천민속학 연구』 제23호, 2014, 199쪽.

고 있다는 점에서 마을이 갖는 지역적·환경적 특징을 담고 있음을 확인할 수 있다.

다음으로 농사 체험은 사과, 땅콩, 고구마 등 가을철 수확이 가능한 작물을 직접 수확하는 체험이 중심이며, 체험 후 직접 수확한 작물 일부를 포장하여 가져는 체험으로 구성된다. 대체로 단체에 한해 최소 10인에서 최대 40인일 때 가능하다. 이들 체험 가운데 상시 운영되는 체험은 두부 만들기 체험과 장아찌 만들기 체험이며, 나머지는 농산물의 수확 이후에 가능한 한시적·계절적 체험으로 구성된다.

계절별, 시기별 체험의 구분은 앞서 살펴본 『농촌관광마을』연계추진 가능사업' 보고서의 지원내용 가운데 ③에 해당하는 내용과 일치함을 살펴볼 수 있다. 체험프로그램을 계절별, 시기별로 운영하는 까닭은 마을을 찾는 관광객들을 안정적으로 유치하여 지속적인 수익을 창출하기 위한 것으로 이해된다. 특히 계절에 상응하는 체험 콘텐츠로 주요 생업을 선택한 것은 일상적이면서도 가장 잘 할 수 있는 것들 가운데 선택된 것이라는 점에서 프로그램의 운영과 전문성이라는 점에서는 긍정적이라 보인다. 사계절 동안 체험객을 유치할 수 있는 계절별 체험프로그램의 선별과정에서 자신들의 삶이 기반이 되는 것들 가운데 주요한 생업을 중심으로 이를 선택했기에 가능한 것이다.

그러나 이러한 체험프로그램을 운영하는데 필요한 콘텐츠들이 전통사회를 기반으로 생성된 '민속'의 하나로 이해할 수 있는가 하는 점에서는 분명 이견이 있겠다. 특히 주요 생업이라 할 수 있는 사과는 대체로 1970년대 이후 본격적으로 생산하기 시작한 왜생종 부사가 대부분이기 때문이다. 무엇보다 품종에 따라 이루어지는 작물의 재배방식이 전통적인 요소를 갖추고 있다고 보기는 힘들다.

천지갑산을 배경으로 하는 이루어지는 천렵 체험이나 등산의 경우도 천지갑산이 관광지로서 본격적으로 개발이 이루어진 2008년 이후라 하겠다.[11] 자전거 타기 체험도 2012년 농협으로부터 '농촌사랑 자전거 체험마을'로 지정됨에 따라 자전거 30대와 안전헬멧 35개, 보관용 텐트 2동 등을 지원받아 체험프로그램을 진행할 수 있게 되었다.

결국 마을만들기사업에서 진행하는 관련 체험프로그램은 비교적 가까운 과거에 이루어졌던 삶을 체험객들에게 소비할 수 있도록 하는 것이다. 이미지화가 가능한 경험적인 전통의 소비, 즉 해당하는 시기의 문화를 비교적 경험했거나 접할 여지가 있었던 연령층을 대상으로 이루어지는 체험과 다양한 대중매체로 생산된 전통의 이미지를 소비하는, 곧 근대적 생산품으로서 전통의 이미지를 소비할 수 있도록 하는 체험으로 구분할 수 있을 것이다.

다만 이러한 소비의 맥락은 체험프로그램에 참여하는 소비자의 경험과 연령에 따라 달리 나타날 수 있는 상황이라는 점에서 프로그램을 운영하기 위해 생활지식을 직접 계획했던 마을 주민들과 이를 개발 지원했던 농업기술센터에서 고려되었다고 보기는 힘들다. 그러나 이러한 전통의 소비 방식은 관광의 형태가 체험관광·농촌관광이 중심이 되면서 마을만들기사업을 진행하는 해당 대다수의 마을에서 쉽게 이루어지는 현상이라 하겠다.

결국 마을만들기사업에서 진행하는 체험프로그램들의 기본이 되는 민속 콘텐츠는 생활지식 곧 삶의 지식이라 하겠다. 생활지식, 삶의 지식으로서 민속 콘텐츠는 대체로 마을의 입지와 자연환경 그리고 이로 영향을 받아 현재 까지 마을 주민들의 삶과 밀접하게 연관된 생업을 배경으로 선별되어졌다. 그러나 이러한 선별의 과정에는 주민의 계획과 마을만들기사업을 진행하는 행정부처 또는 관련 기관의 개발 지원이 이루어짐에 따라 가능해 지게 된 것이다. 이러한 까닭에 체험프로그램이 온전히 마을 주민들의 생활과 삶을 담아내고 있다고 보기는 어렵다. 그러한 가운데 현재 운영되는 체험프로그램이 소비되는 맥락을 통해 체험프로그램을 콘텐츠를 구

---

11) 2008년 7월 4억2천만 원의 예산으로 천지갑산 테마공원(1만4천823㎡)이 준공되었다.

분할 수도 있겠다. 체험프로그램을 소비하는 체험객의 연령·경험 등에 따라 같은 체험프로그램의 콘텐츠라도 이를 경험적인 문화의 산물로 볼 수 있을 것인지, 혹은 광고, 방송, 영화 등 미디어가 생산한 이미지를 소비하는, 즉 근대적 생산물로 볼 수 있는가 하는 것이다.

5. 나오며

정부와 관할 부처, 그리고 시도의 행정 기관의 지원과 지도에 따라 마을만들기사업을 수행하고 현재까지 이를 진행하는 마을의 체험프로그램을 대상으로 체험 프로그램의 콘텐츠를 민속지식으로 보고 이를 이해하는 관점에서 살펴보고자 했다. 현재 대상이 되는 송제 마을의 경우 2년간의 행정적 지원을 통해 체험 프로그램을 진행할 기반시설 건립을 완료하였고, 이후 현재까지 체험프로그램을 운영하고 있다.

체험프로그램의 내용물로서 콘텐츠는 민속지식의 다양한 층위 가운데 생활지식, 경험지식이라 할 수 있다. 생활지식 그리고 경험지식으로서 민속지식은 대체로 마을과 마을 주민들의 삶, 생업과 밀접하게 있는 자연환경을 기반으로 하는 경우가 대부분인 것을 확인할 수 있다. 특히 마을 주변의 지형과 마을이 위치한 입지적 조건 그러한 조건들에 따라 이루어지는 작물의 선택이 체험프로그램의 콘텐츠로 활용되고 있는 것이다.

그러나 이러한 콘텐츠의 선별과 선택이 온전히 마을 주민들에 의해 이루어진다고 볼 수는 없다. 마을만들기사업이 대체로 법적 체계 곧, WTO와 FTA 등의 국내 농업시장이 세계시장에 편입됨에 따라 기층민들이 이에 자체적으로 대응하기 어렵고 이를 지원·보조하는 체계 속에서 마을만들기사업이 진행됨을 기본으로 한다. 또한 마을만들기사업의 체계와 구성에 따라 마을 주민들이 선별하고 계획한 체험프로그램을 지원 기관이 다시 취사선택 한다는 점에서 체험프로그램의 내용이 마을과 마을 주민의 전통 혹은 민속지식이라고 하기는 다소 어려움이 있다. 그럼에도 불구하고 현재까지 운영되는 체험프로그램을 통해 마을이 갖는 특징 혹은 지역성, 가까운 과거에서부터 현재까지의 마을 주민들의 삶의 양상 등을 대체로 확인할 수 있다.

현재 마을만들기사업에 따라 체험프로그램을 운영하는 주체는 천지갑산마을 영농조합법인과 천지댁갑산댁 영농조합법인이라 하겠다. 두 법인이 운영하는 체험프로그램의 내용은 대동소이 하나 이들이 전통적 조직이라 인식되는 마을의 총회나 계 조직 등의 구성원들 가운데 일부가 형성하였음을 확인할 수 있었다.

이들 두 조직은 마을만들기사업의 진행에 따라 직·간접적으로 조직되었고, 마을만들기사업의 목적에 영향을 받아 해당 체험프로그램을 운영하고 있다. 결국 마을만들기사업이 유도하는 방향성에 맞춰 사업을 진행한다는 것은 사업의 기준에 의거해 마을을 대표하는 자연환경·문화·역사·산업 등을 선별하고, 이를 통해 방문자와 지역주민의 교류는 물론이고 지역 간의 교류를 증진시켜 지역을 활성화하고자 했다는데 의미가 있겠다.

두 영농조합법인에서 운영하는 체험프로그램에서의 콘텐츠는 주로 식생활과 생업에 관련한 것으로, 기존 마을만들기사업에서 진행하던 체험프로그램과 특별히 차이를 보이고 있지는 않는다. 그러나 이들 프로그램의 콘텐츠가 체험객의 경험적 혹은 생산된 이미지를 바탕으로 하는 향수를 자극하고 이를 소비하도록 추동할 목적으로 구성되어 있음을 확인할 수 있다. 이러한 소비의 맥락도 결국은 체험프로그램을 만들어 나가는 주민들이 고객의 욕구로서 이해하고 이를 활용하는가 혹은 스스로의 전통을 선별하는 잣대로 인식하는가의 차이에 따라 민속지식 또는 전통의 진정성 authenticity의 문제와도 깊게 관련된다.

| 참고문헌

권봉관, 「도시의 '마을만들기'에 따른 공동체의 형성과 메티스[Mêtis]의 기능」, 『민속연구』 제27집, 안동대학교 민속
　　학연구소, 2013.
김명룡, 「농촌전통테마마을의 활성화 방안에 관한 연구 – 완주 디지털 산내골을 중심으로 – 」, 『농촌지도와 개발』 제15
　　권 3호, 2008.
이상현, 「마을만들기 사업에 있어서 산촌민속과 지역 전통의 창조적 활용」, 『민속연구』 제18집, 안동대학교 민속학연
　　구소, 2009.
　　　, 「송제마을의 사회조직과 마을 운영의 양상」, 『천지갑산 굽어보는 마을 송제』, 안동민속박물관, 2015.
이진교, 「상품화된 '전통' 소비의 문화적 의미 : '한국민속촌'의 사례연구」, 『실천민속학 연구』 제23호, 2014.
한국관광공사, 『종교유산 관광상품화 방안』, 한국관광공사, 1998.

제 4 장

생애인식과 언어전승지식

송사리의 사례로 본 태몽 풀이의 전승지식 양상 | 정은지
지명유래로 읽는 민속지식의 생산과 수용 양상 | 강선일
자서전을 통해 본 민속지식의 성격과 의미 | 강석민
다문화 가정 내 언어관련 지식습득과 문화 적응 | 성치원

송사리의 사례로 본
태몽 풀이의 전승지식 양상

정은지
안동대 민속학과 석사과정 3학기

1. 들어가는 말

　꿈은 '꿈을 꾸는 행위'보다 그것을 '해석하는 행위'가 더 중요하다. 그리고 꿈의 해석은 곧 꿈의 상징성에 대한 해석이다. 꿈의 상징은 하나의 문화 속에서 이루어진 오랜 의미부여와 공감의 결과이다. 꿈에 돼지가 등장하였을 때 복권을 사는 사람들의 행위를 예로 생각해 본다면 그 상징성에 대한 문제는 더욱 확실해진다. 돼지라고 하는 대상이 재물의 상징으로 해석됨에 따라 이것이 등장하는 꿈은 사람들에게 특별한 의미를 가지게 된다. 또한 이는 곧 '복권의 구매'라고 하는 직접적인 행위로 이어진다.
　이처럼 상징의 의미가 해석된 꿈은 그것을 꾼 행위자의 일상에 직접적인 영향을 미친다. 그런데 이는 오랜 세월동안 사람들 사이에서 축적된 꿈에 대한 해석체계가 존재하기 때문에 가능하다. 그러므로 꿈을 해석한다는 것은 곧 그동안에 쌓여진 꿈의 상징에 대한 해석의 패턴을 읽어내는 것이다. 불투명한 미래를 예견하는 꿈이 더욱 그러한데, 태몽이 대표적인 경우이다.

태몽은 임신의 조짐을 알려주는 꿈이다. 사람들은 이것을 통해 주로 임신의 여부, 태아의 성별, 장래의 운명 등을 예감한다. 그런데 이러한 태몽을 반드시 임산부만 꾸는 것은 아니다. 태아의 아버지나 가까운 친척 혹은 지인이 꿈을 꾸기도 한다. 물론 그 범위는 산모와 가까운 관계의 대상에 한정된다. 그리고 꿈을 꾸는 시기도 일정하지 않다. 다만 태아를 잉태한 직후나 출산 전후로 하여 꿈을 꾸는 것이 보편적이다. 개인에 따라서는 꿈을 꾸지 않는 경우도 있다. 하지만 이 시기가 사람들로 하여금 '이 꿈은 태몽이다'라고 생각게 하는 기준이 되므로 주목해 볼 만하다.

태몽은 그 내용도 매우 다양하다. 누군가는 꿈에 호랑이나 용이 나타났다고 말하며, 다른 누군가는 과일이나 채소가 나왔다고 말하기도 한다. 하지만 신기하게도 사람들이 그것을 이야기하거나 인식하는 데에 있어서 공통적으로 나타나는 분모가 존재한다. 여기서 말하는 분모란 곧 태몽을 해석하는 방법이다. 그리고 그 분모는 다른 사람과 공유되고 또 전승된다.

태몽담은 말로서 전승되는 태몽에 관한 이야기이다. '태몽' 자체는 꿈을 꾼 주체의 개인적인 경험이다. 하지만 그 경험이 이야기로 구연되는 순간 단순한 현상에 불과했던 태몽은 '태몽담'이 되고 구비문학이 되고 또 전승지식이 된다.

이 글은 송사리의 사례를 바탕으로 태몽에 대한 경험과 지식이 전승되는 양상을 읽어내는 데 목적을 둔다. 이를 위하여 먼저 송사리에서 구연된 태몽담들을 유형분류하고 그 의미를 분석한다. 그리고 이러한 분석을 기반으로 하여 태몽담의 특징, 나아가 태몽에 관련된 전승지식의 실체를 파악한다. 그래서 전승되는 '지식'으로서 태몽담이 가지는 가치를 재조명하고자 하는 것이다.

2. 태몽 풀이의 사례와 특징

2장에서는 송사리에서 조사된 태몽담의 각 사례를 해석하고 이것이 가지는 특징을 서술해 보고자 한다. 조사는 태몽을 직접 경험한 여성들을 중심으로 진행되었다. 하지만 그녀들의 남편이나, 태몽을 경험하지 못한 여성들에 대한 조사도 실시하였다.

1) 태몽 풀이의 사례

조사는 총 다섯 번에 걸쳐 이루어졌다. 주요 제보자로는 이점조 씨, 박선희 씨, 임태연 씨가 있다. 각각의 태몽담은 제보자별로 정리하였다.

(1) 이점조 씨의 사례

이점조 씨는 자식들의 태몽담과 그것이 구연되는 조건, 상황 등을 주로 제보하였다. 그녀는 슬하에 두 명의 아들과 다섯 명의 딸이 있는데, 주로 아들을 낳을 때에만 태몽을 꾸었고 딸들의 경우에는 그렇지 않았다고 한다. 하지만 아들을 중심으로 태몽에 대한 기억이 작동했을 가능성이 있으므로 주의해 볼 필요가 있다.

⟨1-1⟩ 우리 큰 아들은 시퍼런 고치, 뻘건 고치를 그거를 내가 보고. 그거를 따 가지고 채광주리에 넣어가 집에 오는 꿈을 꿔가, 그래 아들 낳았다.[1]

⟨1-1⟩은 이점조 씨가 맏아들을 낳을 때 꾸었던 꿈이다. 여기서 태아 곧 아들을 상징하는 것은 고추이다. 그리고 꿈을 꾼 주체는 고추를 발견하고 그것을 딴 다음 광주리에 담아 집으로 가지고 온다. 광주리나 집은 산

---

1) 이점조 씨(여, 81세, 소미댁)의 제보(2015년 10월 16일).

모의 배를 의미한다. 그러므로 고추를 광주리에 '넣거나' 집으로 '가져오는' 행위는 그 자체로 태아의 잉태를 상징하는 것이라고 볼 수 있다.

〈1-2〉 우리 스님이 독사가 팔뚝만한 게 낭게(나무에서) 튀어나와 스님 팔뚝을 물어버리더랍니다.[2]

〈1-3〉 아이고, 독새가(독사가) 한 마리 낭게 있디만은 내려와가 뱀이 모가지를 여 물었다 이카데. 그래 야가(막내아들이) 마음은 착하고 좋은데 성격은 불 같습니더. 이래 물린('물은'을 잘못 이야기한 것으로 보임.) 사람이 성질은 바지랍거든요. 그래 뭐시기 해가지고 마음은 어마이 닮아가 좋은데 성질은 아바이 닮아서 이해심도 없고 성질이 불 같고 그래.[3]

〈1-4〉 우리 막내이가 돈도 많이 벌고 그래요. 그 아 낳을 때 내가 삼신님한테 빌고 그랬다고. [제보자 : 막내아드님이 되게 잘 자랐나 봐요.] 예, 잘 자랐니더. 진짜 잘 컸어요, 가는. 근데 꿈에서 막내이아들이, 얼라가 우는 거 내가 업고 논이, 막 팽팽한 논들에 사람들이 얼마이 서가 있고 그런데 구리가(구렁이가) 막 이만한 게 구불구불해 있는 거야. 난 얼라를 업고, "야, 야. 용 돼가 올라갈라고 그러나보다." 그랬다고. 그러니까 이게, 구리가 막 꾸불꾸불해져 하늘로 올라가는 거라. 나는 누런 구리가 하늘로 올라가는데 마카 "저 구리가 굵데이, 굵데이." 카는 데. 아이고, 사람들이 막 그 주변에 막 가니까, "가지 마라. 저 구리가 하늘에 용 돼가 올라갈라고 그래 가는 거다. 가지 마라." 그랬지. 젓가락만한 게 용 되어 올라가고 그카이, 어이고 곱데이. 근데 그 구리가 젓가락만 하게 안 보이도록 올라가더니 슬렁슬렁 다시 내려와 가지고 딱 밭에 앉는 기라. 그래가 내가 그 밭을 샀다고, 꿈에.[4]

---

2) 이점조 씨(여, 81세, 소미댁)의 제보(2015년 10월 16일).
3) 이점조 씨(여, 81세, 소미댁)의 제보(2015년 10월 16일).

앞의 세 가지 사례는 이점조 씨가 둘째 아들을 낳을 때 꾸었던 태몽들이다. ⟨1-2⟩는 가까운 지인이, ⟨1-3⟩은 남편이, ⟨1-4⟩는 산모 자신이 직접 꾼 것이다. 즉 태몽이 가리키는 대상은 하나이나 그와 관련된 꿈은 여러 가지일 수 있다.

먼저 ⟨1-2⟩와 ⟨1-3⟩은 나무에서 갑자기 등장한 독사가 주체의 신체 일부를 깨문다. 그리고 ⟨1-4⟩은 하늘에서 하강한 뱀이 자리 잡았던 땅을 주체가 구입한다. 이는 ⟨1-1⟩에서 꿈의 주체가 고추를 광주리에 넣어 집으로 가져오는 행위와 비슷하다. 즉 꿈을 꾸는 주체가 태아상징물에 깨물림을 당하거나 그것이 닿았던 땅을 삼으로써 서로가 상관되는 것이다. 이때 태아를 상징하는 매개물은 구렁이와 독사이다.

또한 ⟨사례 2-1⟩에서 한 가지 더 주목해야 할 것은 아들의 성격과 태몽을 연결 짓는 이점조 씨의 태도이다. 일예로 그녀는 "그런데 원래 꿈에서 이래 물린 사람이 성질은 바지랍거든요."라고 언술한다. 자신이 그런 꿈을 꾸었기 때문에 자식의 성격이 '불같다'라는 것이다. 이는 꿈을 꾸는 주체가 인식하는 태몽과 자식의 상관관계를 가늠토록 한다.

⟨1-5⟩ [조 : 그럼 그 꿈꾸고 다른 사람한테 말씀해 보신 적 있으세요?] 꿈꾸고? 다른 사람들한테는 이제 낳아놓고 이야기를 하는 거지 인제. [조 : 아 낳기 전에는 말 안 하고?] 낳기 전에는 얘길 안 하고. [조 : 말하면 안 된다 그래요?] 뭐 말하면 안 좋다이카더라만은, 또 얘기하는 수도 있고 대부분 다 그래 얘기한다꼬요. [조 : 아 근데 어머니는 안 하시고?] 나도 했는동 안 했는동 몰따. [조 : 아 그럼 남편한테는 말을 해요, 그런 거를?] 남편한테는 말해도 되고 안 해도 되고, 잘 ㅇㅇㅇ 하니까. [조 : 그럼 무슨 꿈을 꾸면 아들이라고 뭐 그런 얘기들도 있겠네요?] 물렀고 뭐 인제 뱀한테나 뭐 가재한테나 물렀고 하는 경우는 다 아들이래. 뭐 가주오다(가지고 오다가) 중간에

---

4) 이점조 씨(여, 81세, 소미댁)의 제보(2015년 10월 16일).

났부고(놔 버리고) 집에 가주오지도 안하고 이라는 거는 다 딸이라 딸. [조 : 어머니 그럼 그런 얘기는 누구한테 들어요?] 예? [조 : 그런 얘기들은 누구한테 들어요 주로?] 뭐 여자들 모여 앉으면 그런 얘기들썩 하는 수가 있지, 태몽꿈 얘길 하는 수가 있지. [조 : 여자분들끼리 모이면 뭐, 나는 아들 낳을 때 뭐 이런 꿈을 꿨다 뭐 이런 얘기도 해요?] 어 얘기하지러. 꾼 사람도 많지. …(중략)… 딸네들은 모다 골부리. [조 : 꼴부리? 오 네 분 네 명 다요? 다섯 명 다?] 골부리도 뭐 식하고. 온갖 거 이래 다 뭐 식이 꿈에 비, 뭐 식이 이래 다른 것도 있고. [조 : 어머니 그럼 골부리 그런 꿈이 딸이라는 건 어떻게 아셨어요?] 낳아노이 딸이니께네.5)

⟨1-5⟩에서 주체는 꿈에 나타난 태아상징물의 종류로써 아이의 성별을 예상한다. 예를 들어 뱀이나 가재에게 물리는 꿈은 아들을, 과실이나 열매 등이 나오는 꿈은 딸을 낳는다는 것이다. 그런데 이점조 씨는 이러한 정보들은 '이미' 아이를 출산한 여성들에게서만 들을 수 있었다고 설명한다. 이는 출산 전에 태몽을 이야기하는 것은 좋지 않다는 인식이 있어 산모들이 그것을 입 밖으로 꺼내려하지 않았기 때문이다.

(2) 박선희 씨의 사례

박선희 씨는 태몽담과 그것의 구연에 있어 주의해야 할 것 등을 주로 이야기하였다. 현재 그녀의 슬하에는 딸 네 명과 아들 두 명이 있다. 하지만 자식들보다는 주로 손자들에 대한 태몽을 더 많이 꾸었다고 한다. 그런데 이는 손자들의 태몽이 자식들의 것보다 비교적 최근에 경험했던 것이기 때문이다.

⟨2-1⟩ [조 : 그러면 첫째 딸, 그 뱀 꿈은 무슨 내용이었어요?] 뱀 꿈꾸면

---

5) 이점조 씨(여, 81세, 소미댁)의 제보(2015년 10월 16일).

딸 낳는다카이 진짜로 딸 놓데요. [조 : 아 뱀 꿈꾸면 딸 낳는데요?] 왜 용 꿈꾸면 아들 낳는다 안 카더니꺼? 그래 뱀이 딸이라네. [조 : 어머니 아까 외간 남자도 끌어안고 그런 꿈도 꾸셨다고.] 여기 있으이 그런 꿈 꾼 사람 더러 있어. 나도 그랬고. 근데 꿈에 그건 아들 낳는다캐. 그래도 딸 낳았는데 뭐.

⟨2-2⟩ 내가 매느리들이 손자 놓을(낳을) 때 맨날 골뱅이 꿈꾸고, 맨날 골부리 주우로 댕기면서 큰 거 잡고. 나는 골부리 꿈을 그쿠 잘 꾸데. 근데 그거 뭐 딸 놓는 꿈이라고 막 그러더니, 또 알이 굵으면 아들이라 카데.6)

⟨2-1⟩은 박선희 씨가 맏딸을 낳을 때 꾸었던 태몽에 대한 이야기이다. 하나는 뱀이 등장하는 꿈이고, 다른 하나는 얼굴도 모르는 외간남자를 끌어안은 꿈이다. 그런데 원래부터 딸을 상징하는 뱀꿈과 달리 '외간남자를 끌어안은 꿈'은 아들이 태어날 것을 의미하는 대표적 사례이다. 하지만 태어난 것은 딸이다.

⟨2-2⟩의 경우도 마찬가지이다. ⟨2-2⟩는 박선희 씨가 손자들이 태어날 때 꾸었던 꿈인데, 여기서 태아의 상징물로 등장하는 다슬기는 원래 딸을 의미한다. 그러나 전자의 사례와 같이 태어난 것은 아들이다. 이처럼 태아상징물과 실제로 태어난 아이가 반드시 일치하는 것은 아니다.

⟨2-3⟩ 큰 자슥 놓는 사람은 그래 한다네요, 큰 자슥은. 큰 자슥 하나 낳았는데, 우리 친정집에 그 어마이가 가 놓을 때 아들 놓을 때 저서(저기서) 커다란 달이 탁 널찌더만(떨어지더니) 자기 치매(치마) 안쪽으로 들어와 안았다네요. 그래 가가 그래 낳아노이 참 잘나고 머리도 좋고. 우리 큰집 오빠 면서기질하고 할 때 그때, 면서기하고 또 그 위에 면장질하고 할 땐데, 지7)

---

6) 박선희 씨(여, 82세)의 제보(2015년 11월 4일).
7) 박선희 씨의 친척오빠를 의미한다.

돈으로 들다가(데려다가) 갈치고(가르치고) 했는데. 그리고 또 우리 집안에 큰 오빠가 아주 잘 살아요, 천석꾼 집. 그래놓이께네 그 아가 거기 가가주고 그 오빠 밑에 가가지고 크게 돼가지고 공부는 많이 못해도 부자로 산다니더 요새.[8]

〈2-3〉은 박선희 씨의 친척이 큰 아들을 가졌을 때 꾸었던 태몽담이다. 여기서 태아를 상징하는 것은 달이다. 그리고 그 하늘에 떠 있던 달이 지상으로 떨어져 꿈을 꾸는 주체의 치마 속으로 들어간다. 이는 상징물을 집으로 가져온다거나 그것이 닿았던 무언가를 사는 것보다 더욱 직접적으로 임신을 암시한다.

〈2-4〉 [조 : 어머니 그러면 누가 좋은 꿈을 꿨다고 그러면 임신했을 때 그 꿈을 사고 그래요?] 안 준다카데 안 줄라칸단다. 그러니 꿈 얘기를 안 하지, 뺏긴다고. 아들이면 뺏긴다고 아들로 뺏겨뿌면 자기 딸 놓는다고, 그래 가지고 꿈 얘기 좋으면 남한테 안 하디더. 아가씨도 내주 꿈꾸거든 다른 이한테 말하지 마소. [조 : 신기하다. 남한테 뺏긴다고 그 얘기를 안 하는구나.] 그래 그 사람한테 아들 뺏긴다고 그래가지고 꿈 얘기는 안 한답니다. 놓고 나서는 해도 안 놓고는 그렇지. 철모르면 말하지.[9]

〈2-4〉에서 볼 수 있듯이 태몽을 꾼 주체는 그 꿈의 내용을 남에게 잘 이야기 하려고 하지 않는다. 특히 아들을 낳는 꿈이라면 더욱 그러하다. 그 이유에 대하여 박선희 씨는 남에게 그 꿈을 빼앗길까 두렵기 때문이라고 대답한다.

---

8) 박선희 씨(여, 82세)의 제보(2015년 11월 4일).
9) 박선희 씨(여, 82세)의 제보(2015년 11월 4일).

〈2-5〉 둘째는 가가 저 아버지 죽던 핸데, 둘째는 가 꿈이 참 나빠. 상여가 나가고 그거 나가는 그런 꿈을 꾸더라고 태몽으로, 상여 막 덮어쓰고 희한하제? [조 : 희한하네요.] 그래 아바이 일찍 죽더라고, 내 스물다섯에 죽었거든요.

또한 〈2-5〉와 같이 태몽은 태어날 아이의 장래뿐만 아니라 그 가족의 미래에까지 연관되기도 한다. 박선희 씨는 둘째 딸을 가졌을 때 집안에서 상여가 나가는 꿈을 태몽으로 꾸었는데, 이후 아이가 태어나고 얼마 지나지 않아 남편이 세상을 떠났다. 단순한 우연일수도 있으나 그녀는 "그래 아바이 일찍 죽더라고."라는 언술로 두 사건을 연결 짓는다. 이는 곧 태몽이 상징하는 대상이 태아의 주변으로까지 확장될 수 있음을 의미한다.

〈2-5〉에서 한 가지 더 주목해야 할 것이 있다. 바로 사람들이 태몽이라고 인식하는 기준에 대한 문제이다. 일예로 집안에서 상여가 나가는 꿈을 태몽으로 생각하는 사람은 드물다. 하지만 위의 사례와 같이 그 꿈을 꾼 시기가 임신이나 출산의 전후라면 이야기는 달라진다. 그 시기에 따라 평범한 꿈도 태몽으로서 상징성을 부여받게 되는 것이다. 즉 태몽으로서의 여부는 주체가 그 꿈을 꾸는 시기에 영향을 받는다.

(3) 임태연 씨의 사례

임태연 씨는 슬하에 딸 두 명과 아들 세 명을 두고 있다. 자식들을 낳을 때 모두 태몽을 꾸었는데, 그 중에서도 큰 아들의 태몽에 대한 기억이 가장 강렬하게 남아있다. 이는 아들을 중심으로 하는 기억의 편중에서 비롯된다. 그리고 '남에게 말하는 것조차 아까운 좋은 꿈'이기에 더욱 그러했을 것이다.

〈3-1〉 [조 : 태몽으로는 어떤 꿈 꾸셨어요?] 다 꿨지, 골부리도 주어비고 그건 딸이래. 우리 큰 아들 꿈은 잘 꿨어요. [제2 : 뭐 꿨노?] 꿨지요, 그걸 가르쳐 주니껴? [제2 : 됐어, 됐어.] [조 : 아버님도 못 들어보셨어요?] [제2 : 몰래,

그런 거 안 갈쳐줘. 또 묻지를 않애. 그걸 남자가 자꾸 주끼는 거, 그런 거 필요 없어. 그거는 이제 여자들이 하는 그런 거지.] 좋은 거 꿨어요. 좋디더, 철이 없어도 말을 어에 다 하니껴? 영감도 안 가르쳐 줘요.10)

남편인 이상한 씨의 물음에도 임태연 씨는 끝까지 큰 아들의 태몽을 말하지 않는다. 그저 꿈을 잘 꾸었다며 대답을 얼버무릴 뿐이다. 그리고 이상한 씨는 남자들이 관여해서는 안 될 여자들의 영역으로서 태몽을 인식한다. 즉 태몽담의 주된 화자와 청자는 여성이다.

⟨3-2⟩ [조 : 어머니 그럼 첫 아들 낳으셨을 때요, 임신한 건 어떻게 아셨어요?] 처음에? 암것도 없어. 아 있다 카는 거 그것만 알지, 배부르니까 알지. 뭐 아니껴? 배도 부르고, 이제 꿈을 꾸니까 그거 꾸고 나면 인제 '아가 들어섰구나.' 그래 완전히 생각하지요. 그전에는 몰라요. 배부르기 전까지는 잘 모르지.11)

과거에는 지금처럼 임신의 여부를 확인할 수 있는 과학적인 방법이 존재하지 않았다. 그러므로 몸의 변화나 태몽을 통해 임신을 예상할 수밖에 없었다. 그리고 사람들이 산모의 임신을 '확신'하는 단서는 입덧과 같은 신체의 변화였다. 태몽은 임신의 여부를 예상케 하는 단서였을 뿐 그 이상의 의미를 가지지는 못하였다는 것이다.

⟨3-3⟩ 따라들은 골부리도 줍고 밤도 따비고 박도 따비고, 전부 지지리한 거 비데. 근데 큰 아들은 그게 아니더라 카니께네. 그래가지고 말을 진짜 안 하지.12)

---

10) 임태연 씨(여, 77세)의 제보(2015년 10월 29일).
11) 임태연 씨(여, 77세)의 제보(2015년 10월 29일).

〈3-3〉에서 볼 수 있는 것처럼 딸의 태아상징물에는 다슬기, 밤, 박 등이 있다. 그리고 임태연 씨는 이러한 상징물들을 '지지리한 것'이라고 이야기한다. 반대로 아들의 태몽에 나오는 상징물들은 '귀한 것, 좋은 것, 거대한 것' 등으로 표현한다. 이는 남아가 선호되던 당시 사람들의 인식이 반영된 결과이다.

(4) 그 외의 사례

〈4-1〉 이게 내 이야기는 아닌데, 나 아는 사람 그거다. 와(왜) 가가 아를 놓쳤거든. [조 : 놓쳐요?] 아가 죽었다고, 배 안에서. 근데 그거를 꿈으로 꿨다 카데? [조 : 신기하네요.] 응, 그거를 꿈으로 꿨다카드라. 와? 아들이었나보지? 고추를, 그것도 시뻘건 고추를 따 가지고 치마에 이래 해 가지고 이제 집에 막 갈라카는데, 아이고 그걸 널찐 기라. 그래가 이제 꿈이 깼는데, 난주(나중에) 생각해보이 아를 놓친 게 그거 때문이 아닌가, 그래 생각이 들더란다.[13]

〈4-1〉은 아이의 낙태를 암시한 태몽이다. 그리고 이 사례에서 태아를 상징하는 것은 빨간 고추이다. 주체는 이를 발견하고 따서 집으로 가져오려 하였으나 실패한다. 고추를 담았던 치마를 손에서 놓쳐 모두 땅에 떨어트려버린 것이다.
이처럼 산모가 아이를 낙태한 경우에는 꿈을 꾼 주체와 태아상징물의 접촉이 이루어지긴 하나 그것이 완전하지는 못 하다. 이야기의 끝에서 서로가 분리되어버리기 때문이다. 그리고 이러한 분리는 곧 아이의 죽음을 의미한다.

---

12) 임태연 씨(여, 77세)의 제보(2015년 10월 29일).
13) 익명의 제보(2015년 10월 22일).

〈4-2〉 [조 : 아들 꿈 꿀 때 어떤 꿈이 좋다고 그래요?] 아들 꿈으로 와 호랑이나 반짝반짝하는 거, 용 같은 거. 그런 거 꾸면 잘 산다 그래. 근데 왜 돼지나 소 같은 거도 괜찮다 그래. 아들 낳는 꿈이라고. 그래도 최고로 치는 거는 용하고 호랑이하고. 두 번째로 치는 거가 가축 같은 그런 거고. 대신에 이제 돼지나 고런 고는 어디 집안에 묶여가 있어야 그게 인제 성공한 다는 그게 있지.[14]

〈4-2〉는 자식이 장래에 성공할 것을 의미하는 태몽의 종류를 설명한 것이다. 이러한 꿈에는 호랑이나 용이 태아상징물로 자주 나타난다. 물론 돼지나 소 등의 가축이 등장하는 경우도 있다. 하지만 사람들이 상징물로서 더 선호하는 것은 호랑이와 용이다.

2) 태몽 풀이의 특징

기본적으로 태몽은 임신의 조짐을 설명하기 위한 꿈이다. 그러므로 태몽담에 등장하는 모든 대상과 그들의 행위는 곧 '여성의 임신과 태아'에 연결된다. 태아를 상징하는 매개물이 존재하는 것이다. 그러므로 태아상징물은 말 그대로 앞으로 태어날 아이 '자체'를 의미한다. 그리고 그것은 아이의 성별이나 성격 등을 유추하는 단서가 된다. 즉 태아상징물은 태몽을 태몽답게 만드는 기본적인 요소이다. 상징물의 종류나 행위에 따라 태어나는 아이의 성별과 미래가 달리 해석되기 때문이다.

또한 태몽담은 '태아상징물에 대한 주체의 인지(발견)와 접촉'을 이야기 전개의 기본적인 바탕으로 둔다. 약간의 변형이 있을지언정 기본은 변하지 않는다. 그러므로 이야기가 전개될 때 나타나는 특징도 비슷하다. 먼저 이야기에 등장하는 상징물의 대부분은 갑작스럽게 혹은 자신도 모르는 새

---

14) 익명의 제보(2015년 10월 22일).

에 꿈을 꾸는 주체의 눈앞에 나타난다. 주체는 이러한 갑작스러움에 대응할 시간적 여유도 없이 이미 상징물과 마주하게 된다. 이는 서로가 접촉하는 과정에 있어서도 마찬가지이다.

사례 〈2-3〉에서 꿈을 꾼 주체가 하늘에 떠 있던 달을 발견한다. 그리고 그 발견의 순간 달은 그대로 주체의 품안에 떨어진다. 그런데 이러한 전개의 전후에는 어떠한 설명도 따르지 않는다. 그저 '탁'이라고 하는 수식어만이 있을 뿐이다. 상징물과 주체 사이의 이와 같은 '느닷없음'은 태몽담의 중요한 문법이다. 이에 대하여 박상란은 태아상징물이 꿈속에서 느닷없이 나타나는 것은 곧 여성이 느끼는 임신과 출산의 갑작스러움에서 비롯된다고 해석한다.15)

다음은 태몽담에 등장하는 태아상징물과 주체 간의 접촉에 대한 문제이다. 양자간의 접촉은 곧 태아의 잉태를 의미한다. 그러므로 태몽담의 전개에 있어 이것은 빼 놓을 수 없는 전제조건이다. 물론 사람들이 태몽이라고 인식하는 모든 꿈에서 이와 같은 전개가 이루어진다고 단언할 수는 없다. 하지만 태아로 상징되는 매개물이 등장하는 경우의 대부분은 직간접적으로 그 상징물과 주체의 접촉이 이루어진다. 그리고 이러한 태몽담의 특징은 구조화되어 사람들에게 다시 전승된다. 이처럼 태몽담이 전승되는 바탕에는 이를 경험하고, 그 경험담을 향유한 사람들의 공통되는 인식이 존재한다.

또한 태몽담은 자식에 대한 부모의 기대가 반영된 이야기이다. 실제로 자식이 성공한 경우에 '꿈이 좋아가 그런지 애들이 잘 됐어.'라는 식의 언술을 많이 듣게 된다. 즉 자식의 성공의 원인을 태몽에서 찾는 것이다. 이는 자식이 잘못된 경우도 마찬가지이다.

일예로 사례 〈4-1〉에서 꿈을 꾼 주체는 태아상징물인 고추를 떨어뜨린다. 그리고 이후에 그는 실제로 잉태했던 아이를 유산한다. 물론 두 경

---

15) 박상란, 「출산경험의 서사화와 현대 태몽담 : 뱀꿈을 중심으로」, 『한국고전여성문학연구』 21권, 한국고전여성문학회, 2010, 333~334쪽.

험 사이의 인과관계를 단정 지을 수는 없다. 그럼에도 불구하고 그 꿈의 주체는 유산의 경험을 태몽의 연장선상에 둔다. 그리고 아이의 죽음을 자신의 탓으로 돌린다. 이는 꿈과 현실을 연관된 것으로 보는 인식의 반증이다. 그러므로 사람들은 태몽담의 구연에 매우 신중해 질 수밖에 없다.

〈2-4〉 꿈 얘기를 안 하지, 뺏긴다고. 아들이면 뺏긴다고 아들로 뺏겨뿌면 자기 딸 놓는다고, 그래가지고 꿈 얘기 좋으면 남한테 안 하니더.

〈3-1〉 우리 큰 아들 꿈은 잘 꿨어요. [제2 : 뭐 꿨노?] 꿨지요, 그걸 가르쳐 주니껴? …(중략)… 좋디더, 철이 없어도 말을 어에 다 하니껴? 영감도 안 가르쳐 줘요.

〈2-4〉와 〈3-1〉과 같이 실제로 아주 좋은 태몽을 꾼 이는 다른 사람에게 그 꿈에 대하여 이야기하기를 꺼려한다. 경우에 따라서는 남편에게조차 말을 아낀다. 그리고 이처럼 여성들이 태몽, 특히 아들에 대한 꿈을 이야기하지 않는 것은 자신이 그것을 입 밖에 꺼냄으로써 앞날에 닥쳐올 수 있는 '만일의 상황'에 대비하는 것이다.

3. 태몽 풀이에 대한 전승지식

1) 태아의 성별을 예지하는 태몽

태몽에 등장하는 상징물은 천차만별이지만 동시에 일정한 패턴을 지닌다. 사람들의 꿈에 등장하는 상징물을 태어난 아이의 성별로 범주화하는 문화적 패턴이 형성, 전승되어 왔다는 것이다. 송사리의 사례를 표로 정리하면 다음과 같다.

〈표 1〉 태아의 성별에 따른 태아상징물

	태아상징물의 종류
아들	고추, 용, 가재, 호랑이, 돼지, 소, 달
딸	사과, 고구마, 밤 등의 붉은 열매, 가지, 박
공통	뱀, 물고기, 사람, 다슬기

먼저 아들을 의미하는 태아상징물로는 용, 가재, 호랑이, 돼지, 소 등이 대표적이다. 남성의 성기와 유사하게 생긴 고추도 등장한다. 반대로 딸의 상징물로는 사과, 고구마, 밤 등의 붉은 열매나 가지, 박이 주로 나타난다. 그런데 대부분의 제보자들은 딸의 태아상징물을 아들의 것보다 자질구레한 것으로 인식한다. 그리고 이것은 딸보다 아들의 태몽을 더욱 중요시하던 당시 사람들의 인식이 투영된 결과이다.

뱀·물고기·사람·다슬기는 태아의 성별에 상관없이 두 경우에 모두 해당된다. 물론 이러한 태아상징물의 종류가 아이의 성별을 구분 짓는 절대적인 기준이 되지는 못 한다.

〈2-2〉 나는 골부리 꿈을 그쿠 잘 꾸데. 근데 그거 뭐 딸 놓는 꿈이라고 막 그러더니, 또 알이 굵으면 아들이라 카데.

예를 들어 다슬기(골부리)는 딸을 의미하는 태아상징물이다. 하지만 〈2-2〉의 사례와 같이 상징물의 '크기'에 따라 태아의 성별이 나누어지는 경우도 존재한다. 즉 태아상징물의 크기도 태아의 성별을 구분 짓는 중요한 기준이 될 수 있는 것이다.

〈2-3〉 우리 친정집에 그 어마이가 가 놓을 때 아들 놓을 때 저서(저기서) 커다란 달이 탁 널찌더만(떨어지더니) 자기 치매(치마) 안쪽으로 들어와 안았다네요.

또한 〈2-3〉의 태아상징물인 달처럼 그 의미가 완전히 변화되어 전승되는 경우도 있다. 보편적으로 아들을 상징하는 것은 태양[陽]이요, 딸을 상징하는 것은 달[陰]이다.16) 하지만 〈2-3〉에서는 달도 아들을 의미하는 상징물로서 인식된다. '하늘에 떠 있는 신비로운 자연물'이라는 달의 특성이 부각된 결과로서, 달과 태양의 의미가 동일시 된 것이다. 이처럼 태아의 상징물을 해석하는 주체가 그것을 어떻게 바라보느냐에 따라 상징물이 의미하는 대상은 달라질 수 있다.

2) 태아의 성격을 예지하는 태몽

태몽에 등장하는 상징물의 종류는 태아의 성별을 예지한다. 그러므로 사람들은 태몽이 상징하는 바를 해석할 때 '꿈에 어떠한 상징물이 등장하였는가?'에만 집중하는 경향이 있다. 하지만 그 상징물이 어떠한 행위를 하는가에 대한 것도 그에 못지않게 중요한 문제이다. 왜냐하면 상징물의 행위는 앞으로 태어날 아이의 성격을 암시하는 단서가 될 수 있기 때문이다.

〈1-3〉 그래 야가(막내아들이) 마음은 착하고 좋은데 성격은 불 같습니더. 이래 물린 사람이 성질은 바지랍거든요.

위의 사례에서 제보자는 '뱀에게 물린 사람은 성질이 바지랍다.'고 언술한다. 즉 태아의 상징물인 뱀이 주체의 꿈속에서 깨무는 행위를 하였기 때문에 앞으로 태어날 아이의 성격이 '이해심도 없고 성질이 불같다.'는 것이다. 이처럼 사람들은 꿈에서 등장하는 태아상징물이 어떠한 행위를 하느냐에 따라 아이의 성격을 예지한다.

---

16) 서종택, '딸', 『한국민족문화대백과』, 한국학중앙연구원, 1991(2015.12.11. 출력, http://encykorea.aks.ac.kr/Contents/Index)

하지만 태아의 성별을 예지하는 것에 비하여 조사되는 사례가 미비한 것이 사실이다. 태몽의 해석이 성별의 예지에 집중되어 있다는 것이다. 그리고 이는 곧 아이의 성격이 어떠한가보다 '아들이냐 딸이냐'의 문제가 사람들에게 더 중요했음을 의미한다.

3) 자식의 장래를 예지하는 태몽

다음으로는 자식의 성공 여부와 관련된 태몽이다. 여기서 말하는 성공은 대부분 '돈을 잘 버는 것'을 의미한다. 태아상징물로는 용, 호랑이 등이나 달과 같은 자연물이 주로 등장한다. 특히 용이나 호랑이가 나오는 꿈은 상징물의 행위의 여부에 상관없이 '큰 인물이 난 것'이라는 인식이 강하다.

〈1-4〉 우리 막내이가 돈도 많이 벌고 그래요. …(중략)… 구리가(구렁이가) 막 이만한 게 구불구불해 있는 거야. 난 얼라를 업고, "야, 야. 용 돼가 올라갈라고 그러나보다." 그랬다고. 그러니까 이게, 구리가 막 꾸불꾸불해져 하늘로 올라가는 거라.

〈1-4〉의 태아상징물은 용이 되기 위하여 하늘로 승천하던 구렁이이다. 비록 용이 되지는 못하였으나 '하늘로 승천'하는 행위로써 용(성공)의 상징성을 얻는다. 즉 구렁이와 용이 동일시된 것이다.

〈3-2〉 최고로 치는 거는 용하고 호랑이하고. 두 번째로 치는 거가 가축 같은 그런 거고. 대신에 이제 돼지나 고런 고는 어디 집안에 묶여가 있어야 그게 인제 성공한다는 그게 있지.

하지만 〈3-2〉와 같이 경우에 따라 소, 돼지, 말 등이 상징물로 등장하기도 한다. 그런데 이때는 자식의 성공이라고 하는 의미를 가지기 위하여 상징물의 특정한 행위가 병행되어야만 한다. 집안에 묶여져 있는 등의 행위를 예로 들 수 있다. 즉 동일한 의미를 가지고 있는 꿈이라 할지라도 각각의 상징물이 그 의미를 획득하는 조건에 있어서는 차이를 보인다.

4) 유산이나 이별을 암시하는 태몽

태몽은 태아의 부정적인 미래를 암시하기도 한다. 이러한 경우 태아상징물과 주체 간의 접촉이 이루어지기는 하나 그것이 완전하지는 못하고, 아예 이루어지지 않기도 한다.

 〈3-1〉 아가 죽었다고, 배 안에서. …(중략)… 고추를, 그것도 시뻘건 고추를 따 가지고 치마에 이래 해 가지고 이제 집에 막 갈라카는데, 아이고 그걸 널찐 기라.

예를 들어 들고 있던 고추를 떨어트리는 행위는 곧 주체와 상징물의 분리, 그리고 그로 인한 상징물의 죽음을 의미한다. 박상란도 유사한 사례로 호랑이가 떨어져 죽은 꿈이나 밭에서 캔 고구마가 부러진 꿈 등을 들고 있다.[17]

4. 나가는 말

이 글에서는 송사리 주민들의 사례를 중심으로 태몽담의 특징과 전승지식으로서의 측면을 밝히고자 하였다. 논의된 내용을 정리하면 다음과

---

[17] 박상란, 「낙태 관련 태몽담의 서사적 특징과 의의」, 『한국문학연구』 제44호, 동국대학교 한국문학연구소, 2013, 217쪽.

같다. 먼저 태몽담에는 태아를 상징하는 '태아상징물'이 등장한다. 이때 태아상징물은 앞으로 태어날 아이 그 자체를 의미하며, 그 외에 꿈을 꾸는 '행위자'가 존재한다. 그리고 태몽담은 이러한 양자 간의 인지와 접촉을 전개의 바탕에 둔다.

특히 태아상징물은 태어날 아이의 성별뿐만 아니라 미래를 암시하는 단서가 되므로 더욱 중요하다. 태몽의 전승지식은 크게 태아의 성별, 성격, 장래, 그리고 유산(또는 이별)에 대한 예지로 정리된다. 이때 태아의 성별과 장래는 상징물의 종류로 암시되고, 성격은 상징물이 취하는 어떠한 행위로써 그 해석이 이루어진다.

물론 그렇다고 하여 사람들이 이러한 태몽의 해석을 맹신한다고 볼 수는 없다. 다만 정말로 그럴 수도 있음을 염두에 둘 뿐이다. 그럼에도 불구하고 태몽과 태아의 실제 삶의 상관관계를 생각하지 않을 수는 없다. 위에서도 언급했던 것처럼 기본적으로 태몽이란 태어날 자식의 앞날을 암시하는 꿈이기 때문이다.

정리하자면 태몽담은 태몽이라고 하는 단순한 현상이 말로써 전승된 구비문학이다. 말로 행해지기 이전의 태몽은 꿈을 꾼 주체의 개인적인 경험에 불과하다. 그런데 그 경험이 누군가에게 이야기되고 전승되는 순간 이것은 곧 문학이 되고 지식이 된다. 그리고 지식으로 전승되는 과정에서 태몽은 일정한 패턴을 갖는다. 즉 태몽의 전승지식은 사람들 사이에서 오랜 세월동안 축적된 태몽의 패턴을 의미하는 것이다.

| 참고문헌

논문

박상란, 「현대의 태몽담 연구 시론 : 6남매 태몽담을 중심으로」, 『한국사상과 문학』 제50집, 한국사상문화학회, 2009.
_____, 「출산경험의 서사화와 현대 태몽담 : 뱀꿈을 중심으로」, 『한국고전여성문학연구』 21권, 한국고전여성문학회, 2010.

인터넷자료

서종택, '딸', 『한국민족문화대백과』, 한국학중앙연구원, 1991(2015.12.11. 출력, http://encykorea.aks.ac.kr/Contents/Index)

지명유래로 읽는 민속지식의 생산과 수용 양상

강선일
안동대 민속학과 박사과정 4학기

1. 지명유래의 지식 미디어적 가치와 연구방법 모색

송제마을에서 구전되는 지명유래에 주목함으로써 주민들이 어떠한 민속지식을 생산하고 수용하는지 구명하고자 한다. 지명은 구체적 증거물에 관한 일정한 지식을 담은 이름이므로, 왜 그런 이름으로 일컫게 되었는지에 관한 유래가 따르기 마련이다. 지명유래는 언어를 매개로 삼아, 마을의 자연지리와 인문지리 환경에 관한 지식을 대면관계에서 전달한다는 특징을 지닌다. 그리고 구술공동체를 기반으로 공유되고 전승된다는 점에서 오랜 세월에 걸쳐 반복·조정·축적된 민속지식을 담아내고 있다.[1]

구술문화가 중심이던 사회에서는 가족·가문·마을 공간과 같이 사람들이 교차하는 곳곳에서 이야기판이 벌어졌으며, 이야기판은 만남과 소통

---

1) 민속지식 또는 전승지식은 삶의 경험으로부터 생성되어 오랜 세월에 걸쳐 반복·조정·축적되어 민간에 전승되는 지식이다(배영동, 「화전농업의 기술과 전승지식의 의의」, 『비교민속학』 51, 비교민속학회, 2013, 60쪽 참조).

의 공간이자 공동체적 삶을 위한 의미 있는 담론 생산의 공간이었다.2) 주민들이 공동체적 삶을 위해 나누었던 여러 이야기 중에는 지명유래도 한 몫을 했다. 따라서 지명유래가 구연되는 이야기판은 지식 재생산의 현장이고, 지명유래를 전승하는 구술공동체는 지식공동체인 셈이다.

주목되는 점은, 마을공동체와 관련된 지식이 일정한 원리와 체계를 따라 지명유래에 갈무리되어 있다는 사실이다. 주민들에게 유래를 청하여 들었을 때 한 장소에 특정 지명을 붙이게 된 논리와 근거를 이해할 수 있는 것도, 지명유래가 구체적 증거물을 기반으로 생산된 지식을 담아내고 있기 때문이다. 이처럼 한 마을에서 살아가는 주민들이 공동체적 삶을 위한 지식을 체계적으로 공유하고 전승한다는 사실은, 지명유래가 지식을 공동생산·수용하는 지식 미디어media적 가치를 지니고 있음을 의미한다.3)

지명유래를 사회적 생산물로 조명함으로써 그 속에 담긴 공동체의 지식을 읽어내려는 작업은 문학사회학의 관점에서 비롯된 것이다.4) 문학사회학에서는 문학을 비롯한 예술창작 전반이 개인의 창조력에 의한 것이 아니라, 사회의 구조적 조건에 의한 집단적 생산물로 본다.5) 이러한 관점에서 보면, 공동작으로 존재하는 설화는 개인이 직면한 문제를 해결해 줄 실마리를 제공하면서도 공동체의 통합과 유지를 위한 대안을 제시한다. 지명유래도 마찬가지이다. 주민들의 공동 공간을 증거물로 삼아서 전승되는 이야기인 까닭에 사회적 성격이 더욱 강조된다.

---

2) 천혜숙, 「이야기판의 전통과 문화론」, 『구비문학연구』 33, 한국구비문학회, 2011, 37쪽 참조.
3) 임재해, 「설화의 미디어 기능과 지명전설의 인문지리 정보」, 『한민족어문학』 69, 한민족어문학회, 2015, 47쪽 참고.
4) 사회적으로 생산·수용되는 지식 미디어로서 지명유래를 조명하고, 지식의 갈래를 유형화해서 기능을 파악하는 작업은 민요가 예술 작품으로서 형성·전승되는 과정을 논의한 선행연구와 동궤에 있다(임재해, 「민요의 사회적 생산과 수용의 양상」, 임재해 외, 『한국의 민속예술』, 문학과 지성사, 1988, 252~284쪽). 민요가 '구전되는 공동작'이라는 사실에 초점을 맞추어 노래꾼·노래 매체·수용자의 유기적 관계를 분석하고, 민요가 사회적 생산물이라는 점을 해명했다. 이러한 논의를 본보기로 삼아, 이 글에서는 지명유래가 공동체의 지식 미디어라는 점에 주목하여 민속지식의 사회적 생산과 수용의 양상을 논의하고자 한다. 그 과정에서 지명유래에 담긴 여러 민속지식의 갈래와 성격, 기능을 파악하는 작업이 함께 이루어질 것이다.
5) 쟈네트 월프, 『예술의 사회적 생산』, 이성훈·이현석 옮김, 한마당, 1986, 41~68쪽 참고.

따라서 다음 과정에 따라 논의를 진행하고자 한다. 첫째, 송제마을의 지리적 성격과 지명유래의 전승이 맺는 관계를 확인할 것이다. 둘째, 지형 및 지물의 지명 생성 준거와 원리를 파악할 것이다. 셋째, 유래에 담긴 민속지식의 갈래와 성격을 유형화하고, 분류한 여러 지식이 공통적으로 지향하는 바를 확인함으로써 지명유래에 담긴 민속지식의 기능을 조명하고자 한다. 넷째, 그러한 민속지식이 지명유래·전승집단·전승현장의 유기적인 관계 속에서 공동으로 생산 수용되는 사회적 생산물이라는 사실을 구명하려 한다.

2. 송제마을의 지리적 성격에 따른 지명유래의 전승

지명유래의 전승은 마을의 지리적 성격과 관련이 깊다. 지리적 성격은 크게 인문지리적 성격과 자연지리적 성격으로 구분할 수 있을 것이다. 조사대상지로 삼은 송제마을에서 구전되는 지명유래 역시 지리적 성격과 밀접한 관계를 맺고 있었다. 길안면 남쪽 끝자락에 자리 잡은 송제마을은 여러 산에 둘러싸여 있어서 산과 골, 재, 나무와 관련된 유래가 여느 마을보다 풍부하게 전승되고 있는 편이다.

모듬살이·들·거랑 등의 이름도 함께 수집할 수 있었다. 주민들이 부르는 지명은 마을의 생태적 환경에서 유래된 이름이 있는가 하면, 역사적 배경에서 유래된 이름도 있다. 불리지 않게 되었다가 다시 불리게 된 이름도 있었다. 공사로 지형이 바뀐 탓에 더 이상 해당 지명을 사용하지 않는 경우도 있었지만, 자료 수집과정에 청해 들은 지명유래에는 송제마을만의 지리적 성격이 갈무리 되어 있었다.

우선 마을 지명의 유래부터 살펴보자. 송제松堤라는 지명은 마을의 자연지리적 성격과 관련이 있다. 마을 뒤쪽의 산에 무성했던 소나무가 제방 구실을 했다는 뜻을 담은 이름이기 때문이다.[6] 대체로 마을의 좌향은 동향과 동남향을 취하는 편이다. 안마을 사람들은 화전을 일구고 살 수 있었던 반면에, 아랫마을 사람들은 수해 위험에 노출되어 있었기 때문에 제방을 이중으로 쌓기 전만 해도 늘 불안에 떨어야 했다.

제대로 된 제방시설마저 갖추지 못했던 시절, 길안천과 송제천이 합수되는 지점에 위치한 마을은 정착생활을 하기에 불리한 곳이었다. 홍수에 대한 불안과 걱정이 클 수밖에 없는 위치에서 뒷산에 무성했던 소나무는 나름의 제방구실을 해줬다. 따라서 송제라는 지명은 마을의 자연지리적 성격을 반영해주는 이름이라고 할 수 있다.

이후 1914년 행정구역 개편에 따라 송제동와 마사리, 그리고 대사동의 일부가 통합되면서 송제마을은 송사1리에 속하게 된다. 행정지명으로써 송사는 송제의 '송(松)'자와 마사의 '사(仕)'자가 합쳐져서 불리는 이름이다. 하지만 마을사를 잘 알고 계신 분은 송사라는 지명이 새로 만들어진 이름이 아니라 선비가 많이 나서 붙여진 옛 지명이라고 귀띔해주기도 했다. 예전부터 고을 이름으로 불려왔던 송사라는 지명은 마을사의 위상을 드높인다. 권오근 씨의 말씀을 들어보자.

> 송사라는 것은 뭐냐. 솔 송(松)자 선비 사(仕)자. [손가락으로 바닥에 쓰면서] 인(亻)변에 선비 사(士)지? 이게 선비 사(仕)자라. 송사(松仕). 송사를 왜 송사라 하느냐 할 것 같으면 여기가 인제 옛날에 고을이 있었다고. 고을은 군 한 가지지. 군 한가진데 송사고을이 있었어. 솔도 많지만 선비가 많이 사는 곳이라, 이래가 송사다. 그런데 변동이 생기잖아. 옛날에 고을이 있었는데 고을을 없애버리고, 우리 동네가 저 산 밑에 가면 또 마을이 있어. 거기 인제 집이 살았다고. 여기 집터를 잡은 거는 옛날에 마을이, 역촌이 비켜가주고 우리 동네가 생겼고. 그래가주고 뒤에는 송제다.[7]

---

6) 임정태(남, 78세) 씨의 말씀(2015년 9월 21일).
7) 권오근(남, 85세) 씨의 말씀(2015년 10월 24일).

앞의 자료에서 언급된 송사현은 1896년(고종 32) 지방 관제 개혁에 따라 안동군 길안면에 편입된 곳이다. 권오근 씨의 말씀에 따르면, 조선시대에 송사현의 소재지가 송사리 일대였다고 한다. 현縣은 지금의 시군과 유사한 단위이므로, 송사라는 지명은 마을 이름이 아니라 고을 이름으로서 그 위상을 달리했다는 사실을 짐작할 수 있다.

현의 소재지 역시 주변 지역과의 관계 속에서 구심점 구실을 했을 것이다. '송사松仕'라는 지명의 유래에 그러한 위상이 어느 정도 드러난다. 솔도 많지만 무엇보다 선비가 많은 마을이란 뜻에서 불리게 된 이름이기 때문이다. 현의 소재지로써 중요한 구실을 했을 뿐만 아니라 선비를 많이 배출한 곳이라는 위상은 고개나 재, 골 이름의 유래에서도 확인할 수 있다.

[송제와 둔전의 지명유래를 설명한 다음] 그렇게 봤을 때 여기가 그저 지냈는 동네는 아이지 않나 그렇게 봅니다. 관득골카는 거는 벼슬을 얻는 골이라는 것이고, 관고개는 벼슬하는 사람들이 넘어 다니는 고개 [웃음] ···. 그게 무슨 의미가 있는 것 같아요.8)

김세동 씨의 말씀을 들어보면 송제마을에는 선비나 벼슬과 관련된 지명이 많다는 것을 알 수 있다. 마을의 동쪽에 위치한 관득골은 벼슬을 얻을 수 있는 골이라는 뜻이고, 관고개는 벼슬하는 사람들이 넘는 고개라는 뜻을 지니고 있다. 관득골과 관고개 외에도 서쪽에 위치한 사재 또한 유사한 유래를 지니고 있다. 사재는 선비들이 많이 넘어 다닌다는 의미에서 붙여진 이름이다.

현 소재지였기 때문에 지방의 관리들이나 과거시험을 치르려는 선비들이 지나가는 일이 많았던 것을 짐작할 수 있다. 마을 이름은 고개나 재, 골 이름과 함께 마을사의 흔적을 찾아볼 수 있는 중요한 단서가 된다. 그

---

8) 김세동(남, 77세) 씨의 말씀(2015년 10월 16일).

런데 학자다운 선비가 나고, 과거에 급제해서 나라의 중요한 일을 할 수 있는 기회가 많아졌으면 좋겠다는 주민들의 염원은 인근 마사리의 지명유래에서도 확인할 수 있다.

여기 또 마사리는 화줏대를 세우잖아요. 여기 점방(상점, 가게)하는 사람(김세동 씨)의 조부님이 벼슬을 했다 해. 선달 어른이 벼슬을 했는데, 벼슬을 하면 화줏대라고 세우는 거라. 마사리는 화줏대가 많-이 서게 해달라고. 삼, 삼은 총총총총 옷에 있는 거 말야. 화줏대가 많이 서돌라 해가, 그래가 마사리다.9)

권오근 씨의 말씀에서 언급된 화줏대는 솟대의 일종이며, 과거에 급제한 이가 벼슬을 하게 되면 마을에서 자랑스럽게 세웠던 장대라고 한다. 권오근 씨가 가리키는 선달어른은 김세동 씨의 조부이다. 선달은 선비의 다른 말인데, 김세동 씨의 조부는 조선 말기에 과거 급제를 한 바가 있다. 선달어른처럼 벼슬살이하는 사람이 많이 나길 바라는 마음은 "화줏대를 많이 세우게 해달라"는 기원에 함축되어 있다. 따라서 마을에 화주대가 삼 서듯이 많이 서고, 벼슬살이 하는 사람이 많아졌으면 좋겠다는 뜻에서 마사리麻仕里라고 불렸다.

행정상 중요한 구실을 하고 선비가 많은 곳임에도, 현 소재지로서의 기세는 교통요충지 역할을 겸하게 되면서 점차 수그러지고 만다. 요즘이야 편리한 교통이 특장일수 있지만, 전통사회에서는 그렇지 못했고 오히려 기피하는 경향이 강했다. 따라서 현 위치에서 일정한 거리를 두고 송제 마을을 이룬 것이다. 현 위치에서 800M 떨어진 곳에 자리를 잡았었는데, 150여 년 전 무과武科에 급제한 김중진金仲鎭 선생이 현재 위치에 입거入居하면서 차츰 인가가 늘기 시작했다.10)

---

9) 권오근(남 85세) 씨의 말씀(2015년 10월 24일).

송사1리를 이루는 또 다른 모듬살이는 둔전屯田이다. 그런데 둔전의 유래는 과거에 송사리 일대가 교통요충지의 역할을 감당했음을 알려주는 또 다른 자료가 된다. 둔전은 조선조 송제역이 들어설 때 역참에 소속된 토지를 뜻하기 때문이다.11) 둔전은 변경이나 군사요지에 설치해서 군량미를 충당하던 토지를 뜻하기도 하므로 그 이전 시기에는 마을에 나름의 병영기지도 갖출 만큼 중요한 고을 소재지였던 것으로 짐작된다. 지명유래가 인문지리적 성격을 잘 반영하고 있는 것이다.

마을에 자리 잡고 있는 지형 및 지물의 유래는 마을사나 생태환경뿐만 아니라, 종교사적 맥락에 의해서도 구전된다. 송제마을에는 천지갑산·황학산·금학산·화부산 등으로 둘러싸여있고, 천연기념물로 지정된 소태나무도 있다. 송제마을의 마을사, 생태환경, 종교사적 맥락 등은 주민들이 주고받는 이야기의 소재가 되기 충분했고, 자연스레 지명유래에도 반영되었다. 먼저 천지갑산의 유래부터 살펴보자.

이 산이 천지갑산. 천지갑산이라는 것은 인제, 저 우에 옛날에 물 웅디가 있었어. 그래서 인제 그 물 웅디가 천지(天池)라고 해가주고. 저 우에 올라가 보면 이 물이 태극형으로 솟아나와. 태극형으로 솟아나온다 카이. 멋지다 하이께네. 그래가 인제 천지갑산이라고 돼가 옛날부터 내려오더만, 우린 어른들한테 들은 그대로 얘기를 하다보이께네 그런 거고.12)

천지갑산은 옛날 일본시대 때 학교에 김두헌 선생님하고, 우리 조부님하고 권 씨에 기동어른하고 그 세 분이 저- 나가가주고 그 밑에서 쳐다보면서 "이 산 이름을 우리가 짓자." 그래해가주고. 저도 알기는 그렇게 들었어요.

---

10) 안동대학교 민속학과, 「천지갑산 아래 변화의 바람이 부는 송사1리」, 『사과의 고장 길안』, 안동대학교 민속학과, 2013, 938쪽.
11) 권오준(남, 82세) 씨의 말씀(2015년 1월 22일).
12) 김기한(남, 78세) 씨의 말씀(2015년 1월 22일).

"천지갑산으로 하자." 천지갑산은 하늘과 땅 사이에 갑이라 카는 게 있지요. 최고라는 뜻에서 지었다는 말이 있어요.13)

송제마을에서 가장 위엄을 자랑하는 산은 천지갑산天地甲山이다. 백두산의 천지를 연상케 할 만큼 이름이 독특한데, 흥미롭게도 이름의 유래가 몇 가지로 나뉘어서 전승된다. 김기한 씨는 천지갑산 정상에 물웅덩이가 있는데, 그 모습이 백두산의 천지天池와 흡사해서 붙여진 이름이라고 말했다. 반면에 김세동 씨는 일제강점기에 마을 어른 세 분이 하늘과 땅 사이에 존재하는 최고의 산이라는 뜻에서 지은 이름이라고 해석을 달리했다.

사실 백두산 천지天池와 천지갑산은 표기 한자가 다르다. 그럼에도 김기한 씨의 말씀처럼 산 정상에 물이 고여 있었기 때문에 천지갑산이라고 해석하는 모습은 예사롭지 않다는 점에서 눈여겨볼 만한 해석이다. 자신들의 마을을 지켜주는 산에 나름대로 자부심을 느끼면서도 백두산과 다른 독자적인 정체성을 부여하고 있기 때문이다. 천지갑산을 둘러싸고 있는 하얀 바위를 갑옷에 비유하는 것에서도 남다른 자부심을 확인할 수 있다.14)

송사리 일대는 현 소재지 구실을 했었고, 고려 때 병기창고가 있었기 때문에 천지갑산에 산성이 자리 잡고 있었을 가능성도 있다. 그러한 흔적이 천지갑산의 군사바위 유래에 담겨 있다. 더불어 천지갑산은 관악봉冠岳峰이라고도 불렸는데, 가운데 봉우리가 높고 양쪽 봉우리가 낮게 솟아 있는 모양새가 마치 사대부들이 머리에 쓰던 정자관程子冠처럼 생겨서 붙여진 이름이라는 설도 있다.

주민들의 자부심과 남다른 정체성을 엿볼 수 있는 천지갑산에는 원래 갑사라는 절이 있었다. 지금은 그 흔적을 모전석탑에서 겨우 찾아볼 수

---

13) 김세동(남, 77세) 씨의 말씀(2015년 10월 16일).
14) 권오준(남, 82세) 씨의 말씀(2015년 1월 22일).

있다. 그럼에도 유래에는 갑사라는 절이 사라진 이유와 승려들의 이후 행적까지 생생하게 알 수 있다.

저 산이 악산이래가지고 댕기기 험해요. 바위산이래가주고, 방구에 물이 나기 때문에 미끄러워. 잘못하면 큰일 나. 위험한 덴데. [천지갑산을 가리키며] 저 - 짝, 저 소나무요. 가지 이렇게 벌인 데. 잘록하게 이래 내려가는데, 거기에 보면 탑이 하나 있어. 탑이. [조사자 : 탑이요?] 네, 탑이 하나 있는데. 거기에 절이 있었대요, 옛날에. 절이 있어가 하여튼 유래는 그 옛날에 빈대라고 안 있습니까? 빈대, 비룩(벼룩)이 있잖아요. 그게 많아가지고, 절에. 그래, 스님이 두 분이 계셨는데. 그래, 빈대 잡는다고 이래 불을, 맹 촛불이었겠지. 이래가주고 하다가 불을 냈부렀어. 불을 내가주고 그래, 한 분은 불국사로 가고, 한 분은 해인사로 가고 그런 유래도 있고.15)

권오준 씨가 들려준 이야기는 전형적인 폐사유래담으로, 승려가 시주하러 가느라 절을 비웠는데, 다녀오니 절 기둥에 빈대가 발갛게 붙어 있어서 불로 잡으려고 하다가 절을 태워서 망했다는 이야기이다. 그밖에도 송제마을에는 성인대사가 대성을 이루고 떠났다는 부처바위골과 바랑을 맨 형상으로 해석된 바랑골 등이 자리잡고 있어서 불교문화의 자취를 엿볼 수 있다.

송제마을에는 불교문화의 자취뿐만 아니라 민속종교의 지속성을 엿볼 수 있는 유래가 구전되고 있다. 송제마을의 또 다른 자랑거리로 소태나무가 있기 때문이다. 소태나무는 700년의 수령을 자랑하는 고목으로, 천연기념물로 지정되었을 뿐 아니라 마을을 지켜주는 수호신이다. 소태나무의 영험은 임정태 씨의 말씀에서도 잘 드러난다.

---

15) 권오준(남, 82세) 씨의 이야기(2015년 1월 22일).

저 아래 저, 천연기념물 소태나무 있잖아요? 그 소태나무가 옛날에 말을 타고 말이지. 관직에 들어간 사람들이, 가마에서 안 내리고 가면 말 발이 붙어. 말 발이 붙었다 이러거든. 참말인지 거짓말인지. 근데 그거는 서낭당이 많지만은 말로는 아주 대-단했다 그래요. 내려가 갈 수 있어도 그 앞에는 타고는 못 갔대. 말이, 발이 붙으이까16)

    소태나무는 신목으로서 영험성을 자랑한다. 임정태 씨의 말씀은 당나무 앞으로 말을 타고 지나가면 말발굽이 땅에 붙어버리기 때문에 반드시 내려서 그 앞을 지나가야 된다는 이야기이다. 그 외에도 일제강점기나 한국전쟁처럼 나라에 큰 위기가 닥쳤을 때 소리내서 울거나 비가 오는 것처럼 눈물까지 흘렸다는 이야기나 마을에 도둑이 들었을 때 나무가 울자 도둑이 겁을 먹고 도망갔다는 이야기도 전해진다.
    이처럼 송제마을에서 구전되는 지명유래는 역사적 배경과 생태적 환경뿐만 아니라, 종교적 맥락에서도 생성되고 전승되고 있다. 이 장에서 언급한 지명유래 외에도 모듬살이·들·거랑 등의 지명유래가 구전되고 있는데, 주민들이 지명을 생성하는 준거와 원리를 살펴보는 과정에서 추가적으로 다루도록 하겠다.

3. 유래로 본 지형과 지물의 지명 생성 준거와 원리

    주민들이 들려주는 지명유래를 살펴보면 지명 생성의 준거와 원리를 짐작할 수 있다. 이것은 유래가 담고 있는 지식과 정보가 나름의 짜임새를 갖춰서 지명에 반영된다는 뜻이기도 하다. 대체로 지명은 전부요소와 후부요소로 나누어진다. 후부요소는 지역이나 자연물이 지니는 공통 특성에

---

16) 임정태(남, 78세) 씨의 말씀(2015년 9월 21일).

첫째, 마을의 위세와 관련해서 지명을 붙이는 경우이다. 대표적인 예로 송사현과 마사리, 사재 등을 들 수 있다. 이 지역에 선비들이 많이 살았다는 사실은 송사라는 지명의 유래에서 이미 확인했다. 앞에서 언급한 대로 송사는 원래 고을 이름이었고, 그 위세가 대단했다. 과거 급제하는 사람들이 많아져서 그 위세가 계속 이어지도록 바라는 희망은 마사리라는 이름에 잘 드러난다.

현 소재지로서 위세는 지역 안에 한정되지 않는다. 주변 지역에서 거주하던 벼슬아치나 관원, 선비들이 서울로 가기 위해서는 이 지역을 지나야 했기 때문이다. 따라서 사재를 비롯한 관득골, 관고개 등의 이름이 만들어 질 수 있었던 것이다. 따라서 유형 ①에서 제시한 지명은 마을의 위세 또는 그 위세가 계속 이어지길 바라는 희망과 구체적인 지시대상이 결합되어 지명을 생성한 사례라고 할 수 있다.

둘째, 주변의 식생에 따라 지명을 붙이는 경우이다. 대표적인 예로 송제동과 밤나무골, 광산재 등을 들 수 있다. 송제동 역시 송사현의 위상을 검증하는 장에서 언급된 바가 있다. 길안천과 송제천이 합류되는 지점에 거주하고 있었던 주민들은 제대로 된 제방시설이 갖추지 못했기 때문에 늘 홍수에 대한 불안감을 갖고 있을 수밖에 없었다. 그러한 마을 뒷산에 우거진 소나무는 홍수 때 제방 구실을 감당했으리라 짐작된다.

송제동이라는 지명은 소나무의 역할이 구체적으로 제시하고 있지만, 밤나무골의 경우 그렇지 못하다. 밤나무골은 단순히 밤나무가 많은 골짜기라는 의미를 지니기 때문이다. 비슷한 맥락에서 소금밤나무골도 있다. 나무 외에도 자원을 중심으로 이름을 붙이는 경우도 있다. 송제 길송분교장 앞에 자리 잡고 있는 광산재가 그러한 사례이다. 광산재는 광산이 있다고 해서 붙여진 이름이다. 따라서 유형 ②에서 제시한 지명은 마을의 식생 또는 자원과 구체적인 지시대상이 결합되어 지명을 생성한 사례라고 할 수 있다.

셋째, 종교적 경험에 따라 지명을 붙이는 경우이다. 대표적인 예로 미

따라 불리는 지명의 지시대상을 나타내며, 전부요소는 후부요소를 수식하는 요소로 지명의 유연성을 나타낸다.17) 지명유래를 통해 주민들이 지형과 지물에 지명을 붙이는 체계를 유형화하고 대표적인 사례를 제시하면 다음과 같다.

〈표 1〉 송제마을 주민들의 지명 생성준거와 명명방식

유형	지명 명명 방식	대표 지명	지명 생성 준거
①	지역의 위세에 따라	송사현	선비가 많은 현이기 때문에
		마사리	과거급제에 대한 바람 때문에
		사재	과거를 볼 선비들이 오갔기 때문에
②	주변의 식생에 따라	송제동	소나무가 제방 구실을 했기 때문에
		밤나무골	밤나무가 많았기 때문에
		광산재	광산이 있었기 때문에
③	종교적 경험에 따라	미륵실	미륵을 모신 곳이기 때문에
		부처바위골	성인대사가 수련한 곳이기 때문에
④	마을사적 근거에 따라	둔전	역참에 소속된 토지였기 때문에
		창터	병기창고가 있던 곳이기 때문에
		보급굴	한국전쟁 때 피난지였기 때문에
⑤	산천의 생김새에 따라	바랑골	중이 바랑을 짊어진 모습이기 때문에
		가새거랑	합류 모습이 가위를 닮았기 때문에
		관악봉	산이 정자관을 닮기 때문에
⑥	상대적인 위치에 따라	안마	도로의 안쪽에 위치하기 때문에
		당촌	당나무와 당집이 있기 때문에
		새들	새로 마을이 형성되면서 생겼기 때문에

---

17) 권태진, 「영풍군 지명의 의미론적 연구」, 충북대학교 석사학위논문, 2006, 6쪽 참고.

륵실과 부처바위골 등을 들 수 있다. 미륵실은 둔전 위쪽에 위치한 곳으로 예전부터 미륵을 모셨기 때문에 붙여진 이름이다. 부처바위골은 앞에서 부분적으로 언급했듯이 수련을 온 성인대사가 대성을 하고 떠난 곳이라서 붙여진 이름이다. 지명유래와 인물전설의 기능을 함께 감당하고 있으나 전설적 상상력이 발휘되지 않은 이야기에서 비롯된 이름이다.

주민들 사이에서는 미륵실과 부처바위골의 유래와 함께 빈대갑사의 유래, 인근 지역에 위치한 금장암의 유래, 용담사의 유래 등도 구전되고 있다. 특히 금장암과 관련해서는 혼자 집에 남겨진 아기를 지키기 위해 호랑이가 둔갑해서 밤새 엄마 역할을 해주고 갔다는 이야기도 구연되었다. 금장암이라는 불교적 공간에 등장하는 호랑이를 산신과 동일시하면서 금학산을 신성한 산으로 조명한 것이다. 따라서 유형 ③에서 제시한 지명은 종교적 경험 또는 인식과 구체적인 지시대상이 결합되어 지명을 생성한 사례라고 할 수 있다.

넷째, 마을사적 근거에 따라 지명을 붙이는 경우이다. 대표적인 예로 둔전과 창터, 보급굴을 들 수 있다. 둔전은 송제와 함께 송사리를 이루는 모듬살이다. 하지만 둔전은 송제와 달리 마을사적 근거에 따라 불리게 된 이름이다. 역참에 소속된 토지였기 때문이라는 설명이 대부분인데, 병영기지가 있었던 흔적으로 볼 수도 있을 듯하다.

병영기지가 있었다는 흔적은 창터의 유래에서도 찾아볼 수 있다. 창터는 송제 가운데에 있는 공터인데 병기창고가 있었던 곳이라고 해서 붙여진 이름이기 때문이다. 보급굴 역시 비슷한 양식의 준거로 명명된다. 한국전쟁 당시에 주민들은 대중없이 산에 굴을 파고 피란을 할 수밖에 없었는데, 가장 안전하다고 믿고 모인 곳이 보급굴이었다. 따라서 유형 ④는 역사적 근거와 구체적인 지시대상이 결합되어 지명을 생성한 사례라고 할 수 있다.

다섯째, 산천의 생김새에 따라 지명을 붙이는 경우이다. 대표적인 예로 바랑골과 가새거랑, 관악봉 등을 들 수 있다. 산천을 비롯한 자연물의 생김새를 보고 이름을 붙이는 것은 마을 현지조사에서 가장 흔하게 볼 수 있는 경우이다. 이러한 지명유래는 대개 지명의 말 풀이 수준이기 때문에 합리적인 설명으로 머물고 말 때가 많다. 그럼에도 이 유형에 주목되는 이유는, 산세나 형상 및 생김새 등에 따라 이름을 붙이는 까닭에 주민들의 상상력을 읽어낼 수 있는 기회이기 때문이다.18)

송제마을 주민들이 산천의 생김새에 따라 명명하는 논리에서도 나름의 상상력과 인식을 엿볼 수 있다. 바랑골은 산과 산이 겹쳐보이는 모습이 마치 중이 바랑을 매고 떠나는 행색과 닮아서 붙여진 이름이다. 가새거랑은 마사에서 흘러온 송제천이 길안천과 합류되는 지점에 위치해 있으며, 두 하천이 합쳐지는 모습이 가위모양과 같다고 해서 붙여진 이름이다. 고려조 당시 송천읍은 가사거랑을 중심으로 이루어졌다고도 한다. 관악봉은 천지갑산의 다른 이름으로, 그 생김새가 사대부들이 쓰던 정자관과 닮았다고 해서 붙여진 이름이다.

관악봉과 바랑골은 송제마을의 위세나 주민들의 종교적 인식에 영향을 받은 지명이란 점에서 생각해볼 여지를 남긴다. 왜냐하면 관악봉은 선비의 위상을 떠올릴 수 있는 송사현·마사리·사재·관득골·관고개 등과 같은 맥락에 놓인 지명이고, 바랑골은 미륵골·부처바위·금장암 등과 같이 종교적 경험 또는 인식을 계기로 붙여진 이름이기 때문이다. 한편 황학산 또한 생김새에 따라 붙여진 이름인데, 학을 닮았다는 뜻에서 붙여진 이름이다. 학이 내려앉는 형상은 송제마을이 나름 명당자리임을 뜻하는 것이기도 하다.19) 따라서 유형 ⑤는 산천의 생김새와 구체적인 지시대상이 결합되어 지명을 생성한 사례라고 할 수 있다.

여섯째, 주변과의 상대적인 위치에 따라 지명을 붙이는 경우이다. 대

---

18) 강선일, 「유래와 전설에 담긴 전승지식과 주민들의 인식」, 『신전마을 사람들의 민속과 전승지식』, 민속원, 2014, 263쪽.
19) 강선일, 「마을풍수 관련 전승지식의 의미와 기능」, 『실천민속학연구』 25, 실천민속학회, 2015, 331쪽 참고.

표적인 예로 안마와 당촌, 새들 등을 들 수 있다. 안마는 송제를 가로지르는 도로를 기준으로 마을 안쪽, 양지바른 곳에 위치한 마을이라는 뜻에서 붙여진 이름이다. 1968년 송사시장이 생기기 전까지 안마을에 사람들이 더 많이 살았으며, 송사시장의 설립으로 시장터 부근에 많은 가구들이 들어서게 되었다고 한다.[20]

당촌은 길송분교장이 있는 마을로, 송제의 당나무가 있어서 붙여진 이름이다. 그리고 새들은 송제의 남쪽에 있는 들판이다. 새들이란 새로 형성되었다는 뜻을 지닌 이름이다. 안마와 당촌, 새들의 사례로 볼 때, 유형 ⑥은 주변과의 상대적인 위치와 구체적인 지시대상이 결합되어 지명을 생성한 사례라고 할 수 있다.

4. 지명유래에 담긴 민속지식의 갈래와 사회적 기능

앞 장에서 지명이 구체적인 지시대상을 설명하는 지식 및 정보를 담고 있다는 사실을 확인할 수 있었다. 지명유래는 공동체의 생태적·역사적·문화적·사회적 환경에 관한 지식을 담고 있는 그릇이다. 특히 지명유래가 지시대상에 얽힌 설화와 만나면 더욱 그러하다. 따라서 4장에서는 지명유래가 담고 있는 지식을 유형화하고 마을공동체에 어떠한 구실을 하는지 살펴보고자 한다. 지명유래에 담긴 지식의 갈래를 구분하자면, (1) 생태지식 (2) 역사지식 (3) 의례지식 등으로 나눌 수 있다.

첫째, 지명유래에는 생태지식이 담겨 있다. 전통사회에서는 자연과 공생하는 가치를 중요하게 여겨왔다. 생태를 보호해야 된다는 지식은 천지갑산의 유래와 함께 구전되고 있었다. 천지갑산은 산세가 험하기 때문에

---

[20] 안동대학교 민속학과, 「천지갑산 아래 변화의 바람이 부는 송사1리」, 『사과의 고장 길안』, 안동대학교 민속학과, 2013, 942쪽.

명당자리가 드문데, 가문의 위세를 위해서 그 명당을 훼손했다가 벌을 받았다는 이야기가 전해진다. 아래의 자료는 권오준 씨가 들려준 〈낚시혈에 비석 세워 망한 가문〉이다.

> 그 산에는 왜 낚수혈이라 카면은, 거기는 인제 여 탁씨네가, 탁씨네가 안동, 여기에 길안에 많이 있었어요. 안동에 길안에. [조사자 : 아, 탁씨요?] [남호순 : 옛날에 많이 살았지.] 참, 저 저, 옥씨, 옥씨네가 많이 있어가주고, 그 산소를 해놓고. 그래 인제 그 첨에 인제 그 뒤로, 그게 묘를 닦자면 왜 풍수가 있잖아, 풍수. 지금으로 하면 지리학자! 그런 사람들이 와가주고. 일 년 뒤에 흙 가토(加土)를 하라 했거든.
> "가토를 하면 자손이 마구마구 잘 되고, 자손이 번창해진다."
> 이랬거든. 이 양반들이 가토를 안 하고 그만 비석을 세웠어, 비석을. 비석을 세워가주고 졸지에 망했부랬어. 여기서 이래 가면 저-까지 있었는 게, 뭐 이렇게 보면 100여 명 씩 대군들이 댕겼는데. 요즘엔 타, 탁씨 거 들어가지. 탁씨가 와 망했부랬어. 낚시혈에는. 낚시는 미끼를 고마 너무 많이 줘버리면 낚시가 가라앉았다는 그런 형국이거든. 그래가주고 그게 인제 못발을 못 받는다. 그런 얘기를 해.21)

매장을 할 때가 다가오자 지관은 '풍수설에 낚시 혈이 있는데 묘를 쓴지 일 년 뒤에 가토하여 흙을 돋우어 주라'고 일렀다. 그러면 자손이 번성한다고 했는데, 옥씨 가문의 묘주는 가토 대신에 비석을 세워서 망하고 말았다. 이미 명당의 기운이 사라진 상황인데, 최근에는 탁씨 가문이 터를 잡아보려 하다가 또 망해버렸다고 한다. 낚시 혈에 비석을 세웠으니 무거워서 가라앉게 마련이다.

풍수지리상 훌륭한 터라도 제대로 비보하지 않거나 당장의 위세를 위

---

21) 권오준(남, 82세) 씨의 이야기(2015년 9월 12일).

해 겉치레를 하게 되면 오히려 피해를 입게 된다. 여기서 문제되는 것은 사람들이 내세운 당장의 욕심이다. 당장 위세를 드러내고 싶은 욕심에 비석을 세우고 자연을 훼손하면 오히려 화를 입는다는 생태지식이 담겨있는 것이다. 이처럼 자연을 훼손해서는 안 된다는 생태지식은 천지갑산과 관련된 금기에서도 잘 드러난다.

천지갑산에는 또 낭기(나무)를 못 베는 거라. 아무나 낭기를 못 베. 나무 비면 이 산이 너덞이(능선이), 앞에 저기 있는 게 마구 험하거든? 저 나들 저 험한 게 동네에서 보이면 동네에 험한 사람이 난다. 이래서 낭기를 함부로 몬 빈다. 이런 유래가 있고.
그 다음에는 또 한 가지 유래는 또 뭔가 하면. 산이 저 우에서 덤이 무너진단 말이라. 산 덤이 무너지잖아. 산 덤이 무너지면 이 웃몰에(위모퉁이에) 사람이 초상 안 나면 싸움나는 기라. 큰 싸움 나는 거라. 초상 안 나면 큰 싸움나고. 또 이 아래 무너지면, 아래 몰에 초상 안 나면 큰 싸움 나는 거라. 그런 유래가 있어. 여기에.[22]

권오준 씨는 천지갑산에 심겨진 나무를 함부로 베지 못하게 하는 금기를 두 가지로 설명했다. 첫 번 째 금기는 소나무를 베면 산의 능선을 이루는 험한 너덞이 드러나서 마을에도 험악한 사람이 난다는 것이다. 두 번째 금기는 나무를 함부로 베게 되면 천지갑산이 벌거숭이산이 되어버려서 흙더미로 이루어진 덤이 쉽게 무너지게 되고, 결국 마을에 초상이 나거나 큰 싸움이 난다는 것이다.
이러한 두 금기는 천지갑산의 나무를 보호하는 구실을 해왔고, 덕분에 마을 안팎으로 유명한 산으로 남을 수 있었다. 산림이 우거져야 마을 주민들이 평화롭게 살 수 있다는 생태학적 인식에서 나름의 생태지식을 확인

---

22) 김기한(남, 78세) 씨의 말씀(2015년 1월 22일).

할 수 있다. 자연을 보호해야 마을공동체가 평안하다는 인식은 소나무가 제방 구실을 할 수 있도록 도움을 주었다. 천지갑산의 나무는 가뭄이 들었을 때 비가 언제 올지 주민들이 예측할 수 있도록 한다. 가뭄에 시들어 나뭇잎이 힘을 잃고 처지면 결국 흰 부분을 보이게 된다. 나뭇잎 뒷면에 흰부분을 보이면 사흘 내에 비가 온다고 한다.

반대로 마을 인근 산에 해를 입혀 가뭄이 드는 경우도 있다. 명당자리에 사람의 목을 묻으면 발복할 수 있는데, 대신 가뭄이 든다는 것이다. 자신의 가문이 번성했으면 좋겠다는 개인 욕심은 이루어질 수 있는 대신에, 마을공동체에 흉년이라는 피해를 입히게 된다. 아무리 명당자리라도 자신의 이득을 위해 자연을 훼손해서는 안 된다는 지식과 마을공동체가 함께 평안해야 한다는 지식이 함께 담겨있는 것이다.

둘째, 지명유래에는 역사지식이 담겨 있다. 이미 3장에서 언급했듯이 송제마을의 지명유래는 지역의 위세나 역사적 근거를 기반으로 전승되기도 하기 때문에 마을사와 밀접한 관련성을 지니고 있다. 특히 권오근 씨가 귀띔해주신 송사현의 유래는 고려시대 지역의 위세를 짐작할 수 있는 중요한 자료이다. 송사현과 송제동, 둔전 등의 유래에는 마을사를 이해할 수 있는 역사적 지식이 담겨 있다.

지명만 있고 유래가 전승되지 않았다면, 송제마을의 역사적 배경을 재구해낼 수 없었을 것이다. 세대 간에 또는 또래 간에 지명의 유래가 공유되었던 덕분에 고려시대 송사현의 행정적 위상과 흔적이 남아 있지 않았음에도 주민들은 마을사를 이해하고 그들의 공동체와 관련된 역사적 지식을 갖출 수 있었던 것이다. 불교문화의 흔적이 갑사의 모전석탑만 남아있음에도 유래를 통해 주민들의 불교적 인식을 읽어낼 수 있었던 것과 마찬가지이다.

셋째, 지명유래에는 의례지식이 담겨있다. 송제마을의 소태나무는 동신목으로서 남다른 영험성을 자랑한다. 소태나무는 마을 주민들의 위기뿐만 아니라 외세의 침략이나 적의 침공까지도 알리는 신목이다. 마을 안에 한정된 것이 아니라 안팎을 넘나드는 초월적 영험을 선보이는 것이다. 아래의 자료는 권오준 씨와 남호순 씨가 들려준 소태나무의 영험담이다.

그 험악한 세월이 지나갈 때는 그 낭기(나무)가 울었다 그래. 울었다 그래. 소태나무. 오래된 나무. 낭긴데 우는 거는 인제 '으스스스-' 소리 나는 거, 소리가 나는 거. [남호순 : 낭기 울고, 낭기 울면 이, 물이 주르르륵, 비가 안 오는데 주르르륵.] 6·25 동란 때라든가 인제 그 왜정 때, 그런 험악한 세상이 이제 바껴가주고(바뀌어서), 이럴 때 그랬다는 그런 유래가 있어.

흔히 동신목의 영험담은 자연스레 정성을 다하는 의례의 중요성에 관한 설명으로 이어진다. 권오준 씨가 말씀하신 대로 마을의 소태나무는 초월적 영험을 자랑하는 존재이다. 마을 안팎을 수호해주는 존재에게 제사를 정성껏 지내는 것은 당연한 일이고, 그래야 마을공동체도 평안할 수 있다. 따라서 이러한 영험담은 제사를 정성껏 지내야 된다는 의례지식에서 비롯되는 것이라고 할 수 있다. 의례를 어떻게 지내야 되는지에 관한 구체적인 언급은 없지만, 유래 속에서 그려지는 소태나무의 위엄은 주민들이 의례의 중요성을 실감하기에 충분한 것으로 보인다.

이러한 민속지식은 공동체의 사회적 기능으로 귀결된다고 할 수 있다. 공동선을 중요하게 여겨서 자연을 보호하고 의례를 정성스럽게 치르는 것이다. 자연에 피해를 입히면 자신뿐만 아니라 이웃에게도 피해를 입힐 수 있기 때문에 산에 나무를 베지 않고, 명당자리를 앞에 두고서 욕심 부리지 않으며, 정성을 다해 마을신을 모시는 것이다. 그리고 이러한 인식은 지명유래를 통해 마을사를 익히고 공동체의 구성원으로서 자리매김하는 것과 같은 맥락에 있다.

5. 지명유래를 통한 민속지식의 사회적 생산과 수용

지금까지 유래를 통해 주민들의 지명 생성 원리와 준거를 파악하고, 그 속에 담긴 민속지식을 찾으려는 작업을 진행했다. 송제마을의 주민들 사이에서 마을과 산천 등의 이름은 나름의 논리와 근거에 따라 불렸고, 지명생성의 원리가 존재하고 있다. 유래를 통해 지명을 붙이는 방식은 첫째로 지역의 위세를 나타내서 생성하는 방식, 둘째로 주변 식생에 관한 설명을 담아 생성하는 방식, 셋째로 종교적 경험과 인식을 담아 생성하는 방식, 넷째로 마을사에 근거해서 생성하는 방식, 다섯째로 산천과 자연물의 생김새에 따라 생성하는 방식, 여섯째로 주변과의 상대적 위치에 따라 생성하는 방식으로 구분할 수 있다.

지명의 유래와 전설은 마을의 역사적 배경, 생태적 환경, 종교적 인식을 전달하는 매체 구실을 톡톡히 해왔다. 하지만 시대의 변화에 따라 이야기에 대한 흥미가 예전 같지 않다. 매체로써의 힘을 잃어가는 것이다. 듣기만 하고 하지 않으면 입담과 입심이 줄어들어서 잊혀질 수밖에 없다. 배영걸 씨는 마을사회 안에서 세대 간의 전승 또는 또래 간의 공유가 이루어졌었지만, 그렇지 못한 현재를 안타까워했다. 지명유래의 전승은 집 안에서 뿐만 아니라 집 밖의 생업공간에서도 이루어지곤 했다. 배영걸 씨는 〈근친상간의 금기 지킨 담래굼〉을 버섯 캐는 동안에 집안 어른으로부터 들었다. 그래서 실제 모습과 정말 닮았는지 생각해보고 이야기와 실제 장소를 비교도 해보았다고 한다.

[어린 시절에 어르신께서는 옛날이야기를 들을 기회가 많이 있었을까요? 주로 어느 때 이야기를 많이 들을 수 있었으려나요?] 어른들이 모여가주고 옛날 얘기를 많이 했는데. 그거는 주로 옆에 있는 친구들끼리 같이 모여가주고. 괸솔 그걸 가주고 와서 잘게 부셔가주고, 그걸 가주고 불을 피우는 거예요. 인제 호롱불 켜놓고 거기서 장기도 두고 하면서 옛날 얘기를 많이 했지요.

옛날 얘기를 하고 좀 웃기는 소리도 하고. 뭐 그런 얘기를 한 게 있지요. 그런 것들은 인제 거의 다 잊어가네요. 참 많이 들었는데 듣기는. 그 때 우리는 한 번 딱 들으면 옮겼거든요. 그랬는데 인제는 머리가 안돼요. 또 너무 오래 안 했고.23)

마을공동체에서 전승되는 지명유래는 주민들에 의해 사회적으로 생산되고 수용된다. 구연공동체의 구성원들은 대개 같은 언어로 말하고 동일한 가치·신앙·지식의 배경을 공유하며, 사회적 상호작용을 위한 규범과 기호체계를 가진다.24) 배영걸 씨의 말씀대로 텔레비전이나 스마트폰이 없던 시절, 주민들은 이야기를 주고받으며 상상력을 키웠고, 공동체의 역사를 배웠다. 마을에 있는 지형 및 지물은 주민들의 흥미로운 이야깃거리였다. 따라서 지명유래 뿐만 아니라 그 속에 담긴 민속지식도 자연스레 사회적 공유가 이루어진다고 할 수 있다. 마을의 공동체적 삶을 위한 지식이 지명유래를 매체로 삼아 전승집단 사이에서 공유되고 전승되는 것이다.

---

23) 배영걸(남, 80세) 씨의 이야기(2015년 9월 12일).
24) 임재해, 『설화작품의 현장론적 분석』, 지식산업사, 1991, 248쪽.

| 참고문헌

강선일, 「마을풍수 관련 전승지식의 의미와 기능」, 『실천민속학연구』 25, 실천민속학회, 2015.
_____, 「유래와 전설에 담긴 전승지식과 주민들의 인식」, 『신전마을 사람들의 민속과 전승지식』, 민속원, 2014.
김영희, 「마을 지형 및 지명 유래담의 공동체 구성력 탐구」, 『비교민속학』 46, 비교민속학회, 2011.
김진식, 『지명연구방법론』, 박이정, 2008.
마셜 맥루언, 김상호 옮김, 『미디어의 이해 - 인간의 확장』, 커뮤니케이션북스, 2011.
배영동, 「화전농업의 기술과 전승지식의 의의」, 『비교민속학』 51, 비교민속학회, 2013.
안동대학교 민속학과, 「천지갑산 아래 변화의 바람이 부는 송사1리」, 『사과의 고장 길안』, 안동대학교 민속학과, 2013.
월터 J. 옹, 이기우 옮김, 『구술문화와 문자문화』, 문예출판사, 1995.
임재해, 「민요의 사회적 생산과 수용의 양상」, 임재해 외, 『한국의 민속예술』, 문학과 지성사, 1988.
_____, 『설화작품의 현장론적 분석』, 지식산업사, 1991.
_____, 「설화의 미디어 기능과 지명전설의 인문지리 정보」, 『한민족어문학』 69, 한민족어문학회, 2015.
쟈네트 월프, 『예술의 사회적 생산』, 이성훈·이현석 옮김, 한마당, 1986, 41~68쪽 참고.
全哲雄, 「淸州市 地名 硏究 - 命名의 有緣性을 中心으로」, 『淸州의 地名』, 西原大學校 湖南文化硏究所, 1997.
조성욱, 「사회적 영향에 의한 지명 변화의 원인과 과정」, 『한국지역지리학』 13-5, 한국지역지리학회, 2007.
천혜숙, 「이야기판의 전통과 문화론」, 『구비문학연구』 33, 한국구비문학회, 2011.
J. L. 오스틴, 김영진 옮김, 『말과 행위』, 서광사, 1992.

자서전을 통해 본 민속지식의 성격과 의미

강석민
안동대 민속학과 석사과정 4학기

1. 민속지식 논의의 관점과 자서전의 가치

　민속지식은 민속적 공간이라 할 수 있는 마을에서 골골마다 새겨진 지명 유래나 전설 등과 함께 공동체 단위의 사회적 삶을 함께 영위하고 유지하면서 저장된 문화적 기억들, 그리고 자연과의 상생을 지향하는 생태적 삶과 그 철학을 고스란히 담고 있는 생활 속 지혜들 등의 형태로 전승되고 있다. 이를 주목하는 일은, 특히 근현대적 장벽에 그것들이 급격히 위축되고 소멸되고 있는 현실 속에서 이제와 재현되는 그들의 구술을 통해서나마 자료화하는 것에 의미가 있다. 아울러 이러한 지식의 속성은 서구지식, 대중지식 등 각종 지식과 대립각을 견줄 수 있을 만큼 실용성과 과학성, 그리고 공유성, 민주성 등을 지니며, 그렇기에 미래적이고 대안적인 특질을 지닌 것으로 평가받고 있다.[1]

---

1) 임재해, 「한국 지식지형의 비판적 인식과 민속지식의 새 지평」, 『실천민속학연구』 21, 실천민속학회, 2013; 배영동, 「분류적 인지의 민속지식 연구의 가능성과 의의」, 『비교민속학』 57, 비교민속학회, 2015;

지금처럼 마을 단위의 민속지식을 주목하게 될 때, 마을이라는 소집단의 근현대화 문제를 주목할 필요가 있다. 왜냐하면 오늘날 한 마을에서도 전지구적으로 재편되는 정치경제적 질서로부터 자유로울 수 없고, 구조화된 근현대의 결들이 가로지르고 있기 때문이다. 또한 민속사회 구성원들의 대부분은 자신들이 살아낸 과거의 삶을 '궁핍에서 풍요로'와 같은 경험적 서사로 풀어내기도 한다. 이는 단일하게 흐르는 시간 속에서 보편적으로 확립된 것이라기보다는 현재를 살아가는 마을 사람들의 경험과 기억 속에 새겨져 현재의 시점에서 특수하게 재현되는 지식으로 사회구조를 가로지르는 장들의 역학 속에서 갈등하고 투쟁하고 있는 상징형식으로 이해되며 근대적 신화의 형태로 사회적 의식 속에 각인되어 있다.2) 민속은 현장을 포함한 경험을 강조한다. 그렇기에 민속지식은 경험을 통해 축적된 삶의 지혜, 그리고 그 지혜를 통해서 현실의 문제를 해결하는 능력 정도로 그 의미를 규정할 수 있을 것이다. 이런 배경 속에서 오히려 그 근현대적 경험과 기억을 살펴보는 작업이 용이할 수 있다. 마을의, 혹은 마을에서 살아낸 주체들의 근현대적 경험의 궤적과 그 결들, 그리고 풀어낸 서사와 재현형식을 분석하는 일은 가속화되는 지구화 현상을 목도하고 그 모순을 문제화하는 시도로서 의미가 있다.

송제마을은 근현대의 기억이 다소 뚜렷하게 남아있는 마을이다. 부산-강릉에 이르는 35번국도가 마을을 가로지르며 도로와 함께 학교, 교회 등 근현대를 표상하는 요소들이 일찍부터 자리잡았다. 마을에는 특히 해방 전후의 기억과 한국전쟁에 대한 트라우마적 기억이 자리잡고 있다. 아울러 34년 송사간이학교(현재 길안초등학교 길송분교)의 개교, 해방 이후와 한국전쟁으로 인한 마을의 혼란, 62년 마을 자치회 조직, 송사 화목간 도로

이영배, 「민속의 가능지대, 그 혼종적 성격과 지평」, 『호남문화연구』 57, 전남대학교 호남학연구원, 2015.
2) 이영배, 앞의 글, 134~135쪽 참조.

개설과 버스 개통을 통한 교통 개선, 송제천 제방석축공사, 64년 송사교회 창립, 새마을운동, 72년 송사재건중학교(후에 송사새마을청소년학교) 개교 등 '고난과 극복의 서사'가 뚜렷이 확인되는 마을이다.3)

　이와 함께 한 개인이 근현대의 경험을 고스란히 담아낸 자서전이 있다. 조부로부터 대를 이어 송제마을에 거주해온 김씨는 현재 고인이 되었지만, 그가 기록한 자서전은 개인적 경험으로서 뿐만 아니라 마을사적 차원, 그리고 거시적 차원에서까지 큰 의미를 지닌 기록물이라고 할 수 있다. 아울러 그것은 기록물로서 뿐만이 아니라 기억의 한 형식으로서 마을의, 혹은 세대의 집합 기억을 담아낸 기억의 장소로 규정할 수도 있다. 거기에는 역사적으로 다양하고 굵직한 사건들이 담겨 있는데, 일반적인 남성 생애담과 마찬가지로 자신의 은밀한 기억들, 궁핍과 고난에서 풍족으로, 그리고 굵직한 역사적 사건들에 자신을 위치시킴으로써 생애를 이야기하는 전략을 취하고 있다. 이는 남성성에서 비롯된 성취 지위에서 비롯되었다고도 볼 수 있다.

　그렇기에, 다소 보편적이고 일반적인 측면이 있지만, 그것을 오히려 주목하고자 한다. 그 기억을 통해 개인이나 소집단 차원에서 이루어진 거시적 차원의 경험이 개인에게 기억으로 재현되는 양상을 살필 수 있고, 이를 통해 마을이라는 한 소집단이 국가적 이데올로기에 포섭되어가는 과정을 세밀하게 파악할 수 있다. 더불어 전체적인 서사 구조를 분석함으로써 근현대적 경험을 한 개인이 자신의 정체성을 구성하고 정당화하는 면모를 자서전이라는 재현형식을 통해 추적할 수 있다.

---

3) 안동대학교 대학원 민속학과 BK21 사업팀, 「천지갑산 아래 변화의 바람이 부는, 송사1리」, 『사과의 고장 길안의 전통』, 민속원, 2014, 941~942쪽 참조.

2. 『홍담자서록』의 민속지식으로서 의의

1929년에 태어난 김씨는 마을에 위치한 길송국민학교에서의 근무를 포함하여 약 50년 간의 교직생활을 했다. 그는 1948년에 교원채용시험에 합격하여, 고향에서 교직 생활을 이어가야겠다는 생각에 송제마을의 길송국민학교에서 교직 생활을 시작했다고 전해진다. 그는 근현대적 격변기에 마을 안과 밖에서 온갖 고초와 성취를 경험하게 되는데, 그 경험들을 그의 자서전인 『홍담자서록』에 담아낸다. 다음은 자서전 발간의 취지를 담은 부분이다.

> 교직 45년 5개월이란 반세기 동안 오직 교단과 향토발전의 일념으로 생애를 바쳐 마무리 단계에 이르러 회상해 보니 파란만장한 온갖 역경을 다 겪어가며 용하게도 오늘에 이르게 된 것을 무일언 넘어가기엔 아쉬움이 많아 붓을 들어본다. (…) 고난 속에 살아가며 그래도 고장과 나의 모교의 발전을 위해 미력이나마 바칠 수 있었다는 것. 이 세상에 태어났던 보람으로 생각도 해보며 끝으로 이 책을 받는 친척 또는 친지들에게 웃음거리나 안 될까 주저와 염려도 되오나 혹 불미스러운 점이 있더라도 이해와 애교로 봐주기 바라오며 나의 가정과 후손들은 우리 집이 이렇게 어려운 때도 있었구나 하는 것도 알고 '가훈'과 충효를 생활의 기본으로 삼고 가족과 동기 간에 화합과 우애를 바라는 바이다.4)

위의 인용에서도 알 수 있듯이 '반세기半世紀' 동안 교직에 몸을 담았던 그는, 얼마 남지 않은 정년퇴임을 맞아 자신의 '파란만장한 온갖 역경'의 기록을 아쉬움에 책으로 묶어냈다는 점을 알 수 있다. 또한 자신을 교사로서 모교의 발전, 그리고 고향민으로서 고장 향토의 발전에 일념을 바친

---

4) 김재동, '책머리에 부쳐', 『홍담자서록』, 영남사, 1995, 22~25쪽.

것으로 묘사한다. 독자로 친척이나 친지를 상정하고 있으며, 특히 자서록이 읽는 이들로 하여금 교훈적인 의미를 지니기를 바라고 있다.

이러한 그의 자서전은 개인적인 기록이기도 하지만, 마을 차원의 기억들 또한 기록으로 남아내고 있다는 점에서 민속적 공간이라고 할 수 있는 마을의 사회사를 들여다보는 데 유용하다고 할 수 있다. 아울러 자서전에 담긴 기억들은 근현대의 격동기를 겪어낸 남성의 전형典型적 기억이라고도 볼 수 있다. 그 기억은 마을을 벗어나 한국사회 전반의 거시적인 차원에서 구성되고 있는데, 이는 사회·문화·정치·역사적인 근현대의 수많은 격랑을 경험한 개인이 마을 차원에서 정체성이 구성되는 것에서 벗어나, 더 이상 단순한 '마을 토박이'로 남지 않음을 의미한다. 그러한 실천의 양상들은 자신을 회고하는 성격을 가진 그의 자서전의 곳곳에 투영되어 있음을 쉽게 발견할 수 있다.

한편 그에게 퇴임이라는 것은 사회생활이 끝남을 의미한다. 그의 파란만장한 삶을 회고하는 퇴임이라는 계기는 자신의 인생에서 황혼기로, 그간의 삶을 기록하여 후세에 남기고자 하는 욕망이 투영되어 있다. 또한 그것은 한 가족의 가장으로서, 스승으로서, 마을 어른으로서 현재 주어진 것을 당연시 여기지 말고 살라는 교훈들을 가르치고자 하는 욕망이 내재되어 있다. 이렇듯 마을 혹은 한국 전반의 사회사적인 측면에서 그는 복합적인 정체성을 지니고, 독자로 하여금 무언가 깨달을 만한 것들을 전수함으로써, 사후의 기억 형식을 통해 자신의 정체성을 구성하여 후세에 남기고자 하는 욕망을 자서전에 담아내고 있다고 정리할 수 있다.

흥미로운 것은 근대적인 형식의 기록자료라고 할 수 있는 그의 자서전 또한 자기 내면의 성찰적 내용보다는 상술한 그가 수행한 업적이라던가, 교사·아버지·고향민으로서의 자세, 그가 경험한 고향의 역사와 향수에 대한 내용이 주를 이룬다. 한편 구술사적 증언이나 자서전의 형태가 흥미로운 것은 대중기억들이 과거에 대한 '사실' 조각들이 아니라 현재 의식의 일부로서 구성되고 재구성되는 전체적인 방식에 있다.[5]

자서전에서 민속은 부차적인 것이자 발전에 가려져 극복해야 할 것으로 표상되고 있다. 그럼에도 자서전은 민중의 삶, 그 중에서도 마을 공동체의 삶을 가시화하는 것에 그 의의를 찾을 수 있겠다. 아울러 민속지식이 지식의 한 유형으로서 민속을 의미할 때 그것은 이미 주어진, 가지고 태어난 것이 아니라 구성되는 것이며, 관계에서 비롯되기 때문에 항상적으로 상황이나 대상에 따라 변동되는 것임을 인지할 필요가 있다. 이에 사회사적인 측면에서 한 마을 인물의 자서전은 개인적 차원과 마을의 차원, 그리고 한국 사회 전반의 문화변동의 맥을 짚어낼 수 있는 민속지식으로 그 가치를 부여받을 수 있을 것이다.

3. 『홍담자서록』의 민속지식적 형식과 특징

이 글은 『홍담자서록』에서 나타나는 민속지식을 재현형식과 서사적 특징에 주목하여 접근하고자 한다. 그것은 근현대의 격변기를 살아낸 개인의 자전적인 기록으로, 송제마을의 역사적 경험이 재현되고 있다. 그 재현은 생애사적 언표를 통해 주목할 수 있을 것이다. 『홍담자서록』은 송제마을의 민속지식을 담아내고 있다고 할 수 있는데, 이를 통해 재현되는 형식을 도식화하면 아래와 같다.

구술과 기록은 어느 정도 대척적인 지점에 있다고 할 수 있다. 기록성이 강하게 되면 구조와 체계, 이론적인 성격이 강해지게 되는데, 이는 현장성과는 동떨어진 것이기 때문이다.

---

5) 윤택림, 『구술사, 기억으로 쓰는 역사』, 아르케, 2010, 205쪽.

한편『홍담자서록』은 개인에 의해 경험을 마을 혹은 마을 밖으로 직접 퍼뜨리는 단계에 있다. 그런 점에서 그것은 구술기억과 비슷한 면모를 보이지만, 기록되었다는 것이 다른 특징이라고 할 수 있다. 사실 구술기억은 누가, 언제 면담하는지에 따라 변수가 많다는 점에서 임의적이면서 파편적일 수밖에 없는데,『홍담자서록』은 기록이라는 형태로 만들어지면서 구술기억의 임의성과 파편성이 약화되고, 반대로 체계성을 얻는 특징이 있다. 그럼에도 삶의 세계 속에서 경험한 것들이 중심적인 내용이기 때문에 구술기억과 완전히 대척적이지는 않은 특징을 갖는다. 그래서『홍담자서록』은 민속지식, 즉 송제마을의 역사·문화·사회·정치와 관련된 체계화된 지식을 엿볼 수 있는 중요한 자료가 된다고 할 수 있다. 그러면서 그것은 민속지식의 체계 속에서 재현의 형식을 띠는데, 그 재현은 구술기억의 형태 혹은 문화적 기억의 형태로 존재하지만, 이것이 문자 혹은 기록이라고 하는 형식을 입은 것이라 볼 수 있다.

『홍담자서록』은 그러면서도 생애담의 담론 형식을 갖는다. 그렇다면 그것이 어떤 생애를 어떻게 다루고 있는지가 중요해진다.『홍담자서록』은 크게 네 부분으로 구성되어 있는데, '나의 생애', '사도 반세기', '군복무 3년 3개월', '고향의 이모저모'가 그것이다. 이러한 자전적인 경험의 구성은 역사적인 사건과 맞물려 특화되고 있다. 다시 말해, 근현대의 핵심적인 중요한 사건들이 개인의 경험들을 매듭지어주고 있다는 것이다. 그렇기에 중심적인 내용은 개인이 경험한 현실이지만, 그것의 경향은 사건을 의미화하는 방식 속에서 나타나고 있다고 볼 수 있다.

예를 들면, 일제 치하에서 배고프고 궁핍했던 시절, 해방을 맞았지만 어려웠던 시절, 그리고 한국전쟁 때 피난 경험, 이런 고난으로부터 극복하기 위한 마을 차원의 노력들, 새마을운동 등의 굵직한 연대기적 사건들이 기점이 되어 기술되고 있다. 이는 제목에서도 고스란히 드러난다. 이러한 회고담 형식의 연대기적 서사는 남성적 글쓰기라고 할 수 있는데, 자서전 전체의 구성을 통해 그 재현형식을 정리하여 살펴보면 다음과 같다.

1) 분노와 징치, 상흔의 기록

'나의 생애'에서는 필자의 생애와 가족에 대한 이야기가 주를 이룬다. 내용적으로는 출생·고난·성취가 담겨있다. 이렇듯 어린 시절과 성장 과정, 가족의 이야기가 담긴 비교적 앞의 장에서는 가족적 차원에서 고난에서 극복의 서사가 뚜렷하게 드러난다고 볼 수 있다.

시조 휘 선자평자 태사공의 후예 18대 선조 휘 계자행자 정헌공 보백당선생의 후손 고 해경 조자한자의 장남으로 1929년 1월 9일(음 기사 10월 9일) 경북 안동군 길안면 송사리 196번지에서 태어났다.
부 조 증 고 4대 외동으로 손세가 외롭고 빈곤한 가정에 태어났어도 조부모 층층시하에서 귀염둥이로 자라서 1948년 21살에 교직에 투신하여 모교인 길송국민학교에 근무중 1949년 9월 25일 공비들에게 부주 피사와 동시 가옥까지 전소당하고 편모슬하 6남매의 맏이로 가정생활에 연연중 6.25 사변이 터져 1950년 12월 22일 소집으로 입대하여 뿌리박고 살던 고향을 단신도 아닌 처지에 등지고 떠난다는 것이 정말 어려웠다. 생각다 못하여 다시 1956년 5월 31일 모교인 길송국민학교에 복직하였다.

사대째 외동으로 맥을 이어온 가정에서 태어난 필자는, 몇 대에 걸쳐 송제마을에 뿌리를 내려 살아온 안동김씨의 자제로 '큰아배 등에 업혀' 자라났다고 기술한다. 비록 '손세가 외롭고 빈곤한 가정'에 태어나 자라게 됐지만, 그는 그 가정에서 부족함 없이 자라면서 당시 여러모로 번듯한 직업인 교직에 몸을 담게 된다. 하지만 선생이 된 이후 그는 21살이라는 어린 나이에 견디기 어려운 큰 고난을 맞게 된다. 그 고난은 자서전 내에서도 가장 큰 부분을 차지하며 자세하게 기술되어 있는데, 그 내용인 즉슨 '지방 빨갱이'[6)]에 의한 부친의 죽음이다. 그 내용을 요약하여 제시하자면 다음과 같다.

이 모가 **또진이**를 만나 어떻게 전달이 되었는지? 이자가 감정을 먹고 **1949년 9월 25일 청천벽력으로 밤 10시경에 15명정도의 공비가 갑자기 들이닥쳐 또진의 지휘아래 우리집과 동장댁(또진의 바로 앞집 한문 스승댁)에 일대 소란이 벌어졌다.** (…) 그 자도 돌아가고 저도 아래채의 침방으로 돌아가 탈의를 하는 순간 갑자기 사랑방에서 왁자지껄 떠드는 소리가 나니 이상히 여기고 문을 열어보니 여러 사람의 소리가 나기에 이상히 여겨서 밖으로 나서니 군복 같은 옷 차림이라 사랑방 앞에 있는 편소에 가서 동태를 살필 양으로 마당을 지나가니 한 놈이 "누구냐?"하고 소리를 지르기에 "변소에 간다"고 하니 "거기 서!" 하며 다가와서 "뭣 하는 사람이냐?" 하기에 "이 집에 사는 사람이요." 하니 붓들고 가는지라 사랑방 앞에 가니 이게 웬일인가? **부친은 손목에 수갑이 채워진 채 놈들에게 잡혀섰고 나를 또 새끼(짚으로 꼰 끈)로 손목을 잡아 묶는 것이였다.** (…) 두 집 식구가 밤을 지새우며 저의 간호와 부친 걱정에 시름하였다. 새벽 5시경에 동리사람 몇이 공비들의 산방향으로 찾아간 모양인데 연락이 오기를 동리에서 500m쯤 떨어진 강변에서 **일본도로 목을 쳐서 살해하였다는 것이였다**(부주와 종제 같이). 그러나 그 현장에는 가보지도 못하고 누어있는 심정 하늘이 무너지는 듯 하였다. 급보를 받고 외가에서 달려오신 어머니 38세의 청장년의 가장을 여윈 어머니(내외분 동갑)와 육남매. 이 무슨 아들의 날벼락인가? 살아있어도 죽음과 같은 존재들 울고울고 또 울어도 끝이 없는 오열…… 그러나 끊어진 목숨 돌아올 일 없어 임시조치로 가매장을 치르고 가족을 학교사택으로 옮겨 우선 거처키로 하였다. 한 달 가까이 누워 몸의 회복에 힘을 썼다. 어느 정도 회복이

---

6) '지방 빨갱이'라는 호칭은 자서전에서 뿐만 아니라, 마을 사람들의 구술 속에서도 곳곳에 드러나고 있었다. 통상적으로 해방 이후 좌우익의 대립에 의한 학살 경험은 개인 차원과 가족 차원에서 충격적인 사건이자 상흔으로 남아있기 때문에 되도록 외부인들에게 그 이야기를 내보이지 않으나, 송제마을의 경우에는 그 기억에 대해 굳이 청하지 않아도 "우리 마을에는 지방빨갱이가 있었어"라는 식으로 자발적으로 이야기되기도 했다. '빨갱이'라는 호칭은 한국 사회의 거시적 차원에서 여순 사건과 관련하여 생겨난 말이라고 할 수 있는데, '빨갱이'가 단순히 이념적 차원이 아니라 일종의 악인으로 표현되었다. 그와 같은 맥락에서 송제마을에서 '지방빨갱이'는 마을에서 분탕질을 해대던 악인으로 형상화되고 있었다(여순 사건과 '빨갱이'에 대한 내용은 김득중, 『빨갱이의 탄생』, 선인, 2009 참조).

되어 학교에 출동이라고 하였으나 불안과 초조함에 제정신이 아니였다. (…) "이 놈이 내 아들 죽인 또진이란 놈인가?" 하며 60노인이 분노에 찬 소리를 지르며 망치로 후려치니 이것이 신호인양 수많은 사람들이 일제히 와- 하고 다투어 강변의 돌을 들어 마구 때려치니 순식간에 돌무덤이 되어버렸다고 하였다.[7]

위의 내용을 정리해보면, 현재 여러 주민들에 의해 '지방 빨갱이', '빨치산', '앞잽이' 등으로 지칭되는 '정또진(혹은 정도진, 정우진)'이 있었다. 그는 해방 이후 마을 근처에 은둔하던 다른 '공비'들과 함께 마을 사람들을 괴롭히고 학살하고 다녔다고 기술·구술된다. 필자 역시 그 과정에서 피해를 입는다. 해방 이후의 정국에서 평소 반공 의식을 지니고 있었던 그의 아버지는 마을 곳곳에 숨어든 공비들을 설득하는 일을 빈번하게 했다고 한다. 공비들은 정부의 반공정책으로 남로단 가입자색출이 도처에서 일어나던 와중에 산간벽천으로 스며든 이들을 가리키는 것이었다. 송제마을은 면소재지와도 15km나 떨어진 산간벽지였기 때문에, 마을의 피해를 줄이기 위해서는 출몰하는 공비들을 설득하는 방법밖에 없었던 것이다. 특히 마을주민이었던 정또진은 공비들의 아지트에 가서 지서에서 있었던 일, 마을의 일 등을 일일이 일러주던 정보원 노릇을 했다고 한다.[8]

이에 그를 설득하려 했으나 오히려 공비들과 함께 필자의 집과 동장의 집에서 소란을 일으키고, 필자의 부친과 사촌동생을 살해한 것이다. 필자는 이러한 비극적 경험에도 불구하고 혼란스러운 시대 속에서 무엇하나 어찌할 수 없는 처지였다고 말한다. 이 사실이 알려지자 군에 의해 정또진을 비롯한 공비들이 붙잡히게 되었다. 그러나 군이 '빨갱이 색출' 작업에 이용하기 위해 정또진을 2개월 후에야 다시 풀어준다. 풀려나 다시 마을

---

[7] 김재동, '해방후 우리집은 이런 변을 당했다', 앞의 책, 46~56쪽.
[8] 위의 글, 47쪽.

에 나타난 정또진을 보고 주민들은 혼란에 빠지기도 했는데, 특히 만나는 사람마다 "너희들 과거에 나를 잡으려고 청년대에서 정보연락하고 또 우리 형들 집에 있던 재산 등 내놓지 않으면 그냥 두지 않고 빨갱이로 몰아쳐넣겠다"고 협박을 하기에 이른다. 그러자 어리둥절한 주민들은 청년회의 수의를 거쳐 정또진에 복수하고자 천지갑산 아래 송제천에서 천렵을 하자고 속여 유인한 뒤, "순식간에 돌무덤이 되어"버리도록 강변의 돌을 마구 던지고 쳤다고 한다. 이러한 기억은 고난의 한 각편으로 일생에서, 혹은 일생을 기술하는 과정에서 매우 중요한 사건으로 의미화된다. 뿐만 아니라, 한 개인을 넘어 마을 차원에서 구술기억을 통해 현재까지도 재현되고 있다.

2) 마을 변화와 개발의 참여적 기록

'사도師道 반세기半世紀'에서는 필자의 교사로서의 삶과 다짐들을 담아내고 있다. 특히 대부분의 내용이 지도의 방법과 교육 정책 제시, 그리고 여러 일화와 경험들로 구성되어 있다. 이에 마을의 사회사적 차원을 주목하는 이 글의 목적과 관련하여 그 중에서도 가장 주목되는 것은 '향토개발 교사로서' 그의 행적들이다. 그 행적은 마을 앞 제방공사, 본면 소재지까지의 버스통로 설치, 송사-화목간 도로 개설, 시장 설치로 추릴 수 있다.

마을 앞 제방공사를 하게 된 것은 사라호 태풍의 영향이 컸다. "강물이 약간만 불어도 물이 동리로 들어올 지경"의 마을 형편에도 불구하고 "누구 하나 들고나서 제방이라도 쌓아야 한다는 등 말 한 마디 하는 이 없"는 사정에 있던 것이 송제마을이었던 것이다. 이에 필자는 향토개발교사로서 면과 군 당국에 진정서를 만들어 도면을 그려 첨부하고 백여 명의 날인을 받아 면장과 군수에 제출한다. 그러나 당시 불안정한 정국 속에서 진정서는 받아들여지지 않았고, "진정서보다는 애원서를 내보라"는 당국의 권유를 받아들여 애원서를 제출하게 된다. 이에 애원서는 받아들여지게 되고 군

당국의 지시에 따라 임중담 면장을 중심으로 180m의 큰 제방이 축조된다. 마을은 1년 뒤 당시 면장 임중담의 송덕비를 세워 공적을 기리기도 하였다.9)

송제마을은 산간벽지에 위치하고 있어 교통이 매우 불편했다. 이에 필자는 그 불편함을 면장에게 진정서를 내면서 호소하는 모습을 보인다. 이때 동참한 것이 주변의 5개 마을이었는데 먼저 도로를 개설하면서 도로개설추진위원회를 조직함에 있어 총무로 필자를 지명하게 된다. 그 이유는 "향토개발교사로 당연히 협조를 해야하며 딴 사람은 적격이 없다는 것"이었다. 두어달 공사 후, 버스개통은 면과 군당국에 부탁하여 가을에 이르러 버스개통을 하게 되었다.10)

소재지까지의 길이 완성되고 버스가 개통됨으로써 주민들은 적극적으로 이외의 구간도 개설·개통할 것을 추진하기에 이르렀다. 특히 남쪽은 청송군 현서면 화목이기에 송사-화목간 도로개설에 착수하게 되었다. 작업 구간의 배정과 착수로 약 10여 일만에 길이 완성되었다. 그러나 마사리재는 공사하는 데 어려움이 있어 남겨두었으나, 면장에 부탁해 곧 공사를 끝마쳤다. 이로써 송사를 중심으로 한 남과 북의 도로가 개설되고 버스가 개통되어 그동안 감내하며 살아온 교통의 불편함을 어느정도 해소하는 계기가 되었던 것이다.11)

필자는 "남북간 도로가 개설되니 이 곳에는 시장이 필요했다"며 당시 시장설치를 추진하게 된 타당성을 제기한다. 또한 "시장이 동남으로 30여리씩 떨어져 있고, 동서로는 청송읍, 의성읍이 50리씩 떨어져 교통로도 없으니까 동민 대표들은 시장개설에 적극적"이었다는 것이 그 구체적인 이유이다. 여기에서도 필자는 향토개발교사로서 "면당국에 진정"을 한다. 진정은 이전과 다르게 비교적 수월하게 진행이 될 수 있었고, 기금의 마련

---

9) 김재동, '향토개발교사로서', 앞의 책, 116~118쪽.
10) 위의 글, 119~120쪽.
11) 위의 글, 120~121쪽.

과 토지매입의 매입으로 면당국으로부터 마침내 시장개설 허가를 받게 되었다. 또한 시장개설행사로 "농민위안영화" 등 다양한 프로그램을 준비하고 접대하며 즐겁게 하루를 보냈으나 "애써 마련한 시장은 5~6년 간은 좀 되는 듯 하더니 교통이 편리하여지매 점차 시장이 잘 되지 않아 자연 폐시가 되고 말"았다며 필자는 아쉬운 마음을 덧붙이고 있다.[12]

이렇듯 필자는 '사도 반세기'에서 교직과 관련한 다양한 이야기들을 풀어내고 있지만, 마을사와 관련하여 '향토개발교사'라는 독특한 직책을 부여받고, 그에 대한 활동들을 나열·기술하고 있다. 자신의 일생 전체를 회고하는 방식으로 기술된 자서전에서 특히 평생을 몸담아온 직업에 관한 이야기는 단순히 개인의 내면적 차원이라기보다 사회적 차원, 즉 성인이 된 이후 사회생활과 관련이 깊을 수밖에 없다. 그렇기에 여기에서는 주로 자신이 그동안 고민하고 생각해온 것과 다짐, 그리고 업적이 담겨있다. 특히나 향토개발교사로서 그의 행적은 자신의 일생을 곱씹고 내면적으로 들여다보는 것이라기보다 그 업적을 나열하고, 섬세하게 기록하는 것에 서사의 초점이 맞춰져있다. 그러면서도 필자는 이야기 속의 화자로도 등장하게 되는데, 1인칭 시점으로 자기 중심적으로 이야기를 구성해나가고 있는 모습을 보인다. 과연 필자가 이야기를 구성함으로써 나열한 마을의 일들과 자신의 업적들이 사실인지의 여부는 뒤의 일로 미루더라도, 분명한 것은 이 장에서는 필자가 자신의 사회적 활동을 통해 자전적 주체를 우뚝 내세우고 있다는 점이라고 말할 수 있을 것이다.

3) 전쟁통에 군복무와 '우리'의 기억

군복무 경험에 대한 기억과 회고는 어느덧 생애사에서 매우 중요한 의미를 지니게 된 것으로 보인다. 이는 물론 근대 한국 사회에서 군의 창설

---

12) 김재동, 앞의 글, 121~122쪽.

과 징용제의 시행에 따른 보편적인 사회적 차원의 경험일 수 있으나, 다른 한편에서는 군대에서의 경험은 남성 개인의 생애에 있어 매우 중요한 획이 그어지는 경험으로 이해할 필요가 있다. 필자 또한 6·25 사변이 발발했던 1950년에 소집통고를 받고 입대를 하게 된다.

여기에서는 말 그대로 3년 3개월 간의 군복무를 하면서 필자가 경험한 일들을 회고하는 형식을 취하고 있다. 이러한 회고는 '3년 3개월'이라는 제목에서도 알 수 있듯이, 대개 시간적 흐름에 따라 나열되고 있다. 그렇기에 입대-적응-제대의 순으로 비교적 단순하게 구성되어 있다. 구체적으로는 소집-포항-제주도-훈련소-의무대-육군병원-고향방문-부산 사령부의 순으로 시간적 배열, 그리고 장소의 변화에 따라 구분지어 일화들이 기술되어 있다. 그는 군복무와 그 생활을 대체로 긍정적으로 평가하는 모습을 보인다. 특히 훈련소에서는 서무계에 배정받아 일하며, 이후에는 의무대, 그리고 사령부에서 근무하는 그의 행적에는 그 이전까지의 사회적 삶이 공직이자 교직 생활에 있었기 때문이었다. 그러면서 필자는 군복무 기간에 업무에 있어 매우 능숙한 탓에 선임과 간부로부터 많은 호의를 받았다고 기술하고 있다.

한국전쟁 시기에 같이 입대하여 최전방의 전장에 있는 다른 군인들과 달리, 필자는 주로 후방에서 개인적으로 만족할만한 군복무를 하면서 많은 사람들을 만나게 된다. 상술한 것처럼 군복무를 하면서 있었던 개인적 차원의 다양한 일화들을 기록하고 있으면서도, 군복무를 하면서 만나고 친해지게 된 사람들의 이름과 직책 등을 매우 구체적으로 기록하고 있다. 이는 한국전쟁 시기에 군복무를 하던 사람들의 입대 후 제주도에서 훈련, 그리고 배치라는 일반적인 패턴에서도 알 수 있듯이 당시 그것은 매우 보편적인 경험이었던 것이다. 그렇기에 보충대를 거쳐 함께 훈련을 받게 된 고향 친구들, 입대의 시기는 다르지만 부대에서 만나게 된 지인들, 함께 군생활을 하면서 친해지게 되어 어느새 그 기억을 공유하게 된 전우들 등, 군생활이 아니었다면 만날 수 없었던, 그리고 그들과 경험할 수 없었던 일화들이 군복무 시절을 회상하는 주된 기억으로 자리잡고 있다. 또한 잦은 전출로 헤어짐에 대한 아쉬움과 고마움 등의 개인적인 감정들이 틈새마다 드러난다. 이렇듯 필자의 군복무에 대한 경험과 그 재현은 겉으로는 시간적 순서에 따른 사실적 차원의 나열로 보이지만, 안으로는 당시 한국전쟁 당시 군복무를 경험한 이들의 내밀한 상황과 감정들을 기록해내고, 서로에게 기댔던 '우리'에 대한 기억을 의미화하고 있다.

4) 자각과 계몽, 안정과 질서에 대한 의지

'고향의 이모저모'에서는 지역 사회의 발전 차원에서 근현대화의 경험들을 담아내고 있다. 그러나 그 경험들은 필연적으로 업무의 추진에 있어 필자가 이전부터 가졌던 필연성이나 의지 등이 함축되어 있으면서, 실질적인 역할들을 동시에 기술하는 방식을 취하고 있다. 여기에서 기술되는 마을의 사건들은 송청회 조직, 부락 자치회 조직, 새마을 운동, 송사리의 소태나무, 서낭당 신목 소태나무 울타리 조성, 송제리의 약사, 국토개설과 길안댐의 백지화, 동회관 건립 개관, 노인회 가입이다.

한국전쟁 이후 군에서 제대한 김씨는 어지러운 마을의 분위기를 바로 잡아야겠다는 생각에 청년회를 조직하자고 마을 청년들에게 역설한다. 이에 동의를 얻어 송청회(송사청년회)를 조직했는데, 김씨는 회장으로 피선되었다. 이들은 각자의 농사일을 마치고 출정 가정에 힘쓰고 어려운 일을 도맡아하면서도, 매년 봄에 화전놀이를 다니는 등 다양한 활동을 했다.

이와 비슷하게, 김씨는 전쟁 이후 무질서한 시기에 부락 자치회도 주도적으로 조직하게 된다. 흥미로운 것은 "부친이 계실 때는 마을의 대소사간에 주관을 하였는데, 마을 일을 한다고 모여놓으니 오합지중이라 선후도 없고 서로간에 모두가 자기 주장이고 왕왕 떠들어 시끄럽기만"[13] 했

---

13) 김재동, '고향의 이모저모', 앞의 책, 208쪽.

기 때문으로 기술하고 있다는 점이다. 즉 부락 자치회를 조직하게 된 동기가 전쟁 이후의 혼란스러운 마을 분위기와 함께 해방 이후 비극적으로 돌아가신 아버지의 부재 때문인 것으로 해석하고 있는 것이다.

한편 필자는 "70년대를 우리의 역사상 가장 뜻깊은 연대로 기록하게 되었다"며 새마을운동을 민족적 사명에 따른 변화 및 발전의 초석으로 의미화하고 있다. 특히 그 전의 일제강점기의 수탈과 해방 후 좌우익 대립에 따라 경험한 비극적인 사건 등이 그 의미화에 기여했던 것으로 보인다. 필자 역시 거기에 동참하기 위해 마을 안길 넓히기 사업과 지붕 개량 사업, 그리고 가정주부들의 계몽 교육 등을 주도적으로 교육하고 추진했다고 기술하고 있다. 이렇듯 위에서 살핀 송청회와 자치회의 조직, 그리고 새마을운동의 주체적인 경험들이 마을의 낙후에서 발전의 서사로 구성되어 있음을 살필 수 있다. 그의 자서전은 시간적 배열에 따른 서사를 지닌다기보다, 각 장마다 자신이 속한 어떤 집단에서의 일들을 기록했다. 이렇듯, 그는 정체성별로 서사를 구성한 측면이 있는 것이다.

『홍담자서록』은 내용적으로 근현대의 격변기 속에 내던져진 주체의 활동들은 고난과 극복의 서사를 띠고 있다. 일생을 회고하는 형식으로 쓰인 이 자서전에서 고난은 일제강점기, 해방, 한국전쟁의 시대적 배경 속에서 소집단 차원에서의 이야기를 통해 말해지고 있고, 그 극복은 애향민, 향토개발교사 등으로 마을에서 자신의 우월적 위치를 점하는 필자의 여러 노력들로 이루어졌음을 말하고 있다. 그런 가운데 필자는 단순히 마을 차원이 아닌 근대적 정체성을 구성해나가는 모습을 띠고 있다.

이런 내용과 의의를 담고 있는 그의 자서전은 구술기억의 차원에서 이해하기 힘든 세심한 일화들을 담고 있으며, 자신의 사후경험을 회고담의 형식으로 쓴다는 점에서 자아의 이해이자 성찰의 내용들을 담고 있다. 마을 차원에서는 다양한 민속지식이 전승되고 있다고 볼 수 있는데, 자서전은 자신의 삶을 반추하는 과정에서 다양한 역사적 사실들, 그리고 사실의 차원에서 머물지 않는 개인적 진실들, 그리고 근현대적 주체가 자신을 내세우는 근거들을 담아내고 있다. 이를 재현형식을 통해 살펴볼 수 있었다. 민속지식은 기본적으로 삶과 생활에 밀착된 지식이며, 경험과 떨어질 수 없는 속성을 가진다. 그런 가운데 민속지식은 단순히 실용성을 전제로 한 것으로 이어져오고 있기 보다는 그 속에서 역사적으로 단절과 이어짐, 붙음 등이 역동적으로 이루어지고 있다고 하겠다. 마을 차원의 일들을 주도적으로 담아내고 있는 자서전의 재현형식을 통해서는 그런 역사적 변화의 국면들과 함께 민속적 공간이라 할 수 있는 마을에서 벗어나고, 다시 돌아오고, 그 속에서 일들을 행하는 등의 근현대적 주체의 변화와 구성의 과정들을 살필 수 있다.

4. 『홍담자서록』이 갖는 민속지식의 성격과 의미

민속지식은 주체에 의해서 생산되는 것이라 볼 수 있다. 그렇기에 어떤 주체인가가 중요한데, 『홍담자서록』의 필자의 경우, 고향에 대한 향수가 곳곳에서 드러나는 것에서도 알 수 있듯이 마을사회에 위치하지만, 자각과 계몽, 발전에 대한 추구를 통해서는 그가 일정하게 엘리트의 위치에서 마을을 바라보는 측면이 있다. 또한 그 마을은 국가적 연결망 속에서 거시적 차원과 매개하는 위치에 있다고 할 수 있다. 그런 위치에 있는 주체가 민속지식을 생산하는데, 그 통로는 경험이고 매개는 재현이 된다. 다시 말해 앞에서 살폈던, 일생을 살아오면서 경험한 것들이 민속지식을 생산하게 되는 통로가 되고, 그것을 들여다볼 수 있는 매개가 되는 것이 기억의 재현인 것이다. 또한 민속은 현장을 포함한 경험을 중요하게 여기기 때문에, 이렇게 생산된 민속지식은 현장성과 구술성을 가지고 있다고 할 수 있는 것이다. 이를 도식화하면 다음과 같다.

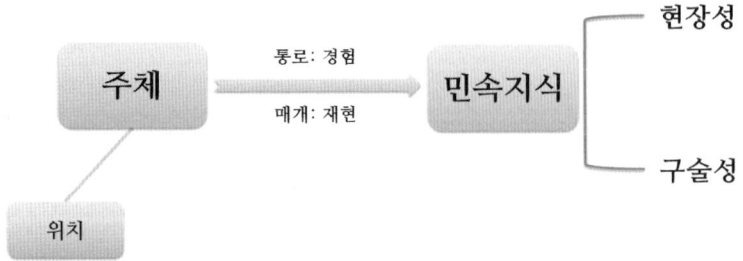

　『홍담자서록』은 기록 자료로서 자료적 측면만이 아닌, 생애사적으로 황혼기이자 사회적으로 물러나는 그 시기에 자신의 삶을 반추하고 회고하며 재현하는 자전적 자료라고 할 수 있다. 따라서 근대적 격변기 속에서 한 개인이 어떻게 살아내왔는가를 살필 수 있는 주요한 맥이 될 수 있을 것이다. 다시 말해, 지식의 성격과 그 의미는 생애담이라는 언표로 풀어내고 있는 『홍담자서록』이 취하고 있는 담론 전략을 통해 살펴볼 수 있는 것이다. 그것을 시간적, 연대기적으로 재조립했을 때 그 서사적 구성은 귀한 존재에서 고난 혹은 역경에 따른 결핍 상태, 그리고 그것을 극복하고 더 나은 사회를 위해 자신이 복무했음으로 구성되어 있다는 것을 알 수 있다. 더불어 근현대적 격변기에서 다양한 욕망들이 표출되고 있음을 살필 수가 있다. 자서전을 통한 이러한 담론의 전략은 크게 두 차원이 단계적으로 이루어지고 있는 모습을 보이는데, 이들을 종합하면 아들(가장), 선생, 애향민 일정하게 영웅성을 담지한 것으로 자신을 위치시키고 있다는 것을 알 수 있다.

　1) 고난의 극복, 자아와 가족의 성취

　전반적으로 자서전의 담론 전략은 그 시작이 '지방 빨갱이'에 의한 가족의 살해경험으로 시작되고 있다. 이는 단순히 이야기의 출발점으로 이해할 수도 있지만, 개인적 주체의 측면으로 봤을 때, 그것은 트라우마이자 커다란 상처로 남은 기억으로 이해할 수도 있다. 그렇기에 이 둘을 따로 떨어진 것이 아닌 복합적 기능을 하는 사건적 기억으로 이해하는 시각이 필요하다. 그 경험은 필자의 한 개인 차원에서 이루어진 경험이 아니라, 마을 차원에서도 현재적 기억이자 역사로 남아있다. 이와 함께 근대의 격동기와 관련하여 발전주의, 가족주의를 추구하는 측면을 보인다. 발전주의는 주로 교육자, 더 정확하게는 향토개발교사로서 마을을 위해 힘쓴 여러 활동들을 통해 구현되고, 가족주의는 해방 후의 충격적 사건으로 인해 가족의 결속력이 더욱 견고해지는 방식으로 재현된다.

그러면서도, 견디기 어려운 트라우마적 경험 속에서 기댈 곳은 가족과 친지가 되는 모습을 보인다. 그렇기에 가족은 단순히 그 고통을 공유하는 차원이 아니라, 함께 고난을 극복하고자 하는 실천적 의지를 가진 집단이자 의례를 통해 지속적으로 그 경험을 함께 기억하는 공동체로서 필자에게 의미화되고 있다. 이와 함께 구체적인 고난의 극복은 가족 구성원의 출세와 마을 차원 혹은 지역사회에서의 개발을 중심으로 한 인정, 그리고 교직에 몸을 담은 교사로서 자리자리를 찾고 잡는 것으로 위치짓는 모습을 보이고 있다.

한편 이는 또한 특정 경험의 선택과 확장이라는 전략적 차원으로 이어진다. 즉 누구나 알고 있는, 그리고 누구나 경험했던 그런 사건들에 자신의 경험을 위치시킴에 따라 근현대기 한국사회가 전반적으로 경험했던 불가피하고 억압적이며 견디기 힘들었던 그런 고난을 겪어냈다는 서사가 있고, 그런 고난과 혼란으로부터 극복해나가는 신화적 서사로 이어진다. 이런 담론 전략은 독자로 하여금 공감을 얻고자 하는 담론 전략이라는 특징을 갖는다. 또한 그 경험의 시기를 들여다보게 되면 일종의 자기 합리화, 즉 정상상태를 구현하고 있다는 점도 주목할만하다. 이는 당시에 친족이나 마을 집단에서 근현대기 발전이 불가피했던 그런 상황 속에서 일정정도의 성취지위를 공인받으려 하는 것으로 이해할 수도 있지만, 생애담론적으로는 사후에, 그리고 그 기억을 재현하는 시간에 와서 정체성이 구성되는 측면에서 이해할 필요가 있다. 이는 마을주민들의 무지함과 발전의 타당함으로 재현된다.

가족의 고난 서사는 '육남매의 성취'로 이어진다. 필자는 "심중에 우리를 못 살게 하는 놈들이 보라는 듯이 우리 삼형제가 더욱 악착같이 살아야겠"다는 마음을 살아오면서 가졌다는 것을 사후기억으로 재현해낸다.14) 특히 육남매 중에서도 막내 남동생은 대학 진학에 있어 우수한 성적을 거두게 되었고, 후에는 공군사관학교까지 진학하게 되어 "우리 집의 희망"으로서 지역 출신으로는 드물게 출세의 길을 걷게 된다. 이렇듯 '나의 생애'를 통해서는 내밀한 가정사와 함께 해방 후 부친의 죽음이라는 고난과 역경, 그리고 오히려 그것을 견뎌내고 극복했다는 것을 보란 듯이 내세우기 위해 더욱 열심히 살아왔다는 서사로 구성되어있는 모습을 살펴볼 수 있다. 또한 재현을 통해 그런 기억을 반추하면서 육남매의 공통적인 경험을 공유하기 위해 계모임까지도 조직하는 모습도 보인다. 이런 일련의 서사는 점차 일상이 불안정으로부터 안정되기까지의 궤적을 그려내기도 한다.

2) 사회적 기억의 형성

사실 자서전은 사회적 기억social memory의 한 형태로, 자서전에서 개인들은 자신들의 삶과 관련된 이야기들을 말하고, 한편으로 사회적으로 관련된 사건을 규정하기 위해 개인적 기억들을 동원하기도 한다.15) 이와 함께 기억의 한 형식으로서 자서전을 규정하게 될 때, 그것은 투쟁하는 다양한 마을기억의 장에서 일정한 효과를 지닌다고 할 수 있다. 이는 문화의

---

14) 김재동, '육남매의 성취', 앞의 책, 70쪽.
15) Thomas DeGloma, "Awakenings-Autobiography, Memory, and the Social logic of Personal Discovery", *Sociological Forum* Vol. 25 No.3, 2010. 9, p.534(김무용, 「한국전쟁 시기 민간인 학살 유족의 자서전 분석 - 고발의 정치로서 가족이야기 하기」, 정병욱·이타가키 류타 편, 『일기를 통해 본 전통과 근대, 식민지와 국가』, 소명출판, 2013, 418쪽 재인용).

한 형식으로서 기억의 층위를 나누게 될 때, 자서전에 담긴 기억은 중심적인 기억이 되고, 나머지의 기억들은 흩뿌려진 주변부의 기억이 된다. 이런 점에서 자서전에 담긴 마을기억은 단순히 개인 차원의 기억이라기보다 일종의 문화정치적인 실천이라는 점에서, 기억을 고착화하고, 일정한 지위를 선점하게 되는 효과를 거두게 된다.

필자의 정체성은 단순히 개인의 내면적 성찰의 결과가 아니라 외부 세계, 국가나 사회와의 관계 속에서 형성되었다.16) 사회, 공적 영역과 결합. 사회 속 인간 주체로서 자신 내세우기를 거치게 되는데, 이러한 자서전의 성격은 자신을 확인하는 것이자, 일종의 무장하는 것이라고 할 수 있다. 그렇기에 주체 형성이라는 점에서 의미를 지닌다. 이를 통해 살필 수 있듯이, 그가 자서전을 통해 기록했던 기억들이 비록 허구적일지라도 가족사, 마을사, 학교사에서 일정하게 근대사적 영웅성의 위치를 확보하고자 하는 욕망에서 서사적 진실을 추구했다고 정리할 수 있겠다.

이렇듯 자서전은 투쟁, 극복의 서사로 구성된 공간으로 기능하는 모습을 보인다. 주목할 수 있는 점은, 단순히 개인의 내면적인 문제를 다룬다기보다, 계속해서 사회 및 공적 영역과 연관시켜 자신의 삶을 반추한다는 측면에서 사회적 행위로 이해할 수 있다는 점이다. 이는 한편으로 담론 전략으로서 자서전의 문화정치적 효과와도 연결되는 측면이 있다고 볼 수 있다. 즉 단순히 자아를 드러내는 것 뿐 아니라, 재현형식상 사회 속에 자신을 위치시키고 그 위치를 정립하려는, 그리고 특정한 기억들을 기록으로 남겨, 주도적 기억으로 자리잡게 하고자 하는 기능을 가지는 것이다. 그렇기에 이는 사회적 작업의 일환으로 이해하는 것이 가능하다.

마을 차원에서 민속지식은 그것이 재현으로부터 이루어진다는 측면이 있다. 또 그것은 다양한 기억이 공존하는 장에서 일정한 위치를 점하고 있는 것을 확인할 수 있다. 특히 자서전은 위에서 살폈듯이 그 자체로 사

---

16) 김재동, 앞의 글, 421쪽.

회적 행위라는 점에서 담론의 전략적 실천이자 일정한 효과를 거둔다고 할 수 있다. 이와 함께, 위의 내용은 자서전 내에서는 '해방후 우리집은 이런 변을 당했다'라고 이름붙여지기도 하지만, 발견된 다른 자료에서는 '해방이후 공산주의자 투쟁사례'로 불리기도 한다. 이렇듯 그간의 일제강점기 시절은 수많은 수탈과 공출을 감내해야했던 마을 차원에서 고난의 시절이었고, 해방은 그런 일제로부터 벗어날 수 있게 한 역사적 사건이었으면서도, 타국인 일본에서 돈을 벌던 마을 사람이 마을에 돌아올 수도 있었을만큼 앞으로에 대한 기대감이 충만한 사건이었다. 그러나 "해방 되이 더 못 먹고 살"17) 정도로 기근은 더 심각한 수준에 이르렀고, 그런 한편 거시적 차원의 이념적 투쟁이 마을에까지 틈입해 한 가정의 비극적 사건을 낳기도 했던 것이다.

또한 '변'과 '투쟁사례'의 차이에서도 볼 수 있듯이 동일한 사건임에도 이중적인 시선을 내보이고 있다. 즉 가정사의 차원에서는 가장의 비극적인 죽음 혹은 아버지의 살해 경험으로 읽히지만, 거시사의 차원에서는 해방 후 혼란스러운 정국 속에서 반공적 투쟁의 한 사례로써 독자에게 읽히고자 하는 의지가 담긴 것이라 볼 수 있는 것이다.18) 당대 '지방 빨갱이'의 행적은 그 자체를 마을 차원의 공공의 적으로 만들고, 거기에 대항하는 형태를 지닌다. 따라서 '지방 빨갱이'는 반국가적 존재로 의미화되어 오히려 적극적으로 국가 이데올로기에 포섭되고 있는 모습을 보인다. 결국 근대적 정체성, 어린 시절, 선생으로서, 마을 발전으로서 등 어린 시절의 경험(수용)과 국가 체제로 포섭되어가는 그런 정체성을 구성하고 그것이 재현되고 있는 것이다.

---

17) 임정태(남, 82세)의 면담자료(2015. 08. 29. 자택)
18) 그 의지는 김재동, '해방후 우리집은 이런변을 당했다', 앞의 책, 55쪽에서도 살필 수 있다. "악의 종말은 이것으로 끝났다. 그러나 과거 독립운동이며, 6·25 등으로 희생된 유공자들은 정책적으로 조사하여 들나게 우대하고 있으나 해방후 6·25전까지 저희와 같이 많은 희생자들도 반공 투사인데 지금껏 아무런 대책도 없으니 참으로 안타깝다."

| 참고문헌

단행본
김득중, 『빨갱이의 탄생』, 선인, 2009.
김재동, 『홍담자서록』, 영남사, 1995.
안동대학교 대학원 민속학과 BK21 사업팀, 『사과의 고장 길안의 전통』, 민속원, 2014.
윤택림, 『구술사, 기억으로 쓰는 역사』, 아르케, 2010.
정병욱·이타가키 류타 편, 『일기를 통해 본 전통과 근대, 식민지와 국가』, 소명출판, 2013.

논문
임재해, 「한국 지식지형의 비판적 인식과 민속지식의 새 지평」, 『실천민속학연구』 21, 실천민속학회, 2013.
배영동, 「분류적 인지의 민속지식 연구의 가능성과 의의」, 『비교민속학』 57, 비교민속학회, 2015.
이영배, 「민속의 가능지대, 그 혼종적 성격과 지평」, 『호남문화연구』 57, 전남대학교 호남학연구원, 2015.

다문화 가정 내 언어관련 지식습득과 문화 적응

- 송사리 이또 하루미씨 사례를 중심으로 -

성치원
안동대 민속학과 박사과정 4학기

1. 들어가며

다문화에 대한 올바른 이해와 학문적 접근을 위해 다문화 사회, 다문화주의, 다문화 정책에 대한 개념을 구분하여 사용해야 할 필요가 있다고 생각한다. '다문화'의 사전적 의미는 한 사회 안에 여러 민족이나 국가의 문화가 혼재하는 것을[1] 이르는 말이다. 다문화 사회는 다양한 인종과 현상에 수반되는 문화적 가치와 생활을 구성하는 방식이 다양성을 이루고 있는 사회를 뜻하며, 다문화주의는 한 사회의 인종적, 문화적 다양성을 인정하는 가치나 태도를 뜻하고, 다문화 정책은 인종적, 문화적 차별과 배제 없이 다양성을 인정해서 이주자들에게 인권과 기회의 형평성을 보장하는 정책을 뜻한다.[2]

현재 우리나라는 1990년대 농촌총각 장가보내기, 세계화에 따른 국제

---
[1] 네이버 국어사전(http://krdic.naver.com/detail.nhn?docid=50000075)에서 인용한 것임.
[2] 최병두, 『다문화 공생 : 일본의 다문화 사회로의 전환과 지역사회의 역할』, 「푸른길」, 2011, 16~17쪽.

결혼 증가, 국내 노동시장의 급격한 변화에 따른 노동 이주자 등의 증가로 빠르게 다문화 사회로 진입하고 있는 실정이다. 또한 세계에서 가장 빠르게 고령화 사회진입, 저출산 현상에 따른 인구감소의 문제를 겪고 있다. 민속학에서도 가치관 변화에 따른 다문화 가정의 증가와 그에 따른 문화 현상에 대한 관심을 가질 필요성이 있다고 생각한다.

현대 산업사회는 국제결혼의 증가와 핵가족화, 도시화·산업화 등으로 가족 구성원에 관한 전통적인 가치관의 변화를 겪게 되었다. 특히 정보 산업사회의 발달에 따라 인터넷과 스마트폰의 새로운 환경 속에서 다양한 지역문화와 타문화를 직·간접적으로 접촉하는 것이 가능하게 되었다. 그에 따라 농촌 마을 및 주민들의 의식과 가치관 역시 변화하게 되었는데, 타문화를 큰 어려움 없이 접촉할 수 있게 되었다. 이 글에서 필자는 농촌 내 국제결혼 이주여성들이 각 지역사회의 공동체 일원으로 정착해서 안정된 삶을 살아가는 모습과 한국어 습득 과정의 관계를 구명하고자 한다.

주지하다시피 국제결혼 이주여성들은 모국과 다른 한국사회의 가족문화에 적응하는 과정에서 많은 어려움을 겪고 있다. 그들은 가족 구성원들과 의사소통의 문제에서 야기되는 서로간의 오해와 편견으로 인하여, 올바른 한국문화를 습득하고, 체화하여 한국인으로서 새로운 삶을 살아가는 데 심리적 상처를 받기도 한다. 특히 한국과 비교하여 경제적으로 못사는 나라의 출신 여성들에 대해 다소 차별하고 무시하는 경향은 올바른 인격 형성과 문화적응에 많은 문제점을 발생시킬 수 있으며, 자녀 교육의 문제 또는 가족 해체라는 비극을 초래할 수도 있다.

그런데도 우리사회는 국제결혼 이주여성들에게 한국 생활의 관습과 행동방식을 일방적으로 습득하도록 요구하였다. 나아가 타문화에 대한 적극적인 이해보다는, 상대방(국제결혼 이주여성)의 입장에서 바라보는 타문화(한국문화)에 대한 의식의 전환과 교육적 환경 마련을 위한 노력이 부족하였다. 우리사회는 이주여성들의 문화나 관습을 이해하고자하는 교육보다는, '일종의 우리식'의[3] '관대와 포용'이라는 입장에서 수용하거나 이해하려는, 다소 권위적인 태도에서 비롯되는 '배려와 수용'이라는 한계를 축적하게 되었다. 이렇게 축적된 한계-타문화에 대한 올바른 교육과 의식이 부재 한 상태에서 무리하게 배려하거나 이해해왔던 수많은 문제점들의 한계가 포화된 상태-는 더 이상 지역사회가 해결할 수 없는 상황을 야기하면서 다문화 가정 내의 심각한 문제점이 부각되었지만, 해결할 수 없는 '그들(다문화 가정)'만의 문제로 치부되고 방치 된 상태가 지속되었다고 본다.

특히 국제결혼 이주여성들이 주부로서 겪게 되는 한국 음식 문화에 대한 적응과 부모로서의 역할 및 시부모와의 원만한 관계 그리고 지역 주민들과 교류해 가는 일은 쉽지 않다. 이처럼 이주여성들이 가정 내의 다양한 위치와 일을 배워가면서 지역주민으로서 생활하기 위해서는 무엇보다도 가족 구성원들과의 친밀한 소통이 매우 중요하다. 이러한 소통의 출발은 한국어 습득에서 시작한다. 즉 한국어 습득은 문법과 어휘, 발음을 익혀서, 언제 누구와 어떻게, 어디서 어떤 방식으로, 무엇을 말해야 좋은 것인지 판단하여 각자의 언어능력으로 표현되는 것이다. 그러한 언어능력은 개인마다 차이가 나겠지만, 궁극적으로는 낯선 문화에 적응하여 자신과 가족의 삶을 지금보다 윤택하게 일궈가기 위한 것이라 생각한다.

이 글에서 필자는 통일교의 국제결혼을 계기로 일본 센다이仙台시에서 송사리로 이주하여 다문화 가정을 이루고 있는 이또 하루미씨의 사례를 중심으로, 한 개인이 다른 문화권에서 새로운 언어를 습득해 가는 과정을 그려보고자 한다. 또한 그러한 과정 속에서, 이또가 인지하고 습득해 가는 송사리의 생활언어와 지식이 어떻게 활용되어 송사리 주민으로서 거듭나게 되는지를 살펴보고자 한다.

---

3) 지역사회 내에서 개인이나 소수 보다는 집단이나 공동체의식을 강조하는 긍정적인 측면과 개인의 소질이나 소수의 의견이 무시되는 다소 부정적인 측면을 모두 지칭한다.

2. 두 언어의 유사성을 통한 한국어 습득

이또 하루미는 일본 동북지방 센다이仙台시에서 태어났다. 그녀는 하치혼마츠 초등학교, 코리야마 중학교, 센다이 여자상업고등학교를 졸업하고, 센다이시에 있는 건설회사에서 15년 동안 근무를 하였다. 아버지(이또 쇼지)가 30세, 어머니(오가와 세이코)가 26세 때에 결혼해서 태어났다. 아버지는 동경에서 가까운 치바千葉현에서 건설 노동자로 일을 하였고, 어머니는 두부공장, 식당, 슈퍼마켓 등에서 일을 하였다. 외동딸이었던 그녀는 어린 시절 할머니와 함께 지냈던 기억이 많다.

일본에서 여성이 시집을 가면 남성의 성姓을 따르는 관습이 전통적인 문화 현상이라 할 수 있다. 이또 하루미의 경우도 시집을 가면 '이또가伊藤家'의 성姓을 이어갈 수 없기 때문에 부모님과 의견 대립이 빈번했다. 이또는 이러한 문제로 친구들과 상의를 하였는데, 교회에서 여러가지 인생 상담을 해 준다는 이야기를 듣고, 통일교에 입교해 새로운 세상과 삶을 계획하게 된다. 이또의 부모님은 국제결혼에 대해 반대가 심했지만, 그녀의 아버지는 남편의 손을 보고 "야! 고생한 손이다. 호텔에서 자지 말고 우리집에 가자. 그 돈으로 맛있는 것 사 먹어라."고 하시고, 어머니도 "잘 왔다."고 기쁘게 환영해 주셨다.

이또는 1995년 8월 25일에 서울 올림픽 잠실주운동경기장에서 합동결혼을 하고, 1996년 1월에 대구에서 신혼생활을 하였다. 그녀는 1991년부터 1992년 사이에 일본 센다이仙台시에서 통일교에 입교하여 제주도, 경기도 구리시 등 총 5회에 걸쳐 한국으로 와서 국제 수련회 교육을 받게 되었으며, 한국어 교육도 통일교의 교육 프로그램을 통하여 처음 배우게 되었다. 〈표 1〉은 이또 하루미가 통일교의 교육 프로그램 가운데 한국생활에 필요한 기본적인 생활용어와 문화를 체험했던 프로그램을 정리한 것이다. 이또 하루미는 전업주부로서 음식 문화와 의사소통이 가장 힘들었다.

〈표 1〉 통일교 주요 프로그램4)

프로그램	내용
통일교 교리강습	교리 교육
명상 시간	명상을 통한 심신 단련
한국어 교실	기본적인 생활용어 습득
전통문화체험	한국 전통풍물(농악)놀이
요리교실	한국 요리 실습
상담 교실	한국 생활과 부부 생활 등의 고민 상담
레크레이션	마음열기, 성격 및 대인관계 개선
한국문화와 사회	한국의 전통과 일상생활에 대한 교육
역사강의	한일 간의 역사 교육과 교류 확대
가정출발교육	현실적 준비 및 내적기준 교육

언어는 개인 간의 교류뿐만 아니라 가족이나 지역사회와의 문화적 교류에 영향을 미치는 기초적인 매체이면서도 아주 중요한 수단이다. 또한 어떤 지역의 언어 속에 담긴 의미는 그 지역의 문화적 배경과 가치관, 정통성을 포함하고 있다. 그리고 언어는 개인의 정서와 감정 표현, 주변 사람들과의 관계, 일상 속에서 일어나는 다양한 상황이나 비일상의 시공간 속에서 발생하는 활동, 지역 축제의 상징적 의미 등을 담고 있으며, 세대로 이어져 전승되는 민속지식(생활지식)이 내재하고 있다. 배영동은 '삼칠일'이라고 할 때 형성되는 민간의 인지체계는 사람들의 오랜 생활경험 속에서 형성된 것으로, 전통적으로는 이러한 지식을 알아야만 한국인다운 사람으로서 손색이 없었다고 한다.5)

---

4) 이또 하루미와 통일교에 문의하여 필자가 임의로 작성함.
5) 배영동, 「분류적 인지의 민속지식 연구의 가능성과 의의」, 『비교민속학』 57, 비교민속학회, 2015, 80쪽.

〈사진 1〉은 이또 하루미가 남편과 함께 대화를 할 때 사용한 책의 일부내용이다. 특히 이또는 남편과 대화할 때는 회화 책 속에서 자신이 하고 싶은 말과 비슷한 내용을 활용하면서 한국어 공부에 많은 도움이 되었다. 하지만 한국어의 발음은 매우 어려웠다. 예를 들어 '만나다マンナダ'와 '따뜻하다タトゥッタダ'를 살펴보자. '만나다マンナダ'에서 '만'의 받침 'ㄴ'은, 일본어에는 없는 것이지만, 일본어의 'ン(n)'(히라가나 표기로 'ん')은, 뒤에 오는 음의 영향으로 '은', '음',

〈사진 1〉 한글 한마디 회화사전6)

'응'7)의 한음절로 발음된다. 따라서 한국어의 '만나다'는 일본어로 'マンナダMannada'로 표기하면서, 발음상으로는 '만:나다', '망:나다', '맘:나다'라는 불완전한 발음의 형태로 '만과 망 또는 맘'의 어느 경계 지점에 위치하게 된다. 이때 이또는 한국어와 일본어의 언어관련 지식을 활용하여, 적절한 선택과 배제의 과정을 겪으면서, 사회적으로 통용되고 누구나 알아들을 수 있는 한국식 발음의 '만나다'을 체화시키는 과정을 거쳐야 했다. 즉 국제결혼을 계기로 일본에서 이주한 여성이 한국의 새로운 언어 환경 또는 언어공동체 내에서의 의사소통능력8)을 습득하는 과정에서 일어나는

---

6) 二宮 豊, 『ハングルひとくち会話辞典』, 「南雲堂」, 1988, 9쪽.
7) 田中よね 외, 『みんなの日本語 初級Ⅰ: 翻訳・文法解説 韓国語版』, 「(株)スリーエーネットワーク」, 2008, 5쪽.
8) '의사소통의 민족지학(the ethnography of communication)'에서의 핵심 이론적 개념으로, 화자가 가진 개별적 언어의 구조적 규칙에 대한 지식뿐 아니라 언어 사용의 문화적 규칙에 대한 지식까지를 모두 포괄하는 개념이다(왕한석, 『또 다른 한국어: 국제결혼 이주여성의 언어 적응에 관한 인류학적 연구』, ㈜교문사, 2007, 24쪽 참조).

자기화로 인해서 한국인과 비슷하거나 한국인 같은 한국말을 습득할 수 있게 된다.

'따뜻하다'는 일본어('タトゥッタダ')표기로 '타투웃타다'9) 또는 '타툿타다'로 발음이 가능하다. '따뜻하다'의 일본어('タトゥッタダ') 표기에서 'ゥッ(우츠)'의 음절은 반음절의 길이를 가진 음으로써 발음상으로 짧게 소리 나며, 우리말의 받침과 비슷한 기능을 한다. '따뜻하다'를 '타투웃타다' 또는 '타툿타다'로 발음한다면, 듣는 사람의 입장에서 생각해 보면, 올바른 발음을 구사하고 있는지, 무슨 말을 하려고 하는지, 이해하기 어려운 발음이라는 사실을 확인할 수 있다. 또한 이 과정에서 이또는 '따뜻하다'처럼 한국어의 올바른 발음을 찾기 위하여 모국어의 지식을 활용하려 하지만, 한국어의 수많은 '받침'을 대체할 수 없는 경우가 많다는 모국어의 특징과 일본어에 없는 '받침'들을 발음하기 어렵다는 것을 인식하게 된다. 이또와 같은 이주여성들이 한국어를 배우면서 찾아오는, 문화적 규칙이나 충돌에서 비롯되는 고립감을 느끼기 쉽다. 언어적 고립감은, 한국사회로 진입하려는 의지와 자신감, 개인의 정서, 대인 관계 등을 위축시키면서 결국 한국 생활과 언어적응에서 위기적 상황을 직면하게 할 위험이 있다.

이또는 초기 언어적응 과정의 위기적 상황을 극복하기 위하여, 통일교에서 배우는 한국어 교실, 통일교 내에서 만나는 일본인들과의 학습교류, 자신과 가장 가까운 남편의 도움(지지)을 선택적으로 활용하여 문제해결의 실마리를 찾으려고 했다. 즉, 이또는 통일교에서 운영하는 프로그램에 참가하여 기본적인 생활용어를 습득하였으며, 통일교 내에서 만나는 일본인들과의 학습교류를 통해 목사님(상대방)의 말에 담긴 의미를 파악하는 과정에서 대화의 전반적인 내용과 주제를 포착하는 능력도 익히게 된다. 남편은 그녀의 적극적인 지지자로서 한국인다운 말에 가깝도록 발음을 교정해 주거나 수정해주었다. 하지만, 남편은 가족을 부양하기 위한 회사생활과 사회적 활동

---

9) '타투웃타다'로 표기하였지만, 발음상으로는 '투웃'을 한음절의 길이로 발음을 한다.

등으로 이또 하루미의 한국어 담당 선생으로써 한계가 있었다.

초창기 한국어 습득과정에서 이또 하루미는 전업주부로서 생활범위의 한정과 한국어 사용능력 부족에 따라 지역 주민들과의 의사소통에 어려움을 겪었다. 또한 사람은 누구나 성격과 능력이 다르기 때문에, 언어습득능력에 차이가 발생하게 된다. 따라서 한국어 습득과정에서 발생하는 의사소통 문제는 국제결혼 이주여성들마다 다르게 나타난다. 이또는 소극적이면서 내성적인 성격의 소유자라고 자기 자신을 평가하고 있다. 한국어의 발음에 어려움을 겪고 있었던, 이또 하루미의 경우, 남편과 일상적인 대화가 가능하기까지 약 2년 정도의 기간이 걸렸다. 이처럼 개인에 따라서는 초창기 새로운 언어를 접촉할 때 주변 사람과 환경 속에서 발생하는 여러 요인들로 인하여 사회와 문화 적응에 어려움을 겪기도 한다.

  처음에는 한국말을 잘 몰라서 밖에 나가는 것도 싫었다. 집에서 생활하였다. 처음에는 밖에 나가기 싫었다. 제일 불편하였던 것은 말(언어)이 어려웠다.10)

  초창기에는 적응하기가 쉽지가 않았다. 처음에는 교회에서 교육받는 것도 싫었다. 신혼생활은 96년에서 와서 97년도에 첫째를 놓고 어느 정도 신랑하고 이야기가 가능한 것은 약 2년 정도 지나서 가능했다. 남편하고는 같이 생활하고 있으니까… 발음이 이상해도 (남편은) 알아들었다.11)

언어적응은 국제결혼 이주여성들에게 대단히 중요한 것이다. 마치 어린아이가 말을 배워서 자신의 감정을 표현하는 것과 같이, 한 개인이 삶을 살아가기 위한 기본적인 요소이다. 그러한 점에서 국제화를 지향하고 있는

---

10) 이또 하루미(여, 00세)의 제보(2015년 7월 21일, 천지댁 갑산댁 식당).
11) 이또 하루미(여, 00세)의 제보(2015년 7월 21일, 천지댁 갑산댁 식당).

한국사회에서 이주여성뿐만 아니라 다문화가정을 대상으로 하는 한국어 교육의 확대와 전문가 양성은 필수적인 일이라 생각한다. 언어는 한 나라의 전통, 역사, 문화 배경과 가치관까지 포함하는 것으로, 의사소통이 어렵다는 것은 그 나라의 구성원으로서 살아가는 것에 어려움을 겪고 있다는 것을 의미한다. 한국으로 이주한 사람들은 다양한 목적을 가지고 있지만, 결혼을 계기로 이주한 여성들의 경우는 한 가정의 며느리, 부모, 아내 등의 위치에 따라서 다양한 역할과 책임을 수행해야 한다. 그러한 상황에서 가족과 이웃주민들의 적극적인 지지는 한국사회를 적응해 가면서 발생하는 소외감, 외로움, 정체성의 혼란 등을 극복하는데 중요한 역할을 하게 된다.

이또 하루미의 경우에는 한자어를 읽는 방법에서 일본어와 한국어 사이에서 비슷하게 읽는 방법을 찾게 되는데, 예를 들어 〈표 2〉를 참조하면, '安心'이라는 한자를 읽는 방법이 한국어와 일본어에서 비슷하다는 것이다. 한국말인 '안심'과 일본말인 'あんしん(안신)'의 차이가 처음에는 이해하기가 어렵지만, 언어를 익히는 과정에서 적절한 어떠한 규칙성 또는 법칙성을 습득하게 된다. 그것은 한국어와 일본어의 한자음을 읽는 방법에서 나타나는 유사성類似性이라고 할 수 있겠다. '以前'은 '이전'과 'いぜん(이젠)', '印鑑'은 '인감'과 'いんかん(인칸)', '高速道路'는 '고속도로'와 'こうそくどうろ(코:소쿠도:로)'12) 등으로 발음하는 것을 예로 들 수 있다.

〈표 2〉 한자음 한국어와 일본어 읽기13)

한국한자(일본한자)	한국어 읽기	일본어 읽기
安心(安心)	안심	あんしん(안신)
以前(以前)	이전	いぜん(이젠)
印鑑(印鑑)	인감	いんかん(인칸)
運動(運動)	운동	うんどう(운도우)

12) ':'는 장음 표시.
13) 二宮 豊, 앞의 책과 이또 하루미와의 대화를 중심으로 필자가 선별하여 10개의 단어만 선정하였다.

家族(家族)	가족	かぞく(카조쿠)
家具(家具)	가구	かぐ(카구)
注文(注文)	주문	ちゅうもん(츄우몬)
記者(記者)	기자	きしゃ(키샤)
高速道路(高速道路)	고속도로	こうそくどうろ(코우소쿠도우로)
智慧(知恵)	지혜	ちえ(치에)

　안심安心의 경우는 일본어로 'あんしん(안신)'이라고 발음을 한다. 여기서 'ん(n)'은 한국으로 '은', '음', '응'으로 발음이 가능한데, 'あんしん(안신)'의 '신しん' 발음이 '심'으로 이해가 되고, 그것을 체화해서 한국인과 비슷하게 '안심'으로 발음하는 것이다. 곧바로 '안심'이라는 정확한 발음이 가능했던 것이 아니라 먼저 한국 사람들의 '안심'이라는 발음이 똑똑하게 들리게 되면서, 이또 하루미의 발음도 점차 한국 사람이 발음하는 '안심'으로 정착되는 것이다. 한자漢字라는 공통점도 나름의 구실을 했지만, 한국 사람같은 발음으로 자기화하는 과정에 중요한 구실을 한 것은, 모국의 언어지식과 한국에서 배우는 언어지식을 함께 작동시켰던 반복적인 생활습관이었다.

　한자는 한국어와 일본어에도 있는 언어로서 친근감과 접근성이 좋은 언어라는 점에서 경험적 판단을 하게 된다. 한글이라는 새로운 글자에 접근하는 것 보다는, 한국어의 한자를 접하는 것이 일본인들에게 우선 안정감을 주면서 호기심과 흥미를 갖도록 한다. 그리고 그들은 한자의 실제적인 의미를 이해해가면서, 듣고 말하고 쓰기를 해야 하는 단계에서 문화적 충격 내지는 혼란의 과정을 겪게 된다.

　여기서 우리는 많은 결혼 이주여성들의 위치에 대하여 고려 해 보아야 한다. 그들은 한 가정의 며느리, 부모, 아내로서의 다양한 역할과 책임을 가지고 있고, 새로운 환경과 문화 속에서 이미 익숙해진 모국의 경험들이 혼종하게 되는 정체성의 혼란기를 겪게 된다. 우리는 혼란에 놓인 여성들이 한국어에 적응하고 자신의 정체성을 회복하기 위해서는 '안심'을 한국인처럼 발음하고 읽고 쓰기를 하면서 '안정감'을 찾아가는 과정을 기억해야 한다. 국제결혼 이주여성들이 한국말로 자연스럽게 의사소통이 가능하기까지의 문화적 흐름을 구체적으로 살펴보면, 우리사회의 구성원으로 인정해야 할 새로운 의미가 채색된다. 한국생활에 적응해 가면서 한국어 속에 내재된 지식을 체화해 가는 문화 현상은 이주자와 원주민들 사이에서 중요한 교육이며, 한국 사람들의 오랜 경험지식을 습득해가는 과정에서도 매우 중요하다.

다음으로 한국어와 일본어에 나타나는 외래어의 유사성을 지적하고 싶다. 〈표 3〉은 이또 하루미가 공부한 책과 인터뷰 과정에서 나타난 한국어와 일본어의 유사한 사례 중, 필자가 10개의 단어를 선별한 것이다. 외래어는 한국어와 일본어로 발음하는데 매우 유사성이 많다는 것을 확인할 수 있다.

〈표 3〉 외래어 한국어와 일본어 읽기14)

외래어	한국어로 읽기	일본어로 읽기
오렌지	오렌지	オレンジ(오렌지)
카렌더(달력)	카렌더	カレンダー(카렌다-)
카메라	카메라	カメラ(카메라)
카레라이스	카레라이스	カレーライス(카레-라이스)
스톱(정지)	스톱	ストップ(스톳푸)
보일러	보일러	ボイラー(보이라-)
시멘트	시멘트	セメント(세멘토)
텔레비전	텔레비전	テレビ(텔레비)
노트(공책)	노트	ノート(노-트)
버스	버스	バス(바스)

※장음처리는 '-'로 표기함.

---

14) 일본식 외래어라고 할 수도 있지만, 외국어를 한국어로 표기하고 발음을 하면 발음상으로 일본어와 비슷하게 들릴 뿐이다.

이처럼 한국어와 일본어에 존재하는 외래어의 발음이 유사성과 친근성이 많다는 것은, 이또 하루미에게 문화적 '충돌이나 충격'보다는 '공유점과 공통점'으로 인식되면서 한국어에서 높은 학습효과와 정확한 발음을 가능하게 한다. 한국어와 일본어 사이에 문법적인 체계, 한자어의 읽기와 의미, 그리고 외래어의 유사성과 친근성이 있기 때문에 두 언어의 호환성을 발견해 가고 있다. 언어적 호환성은 그녀가 한국 문화를 이해하고 한국인으로서 살아가는 데 매우 중요한 구실을 한다. 다시 말하면 한국어의 문법적 지식뿐만 아니라, 올바른 한국어 사용에서 나타나는 문화적 규칙도 배워서 그 속에서 이루어지는 사람들과의 관계를 이해하고, 한국의 예의범절, 가치관, 풍습, 전통지식 등을 활용해 가면서 체화하는 것이다. 이또는 한국인다운 한국어를 말하기 위하여 다양한 통로를 통하여 익힌 한국어 능력과 생활 속에서 체득한 언어적 경험 지식을 활용하고 있다. 그것은 이주여성이라는 한 개인이 한국인다운 삶을 살아가려는 과정 속에서 나타나는 언어 습득의 체험이며 경험이라 할 수 있다. 다음 장에서는 이또 하루미가 송사리 주민들과 어떠한 교류를 통하여 지역의 다양한 언어를 습득하고 그 속에 내재된 민간의 언어 지식을 이해하는지 살펴보겠다.

3. 실생활 속의 언어 습득과 문화 적응

이또 하루미는 대구에서 약 2년 정도 생활한 다음 1997년에 남편과 함께 센다이仙台시 나카마치로 갔다. 이또는 일본에서 가족들과 생활했던 기간 동안 통일교에서 한국어와 한국 문화를 계속해서 배우고 접촉하였다. 그리고 그녀는 2002년 7월 2일 송사리로 돌아와서 시어머니를 모시고 어린 세 자녀를 키우면서 집안 살림을 주로 담당하였다. 당시 남편은 대구에서 직장생활을 했기 때문에, 주말에야 가족들이 함께 만날 수 있었다.
송사리 이주 초기, 이토 하루미의 사회·언어적 관계망은 가족 구성원들로 한정되어 있었으며, 한국어를 활용한 다양한 대화를 주고받을 수 있는 기회와 경험이 적었다. 그렇기 때문에 가정 내에서 사용하는 한국어는 간단한 의사표시를 하는 '예', '아니요'와 같은 단어와 어휘체계가 대부분이었다. 이또는 한국어의 표준어를 배우고 사용해왔기 때문에 송사리 주민들의 말은 이해하기 어려운 경우가 많았다고 한다. '(누구) 있는교?', '(누구) 없는교?'라는 말의 의미가, '있다', '없다'라는 것을 알게 되었지만, 어떤 상황에 따라서는 '있다' 또는 '없다'라는 것을 묻는 것인지 명확하지 않았기 때문에, 상대방의 물음에 대한 정확한 판단을 내리기가 어려운 경우가 많았다. 그리고 상대방의 물음에 대한 대답을 '있다'고 해야 할지 '없다'고 해야 할지도 판단하기 쉽지 않았다.

OO과는 대화를 별로하지 않는다. 밭에 일하러 가시고 친구 집에 놀러 가시고 하니까… OO에 잘 안계시고… 그런 생활들이 지금도 이어지고 있다. (중략) 예를 들어 "~있는교, ~없는교"하는 말들… '정구지'가 무슨 말인 줄 몰랐다. 신랑한테 많이 물어보았다. 사전에도 없는 것은 (통일교의)일본사람에게 물어본다.15)

또한 이또는 한국 드라마나 영화 등을 통하여 말과 풍습, 예절 등을 배우기도 하였다. 한국 드라마를 통하여 윗사람들과 주변사람들에게 어떻게 행동하고 대면하는 것이 올바른 행동인가를 모국의 예의범절 및 통일교에서 익힌 한국의 예의범절 등과 함께 영상으로 기억하고 체험하게 된다. 특히 책 읽기를 어려워하는 이또의 경우에는 한국 드라마가 영상이라는 매체를 통하여 현실 속에서 일어날 수 있는 다양한 인간관계와 정보를 습득함으로써 효율적인 학습효과를 확인할 수 있었다. 모국의 문화와 함께 어우러져 학습된 정보들은 가족과 이웃들이 존재하는 현실 공간에서

---

15) 이또 하루미(여, 00세)의 제보(2015년 7월 28일, 천지댁 갑산댁 식당).

자신의 행동으로 표현되고, 그러한 행동이 주변사람들로부터 지지를 받았을 때, '이렇게 하는구나' 라는 자신감을 가지게 되었다. 이러한 자신감은 주변사람이 이또에게 한국문화를 보다 자세하게 설명할 수 있도록 유도하는 역할을 하였다.

이또의 경험은 매스 미디어의 순기능 중에서 정보 전달의 기능, 설득의 기능, 교육의 기능, 오락의 기능을 충분히 활용한다고 할 수 있다. 특히 현대사회에서 미디어의 교육 기능은 사회화 기능이라고 할 수 있는데, 가족, 학교, 친구집단 못지않게 중요한 역할을 하고 있다.16) 그러므로 이또 하루미가 지역 사회 구성원으로서 한국 드라마나 각종 방송 프로그램을 통하여 시어머니와 남편 또는 동네 어른들에게 어떻게 대면하고 예의를 지켜야 하는지 TV을 시청하면서도 알게 되었다는 아래 내용은 고려해 볼 만한 가치가 있다.

> 교회 사람한테 일주일에 한 번씩 (한국어를)배우고… 95~96년 대구에서 배웠다. 드라마를 보면서 상상이 되니까… 뉴스는 잘 모르는 게 많아요… <u>책을 보는 게 싫어서요… 일본에서도 책을 많이 보지 않았어요. 한국 드라마를 보면서 많이 보았다</u>(배웠다). 드라마 속에서 말을 배우는 것이 아니고 영상과 동작들이 함께 있으니까… <u>그 속에서 시어머니한테 '이렇게 하는 거구나…'</u>하고 이해를 하곤 하였다.17)

이또는 송사리에 살게 되면서 처음에 가족, 친족 또는 이웃주민들이 하는 말을 듣고 이해할 수가 없었다. 마을 주민들의 말이 한국말인 것 같지만, 무슨 말인지 잘 들리지 않았기 때문이다. 따라서 이또는 잘 들리지 않는 말이나 모르는 말을 일본말(카타가나)로 기록하였다가 남편에게 물어

---

16) 전병용, 『매스 미디어와 언어』, 「청동거울」, 2002, 14~19쪽.
17) 이또 하루미(여, 00세)의 제보(2015년 8월 15일, 천지댁 갑산댁 식당).

보곤 하였는데, 어떤 경우에는 남편조차 무슨 말인지 모르는 경우도 있다. 그럴 때는 남편에게 당시 상황을 설명하면 남편이 이해하고 가르쳐 주었다. 그랬던 그녀가 2005년도부터 마을 내 농사일을 하러 다니게 된다. 자녀들도 커가면서 돈이 더 많이 필요하게 되었고, 취미생활로 특별히 하는 것이 없었으며, 송사리 생활도 어느 정도 적응했기 때문이다.

> OO은 밖에 나가면 무조건 인사를 해라… 얼굴은 알아도 이름은 몰라요. 사시는 집은 알고 있다. 이름은 몰라도 이미지로 알고 있다. 우리 OO은 일을 못한다고 조금 그래어요… 그때는 조금 적응이 되었다…(판단하고,) 아이들이 다 자라고 나서, 돈도 필요하고, 취미도 안하고 그러니까…혼자 있으니까.[18]

이또는 사촌동서의 사과농사를 거들어 주면서 마을 사람들과 자주 접촉하게 되었고, 지역의 특색있는 말들을 처음으로 듣게 되었다. 주민마다 사용하는 단어, 말을 구성하는 방식, 목소리의 차이, 말하는 속도, 말할 때의 표정 등이 다르다. 이또의 경우, 처음 대면하는 주민들의 말을 정확하게 알아듣기가 어려웠다고 한다. 그래서 그곳의 상황, 작업의 종류, 주변 사람들의 행동, 전반적인 말의 의미 등을 눈치껏 파악해 가면서 일을 했다. 이처럼 마을 주민들과의 언어접촉을 통하여 그녀는 가족이라는 소수자의 특징적인 말의 음색과 함께 한국어를 사용하는 다양한 사람들의 음색과 개성과 표정을 접하고 기억하게 되었다.

일상생활 용어나 사과농사에 사용되는 말을, 이또 하루미는 모국어와 비교하여 언어적 친근성, 근접성 등을 발견하게 된다. 예를 들어 한국어와 일본어의 접촉을 통하여 나타난 변이어로, '와라바시', '다깡', '잎 소지' 등이 있으며, 잔존해 있는 일본어로서 '잇빠이いっぱい(많음, 가득)', '시마이しま

---

18) 이또 하루미(여, OO세)의 제보(2015년 7월 28일, 천지댁 갑산댁 식당).

い(끝, 마무리)', '다마네기たまねぎ(타마네기:양파)', '오야지おやじ(어떤 조직의 우두머리)', '코다마こだま(작은 구슬)' 등이고, 사과품종을 가리키는 말로, '히로사키ヒロサキ(일본 아오모리현 히로사키 지역에서 개발된 부사품종)', '시나노しなの(나가노현 과수시험장에서 생산한 부사품종)', '아오리あおり(아오모리시험장에서 생산한 사과품종)' 등이다.

 구체적으로 분석을 해 보면, 일본말 '와리わり'라는 '나누다'의 의미와 '하시はし'라는 젓가락의 의미의 합성어인 '와리바시わりばし'가 나무젓가락의 의미를 가지는 원래 일본말이지만, 송사리에서, '와리바시' 보다 '와라바시'로 통상적으로 불리고 있다. 또한 '다꽝'은 '타꾸왕たくわん'의 변이어이다. '잎 소지'는 사과나무의 '잎'과 일본어의 '소우지掃除(そうじ)'라는 '청소'의 의미가 합쳐져서 변이어가 된 경우로 '잎(사과 나뭇잎)+소우지そうじ(청소)' = '잎 소우지'→'잎 소오지'→'잎 소지'로 변화된 것이라 생각한다. '잎 소지'는 사과에 햇빛이 골고루 닿아 빛깔 좋고 품질 좋은 사과를 생산하기 위하여 사과주변의 나뭇잎을 제거하는 작업을 가리킨다. 또한 '코다마'는 사과나무에 열리는 작은 사과를 지칭하는 말인데, 사과의 품질향상을 위해서는 '코다마'를 솎아내는 작업을 해야 한다.

 이와 같이 이또 하루미는 모국어와 한국어 사이의 친근성, 근접성 등을 활용하게 된다. 언어는 그 특성에서도 나타나듯이 지역의 다양한 역사적 배경과 문화, 가치관, 전승지식 등을 포함한다. 따라서 모국의 언어지식을 활용하여 새로운 지역의 언어를 습득함과 동시에 지역주민들과의 거리감을 좁혀가면서 언어의 접촉을 다양화할 수 있다. 예를 들어 '다마네기', '잎 소지' 등의 말을 들었을 때 연상되는 생활경험 속에서 형성된 수많은 파편들이 재구성되면서, 이또 하루미는 주민들의 경험을 습득해 체화하는 것이다.

 그 무렵 이또는 부녀회에 가입하게 되는데, 자연히 주민들 중에서 비슷한 연령대의 사람들과 어울리게 되었다. 고추농사 일을 같이 하면서 가정이야기, 친정 이야기 등을 나누고 쌍방 간 활발한 교류의 기회도 갖게 되었다. 이또는 부녀회 활동을 계기로 안동시내, 강원도 등의 지역주민들과 교류할 기회를 자주 갖게 되었고 마을 주민들로부터 관심도 많이 받게 된다.

> (생략)부녀회에서 노인회로 옮길 때 10년 정도 된 것 같다. 부녀회(에서) 여행도 있고, 음식 먹으러 안동에도 가고 한다. 부녀회에서 2011년부터 식당을 운영했다… 사과 입소지, 수확 등이 여성의 일들이다. 고추수확 등의 농사일을 하면서 비슷한 나이대의 사람들과 친해지기 시작했다. 같이 일을 하면서 가정이야기도 하고 친정이야기도 하고 친해지면서 더 가까워지면서 여러 가지 이야기를 하게 되었다.[19]

하지만, 이또 하루미는 아직까지 한국어의 된소리, 거센소리 등은 발음이 어렵다고 한다. 실제로 인터뷰 기간 중에 이또가 남편에게 '논둑에 (누가) 풀을 베었다.' 라고 전했는데, 남편은 '논둑에 (누가) 불을 피웠다.'로 잘못 듣고 오해를 한 일이 발생하기도 했다. 이처럼 이또는 아직까지 자신의 생각을 올바른 언어로 전달하는 데 부정확한 발음이 있다. 그렇지만 이또는 주민들이 말하는 내용을 전부 듣고 이해하고 대답하는 것도 중요하지만 '(어떠한)느낌'이 중요하다고 한다. 그것은 언어의 기능 중에서 의미전달, 감정전달, 정보전달의 기능을 지역주민들과 '어울림'을 통해 해결하려는 것을 강조하는 것이다. 즉 상대방에게 전달하지 못하는 감정, 정보, 의미를 주민들과의 일상생활 속에서 풀어가려는 것으로 보인다.

> 풀과 불의 발음이 어려워서… '풀을 베었다.'(라고 말 했는데)...'불을 태웠다.'로 잘못 듣고…
> 'ㅆ', 'ㄸ' 등의 발음이 어렵다. 딸기 발음을 잘 못하고… 한국생활을 해

---

19) 이또 하루미(여, 00세)의 제보(2015년 7월 28일, 천지댁 갑산댁 식당).

가면서 좋은 점은 기억하고 나쁜 점은 잊어버리려고 한다. 일본인들은 그런 타임들이 많다… 여기에 따라서 살아가는 것이다. (자신이 가지고 있는 지역 문화와 비교하면 불편한 점이 있지 않는가)… 하지만 자신의 방식으로 하는 게 아니라… 여기 지역 사람들과 잘 어울리는 것이(중요하다.) 후에 들어 온 사람이기 때문에 여기에 맞추어 생활하는 것이 좋다. 일본부모에게서 배우는 것이 있다.[20]

일본어와 비교하면 아직 자신의 기분을 마음속에서 말하고 싶은 것을 전부다 말할 수 없는 언어의 한계가 있다. 큰 트라블이(문제가) 아니기 때문에… 생활 속에서 발생하는… 그다지 중요한 문제가 아니기 때문에 포기한다. 그렇게 적응이 되어버렸다.[21]

이또 하루미는 사과농사, 고추농사, 벼농사 현장에서, 같이 일하였던 사람들과의 대화 속에서 특정한 단어와 어휘들, 문장의 구조들이 생각나서 대화를 하는 데, 큰 불편함이 없었다. 이또 하루미가 특정한 공간이나 환경 속에서 일어났던 상황들과 함께 그 속에서 사용하는 단어와 어휘체계를 습득해가는 방법, 즉 일상생활 속에서 특정한 구성원, 사물, 행동 등과 함께 한국어를 체화한 것이다.

이처럼 이또 하루미는 송사리 주민으로서, 가족을 비롯하여, 통일교, 동족집단ethnic group, 지역주민, 노동현장 등을 통해 한국어를 배우고 익히는 언어 습득의 생활 습관화가 일상화되어 자연스럽게 체화과정을 거쳤다. 일상생활 속에서 습득되고 구조화 된 언어는 사물과의 관계, 사람들과의 관계, 환경과의 관계들의 반복적인 일상 속에서 경험화, 지식화되어 간다. 다만, 이또 하루미의 생활 범위는 일정한 한계가 있었던 까닭에, 송사

---

20) 이또 하루미(여, 00세)의 제보(2015년 7월 28일, 천지댁 갑산댁 식당).
21) 이또 하루미(여, 00세)의 제보(2015년 8월 15일, 천지댁 갑산댁 식당).

리의 다양한 언어를 경험하고 주민들의 경험적 지식을 자기화하기까지는 오랜 기간이 걸렸을 따름이다.

농사를 짓는 시기나 그 곳에 가면 (말이) 생각이 난다. (작업)현장과 (그) 환경에 가게 되면, 그 속에서 단어가 떠오른다… 같이 일하는 사람들과의 대화 속에서 자연히 단어가 떠오르면서 다시 생각이 떠오른다. 지금은 나이도 들었고, 몸과 머리가 따라가지 않는 한계를 느끼기도 한다… 하지만, 지역 주민들과의 사귐이 있었기 때문에 가능했다.22)

언어를 사용하지 않으면 잊어버렸다. 일본어를 사용할 수밖에 없는 환경 속에서 주어진 환경 속에서 몸과 머리가 따라서 움직인다. 상대방과의 말속에서 (자신이) 잊어버렸다고 생각한 단어들이 생각이 난다…상대방의 말속에서 단어가 떠오른다.23)

4. 나가며

지금까지 이또 하루미가 송사리에서 한국어를 습득하는 과정을 살펴보았다. 이또는 아직까지 자신과 마을주민들의 다양한 감정 표현을 한국어로 자연스럽게 말하거나 알아듣기가 쉽지 않다. 하지만 이또는 자신과 마을주민들이 말로 표현하지 못한 감정을 서로간의 '어울림'을 통해 소통하려고 노력한다. 이러한 '어울림'은 그녀가 송사리 주민으로 살아가는데 중요한 역할을 할 것이다.

이또는 1991~1992년 사이에 통일교에 입교하여 1995년 한국인 남편

---

22) 이또 하루미(여, 00세)의 제보(2015년 7월 28일, 천지댁 갑산댁 식당).
23) 이또 하루미(여, 00세)의 제보(2015년 8월 15일, 천지댁 갑산댁 식당).

과 결혼을 하였다. 그녀는 1997년 다시 일본 센다이로 돌아가 남편과 함께 생활하다가 2002년부터 지금까지 송사리에 살고 있다. 이또의 언어관련 지식 습득에 나타난 문화 적응양상을 간단하게 구분해 보면, 다음과 같다. 첫째, 이또는 한국어의 수많은 '받침'의 올바른 발음을 익히기 위해 노력하였지만, 한국어 받침은 모국어의 지식체계에서 찾기 어려운 발음체계라는 것을 인식하게 된다. 그러한 위기적 상황을 극복하기 위하여, 통일교, 종족집단, 남편의 도움을 선택적으로 활용하였다.

둘째, 한국어와 일본어의 문법적인 체계, 한자어의 읽기와 의미, 한국어 속에 나타나는 일본어의 잔존(변이), 외래어의 읽기와 의미의 유사성, 근접성 등을 활용해 가면서 두 언어 속에 존재하는 호환성을 발견했다. 이러한 언어적 호환성은 한국어와 일본어의 지식뿐만 아니라 문화적 규칙, 사람들과 관계를 이해해 가는데 매우 중요한 역할을 하며 예의범절, 가치관, 풍습, 전통지식 등을 함께 습득하였다.

셋째, 이또는 송사리에서 사과농사, 고추농사, 벼농사 현장과 같이 그곳에서 일했던 사람들과의 대화 속에서 특정한 단어와 어휘, 문장구조가 떠오른다. 이처럼 그녀는 일상생활 속에서 특정한 구성원, 사물, 행동 등과 함께 한국어의 체화과정을 거치게 되었다. 즉 일상생활 속에서 습득되고 구조화 된 언어는 사람들과의 관계, 사물과의 관계, 환경과의 관계들의 반복적인 일상 속에서 경험화, 지식화되었다.

우리나라는 1990년대부터 국제화와 세계화를 지향하면서 세계 여러 나라에서 국제결혼을 통하여 농촌마을로 이주한 여성들이 많이 살고 있다. 본 연구는 한국 다문화 가정 내 이주여성들의 언어와 문화 적응에 대한 일반성 또는 다의성을 도출하지 못하는 근본적인 한계점을 가진 글이다. 다만, 한 사람의 이주여성의 생활을 통하여, 지금까지 그다지 주목받지 못했던 이주여성들의 삶과 개인의 삶을 중요시하면서 가족 관계, 지역 주민들과의 관계를 다양한 문화적 측면에서 바라볼 수 있는 보는 계기가 되었으면 한다.

사람은 말을 통하여 사회화 과정을 겪는다. 말은 한 개인의 성장과 함께 습득하는 수많은 정보를 교환하고, 민중들의 삶에서 공통적으로 인지하고 있는 경험지식을 전승하는 매개체라고 할 수 있다. 또한 말은 예로부터 다양한 사회적 교류와 국제적 교류를 통해 변화한 민간지식을 간직하고 있다. 이또 하루미씨의 경우 한국과 일본의 언어와 문화를 어느 정도 이해하고 있지만, 한국의 언어와 문화 속에 담겨진 민간의 전승지식을 완전히 이해하지 못하는 한계도 있다. 그렇기 때문에 이또는 한국어의 된소리, 거센소리 등의 발음을 송사리 주민들과의 일상생활 속에서 배우고 익히면서 그들의 경험을 체화하기 위해 노력하고 있다.

| 참고문헌

배영동, 「분류적 인지의 민속지식 연구의 가능성과 의의」, 『비교민속학』 57, 비교민속학회, 2015.
왕한석, 『또 다른 한국어 : 국제결혼 이주여성의 언어 적응에 관한 인류학적 연구』, ㈜교문사, 2007.
전병용, 『매스 미디어와 언어』, 청동거울, 2002.
최병두, 『다문화 공생: 일본의 다문화 사회로의 전환과 지역사회의 역할』, 푸른길, 2011.

웹 사이트
네이버 국어사전(http://krdic.naver.com).